高等院校旅游专业系列教材

新编旅游美学

成　竹　主　编
蒋素梅　副主编

南开大学出版社
天　津

图书在版编目(CIP)数据

新编旅游美学 / 成竹主编. —天津:南开大学出版社,
2006.11(2019.4重印)
(高等院校旅游专业系列教材)
ISBN 978-7-310-02623-4

Ⅰ.新... Ⅱ.成... Ⅲ.旅游—美学 Ⅳ.F590

中国版本图书馆 CIP 数据核字(2006)第 119159 号

版权所有　侵权必究

南开大学出版社出版发行
出版人:刘运峰
地址:天津市南开区卫津路 94 号　邮政编码:300071
营销部电话:(022)23508339　23500755
营销部传真:(022)23508542　邮购部电话:(022)23502200

*

天津泰宇印务有限公司印刷
全国各地新华书店经销

*

2006 年 11 月第 1 版　2019 年 4 月第 4 次印刷
880×1230 毫米　32 开本　12.75 印张　363 千字
定价:28.00元

如遇图书印装质量问题,请与本社营销部联系调换,电话:(022)23507125

前　　言

旅游美学是旅游学科中的一个重要分支学科,是美学理论在旅游业中的推广和应用,它有助于提高旅游者的旅游审美质量,帮助旅游企业合理的建设旅游设施,开发旅游资源,营造旅游环境,同时也有助于旅游从业人员按照美学的原理和要求提供理想的服务,因此受到越来越多的关注和重视。

目前,在旅游教学领域已经出版了不少关于旅游美学的教材,本书作者在学习和总结了前人研究成果的基础上,从当前主要的旅游类型:观光旅游、度假旅游和体验旅游的角度出发,全面阐述了旅游活动与美学的关系,构建了本书的框架体系。全书分为了四大部分,共计十一章,其中:第一部分为旅游美学导论,主要阐述旅游美学这一学科所依托的美学基础理论以及在旅游活动过程中的一些审美心理过程和特征,包括了旅游美学的理论基础和旅游审美心理二章。第二部分为观光旅游审美,观光旅游是早期的旅游产品,至今仍占据旅游市场的较大份额,因此仍然是本书探讨的内容之一。该部分选择了与观光旅游关系最为密切的自然风景、园林和古建筑为研究对象,进一步探讨其美学特征和审美方法。第三部分为度假旅游审美,这一部分包括了海滨度假旅游审美、山地、温泉、森林度假旅游审美和度假区旅游审美三章,是以住其他旅游美学教材极少涉及的领域,然而度假旅游产品又是旅游市场的主打产品,因此也成为本书重点探讨的内容。第四部分为体验旅游审美,体验旅游产品是近年来旅游市场上发展最为迅速、市场前景最为看好的产品,因此探讨这类产品的审美要素和美学特征就显得尤为重要了。该部分囊括了社会风情、生活文化、艺术景观等与当前体验旅游关系最为密切的三个方面的内容,在全面阐述了其美学特征的同时加入了赏析的内容,使教材能够做到理论与实践结合起来,便于教学。同时,值得一提的是本书收集大量的案例,以案例的形式对书中的理论和抽象化的概念进行感性描述、补充和说明,深入浅出,通俗易懂。将其使用为教材既能够和当前的旅游发展趋势紧密结合，又能够使学生获得丰富的理论知识和实践经验，为我国旅游人才的培养尽一份力量。这也正是作者编写此书的原因所在。本书的出版是集体共同努力的结果，全书由成竹、蒋素梅设计大纲，组织编写，并由成竹进行最后统稿，具体各章均由相关方面的专业教师进行编写，各章的具体分工如下：成竹（执笔第一、二、六章），蒋素梅（执笔第三、九章），杨丽娥（执笔第四章），葛静宜（执笔第五、八章），郑燕（执笔第七章），伍乐平（执笔第十章），杨亚娜（执笔第十一章）。

本书在编写的过程中参考了有关美学和旅游美学的诸多论著，它们为本书的写作提供了大量的帮助，在此谨向各位作者和前辈们致以诚挚的谢意！另外，还要特别向为本书的编写付出辛勤劳动的编辑孙淑兰老师，以及帮助和支持过此书编写和出版的前辈、同仁和朋友们致以最衷心的感谢！

本书完成之际正置小儿出生，我怀着十分特别的心情迎接这两个新生的事物。鉴于我们对该学科的认识和研究有限，书中定有缺欠、疏漏和不当之处，恳请各位学者、同仁赐教、指正。

成　竹
2006 年 5 月

目　　录

前言 ·· （1）

第一部分　旅游美学导论

第一章　旅游美学的理论基础 ·································· （3）
　第一节　美的起源与美学的诞生 ······························· （4）
　第二节　中西方传统审美趣味与美学 ························· （15）
　第三节　旅游美学的研究内容 ··································· （30）
　思考题 ··· （37）

第二章　旅游审美心理 ·· （38）
　第一节　旅游审美心理活动 ······································· （39）
　第二节　旅游审美的心理学原理与方法 ····················· （47）
　第三节　中西方审美心理比较 ··································· （55）
　思考题 ··· （62）

第二部分　观光旅游审美

第三章　自然风景审美 ·· （65）
　第一节　地文景观审美 ·· （66）
　第二节　水域景观审美 ·· （72）
　第三节　生物景观审美 ·· （79）
　第四节　气象景观审美 ·· （85）
　思考题 ··· （90）

第四章　园林审美 ·· （91）
　第一节　园林的形成与发展 ······································· （92）
　第二节　中国传统园林的美学特征 ···························· （104）
　第三节　西方传统园林的美学特征 ···························· （122）
　第四节　世界著名园林赏析 ······································· （127）

思考题……………………………………………………(135)
第五章　古建筑审美……………………………………(136)
　　第一节　中国古建筑审美……………………………(137)
　　第二节　中国古建筑小品及装饰赏析………………(164)
　　第三节　西方古建筑审美……………………………(173)
　　思考题…………………………………………………(188)

第三部分　度假旅游审美

第六章　海滨度假旅游审美……………………………(191)
　　第一节　海滨度假旅游的自然审美要素……………(193)
　　第二节　海滨度假旅游的人文审美要素……………(205)
　　第三节　世界著名海滨度假旅游地赏析……………(213)
　　思考题…………………………………………………(221)
第七章　山地、温泉、森林度假旅游审美……………(222)
　　第一节　山地度假旅游审美…………………………(223)
　　第二节　温泉度假旅游审美…………………………(232)
　　第三节　森林度假旅游审美…………………………(238)
　　第四节　世界著名山地、温泉、森林度假旅游地审美…(245)
　　思考题…………………………………………………(253)
第八章　度假区旅游审美………………………………(255)
　　第一节　度假区的美学特征…………………………(256)
　　第二节　旅游度假区员工形象塑造…………………(264)
　　第三节　世界著名旅游度假区赏析…………………(273)
　　思考题…………………………………………………(280)

第四部分　体验旅游审美

第九章　社会风情旅游审美……………………………(283)
　　第一节　乡村风情审美………………………………(284)
　　第二节　城市风情审美………………………………(294)
　　第三节　民族风情审美………………………………(304)

思考题……………………………………………………(313)
第十章　生活文化旅游审美……………………………(314)
　　第一节　服饰文化审美……………………………(315)
　　第二节　饮食文化审美……………………………(328)
　　第三节　旅游工艺品审美…………………………(342)
　　思考题……………………………………………………(349)
第十一章　艺术景观旅游审美…………………………(350)
　　第一节　书法艺术审美……………………………(351)
　　第二节　绘画艺术审美……………………………(360)
　　第三节　雕塑艺术审美……………………………(375)
　　第四节　表演艺术审美……………………………(387)
　　思考题……………………………………………………(398)

第一部分

旅游美学导论

第一章 旅游美学的理论基础

学习目的

　　旅游美学作为美学的一个边缘学科,作为美学在旅游活动领域的延伸和应用,是旅游学科的重要组成部分,要学好旅游美学,首先要掌握旅游美学的理论基础。这一理论基础包括了对"美"的概念的认识、对美学学科体系的了解,以及中西方传统审美趣味对中西方美学发展的影响。

主要内容

- **美的起源与美学的诞生**
  关于美的本质的探讨　关于美的判断标准　美学的产生和发展
- **中西方传统审美趣味与美学**
  西方传统审美趣味与美学　中国传统审美趣味与美学
- **旅游美学的研究内容**
  旅游的美学本质　旅游美学的研究范畴

第一节　美的起源与美学的诞生

古往今来哲人对美的寻找,经历了一个漫长的历程。对于美的概念、评价美的标准的探索更是不曾有一刻停止。究竟什么是美? 美与美学有着怎样的关系? 它如何引导我们的思维,影响我们的生活? 我们将前人的这些观点进行梳理,放在《新编旅游美学》的开篇,作为了解美、了解美学、踏入旅游美学之门的第一步。

一、关于美的本质的探讨

对于美的观念,普遍认为其萌芽在两千多年前的古希腊。在希腊,美被作为一种理想,一种神圣的典范,它直接引导希腊人的生活。难怪德国艺术史学家温克尔曼坦言,"任何别的民族都没有像希腊人那样使美享受如此的荣誉。因此,在希腊人那里,凡是可以提高美的东西没有一点被隐藏起来,艺术家天天耳闻目见,美甚至成为一种功勋"。[①]

【案例1-1】　古希腊人对美的要求

希腊人对美的崇尚是从幼年就开始的,斯巴达的婴儿在出生时就要放到冰冷的雪水中浸泡,以锻炼其坚强的意志,只有过关者才能够存活。斯巴达的男青年从小就要接受角斗和游泳的训练,使之符合希腊人对形体美的追求。希腊隆重的奥林匹克运动会正是希腊人展示健美形体和坚强意志的盛会。

希腊人不仅乐于展示自己优美的形体,而且被要求学习绘画,其原因在于学会敏锐地观察和判断人体的美。伟大的哲学家苏格拉底就经常前往竞技学校,向青年人教授如何塑造并欣赏人体的美。

(案例来源:周宪,《美学是什么》,北京大学出版社,2002年1月版)

---

① 周宪,《美学是什么》,北京大学出版社,2002年1月版,第4页。

对美的本质的探讨就是向我们揭示什么是美。这一过程经历了无数时代，无数先驱的深思和推敲，甚至今天，仍然有学者不断质疑并对其理论体系加以完善。了解这一过程，有助于我们更深入和彻底地认识什么是美。

(一)美是和谐

提出"美是和谐"观点的学者是毕达哥拉斯和他的学派，并且他们认为这种和谐来源于数。

【案例1-2】 数的和谐

毕达哥拉斯是公元前6世纪的希腊哲学家，相传有一次他路过一家铁匠铺，听到大小不同的五个铁锤打击铁砧发出叮叮当当的声音很有节奏，像一支悦耳的乐曲。他不觉停住脚步，若有所思地端详着这些铁锤，并让人称了他们的重量，发现这些重量符合一定的比例，即6：12＝1：2，6：9＝2：3，6：8和9：12＝3：4。毕达哥拉斯心中豁然开朗，匆匆赶回家又做了一些实验，他发现弦长成一定比例时能发出和谐的声音。于是他得出结论，音乐的和谐是由数的比例造成的，这种和谐就是美。

(案例来源：凌继尧，《美学十五讲》，北京大学出版社，2003年8月版)

毕达哥拉斯学派所处的时代，希腊已经从原始社会进入奴隶社会，原始社会的意识形态的神话，进入奴隶社会后，希腊哲学家开始以自己的思维结构来代替神话。毕达哥拉斯学派用数的和谐来解释宇宙的构成和宇宙的美，并把宇宙作为最高的审美对象。并以此为依据，认为任何美的事物归根结底都来自于数的和谐。宇宙行星之所以美，源于它们之间协调的距离和比率；雕塑之所以美，源于雕塑各个部分之间遵循了数的比例……

毕达哥拉斯学派在数的和谐中寻求美的观点对西方美学、特别是对希腊、罗马美学产生了重大影响，使希腊、罗马的美学具有了数学性。[1] 有了这种特性，希腊、罗马的文学作品中出现数的和谐就绝非偶

---

[1] 凌继尧，《美学十五讲》，北京大学出版社，2003年8月版，第6页。

然了。例如,荷马史诗中所使用的数字就具有审美意义。荷马在史诗中最常用的数字是 3 和 10,数字 3 在《伊利亚特》中使用了 67 次,在《奥德赛》中使用了 56 次;而特洛伊的战争延续了 10 年,俄底修斯在外也漂泊了 10 年。荷马在暗示,世界是按某些数字组织起来的,数字成为世界审美结构的原则。①

值得一提的是,毕达哥拉斯学派的数的概念不完全等同于现代科学关于数的抽象概念,他们的数是事物的生成原则和组织原则,他们对比例的强调不是机械的、刻板的公式,他们看重的是比例关系中动态的韵律感。

(二)美是效用

比毕达哥拉斯和他的学派稍晚一些的另一位希腊哲学家苏格拉底在对美的本质进行探讨时,则将美和效用联系起来。苏格拉底用德尔菲神庙的铭言"认识你自己"来说明他的哲学研究和美学研究,"认识你自己"归根结底就是认识理性。苏格拉底从理性出发研究美学问题时,追求的是美的普遍定义。②

【案例 1-3】 关于美的争论

苏格拉底和他的弟子亚里斯提普斯有这样一段关于金盾和粪筐怎样才美的对话:

亚里斯提普斯:那么,粪筐能说是美的吗?

苏格拉底:当然,一面金盾却是丑的,如果粪筐适用而金盾不适用。

亚:你是否说,同一事物既是美的又是丑的?

苏:当然,而且同一事物也可以同时既是善的又是恶的,例如对饥饿的人是好的,对发烧的病人却是坏的。再如,就赛跑来说是美的,而就摔跤来说却是丑的,反过来说也是如此。因为任何一件东西如果能很好地实现它功用方面的目的,它就既是善的又是美的,否则它就既是恶的又是丑的。

(案例来源:凌继尧,《美学十五讲》,北京大学出版社,2003 年 8 月

---

① 凌继尧,《美学十五讲》,北京大学出版社,2003 年 8 月版,第 6 页。
② 凌继尧,《美学十五讲》,北京大学出版社,2003 年 8 月版,第 7 页。

版)

这段对话表明,金盾和粪筐的美不在于它们自身的属性,而在于它们的用途,在于它们与使用者的关系。金盾虽然珍贵,但如果它不适合抵御敌人,它就是丑的;相反,粪筐虽然粗鄙,却能够因为它的适用而成为美的。这种对美的本质的认识的观点和毕达哥拉斯学派已经不同。毕达哥拉斯学派所说的美是事物本身的美,苏格拉底所说的美是事物适合适用者的美。这两种美是有差异的,前者是自在之美,后者则是自为之美。自在之美是绝对的,而自为之美是相对的,它总是包含着效用的因素。而"效用"被苏格拉底认为是美的基础。

(三)美是理式

提出"美是理式"的是苏格拉底的学生柏拉图。柏拉图在他的名著《大希庇阿斯篇》中对"什么是美"和"什么东西是美的"这两个涉及美的本质的问题进行了详尽的探讨。前者涉及的核心是美的本质,而后者则是具体的美的现象。在辩论中,希庇阿斯给出了三个关于美的定义[①]:第一,美就是一位年轻漂亮的小姐;第二,黄金能使事物成其为美的;第三,恰当的就是美的。柏拉图以苏格拉底的口吻指出这三个定义只是强调了美的外在性质,而不是事物的内在本质。最后柏拉图用"美是理式"回答了这个问题,并因此成为了哲学美学的始祖和创立者。柏拉图把美本身说成是理式,在希腊语中用"idea"和"eidos"来表示。他认为每一种事物都和任何一种其他事物有所区别,因此,它具有一系列本质特征,而物的所有这些本质特征的总和就是物的理式。

【案例1-4】 柏拉图的理式

对理式的理解,柏拉图进一步作了举例说明。例如,桌子是由某种物质材料制成的东西,这是一。桌子适用于不同的用途:用来吃饭、看书、写字、放置物品等,这是二。桌子所有这些本质属性的总和就是桌子的理式,如果我们不懂得桌子的结构和用途,那么我们就没有桌子的理式,也就根本不能把桌子同椅子、沙发、床等区别开来。

(案例来源:凌继尧,《美学十五讲》,北京大学出版社,2003年8月

[①] 凌继尧,《美学十五讲》,北京大学出版社,2003年8月版,第12页。

版)

由此可知,柏拉图的理式概括起来就是对它名下的所有个别物的无限概括。例如房子的理式就是对各种类型的房子的极端概括。没有房子的理式,也就没有房子的个别表现形式。这种理式具有明显的特征:第一,美的理式具有永恒性,它不生不灭,不增不减;第二,美的理式具有绝对性,它不是在此点、此时、此方面美,就是在另一点、另一时、另一方面丑,它不随人而异;第三,美的理式具有先验性和单一性,它先于美的事物而存在;第四,具体事物均有美的理式,美的理式并不因此有所增减。

柏拉图的理式论在西方美学史上产生了长久而广泛的影响,他思考问题的方式使美学成为美的哲学。现代英国哲学家波普尔就曾这样评价柏拉图:"人们可以说西方的思想或者是柏拉图的,或者是反柏拉图的,可是在任何时候都不是非柏拉图的。"①

(四)美是尺度

苏格拉底、柏拉图和亚里士多德这三位有着师承关系的哲人在西方美学的发展史上筑起了一道独特的景观。亚里士多德在批判柏拉图理式论之后,进一步提出了"美是尺度"的观点。他认为美产生于大小、产生于秩序、产生于尺度。亚里士多德的尺度理论产生于四因说,他认为任何事物,不管人造物还是自然物,其形成有四种原因:质料因、形式因(就是柏拉图的"理式")、动力因和目的因。比如一个书橱,木材是质料因,图纸是形式因,木工是动力因,用途是目的因,这四因适度地体现在事物中,就创造出了美的有机体。如果它们在事物中的体现缺少某种尺度,过分或不及,那么整体就会受到损害,从而失去美。因此,亚里士多德认为是尺度决定了事物的美与丑。

【案例 1-5】 亚里士多德的伦理说和国家说

亚里士多德在分析道德范畴时指出,在情绪方面的道德是勇敢,它的不及是怯懦,过就是鲁莽;在欲望方面的道德是节制,它的不及是吝啬,过就是奢侈;在仪态方面的道德是大方,它的不及是小气,过就是粗

---

① 凌继尧,《美学十五讲》,北京大学出版社,2003年8月版,第10页。

俗。同时，他还将尺度理论运用到国家说中，他指出国家必须保持适当的疆域，国土不能太小，否则缺乏生活所必需的自然资源，但也不能太大，否则过剩的资源将产生挥霍浪费的生活方式；国家最好由中产阶级统治，因为中产阶级既不过强过富，又不太穷太弱，而巨富只能发号施令，穷人又易于自卑自贱，这两类人都不适合治理国家。

（案例来源，凌继尧，《美学十五讲》，北京大学出版社，2003年8月版）

（五）美是价值

20世纪50年代中期到60年代初期，中国的美学界也围绕美的本质问题展开了广泛的讨论，这场讨论在中国美学的发展史上有着十分重要的意义，它不仅在理论上达到了一定深度，更重要的是它为中国培养了一批美学人才，唤醒了国人对美的兴趣，扩大了美学在中国的影响。一种新的对美的本质的认识观点逐渐形成了——美是一种价值，是事物对人的意义。

【案例1-6】"花红"与"花美"

朱光潜先生曾指出，"花是红的"和"花是美的"是两种不同性质的判断，"花红"是认识判断，花的"红"不取决于人而存在，甚至在人类社会出现之前就存在；"花美"是价值判断，花的"美"不能离开人而存在，离开人花就无所谓美丑。

（案例来源：凌继尧，《美学十五讲》，北京大学出版社，2003年8月版）

这种价值论有两个层次：第一个层次是事物的自然属性和外部形式；第二个层次是事物的社会属性和社会内容，这种社会属性和社会内容由事物在社会生活和社会历史实践中所占据的地位和所起的作用决定。[①] 例如黄金，天然的光泽和色彩是它的自然属性，作为货币的等价物和财富的象征则是它的社会属性。黄金的美不仅取决于它的自然属性，而且取决于它在社会生活中所占据的地位。这种在社会生活和社会历史实践中寻找美的本质的观点在20世纪80年代以后在国内广泛流

[①] 凌继尧，《美学十五讲》，北京大学出版社，2003年8月版，第25页。

行开来。

二、关于美的判断标准——"美是难的"

在讨论关于美的判断标准这个问题之前,让我们先来看一个例子。

【案例1-7】 《喷泉》——古典美学的挑战

1917年,纽约为了给日趋僵化的美国艺术界注入活力,酝酿举办一个大型独立艺术展,法国的艺术家杜尚作为展览的组织者之一,在展出的一周前,在第五大街的一家洁具店里购得一件陶瓷的小便池,于是带回家中,在底部签上"R.莫特先生作于1917年",在开展的前两天送到了展览会。

这件题为《喷泉》的作品成为艺术史上的一个著名的事件。据记载,当时,这件作品的展出遭到了许多人,特别是组委会的反对,认为"太下流"、"荒唐可笑"、"不道德"、"粗鄙"、"是艺术的抄袭"……《喷泉》最终没有展出,但这一事件却把传统的美学观念逼到了绝路,我们有一系列的问题要解决:首先,为什么独立艺术展不接受这件"作品"?展览的组织者依据什么来接纳或拒斥展品?其次,谁是艺术的权威判官?是艺术家、艺术批评家还是商人?他们的评判有无共同的原则和标准?再次,实用品能成为一件艺术品吗?"现成物"和艺术品有区别吗?最后,这个事件还提示我们,世间存在着普遍的、亘古不变的关于艺术美的标准和规范吗?

其实,杜尚的初衷只是想"找一件从任何审美角度来说都没有吸引力的东西",以此来突出"美的另一个关键在于差异",然而一石激起千层浪。西方古典美学也因此受到了巨大的挑战。

(案例来源:周宪,《美学是什么》,北京大学出版社,2002年1月版)

从上述案例中,我们已经不难理解"美是难的"这句关于美学的早期预言,它的内涵涉及人们如何判断美的问题。据传,希腊神话中曾有这样的描述:斯巴达城举世无双的美女海伦得到众神的垂青,于是万神之神宙斯找人来描绘海伦的美,并要求必须集中希腊所有美女之美。这究竟是为什么呢?因为他们认为海伦的美决非个别的美,而是一种普遍的美和绝对的美,每一个人的美都能够在海伦的身上找到。换句话说,越接近海伦样子的人就越美。那么,究竟有没有一个关于美的判断标准呢?

(一)美是常模、是平均值

美国现代心理学家的一项有趣的实验在相当程度上证实了希腊人美的观念。

【案例1-8】 朗洛伊丝的实验之———"什么样的人脸最美?"

美国得克萨斯州立大学奥斯丁分校心理学教授朗洛伊丝自20世纪80年代以来,一直孜孜不倦地探讨一个难题,即人们是如何判断美的?她的研究选用了最普通的材料——人的脸,而她的探问集中在"什么样的人脸最美?"这个问题上。

朗洛伊丝充分利用电脑图像合成技术,随机选择了得克萨斯州立大学奥斯丁分校的96位男生和96位女生的照片,并将这些照片各分成三组,每组32张,然后把这些照片输入电脑,用一种特殊的电脑程序将这些照片在五个算术级上合成,即分别用2张、4张、8张、16张和32张照片合成一张人像,其目的是想知道照片合成前后以及不同算术级数的图像之间在美的程度上有何不同。

朗洛伊丝邀请了300人对这些合成图像美的程度进行评级打分,统计结果却十分令人惊奇:算术级数越高的合成图像越具有吸引力。在男性合成图像中,16张照片合成的图像评价最高,而在女性合成图像中,32张照片合成的图像评价最高,16张的评价比较好,8张的合成图像吸引力程度就不那么明显了。

(案例来源:周宪,《美学是什么》,北京大学出版社,2002年1月版)

朗洛伊丝的第一个实验结果表明,人们视觉上普遍认为的人脸的美实际上是一种常规状态,它集合了人的诸多特征而具有某种普遍性,人们之所以判断某一张脸是美的,原因就在于这张脸比其他的脸更趋近一张具有普遍性的脸,我们把它称之为一种常模,或者一种平均值。这实际上印证了古希腊人关于美的理想模式的观念:海伦就是希腊人对理想之美的追求。

(二)"趣味无争辩"

如果说美是一种常模,是一种平均值的话,那么朗洛伊丝教授深入思考的另一个问题则是:在日常生活中,我们总认为每个人的审美标准和判断能力在很大程度上受到他自身所处的社会背景、民族文化、自身素质、职业、知识结构,甚至种族等因素的影响,美学上所说的"趣味无争辩"和我国民间所说的"青菜萝卜各有所爱"就是这个道理。

那么,朗洛伊丝教授接下来提出的问题是:"吸引婴儿和成人注意力的美是否一样?"对于这一问题的研究结果十分耐人寻味,无论实验者使用的是白人还是黑人的图像,是成人还是儿童的图像,3至6个月的婴儿都体现出一个明显的倾向,那就是成人通常认为美的人像,对婴儿也具有同样的吸引力。实验中发现,婴儿喜欢凝视美的人像,而不愿意注视缺乏吸引力的人像,他们注视前者的时间远多于后者。

这个发现带来了新的疑问:婴儿所表现出的视觉偏爱是否延伸到婴儿的其他行为上?为了进一步探询这个问题的结果,朗洛伊丝进行了另一个实验。

【案例1-9】 朗洛伊丝的实验之二——"吸引婴儿和成人注意力的美是否一样?"

朗洛伊丝教授请一个专业面具师制作了美的和丑的(成人的普遍判断)两副面具,以陌生人的面目出现在60个1岁大的婴儿面前,结果显示,对美的人脸的视觉偏爱扩展到了婴儿的其他行为差异上,比如婴儿更喜欢接近漂亮的陌生人,喜欢和这些人玩耍,却不喜欢接近缺乏吸引力的陌生人。

(案例来源:周宪,《美学是什么》,北京大学出版社,2002年1月版)

这个实验让我们了解到,仅仅就人脸的美或视觉上的吸引力,竟然引出了如此多而复杂的美学问题,是"青菜萝卜各有所爱"的观点错了吗?不然,这是客观存在的事实,那么是朗洛伊丝的实验结果错了吗?事实证明她所验证的也是客观存在的事实。"趣味无争辩"吗?是也,非也。

这个实验的结果就是要告诉人们,欣赏美、判断美的过程并不是一个简单的过程,它具有相当的复杂性,在受到诸多因素影响的同时又有着自身的规律可循,所以哲学家说:美是难的。

三、美学的产生和发展

美学创建于 18 世纪中叶,"美学"这一词汇,中文来自日本(1904 年中江肇民译),是西文 Aesthetics 一词的翻译,西文此词则始用于德国哲学家鲍姆加通(Baumgarten),他把这个本来指感觉的希腊词汇专用于指感性认知的学科。[1]

(一)"美学之父"的灵感

按照理性主义的观念,人的认识机能分为高级和低级两个部分,前者叫思维,后者是感觉;前者是明晰的、完善的,后者是朦胧的、不完善的。正因为如此,在西方古典哲学家看来,认识真理的唯一途径是理性思维,而非感性认识,以致感性的认识方式被冷落了。直到 18 世纪中叶,确切地说是 1735 年,德国一位年轻而又名不见经传的哲学家鲍姆加通写了一本题为《诗的哲学沉思录》的书,书中首次提出了一个重要的想法,那就是:古典哲学只关心理性和可理解的事物,几乎完全忽略了感性和可感知的事物,而感性的朦胧认识并非是混乱和不完善的,它也有自身的完善,这种完善就是"美"。于是,他提出了建立一个新的哲学分支——"感性学"的大胆设想。依照他的看法,"感性学"就是"诗的哲学",它涉及的是"可感知的事物",而非"可理解的事物"。[2] 因此,哲学的一个新的分支——"感性学"产生了。

随着鲍姆加通想法的日趋成熟,他于 1750 年又出版了一部重要的著作,即 Aesthetics(美学),书中他第一次为美学正名,划定了美学的边界,为这一面目不清、位置模糊的学科奠定了坚实的根基。英国哲学家鲍桑葵描述了这一事件的历史意义:"鲍姆加通在'美学'的名目下这样创始了一门新学问,非常富于特色的关系美的理论,以致传到后人手

---

[1] 李泽厚,《美学四讲》,三联书店,2004 年 3 月版,第 8 页。
[2] 周宪,《美学是什么》,北京大学出版社,2002 年 1 月版,第 12 页。

中,'美学'一词就成为美的哲学的公认的名称。"①

鲍姆加通,这位名不见经传的德国哲学家后来却以"美学之父"的名望而蜚声美学史。

(二)康德的哲学三元结构

鲍姆加通的贡献表面上只是为美学命名,实际上更重要的是他提出了哲学是由逻辑学、伦理学和美学三大部分构成。但这一格局的进一步完善则是由另一位伟大的哲学家康德完成的。康德在相当程度上秉承了鲍姆加通的思想,为自己的哲学体系提出了三大任务:第一是自然秩序的论证;第二是道德秩序的论证;第三是前两者协调关系的论证。这就构成了康德著名的"三大批判":纯粹理性批判、实践理性批判和判断力批判。纯粹理性是关于人的思想及其认识原则的;实践理性是有关人的意志及其道德原则的;判断力则和人的情感及其情感原则关系密切。康德的这一理论可以用下面的简化图示来表示:

$$
哲学\begin{cases} 逻辑学 —— 纯粹理性 —— 思想 —— 真 \\ 伦理学 —— 实践理性 —— 意志 —— 善 \\ 美\ \ 学 —— 判断力 —— 情感 —— 美 \end{cases}
$$

简单地说,古典哲学的第一部分逻辑学关心的是理性认知何以可能的问题,其核心是知识、思想和真;第二部分伦理学探讨的是意志问题和善;美学则被规定在第三部分,对判断力进行研究,关乎的是人的情感问题。

(三)美学的概念

鲍姆加通在其著作中规定:"美学作为自由艺术的理论、低级认识论、美的思维的艺术和与理性类似的思维的艺术是感性认知的科学。"② 并强调:第一,美学属于哲学的一部分;第二,艺术和美是美学的核心。这是历史上第一个关于美学的明确定义。1993年,麦克阿瑟出版公司出版的《牛津英语指南》里也给美学下了一个定义:"美学是哲学的

---

① 周宪,《美学是什么》,北京大学出版社,2002年1月版,第12页。
② 周宪,《美学是什么》,北京大学出版社,2002年1月版,第13页。

一个分支,它关注的是美和趣味的理解,以及对艺术、文学和风格的鉴赏。"①

目前,中国流行的关于美学的定义主要有三种:②
定义一:美学是研究美的学科。
定义二:美学是研究艺术一般原理的艺术哲学。
定义三:美学是研究审美关系的科学。

第二节　中西方传统审美趣味与美学

一、西方传统审美趣味与美学

西方文明的源头犹如中国文明的源头一样,也十分复杂,但并不是各种源头都对西方文明产生同样重大的影响,相比较而言,希腊文化和希伯来文化对西方文明的影响最为深远。可以说"双希文化"构成了西方文明的基本精神格局。在西方古典美学中,由于希腊精神和希伯来精神的交错互动,形成了西方美学的基本概念,那就是——优美与崇高。

(一)"双希精神"

希伯来民族是犹太民族的别称,因此,古代犹太文化又称为希伯来文化。③ 美国当代哲学家巴雷特指出,希腊人缔造了西方人的理性和科学,而希伯来人则创立了西方人的道德和信仰。④ 这就是西方文化的根源,两者是相辅相成、对立互补的。英国学者阿诺德为了进一步说明这种对立又互补的关系,特别将这两种精神进行了对比,如表1-1所示。

---

① 周宪,《美学是什么》,北京大学出版社,2002年1月版,第14页。
② 李泽厚,《美学四讲》,三联书店,2004年3月版,第8页。
③ 凌继尧,《美学十五讲》,北京大学出版社,2003年8月版,第145页。
④ 周宪,《美学是什么》,北京大学出版社,2002年1月版,第48页。

表 1-1　希腊精神和希伯来精神

希腊精神（Hellenism）	希伯来精神（Hebraism）
·最终目的是人的完满。	·最终目的是人被拯救。
·提倡按照事物的本来面目看待事物。	·认为训诫和服从高于一切。
·强调人的意识的自发性。	·强调良知的严格性。
·希腊文化反映了西方文明中理性和欢乐的一面。	·希伯来文化揭示了西方文明中信仰与苦难的一面。
·缔造了西方人的理性和科学,艺术和文学高度发达。	·创立了西方人的道德和信仰,宗教和法律高度发达。
·美和善不可分离。	·美和善绝不能等同,善高于一切。

以上关于"双希精神"的概括把握了西方文化的基本命脉和逻辑,对于我们理解西方文化的特征和历史演变很有启发性。

1.关于"人"的论述

希伯来文化中理想的人是信仰的人。而就希腊文化来说,至少在它的两个最伟大的哲学家柏拉图和亚里士多德的哲学表达中,认为理想的人是理性的人。信仰的人是完整的、具体的人,因为希伯来文化并不放眼于普遍的人、抽象的人,它所看到的总是具体、特定、个体的人。而希腊人则是历史上最早的思想家,他们发现了一般的、抽象的和没有时间性的本质、形式和理念。[1]

2.关于"理想"的论述

希腊人对于理性的人的研究,被希腊哲学家或者纯理论科学家视为通往智慧之路的理想;希伯来文化则将献身作为毕生的追求,这种献身性使人充满热情地投入他终有一死的存在中,这种存在既包括了肉体的,也包括了精神的。因此,对于希伯来人而言,永生除了体现不可知和可怕的上帝以外,是一个相当可疑的概念;而对于希腊人来说,永生则是人能够通过其智力可以随时达到的东西。[2]

3.关于"逻辑"与"信仰"

希腊人发明了逻辑,他们关于人是理性动物的定义,从字面意义上

---

[1] 周宪,《美学是什么》,北京大学出版社,2002年1月版,第48～49页。
[2] 周宪,《美学是什么》,北京大学出版社,2002年1月版,第49页。

来说,就是人是逻辑的动物,更本原的含义则是人是有语言的动物。而在希伯来人看来,智力的状态则最典型地反映在约伯的朋友们愚蠢而又狂妄的唠叨之中,他们的议论从未触及问题的核心。生活的终极问题发生于语言所不能达到的深处,即信仰的最深处。①

4.关于"美"和"善"

希腊人把"美"和"善"作为等同的东西,或者至少是永远一致的东西来追求,事实上希腊人用一个单名"美的即善的东西"来表达美和善。而阿诺德简洁地提及希伯来人的罪孽感,是深知人类存在的痛苦而又难以驾驭的一面,从而不能允许轻易地把善和美等同起来。②

(二)"优美"与希腊精神

从不是很严格的意义上来讲,希腊精神与西方美学中"优美"的观念关系更为密切,而希伯来精神则和崇高的范畴有更深刻的联系。

1.希腊人与希腊精神

作为欧洲文明的发源地,希腊人也许是最早发现并崇拜美的民族。因此,在希腊文明中,美成为了一个至高无上的观念。米洛的维纳斯仪态万方,倾倒无数文人雅士;帕台农神庙气宇轩昂,开创了西方历代建筑之先河;荷马史诗、宙克西斯的绘画、欧里庇德斯的悲剧……——拉开了欧洲文明的序幕,以至于德国艺术史学家温克尔曼曾坦言:现在广泛流传的高雅趣味,最初是在希腊的天空下形成的。③

希腊人与希伯来人有着截然不同的命运,他们天生仿佛是人类的宠儿,在小国寡民的城邦中互相熟悉,共同讨论问题,他们酷爱交际和谈话,喜欢将大部分闲暇时间用于户外。在希腊人的思想中,没有苦难的阴霾,有的只是像阳光一样晴朗、明亮的生活。因此,出于对美好人生的眷恋,希腊文化形成了"优美"的审美意识。优美的对象总是渗透着愉悦的感受,容易使人亲近。优美的事物偏于静,在形式上显得更加和谐、精致和完满。

---

① 周宪,《美学是什么》,北京大学出版社,2002年1月版,第49页。
② 周宪,《美学是什么》,北京大学出版社,2002年1月版,第49页。
③ 周宪,《美学是什么》,北京大学出版社,2002年1月版,第50页。

2. "优美"的内涵

在希腊文明中,美的含义远不只是形体的优美漂亮,它还有更加深刻的意味。柏拉图曾说,一个人应该通过训练和思考,努力从最初的美的形体向更高境界升华,这个审美修炼或培育的过程分五步:"第一步是从只爱一个美的形体开始;第二步则透过个别的美的形体感悟到普遍的美的形式;第三步是逐步认识到美的心灵比美的形体更加可贵;第四步则进入广泛的社会文化,由行为和制度的美进入各种学问知识的美;最后,达到理式的美。"① 柏拉图关于美的不同层次的说法,道出了希腊人关于美的重要观念,即理性观念,它在希腊人关于美的观念形成过程中具有极其重要的作用。人体的美源于"人的完善"的理念,对美的本体论规定、经验的考察,以及美的事物的关系分析和观察,则和科学精神和抽象理论态度关系密切。可以说,理性的人和完善的人等希腊思想,鞭策着希腊人在追求美的道路上不断进取。这个美的概念表现了至高无上的完善、尊贵和价值。

【案例 1-10】 希腊人对"美"的理解

一些古典学者发现,在希腊,美是依照以下方式来加以理解的:

第一,美是超凡卓越的;

第二,美超越了一切尺度和特征,和无限相关;

第三,美与一切事物有关;

第四,美被认为和诸神、自然、人以及人的作品(艺术品)相关;

第五,美涉及特定的事物、形状、色彩、声音、思想、习俗、性格和法律;

第六,美与善和卓越不可分离。

(案例来源:周宪,《美学是什么》,北京大学出版社,2002 年 1 月版)

其实,在希腊文明中,"美"这个概念从一开始便是复杂而充满内在矛盾的,它既展现为我们称之为美的事物的特质,又呈现为超越一切定量分析和语言范畴之物;美的形式是有限的、可感的,同时又是无限的、

---

① 周宪,《美学是什么》,北京大学出版社,2002 年 1 月版,第 50~51 页。

超越一切形式的;美把人与自然以及德性和神性联系起来。从古希腊开始,西方美学思考便和美结下了不解之缘,以至于古典美学几乎就是"美的哲学"的同义词。毫无疑问,在西方美学的知识构架中,美的地位异常显赫,它在相当长的时期内成为统领美学的中心范畴。

3."优美"的代表

在西方文化史上,希腊无疑被视为一个文化的高峰期,它所创造的灿烂的成就映照了西方文化的漫长历史。因此,可以用来代表希腊精神中"优美"的作品举不胜举,这里我们选择最能代表希腊艺术成就及其美学观念的艺术——雕塑来试图寻找一些希腊"美"的足迹。《米洛的阿芙洛蒂特》是希腊雕塑艺术的代表,她所体现出来的"美"几千年来一直为人们所津津乐道。这尊陈列于巴黎卢浮宫的女神雕像,优美、健康、充满活力,虽然半裸着身体,却并不给人以柔媚或肉感的印象。她的转折有致的身姿显得大方甚至"雄伟",沉静的表情里有一种坦荡而又自尊的神态。她不是他人的奴隶,所以无须故意取悦或挑逗别人;她也不想高居于人们之上,故毫无装腔作势、盛气凌人之感。在她的面前,人们感到的是亲切、喜悦以及对于完美的人和生命自由的向往。[①] 雕像体现的是一种和谐统一的美,包括了神圣、纯净和宁静等要素,成为西方美学史上的经典。

(三)"崇高"与希伯来精神

"崇高"是希伯来人对美的理解,正因为如此,凡提到"崇高",都会让人不由自主的联想到希伯来精神,或者说"崇高"已成为希伯来精神在西方古典美学中的典型概括。

1.希伯来人与希伯来精神

在世界民族之林中,希伯来民族是一个颇为特殊的民族。很难找到一个民族像希伯来人那样,从罗马帝国时代起,大部分人就远离故土,浪迹天涯,过着寄人篱下的生活。常年饱受征战之苦,先后遭受菲力士人、亚述人、加勒底人、波斯人、罗马人、埃及人的奴役。他们像人类的弃儿一样,长期受到世界性的排斥、驱逐和捕杀。然而,与此形成强烈反差

[①] 周宪,《美学是什么》,北京大学出版社,2002年1月版,第57页。

的是,在这样漫长的岁月中,他们竟然没有被世界各民族所同化,依然保持着自己的宗教、哲学、语言、文学、传统、历法和习俗,对世界文化作出了举世瞩目的贡献,充分向世人显示了其惊人的民族凝聚力。

【案例 1-11】《圣经》

希伯来民族对人类文化的第一个重大贡献是《圣经》(即基督教所说的《旧约》)的创作。《圣经》对西方文化产生了长久而深远的影响。朱光潜先生在其著作中对希伯来教,即犹太教的几个基本要点进行了归纳:"第一,耶和华是世界唯一的上帝(犹太教是最早的一神教);第二,希伯来民族是上帝特别宠爱的骄子,巴勒斯坦是上帝赐给他们的土地;第三,通过希伯来民族的祖先如亚伯拉罕、摩西等人,上帝和希伯来民族定过约,希伯来民族要永远效忠上帝,上帝也永远保佑他们,将来还会派遣一位救世主(Messiah,即希腊文的 Christ),使他们统治全世界的一切民族。"[①]

(案例来源:凌继尧,《美学十五讲》,北京大学出版社,2003 年 8 月版)

正是因为这种磨难,使得希伯来人创立了发达的宗教和法律,独特的历史境遇让他们缺乏对科学理性观念的认识,却发展了活跃的宗教思维。希伯来人总是把美好的幻想寄托在对上帝的信仰中,他们对上帝的信仰是一种对无限的敬畏,这种对上帝的敬畏、崇拜,对来世的憧憬,对人自身有限性和原罪的意识,都在某种程度上和崇高这样的美学范畴产生联系,因而有了"崇高"的审美意义。

2."崇高"的内涵

崇高这个概念最初是由罗马美学家朗吉弩斯提出的,他在自己的著作《论崇高》中指出,崇高是一种庄严、宏伟的美,以巨大的力量和慑人的气势见长。按照朗吉弩斯的理解,崇高首先存在于自然界,存在于某些自然事物中,如高山、海洋;同时,它还存在于社会生活和艺术中,如人格的伟大、精神的高远、感情的炽烈。朗吉弩斯认为,崇高能够唤起人的尊严和自信,在崇高的对象面前,人感到自身的平庸和渺小,人奋

[①] 凌继尧,《美学十五讲》,北京大学出版社,2003 年 8 月版,第 145 页。

起追赶对象、征服对象、超越对象，从而极大地提升自己的精神境界，感到一种自豪的愉悦。随着公元4世纪基督教被接纳为罗马的国教，西方开始了漫长的基督教一统天下的中世纪。崇高遂从对自然和人的礼赞转化为对神的皈依和颂扬。《圣经》中就用上帝说"要有光，于是有光；要有大地，于是有大地"来说明神的崇高。朱光潜先生从数量和力量两个方面揭示了这句话的崇高内涵："从黑暗混沌之中猛然现出光来，而这个光又是普照全世界的，这是'数量的雄伟'。这么一件大事靠上帝说一句话就做成了，这是何等气魄！这是'精力的雄伟'。"[①] 黑格尔说得好："在崇高里则使神既内在于尘世事物而又超越一切尘世事物的意义晶莹透彻地显现出来。……这种崇高，按照它最早的原始定性，特别见于希伯来人的世界观和宗教诗。……神是宇宙的创造者，这就是崇高本身的最纯粹的表现。"[②]

3. 崇高的代表

如果用《米洛的阿芙洛蒂特》来代表"优美"的话，那么用米雍的《掷铁饼者》来代表"崇高"则再合适不过了。

《掷铁饼者》体现的是一种充满了动感和力量的风格。雕塑家选取了运动员蓄势待发的瞬间，既不是连贯动作的开始，也不是动作过程的结束，而是选取了弯腰旋臂一掷的中间过程，强调了动作的完整过程而又极富暗示性，使人联想到了他将把铁饼有力地抛掷出去。整个动作生动逼真，全无僵硬刻板之感。在造型上，雕塑家采用了一系列独特的美学原则，使得这尊雕像充满了活力：雕像的右侧线形是曲线延伸，而左侧则是锯齿状的"之"字线形；右侧是连续的、延绵的，而左侧则是间断的；右侧是闭合线形，左侧是开放线形；右侧线条柔和光滑，左侧线条有角且富有变化。单纯的人体结构、大弓线以及四条几乎直角相交的直线，给处于动态的身体带来了和谐。[③]《掷铁饼者》富于动感的人体充分展现了男性的刚健与雄浑，其构成要素则倾向于强烈的对比，形成了一

---

① 凌继尧，《美学十五讲》，北京大学出版社，2003年8月版，第144页。
② 周宪，《美学是什么》，北京大学出版社，2002年1月版，第53页。
③ 周宪，《美学是什么》，北京大学出版社，2002年1月版，第58页。

种紧张的氛围。

综上所述,我们可以用表1-2来对西方古典美学中的"优美"与"崇高"作个对比。

表1-2 "优美"与"崇高"

优美	崇高
·美是一个至高无上的观念。	·崇高是比美更高的境界。
·美的对象是完美、和谐与统一,宁静是美最典型的特征。	·崇高的对象充满了内在冲突和张力,具有不断运动激荡的特性。
·美的对象具有特征性的形式和外观,如小巧、柔顺、完善、圆润,凸显出一种令人喜爱的感性形式。	·崇高的对象常常体现出某种反形式的特征,如巨大、无限、晦暗、粗犷等。
·美的对象令人愉悦,让人亲近,使主体向往、流连和被吸引,从而趋向于接近的过程,最终达到审美主体与客体渐渐统一,即主体承受美的对象所引起的是直接快感。	·崇高的对象由于内在的矛盾与冲突,往往造成一种开始拒斥主体,而后升华主体的转变过程,即首先对主体造成恐惧,产生拒斥,进而唤起主体自身的理性和勇气,从而超越对象,达到新的精神境界,也就是说主体承受的是崇高的对象所引起的一种由痛感转化而来的快感。
·《米洛的阿芙洛蒂特》: 1.趋向于宁静安详; 2.体态优美,线条舒展柔和,展现了女性的妩媚和优美; 3.造型的各方面要素和谐完整,讲求变化中的统一; 4.更多体现的是秀美与优美。	·《掷铁饼者》: 1.强烈而富于动感; 2.弯腰屈腿,线条紧张而充满力量,显露出男性的刚健与雄浑; 3.造型等各方面要素倾向于强烈的对比,因而构成一种紧张; 4.更多体现的是雄伟与壮美。

二、中国传统审美趣味与美学

在中国文化自身特定的发展环境和系统中,中国美学取得了可与西方美学比肩而立的成就,孕育了耐人寻味的中国传统审美风范,并在西学东渐后通过对话与交融的方式取得了长足的进步。在本节中,主要探讨中国古典美学的一些特征和我国本土所产生的儒教、道教对中国传统审美趣味的影响。

(一)中国古典美学的两个"转向"

李泽厚、刘刚纪先生认为中华民族是最重视伦理道德作用的民族之一,这一点深刻影响了中国美学。从这个根本点出发,结合中国哲学和中国艺术去观察中国美学的基本特征,概括起来主要有以下几点:第一,高度强调美与善的统一;第二,强调情与理的统一;第三,强调认知和直觉的统一;第四,强调自然和人的统一;第五,富于古代人道主义;第六,以审美境界为人生的最高境界。[①] 为了更好地把握中国传统美学的脉搏,我们先从中国美学的两个转向谈起。

1. 从"形似"到"神似"

魏晋时期是中国历史上最为特殊的一个时期,它虽然是中国政治上最混乱的时期,却也是精神史上极为自由、极为解放、最富于热情的时期,因此可以说魏晋时期是一个最富于艺术精神的时代,中国古典美学发展史上两个最重要的转变均发生在这一时期。这两个转变都成为中国古典美学的重要特征。

【案例 1-12】"画孰最难者?"

《韩非子》中曾记载了一个有趣的故事:"客有为齐王画者。齐王问曰:画孰最难者?曰:犬马最难。孰最易者?曰:鬼魅最易。夫犬马,人所知也。旦暮罄于前,不可类之,故难。鬼魅无形者,不罄于前,故易之也。"就是说,司空见惯的东西不好画,因为大家都知道画得好不好。只要拿画和自己所熟悉的事物稍加比较便可得知。反之,从未见过的鬼魅则容易画,因为不必逼真摹写。

(案例来源:周宪,《美学是什么》,北京大学出版社,2002 年 1 月版)

照理说,难画的东西自然能显出画家的功力,因此应该被视为画家追求的目标。但有趣的是,中国美学并不这么看。徐复观先生注意到,魏晋以前人们常引用这一典故,但魏晋以后人们渐渐不再引用。这是为什么呢?他是这样解释的:自魏晋以后,中国绘画观念发生了骤变,写实

[①] 周宪,《美学是什么》,北京大学出版社,2002 年 1 月版,第 31 页。

和形似的审美观念不再被尊崇,而庄子美学思想所开启的"传神"观念逐渐成为中国绘画安身立命的根基。①

这一转变使得中国绘画与西方绘画形成了截然不同的两种绘画技巧与绘画风格。从此以后,中国画家在作画时不再追求逼真写实的描绘,而更加强调笔法中透露出画家的个性气质。所以,苏东坡有诗云:"论画以形似,见与儿童邻。"这种观念不仅仅反映在造型艺术中,甚至深深蕴含在中国的一切艺术形态中,成为了中国古典美学的一个重要特征。

2. 从"错彩镂金"到"初发芙蓉"

宗白华先生指出,中国美学史上有两种美,一曰"初发芙蓉"的美,一曰"错彩镂金"的美。这两种美表现在于中国文化的方方面面,包括诗歌、绘画、工艺美术等。"错彩镂金"的审美观念以先秦时期为例,先秦时期的青铜器就是这种精雕细凿之美的代表,阿房宫和秦陵则将这一风格发挥到极致。楚国的图案、楚辞、汉赋、六朝骈文、颜延的诗、明清的瓷器,乃至今天的刺绣和京剧的舞台服装,都是这种美的代表。而汉代的铜器、陶器,宋代的白瓷,王羲之的书法,顾恺之的画,陶潜的诗,则是另一种美,是"初发芙蓉"的美。

对"错彩镂金"之美的追求,一方面与春秋、战国时期生产力的提高有极大关系,另一方面又与统治阶级的审美趣味有关。如果说魏晋以前这两者势均力敌的话,魏晋以后则出现了深刻的"转向"。"错彩镂金"的风气到了魏晋时期逐渐开始被一些崇尚自由和解放的文人与艺术家所摒弃,进而形成了认为"初发芙蓉"之美高于"错彩镂金"之美的共识,即倡导平淡自然,讲求洒脱而不拘束。到了唐代,这种"初发芙蓉"之美已经成为了中国美学和艺术的主导倾向。这就是我们提到的第二个"转向"。从魏晋以后,中国人的美感转向了一个新的方面,那就是认为"初发芙蓉"之美是比"错彩镂金"之美更高的美的境界。

从两种美并驾齐驱,到将其中一种美视为更高的境界,这个转变也

---

① 周宪,《美学是什么》,北京大学出版社,2002年1月版,第24页。

是非常深刻的。

(二)儒道互补的中国传统审美趣味

宗白华先生在其著作《美学散步》中这样写道:"中国艺术意境的创成,既须得屈原的缠绵悱恻,又须得庄子的超旷空灵。缠绵悱恻,才能一往情深,深入万物的核心,所谓'得其环中'。超旷空灵,才能如镜中花,水中月,羚羊挂角,无迹可寻,所谓'超以象外'。色即是空,空即是色,色不异空,空不异色,这不但是盛唐人的诗境,也是宋元人的画境。"① 可见,如果我们对中国古典美学作进一步的探究,就不可避免地要涉及中国传统文化发展的诸多方面,包括对中国古典美学领域影响最为深刻的儒道精神与美学的关系问题。

1. 儒家思想与中国古典美学

以孔子为代表的儒学在中国社会发展的历史中自始至终起着举足轻重的作用,它的影响渗透在中国文化的方方面面。由孔子奠基的以心理情感为根本的儒学传统已经成为了在中国美学领域中独特的审美趣味。

首先,儒学认为审美是一种人性的自觉行为,这种自觉行为的核心表现就是"仁"。《论语》一书中记载孔子讲"仁"达百余次,每次讲法都不尽相同,以至有的研究者倾向于认为孔子的"仁"本身就是审美的,即它具有非概念所能确定的多义性、活泼性和不可穷尽性,这一论点可暗示孔子的人生最高境界将是审美。② "仁"的含义非常广,最突出的表现是"孝",它是对根基于动物(亲子)而又区别于动物(孝)的人性的自觉。并一再强调,如果没有"仁"这种内在情感,再清越热喧的钟鼓,再温润绚丽的玉帛,都毫无价值。这种内在情感的真实和诚恳更胜于外在仪容的讲求。这种主张深深影响了中国,特别是古代的文学、戏剧、小说等艺术领域,成为了中国人独特的审美趣味甚至性格特征。

其次,孔子认为人格的完成"游于艺","成于乐"。"游于艺"即个体对物质技能的掌握,包含着对自然和规律性的了解和运用,其掌握的熟练

---

① 周宪,《美学是什么》,北京大学出版社,2002年1月版,第22页。
② 李泽厚,《华夏美学》,天津社会科学院出版社,2001年11月版,第67页。

程度是个体产生自由感的基础,而这种自由感与艺术创作和其他活动中的创造性感受是直接相关的,因为这种感受就其实质来说,即目的性与规律性相统一的审美自由感。①"成于乐"则指个体的修身如果不学习礼乐,便不可能成为一个完全的人,即要通过"乐"的陶冶来造就一个完全的人。②将外在的人伦关系和人际关怀转化为自觉人性和心理本体的建设,这是儒家创始人的哲学——美学最深刻和最重要的特点。③

综上所述,先秦时期的儒学持守的是一种执着于现实人生的实用理性,它拒绝作抽象的思辨,也没有狂热的信仰,它以直接服务于当时的政教伦常、协调人际关系和建构社会秩序为目标,孔子和儒学没有追求超越时间的永恒,正如没有追求脱去个性的理式、高于血肉的上帝一样,他们把永恒和超越放在当下即得的时间中,也正如把上帝和理式溶于有血有肉的个体感性中一样。④

2. 道家思想与中国古典美学

从中国文化心理结构的深层意义上看,对后来中国各种审美学说和艺术理论产生深远影响的是以老子和庄子为代表的道家美学思想。这主要是因为道家强调精神自由,倡导返璞归真,反对"为物所役"或人的异化,并在追求自然无为、与道同体或游心太玄的理想境界中首次把审美同超功利的人生态度密切地联系在一起,从而把握了审美活动乃至艺术时间的根本特质。道家"道法自然"的观点其实就是道家美学思想的基本尺度。所谓"自然",一方面表示一种本原或始然的创设规律,即作为天地之根的"周行而不殆"的"道"本身;另一方面意指自自然然、自然而然或听其自然的状态,即不强行、不妄为,更不胡作非为的"无为而无不为"的顺应客观事物发展规律的生存状态。⑤

因此,道家主张的是以超越儒家的"礼乐"(作用于肢体、感官)、"仁义"(诉之于心知、意识)为更高的人生境界和人格理想。这个人格和境界

---

① 李泽厚,《华夏美学》,天津社会科学院出版社,2001年11月版,第78页。
② 李泽厚,《华夏美学》,天津社会科学院出版社,2001年11月版,第82页。
③ 李泽厚,《华夏美学》,天津社会科学院出版社,2001年11月版,第87页。
④ 李泽厚,《华夏美学》,天津社会科学院出版社,2001年11月版,第89页。
⑤ 王柯平,《旅游美学新编》,旅游教育出版社,2000年3月版,第74页。

的特点即在于它鄙弃和超脱了耳目心意的快乐,超功利,超社会,超生死,亦即超脱人世一切内在外在的欲望、利害、心思、考虑,不受任何内在外在的好恶、是非、美丑以及形体、声色……的限制、束缚和规范,使精神比如身体一样,能翱翔于人际界限之上,而与整个大自然合为一体。①

与儒家《周易》所强调的同构吻合、天人感应相比,老庄所强调的是完全泯灭物、我、主、客,从而它已不只是同构问题(主客体相吻合对应),而是"物化"问题(主客体已不可分)。这种主客同一却只有在上述那种"纯粹意识"的创造直观中才能呈现,它既非心理因果,又非宗教经验,只能属于审美领域。②

3. 儒道互补

儒家和道家思想在塑造中国文化的面貌和精神特质方面具有无可比拟的重要性。就思想、文艺领域来说,这主要表现为以孔子为代表的儒家学说;以庄子为代表的道家,则作了它的对立和补充。儒道互补是两千年来中国美学思想的一条基本线索。

【案例 1-13】 李泽厚先生关于"儒道互补"的论述

李泽厚先生认为:与美学——艺术领域关系更大和影响深远的,除儒学外,要推以庄子为代表的道家。道家作为儒家的补充和对立面,相反相成地在塑造中国人的世界观、人生观、文化心理结构和艺术理想、审美兴趣上,与儒家一道起了决定性作用。从表面上看,儒家和道家是离异而对立的,一个入世,一个出世;一个乐观进取,一个消极退避;但实际上它们刚好互相补充而协调。不但"兼济天下"与"独善其身"经常是后世士大夫的互补人生路途,而且悲歌慷慨与愤世嫉俗,"身在江湖"而"心存魏阙",也成为中国历代知识分子的常规心理以及艺术理念。

(案例来源:周宪,《美学是什么》,北京大学出版社,2002 年 1 月版)

反映到美学上,大致可以说,儒家美学崇尚"和",而道家美学追求"妙",两者构成了中国古典美学的协奏曲。儒家的"和"不但是艺术本身

---

① 李泽厚,《华夏美学》,天津社会科学院出版社,2001 年 11 月版,第 128~129 页。
② 李泽厚,《华夏美学》,天津社会科学院出版社,2001 年 11 月版,第 136 页。

的美学要求,更重要的是艺术表现的情感要受到"礼"的节制。① 而道家的"妙"则是美学观念合乎逻辑的延伸,即老子所说的:"道可道,非常道;名可名,非常名。无,名天地之始;有,名万物之母。故常无,欲以观其妙;常有,欲以观其徼。此两者,同出而异名,同谓之玄。玄之又玄,众妙之门。"可见,"妙"的范畴更能准确地传达出中国古典美学的基本精神。

事实上,庄子那种"齐物我、一死生、超利害、忘真幻"的人生态度和哲学思想,用在现实生活中显然很难行得通,也很少有人真正采取这种态度,但如果把它用在美学和文艺上,却非常恰当和有效。事实上也正是这样,信奉儒学或经由儒学培育的历代知识分子,尽管很少在人生道路上真正实行庄子那一套,但在文艺创作和审美欣赏中,在私人生活的某些方面,在对待和观赏大自然山水花鸟中,却吸收、采用和实行了庄子的思想。《庄子》本身对他们就是一部陶冶性情的美学作品。总起来看,《庄子》是被儒家吸收进来用在审美方面了,《庄子》帮助了儒家美学建立起对人生、自然和艺术的真正的审美态度。②

为了更好地把握儒道互补的内涵,参见表 1-3 所示。

表 1-3 "儒家美学"与"道家美学"

儒家美学	道家美学
·崇尚"和"。	·追求"妙"。
·主张"积极入世"。	·提倡"消极避世"。
·强调"自然的人化"。	·提出"人的自然化"。
·将艺术人生化。	·将人生艺术化。
·着重在人的心理性情的陶冶塑造和人化内在的自然,达到审美状态和审美成果悦耳悦目、悦心悦意。	·鄙弃和超脱了耳目心意的快乐,使精神如身体一样,能翱翔于人际界限之上,与大自然合为一体。
·儒家讲"天人合一",常用自然来比拟人事、迁就人事、服从人事。	·道家讲"天人合一",要求彻底舍弃人事来与自然合一。
·从人际关系中确定个体的价值。	·从摆脱人际关系中寻求个体的价值。

---

① 周宪,《美学是什么》,北京大学出版社,2002 年 1 月版,第 28 页。
② 李泽厚,《华夏美学》,天津社会科学院出版社,2001 年 11 月版,第 147 页。

（三）禅宗思想与中国传统审美趣味

除了上述儒家和道家之外，于两汉之间传入中国的佛学思想也对中国传统的本土文化发展产生了极为深远的影响。其中对中国传统审美趣味影响比较大的要数禅宗思想。禅宗自六祖慧能（638～713）之后，逐渐演化为中国式的佛教，形成了"空灵为美"的禅宗美学思想。

"空灵为美"的思想一般认为与禅宗的"四禅定"和"三境界"有关。

【案例1-14】 "四禅定"与"三境界"

"四禅定"是禅宗坐禅修行的四个阶段："初禅"阶段，人能排除欲念杂虑，获得一种因摆脱烦扰现实而生的喜悦之感；"二禅"阶段，这种喜悦感进而逐渐得到净化，成为身心的一种自然而然的属性；"三禅"阶段，这种着有外物色彩的喜悦感逐渐消失，心中只留下纯净、自然、平和、适意的精神乐趣；"四禅"阶段，这种乐趣也化为乌有，人达到一种超然遗世的境界，得到澄明透彻的智慧，而这一无上境界是只可意会、不可言传的。

"三境界"：第一境，"落叶满山空，何处寻行迹"，描写的是一种渐入禅关而寻禅未得的情景；第二境，"空山无人，水流花开"，描写的是寻禅者通过静观默照，基本进入到清静寂定的心境，达到似乎已经悟到禅理真谛而实际上还没有的境界；第三境，"万古长空，一朝风月"，描写的是在瞬间得到了永恒。在时间是瞬刻永恒，在空间是万物一体。瞬刻即永恒，却又必须有此"瞬刻"，否则也就无永恒……一切皆空，又无所谓空，自自然然地仍然过着原来过的生活，实际上却已"入圣超凡"。这是禅的最高境界。

（案例来源：王柯平，《旅游美学新编》，旅游教育出版社，2000年3月版）

禅的缘起与思想基础、禅意与禅境的最高层次均向我们表明了"空"的突出特征及其审美意味。禅宗的这种"空"的理想境界被引入诗歌、绘画与书法之后，对中国艺术创作和美学思想的发展产生了深远的影响，从而形成了以空灵的意境为美的禅宗美学思想准则。例如，兴于唐代的草书，在风格上讲求龙飞凤舞、飘逸玄远与自然天成，在很大程度上是受禅宗空灵为美与道家自然为美等思想的熏陶与催化。

禅宗的空灵作为一种特殊的美学形态或范畴,被引入艺术之中,自然形成一种创作的理想或准则,而在艺术形象或表现中则转化为空灵的意境。这种空灵之境意指其富有灵气、灵性并且表现灵巧和精妙的旨趣、情思与意向。一般来说,禅宗这种尚空灵、羡玄远、倡顿悟的美学思想与道家贵自然、慕淡泊、重虚无的美学思想交融互补、遥相呼应,首先激发了中国诗歌、书法、绘画、园林以及音乐等艺术的无限包容性,具体表现为"空纳万境"、"小中见大"、"天人合一"与"宇宙大化"等特征。同时,也强化了"得意忘形"的审美思想,极大地促进了"虚实相生"这一艺术创造规律的发展,从而在艺术作品的审美价值取向上比较推崇"言外之意"、"韵外之致"、"不着一字,尽得风流"等玄远淡雅的意境。另外,这种"在空灵中见佛性,在顿悟中体禅悦"的禅宗美学观照精神及其方法,极大地丰富了中国人的审美意识和审美心理活动。

第三节　旅游美学的研究内容

一、旅游的美学本质

我国著名美学家叶朗先生曾指出:"旅游,从本质上说,就是一种审美活动。"[①] 王柯平先生也认为:"旅游是一项集自然美、艺术美和社会生活美之大成的综合性审美实践活动。"并指出"它熔文物、古迹、建筑、绘画、雕塑、书法、篆刻、音乐、舞蹈、园林、庙宇、服装、烹饪、民情、风尚……为一炉,涉及阴柔、阳刚、秀美、崇高、绮丽、疏野、飘逸、繁缛、明快、悲壮、轻松等一切审美形态,有益于满足人们从生理到精神等不同层次的各种审美欲求。"[②] 由此可见,旅游必然成为美学研究的对象之一,而

---

① 叶朗,《旅游离不开美学》,《中国旅游报》,1988年1月20日。
② 王柯平,《旅游美学新编》,旅游教育出版社,2000年3月版,第6页。

旅游与美学的结合就诞生了一门交叉性和多边缘的新兴学科——旅游美学。因此在研究旅游美学之前,我们首先要了解旅游与美学的关系。

许宗元先生曾指出,"和谐为美"。正因为如此,他认为"旅游的美学本质在于三种和谐:人与自然的和谐,人与人的和谐,人与自身的和谐。旅游的目的正是在于求取某种和谐"。因此,要讨论旅游的美学本质问题,就是对这类和谐关系的深入探索。

(一)人与自然的和谐关系

自古以来,多数哲学家同时也是旅行家,如古希腊哲学家毕达哥拉斯就曾走遍埃及、巴比伦、波斯等地,在他长达15年的学术之旅中,他努力地亲近自然,从而总结出了"整个宇宙是一部和谐的乐章"的观点。我国古代著名哲人、教育家孔子也是一位旅游家,其"仁者乐山,智者乐水"的哲学思想究其美学本质也正是人与自然的和谐。意大利文艺复兴时期的巨擘达·芬奇自小形成的喜爱自然、探索自然的习惯,更是直接影响到了他世界观的形成,他的哲学、自然科学、艺术、美学上的辉煌成就均从中获益。更有大量的文人雅士在饱览壮丽的自然景观过程中留下了千古不朽的文学佳作。现代兴起的生态旅游的理念也同样是倡导人与自然的和谐相处,让人在回归自然的过程中重新认识自我,关注自然,寻求最终的可持续发展。正是这种由来已久的旅游活动使得旅游与美学结下了不解之缘。

(二)人与人的和谐关系

追求人与人的和谐关系同样是旅游的美学本质之一。许宗元先生认为,这里的人既指个体的人,也指人所组成的社会,还包括人造的旅游景观,以及现代人常说的"人生风景"等。可以说旅游业发展到今天,文化旅游已经和山水旅游取得了几乎等同的市场份额。以观赏文物古迹、了解旅游地悠久的历史、体验当地独特的民族风情和都市风貌为目的的文化旅游,旅游主体往往在旅游活动过程中寻求与古人的默契、与现代人的交融。例如,古希腊以柱式结构为核心的宏伟建筑群、以人体特征和形态为模仿对象的雕塑,在一定程度上都渗透着人与人之间的和谐关系。另外,古代最初以交换为目的的商务旅游,旅游主体同样是在人际交往的过程中取得人际之间的和谐,如今新兴的会议旅游、会展旅游也与之类似。而这种人与人的和谐关系在民族风情旅游中发挥到了极致,这种旅游形式强调旅游者的亲身体验,然而不论旅游者参与的是哪一个民族、哪一个村寨的民俗活动,如民族节庆,其追求的无不是为了达到众人和谐、同乐的目的,即使能力所限,旅游者不能直接参与诸如摔跤、赛马等民俗活动,但他们的心已融入到这些活动之中,这其实也是人际和谐的另一种形式。

(三)人与自身的和谐关系

与前两种和谐关系相比,人与自身的和谐关系往往被人们所忽略。旅游者去旅游,不论是欣赏自然之美、社会之美还是艺术之美,其最终目的都是求得自身的愉悦感受,达到某种满足。这种通过旅游而达到的愉悦和满足的美学本质便是人与自身的和谐。孔夫子在观山水之间感悟到为人的真谛;范仲淹在登岳阳楼之际抒发"先天下之忧而忧,后天下之乐而乐"的感怀;当代诗人郁达夫从富春江之游中发现江水之幽静,进而体味到"足以代表东方民族性的颓废荒凉的美",而他的落魄情怀也在这避难之旅中得到寄托,这种心理上的平衡也成为一种自身的和谐之美,是通过旅游而达到的和谐状态。文化旅游除了第二部分所提及的以外,还有许多专项旅游,如维也纳音乐之旅,其旅游效果往往可以使柔弱、怯懦者在高昂、激越的乐曲影响下变得勇敢、坚强,使暴躁、刚烈者在柔和、恬美、舒缓的乐曲熏陶下变得温存、谦和,其审美实质无疑是引导旅游主体实现自身的和谐。以社会学、伦理学的眼光来看旅游,常常称旅游具有抚慰人的情感的妙用,它是一种社会疗法,其美学原理正是以旅游来造就人与自身的和谐关系。

(四)对立和谐关系

在旅游活动过程中,还有一种较为特殊,同时又比较容易被忽略的和谐关系,即因对立而导致的和谐,它同样属于旅游的美学本质范畴。古希腊哲学家赫拉克利特认为:由对立造成整个宇宙自然与社会的和谐。正因为如此,古希腊神庙建筑的整个构架与各个部分之间、建筑物本身与周围环境之间,都存在一定的对立关系,正是这种对立构成了神庙庄严肃穆的和谐之美。就人的方面而言,如探险旅游之美,美在由斗争、征服的对立中产生的特殊的和谐关系。如著名的探险旅行家余纯顺

8年的徒步旅行经历,就是一个比较典型的例子。他在8年的徒步旅行中,步行4.2万公里,无数次与艰险搏斗,无数次死里逃生。这种人与险的对立在人经过斗争而取得胜利后实现和谐。山水旅游也是如此,游客在旅途中难免会遇到风雨、山洪、饥渴等各种无法预料到的困难,这也是一种对立,在克服困难、赢得胜利的喜悦中找到和谐的美感。而有时自然山水本身也向人类揭示了这种对立和谐关系,例如丹霞地貌,到福建武夷山、广东丹霞山、安徽齐云山旅游过的人,无不为这种碧水丹山的美所折服,它的美仍在于一种对立和谐关系。

综上所述,诸多对旅游这一项越来越普遍的社会行为的美学本质的探讨其实对当前旅游事业的发展是十分有利的,这也正是旅游美学研究的前提所在。

二、旅游美学的研究范畴

几乎所有从事旅游美学研究的学者都给出了旅游美学的研究对象,内容相对集中。以徐缉熙为第一作者的《旅游美学》指出:"旅游美学的研究对象,从总体上说,是研究旅游者的审美活动和审美关系,具体说来涉及如下三个方面:一是审美对象,即旅游者的观赏对象;二是审美主体,即作为观赏者的旅游者的审美心理;三是旅游中的诸多审美关系,特别是人与人之间的关系。"其他如乔修业、黄艺农、庄志民、王柯平、仇学琴等学者,在他们的"旅游美学"教材中所涉及的研究对象与徐缉熙相近。庄志民先生在谈及该问题时则认为,对于旅游美学研究的对象和范围,目前至少有两种看法,一种看法认为,旅游美学研究的对象和范围有三个基本方面:第一,游览者游览、观赏的对象;第二,游客的审美欲求与旅游的审美关系及旅游工作者自身的审美修养;第三,旅游者和旅游饭店。另一种看法是:旅游美学研究以旅游活动中的审美关系为主要对象。旅游活动中的审美关系表现在两个方面:第一,人与景观的审美关系,这是旅游审美活动中的主导性关系。第二,人与人,特别是旅游者与旅游从业人员的审美关系。这一看法与徐缉熙先生所论大体一致。

在诸多国内学者对旅游美学研究范畴的探索和界定的基础上,本教材根据旅游美学这一学科特殊的性质,结合当前旅游活动的特征,也对旅游美学的研究范畴进行了界定。

(一)旅游美学的认识研究

旅游美学的认识研究部分主要围绕如何认识旅游美学的研究范畴,如何认识旅游美学相关学科理论,以及在整个旅游活动过程中如何运用相关学科的理论知识和方法技巧实现旅游主体与旅游客体、旅游环境之间的审美过程等一系列问题展开讨论,这主要包括教材的第一部分,即旅游美学导论。

1.对旅游美学理论基础的认识

民醒在《旅游美学纵横谈》中说:"旅游美学作为旅游审美活动和审美价值的新兴学科,它运用美学的基本原理,指导人们(旅游者,从事旅游业的人员)如何欣赏自然美、艺术美和社会美,揭示其审美特征,通过观赏进一步了解这个地区和国家的自然风光、文化艺术和民情风俗,加深对人类文明的体验,得到更深的美感享受和审美教育。"

因此,为了使这一过程得以顺利实现,首先要让读者认识旅游美学所依托的理论知识,这包括对美的起源、美的本质、美的判断标准以及美学发展历程的探讨,对中西方传统审美趣味的认识,同时也包括了对旅游审美主体在旅游审美活动过程中心理因素的探讨。只有对这些知识有了初步的了解,才能够更好地把握旅游审美活动过程中的关键性因素,在跨文化的审美体验中获得至深至真的审美感受。

2.对旅游审美规律的认识

国内学者唐超认为,旅游是一种审美活动,是审美活动的独特形式,如果我们将旅游作为相对独立的社会审美现象来考察它的整体,便会发现其中的一些审美规律。

(1)旅游审美的普遍规律

旅游作为一种独特的审美活动,具有一些和其他审美活动共有的普遍规律。人类的审美活动和现象极为广泛,普遍存在于社会生活的各个方面,如经济贸易、国际交往、科学实验、艺术创造和日常生活等,这些活动都由审美和非审美的因素交织着。旅游不过是人类审美活动、审美现象中的一种形态,它与其他审美活动、审美现象具有共同性,不论其审美客体、审美主体,以及主客体之间的相互作用,都遵循普遍的审美规律。

(2)旅游区别于其他审美活动的独特审美规律

旅游是审美活动和现象的独特形态,它不同于其他审美活动和现象。这主要表现在两个方面:第一,就旅游的功能而言,它是通过对客观对象美的认识、理解,在欣赏的过程中得到愉悦和美感体验,在这种特殊的愉悦和美感体验中获得启迪和鼓舞,使审美主体深受教育;第二,就旅游的构成而言,它是一种特殊的形象构成,即艺术形象,这些形象或是和谐的,或是典型的,它不仅能够向旅游者传达人类既有的审美经验,而且可以创造出新的审美经验,从而推动整个旅游活动向纵深发展。

3.对旅游美学研究方法的认识

旅游美学研究要取得成果,就应该坚持如下方法:

(1)马克思主义哲学方法

这是总的方法论原则。应该根据对立统一规律,揭示旅游审美前述种种矛盾,着重为解决这些矛盾提供观点和材料,构成旅游审美知识——理论体系。还应该根据主要矛盾与次要矛盾的原理,选定需要着重解决的问题和最有说服力的材料,要从丰富纷繁的旅游景观中选取最主要的、最具有特色的、最令人感兴趣的景观作出中肯的审美评价。

(2)理论与实践相结合的方法

旅游美学既是一门具有理论性的科学,更是一门实践性很强的科学。其理论性在于:运用马克思主义哲学方法和美学原理分析审美对象,作出审美判断;根据需要对某些美学问题进行理论探讨,既深入解决旅游审美的矛盾,又丰富美学原理;建立起一个熔旅游景观知识体系和旅游审美理论体系于一炉的科学结构。其实践性在于:理论观点源于对旅游审美经验的总结提高;理论和方法对旅游审美具有指导意义,即有很强的实用性、可操作性。

(3)相关学科的研究方法

旅游美学既是一门新兴的独立学科,又具有边缘学科的性质。它虽然以旅游审美的一系列矛盾以及解决矛盾的知识、理论和方法为研究对象,但是为了解决这些矛盾又必然涉及多种学科。因此,旅游美学研究在坚持以唯物辩证法为指导的前提下,在运用上述几种方法的同时,还不可避免地要引入相关学科的理论和方法。例如,为了理清研究对象诸多纷繁复杂的关系,需要引入系统的方法;为了把握审美对象中建筑、园林、雕塑、绘画、书法、饮食、工艺等各种艺术特征,需要引入种种艺术理论和方法;为了阐明审美主体的生理—心理,需引入生理学、心理学的理论和方法。当然,对于这些理论和方法,只能是"隐形"的运用,而不是要对它们进行阐述。

(二)旅游美学的实践研究

旅游美学的实践研究是指旅游业应用旅游美学认识研究的正确理论为指导,在开发利用旅游资源、提供旅游服务、进行旅游审美的全过程中最大限度地使主客观条件均符合审美规律和审美需求,使旅游活动成为一项完美的审美体验,使旅游参与者通过旅游活动获得最大的美感体验。

在本教材中,根据目前旅游活动的大致分类,我们将实践研究分成三个部分加以阐述,具体内容如图 1-1 所示。

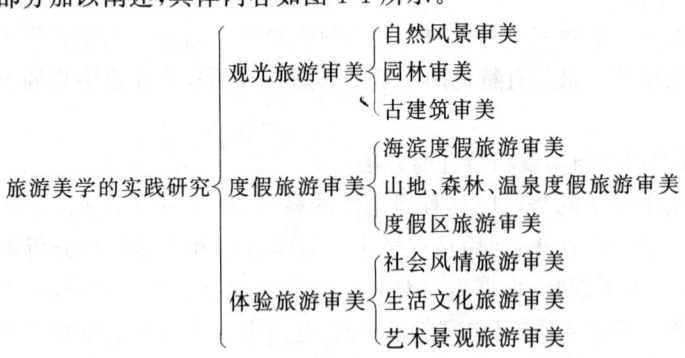

图 1-1　旅游美学的实践研究

思考题

1. 如何理解美的本质?
2. 为什么说"美是难的"? 它涉及美的哪方面的问题?
3. 美学是怎样产生的?
4. "双希精神"对西方美学产生了怎样的影响?
5. "儒、道、禅"精神对中国传统审美趣味产生了怎样的影响?
6. 如何理解旅游审美过程中的对立和谐关系?
7. 旅游美学研究的内容是什么?

第二章 旅游审美心理

学习目的

　　旅游者的心理活动会直接影响到旅游活动过程中各个方面的审美体验,因此,掌握旅游审美的心理活动内容,学会灵活应用旅游审美方法,了解中西方审美心理的异同是旅游美学课程中又一个重要的部分。

主要内容

● 旅游审美心理活动

　旅游审美的心理过程　旅游审美的个性心理

● 旅游审美的心理学原理与方法

　动态观赏与静态观赏　移情与内模　时机与距离　节奏与重点

● 中西方审美心理比较

　审美心态异同　审美体验差异

第一节　旅游审美心理活动

旅游审美是旅游者在观光游览活动中所进行的一种价值判断过程,该过程通常伴随着复杂但是愉悦的心理活动。这种审美心理活动包括心理过程和个性心理两方面,二者密切联系,不可分割。

一、旅游审美的心理过程

审美心理过程包括认识过程、情感过程和意志过程三个部分。认识过程是旅游者对客观事物认知、了解、掌握的过程,情感过程是旅游者对审美对象产生以情感为主要成分的态度的过程,而意志过程是旅游者克服困难、坚持达到目的的心理活动过程。

(一)认识过程

旅游审美心理的认识过程涉及审美知觉、审美想象、审美理解等要素。

1. 审美知觉

所谓审美知觉,泛指审美对象刺激人的感官而引起的各种感觉及与之俱来的知觉综合判断活动。

在整个审美活动中,最初起作用的心理能力是知觉。人们用眼、耳、鼻、舌、身等感觉器官去观察事物,叫做感知觉。其中感觉是单一的感官活动,如视觉、听觉、嗅觉、味觉、触觉等;而知觉是多种感觉的联合,是对事物整体属性的反应。

在丰富多彩的审美实践活动中,各感觉器官的作用有一定差别。根据西方传统美学思想,视觉和听觉一般被当作主要的审美器官。圣·托马斯断言,与审美鉴赏密切相关的是视听觉,因为美的因素在于整一、均匀和色彩鲜明,而这些皆源于视觉。[①] 但我们不能因此而忽视其他感

---

① 王柯平,《旅游美学新编》,旅游教育出版社,2000年3月版,第150页。

觉系统在旅游审美活动中的积极作用。例如,享用美食就应该是一种综合性的审美活动,对美酒佳肴"色、香、味、形、器"的整体性审美知觉,以味觉为主导,以视听觉为辅助;同样,当旅游者身临其境观赏自然风光之时,对于草木花香和清新空气的感受,嗅觉具有不可或缺的作用。另外,旅游者在选购中国丝绸、刺绣或瓷器等旅游工艺品时,视觉的鉴赏固然重要,但触觉对强化其美感和刺激购买欲也具有推波助澜的实际功效。

2. 审美想象

马克思称想像力为"人类的高级属性",主要是因为人在从事创造性的实践活动,如艺术创作、科学发明、审美欣赏中均离不开丰富而自由的想象。一般把想象分为初级和高级两种形式,初级形式是简单联想,高级形式则指想象和创造性想象。

(1)联想

旅游审美联想是审美主体在审美活动中感知或回忆特定景物时连带想起其他相关事物的心理过程。

按审美联想所反映的事物之间的关系,有接近联想与类比联想之分。一般来讲,相接近的事物会形成接近联想。例如,看到秦始皇陵兵马俑会联想到始皇横扫六合、一统天下的盛况;菜名"霸王别姬"似乎看到项羽临终前的豪情与困境等。对旅游者来说,接近联想在丰富其审美感受方面起着积极的作用。类比联想是具有相似特点的事物反映在人脑中所形成的结果。譬如,绿色象征生命,玫瑰表示爱情等。这种联想形式易将审美对象赋予人情,对深化和升华审美感受十分有益。

(2)想象

想象是在联想基础上的发展,是联想的高级形式。如果说联想只是唤起记忆中的形象,那么,想象则突破了联想的惯常轨道,将记忆中的表象加以分解、重新组合,从而创造出新的形象。当人们在昆明石林旅游,会从眼前那座被称为"阿诗玛"的天然石柱上,回想起电影《阿诗玛》所描绘的那一动人传说,阿诗玛那楚楚动人、如怨如诉的美丽形象便从那块坚硬而无生命的石头中显现了出来。这种形象并非那石块原有的形象,而是观赏者通过想象赋予石柱的一种"虚无的"但却是审美的形象,是观赏者带有情感色彩的记忆形象在石柱上的一种投射。在旅游观光中,这种审美想象活动是经常发生的,无论是游桂林的"象鼻山",还是黄山的"猴子观海",这些山石的形状与我们熟悉的某些形象有着相似之处。

3. 审美理解

审美理解是旅游审美感受中的理性因素,它广泛渗透于旅游审美活动的各个阶段。当旅游者理解了审美客体,他就能对旅游审美客体产生更深层次的旅游审美感受,注重的不再是其形式美,而是蕴含在其中的更深刻的内涵美。但由于人们在审美观照中的理解程度不同,往往会形成深浅不一的理解层次。

(1)虚实的理解

第一层次的理解主要在于区分现实状态与虚幻状态,即把现实生活中的情节和感情与艺术中的情节和感情区别开来。例如,在观海市蜃楼时不把幻景当作实景,看戏剧时不把剧情当作现实的真情……一句话,就是要清楚地意识到审美世界之"虚"与现实世界之"实"的分别。只有这样,才能保持冷静,从容而自由地进行审美欣赏。

(2)含义的理解

第二层次的理解是对审美对象之含义的了悟。比如游中国万里长城,如果不知道其历史背景和象征意义,就恐怕难以真正欣赏其"时间的立体性"和"历史的舞台性",也难以达到"游山如读史"的旅游审美境界。旅游中对艺术作品的鉴赏更是如此,你若不懂得西方宗教画的百合花象征着圣母玛丽亚的童贞、十字架象征着耶稣受难、羊羔象征着信徒、池边饮鹿象征着圣徒的欢乐等,你就不能完全欣赏这类绘画作品内在的真正含义。

(3)意味的理解

第三层次的理解是对审美对象意味的把握,这是一种深层的和内在的理解,浸透着情感、想象和意志在内的高级心理活动。这种意味"如水中盐,有味无痕,性存体匿"(钱钟书)。[①] 这种理解是审美心理活动中

[①] 王柯平,《旅游美学新编》,旅游教育出版社,2000年3月版,第157页。

最重要的因素,是一种超感性而又不离开感性的理解因素。它融理性于感性之中,融思索于想象和情感之中,常常在暗中发生效用,使美感不断地得以深化。比如,去泰山旅游,其外在形态所引起的感性认识和感官愉悦,只是审美的初级阶段。要想体验更深的审美愉悦或美感,就得进一步理解和分析泰山形式结构中的意味,如雄奇、宏伟的风范和名山文化的积淀内容等,这需要参照相关的诗词歌赋或游记文学作品,如杜甫的"会当凌绝顶,一览众山小"的词句,不仅描绘泰山的巍峨雄奇,而且也显示出诗人的伟大抱负,显然参融着个人自由的审美想象和复杂的理智思索。

总体而论,认识过程中的几种审美心理因素——知觉、想象、理解,在审美实践中是彼此渗透、相互依赖、密不可分的。如果知觉活动没有想象和理解参与,那它最多不过是一种动物性的信号反应,因此也就谈不上什么审美快感;如果想象活动没有理解参与,那就失去了规范,成为一种非理性的胡思乱想;如果理解活动没有想象参与,那就失去了审美的感性特征。简言之,知觉因素是美感的起点,想象因素是美感的载体和展现形式,理解因素则为美感指明了方向。

(二)情感过程

审美活动是诸多心理功能共同参与的精神活动,但审美本质上是一种情感活动。在人类审美活动中起支配作用的心理形式不是认识过程,而是情感过程。

旅游审美情感具有以下特征:

1. **客体的制约性**

自然山水本身的性质、外在结构(形状、色彩、姿态等)和内在生气不同会产生不同的情感。比如,悬崖绝壁只能引起恐惧、崇敬、严肃、豪壮之类富有力量的感情;而随风飘荡的扬花柳絮只能引起或温柔或活泼或愉快或伤感之类柔性的情感。

2. **主体的变化性**

人的情感是千变万化、丰富多彩的,以不同的情感去欣赏自然山水,山水就着上不同的情感色彩。同是欣赏水,既可以是令人愉悦的,"千里澄江如练,翠峰如簇"(王安石);也可以是忧伤的,"唯有长江水,无语东流"(柳永)。面对同一客体形象,有人可能思古怀今,感慨万千;有人则可能草草一瞥,无动于衷。审美意境的深远与否同审美主体情感内涵的深度是成正比的,主体的情感世界越是深刻,审美心理结构的底蕴就越深厚。

3. 非功利性

旅游中,审美情感的这一特点体现了审美主体精神上的超越性,即在一定程度上超越了个人功利,在旅游过程中大多数人表现出审美需求的非功利性特征。

(三)意志过程

旅游活动的全过程,无疑是对游客体力的考验和锻炼。大多数旅游者总是按照旅游计划积极行动,遇到困难也不后退,想办法实现自己预定的目标。我们把这种在旅游活动中,旅游者表现出有目的地和自觉地支配和调节自己的行为,努力克服自己的心理障碍和情绪障碍,实现其既定旅游目的过程,称为旅游者的意志过程。它对旅游者在旅游活动中的体验有着较大影响。

旅游者的意志过程具有两个基本特征:

1. 明确的旅游目的

旅游者的旅游行为是为了满足自己的需要。因而,总是在经过思考之后提出明确的旅游目标,然后有意识、有计划地支配自己的旅游行为。旅游者的这种意志与目的性的联系,集中地体现了人的心理活动的自觉能动性。意志对人的心理状态和外部行为进行调节,同时,还制止与预定目的相矛盾的情绪和行动。意志的这种作用,可以帮助人们在实现预定目的的过程中战胜各种阻挠和困难,使旅游目的顺利实现。

2. 排除干扰和困难

在意志行动过程中,旅游者要排除的干扰和克服的困难是多种多样的,既有内在原因造成的,也有外部因素影响的结果。由于干扰和困难的程度不同,以及旅游者意志品质的差异,旅游者意志过程有所不同。

在旅游者由作出旅游决定过渡到实行旅游决定的过程中,由于要克服主观和客观两方面的困难,使实行旅游决定成为真正表现出旅游者意志的中心环节,这不仅要求旅游者克服内在困难,还需要他创造条件,排除外部障碍,为实现既定的旅游目的付出意志的力量。

二、旅游审美的个性心理

旅游者心理活动的另一个方面是个性心理,包括了个性心理特征和个性倾向性两方面。旅游审美个性是指审美主体在审美情趣上的主观偏爱倾向。具体地说,旅游审美主体对审美对象及其审美价值,如秀美或壮美、动态美或静态美等的个人选择。审美个性常会影响人们对客观事物的审美评价,甚至在一定程度上制约着人们的审美行为。

表现在人的能力、性格等方面的特征称为个性心理特征。

1. 旅游审美能力

能力是顺利完成某项活动必备的心理特征。由于旅游者的先天条件、心理素质、文化教养、生活经历、以往的旅游审美实践以及所处的背景不同,他们在旅游审美能力上有高低之分。

一个审美知觉不发达的人在观看一幅绘画作品时,往往以似与不似为评判标准,如果其中的形象与实物不似,便摇头而去;而一个审美知觉发达的人却能从形象中看到情感的波澜起伏,看到细腻的或粗犷的人生情调或意味。

2. 旅游者的性格

性格是指一个人对现实的稳定态度,以及与之相适应的习惯的行为方式。不同人之间性格差异很大,如有人热情开朗,有人深沉多虑,有人大胆自信有余而耐心细致不足,有人谨小慎微,做事认真,却显得朝气不足,等等。

性格对旅游者旅游行为的影响是明显的,要获得较好的审美享受,旅游者通常应具备友善、自信、热情的性格特征。

3. 不同职业、年龄、民族的旅游者的个性特征

对旅游者来讲,由于生活阅历、文化修养、情态意趣、职业、年龄、宗教信仰以及社会环境的不同,其审美个性往往具有一定的差异性与多样性,在对美的欣赏和判断上也具有各自的指向性,会对美的不同方面显示出特殊的喜好和偏爱,表现出一定的旅游审美趣味,展现出丰富多

彩的旅游审美个性。

(1)不同职业旅游者的个性

就职业而言，出国旅游的政治家、企业家和社会科学工作者，一般习惯于观察体验东道国的政治制度、社会形态、经济体系，并相应作出美丑或利弊等方面的评判；思想家、记者、宗教活动者一般习惯于透过事物表象去探究东道国人民的精神状态、心理素质、民族特性、生活方式和宗教信仰，进而发掘其社会生活美与内在心灵美；文学家、艺术家一般习惯于追索当地文化艺术的本质特征和审美价值；美食家则一般习惯于品尝与欣赏当地的各种珍味佳肴；医学家、教育学家、考古学家以及环境保护学家等，往往习惯于寻访与各自职业相关联的东西。

(2)不同年龄旅游者的个性

从年龄分析，青年男子喜欢追新猎奇，喜好在异国他乡进行探险旅游，寻觅强度刺激或激越之美；妙龄少女则习惯于通过异地观光，寻找和享受各种风格的服饰美与色彩缤纷的形式美；老年人则习惯于透过人际关系来窥察体验人情美与伦理美。

(3)不同民族旅游者的个性

从民族角度考察，来华旅游的日本人习惯于探寻中国的历史文化之美；西方人偏重于享受中国的社会生活与烹饪艺术之美；而国外华侨和港澳台同胞则乐于欣赏故土人情与风光古迹之美。

三、旅游审美的个性倾向性

需要、动机等方面表现了旅游者的个性倾向性。旅游审美活动是旅游审美需求与动机所诱发和促成的结果。

(一)旅游审美需求

旅游审美需求是促使人们进行旅游观赏活动的内在驱动力。

按照美国社会心理学家马斯洛的"需求层次理论"，人的各种需求被概括为以下七大方面，由低到高分别是：生理需要、安全需要、社交需要、尊重需要、美的需要、自我实现需要。其中，对美的需求属于较高层次的需要，仅次于自我实现的需要。当然，需求层次论有些局限于强调人的需求由低到高的循序渐进过程,但在现代生活中,人的审美需求常贯穿在所有不同层次的需求之中,就连饮食、住房和穿着也不例外。尤其在旅游活动中,审美需求甚至出现在其他需求之前,其他需求会暂时失去其迫切性。

审美需求作为人的一种精神需求,是改善人的生活质量的重要因素之一。审美需求由于审美本身的自由愉悦性而成为其他各种需求的内在动因。那些乘豪华客车、下榻高级宾馆的旅游者,审美需求几乎泛化为其他需求的"指令性原则"。即他们要求一切活动都具有美感,哪怕最基本的实用需求,从房间的色彩、餐厅桌布、饮食的器皿到卫生间的设备都要符合美的规律。

（二）旅游审美动机

旅游审美动机泛指一种激发旅游审美行为的心理趋向,是一种心理刺激或促发动力,是旅游审美需求过渡到旅游审美行为的心理中介。旅游审美动机是外界因素(旅游信息流程和旅游地的审美价值)和内在因素(个人的趣味爱好等)交替作用下产生的结果。但旅游审美行为能否最后实现,通常还涉及主客观方面的一些条件,比如身体、经济、时间等条件,以及客观的交通、住宿和接待等条件。

众所周知,旅游动机是多种多样的。从游客的偏爱和选择角度分析,旅游审美动机可分为以寻访景观名胜为导向的景观审美型,以鉴赏特种艺术表现形式为导向的艺术审美型,以审视社会劳动创造和风俗民情为导向的社会审美型,以品尝美食佳肴为导向的饮食审美型。上述四种旅游审美动机尽管各有侧重,但对绝大多数游客来说并不相互排斥,而是相互兼容的。也就是说,凡出外观光的游客,其动机是多重的,既要欣赏旅游目的地的自然风光美和文化艺术美,也要体验当地的社会风尚美和物质生活美。因此,旅游企业应充分考虑游客的多重需求,在旅游活动安排上力求细致周到、丰富多样,最大限度地满足游客的不同需求。

第二节 旅游审美的心理学原理与方法

在旅游审美活动中,即便是同一景观也会使人得到层次不同的审美体验。这种结果除了涉及观赏者审美心理活动中的各种因素之外,与审美方法的得当应用不无关系。

在旅游审美活动中,一定的观赏原理对调节旅游审美行为及其效果具有十分重要的作用。这是因为形态各异的景观只有借助不同的观赏方法才会显示出其内在的魅力,才会与人的审美心理结构契合。譬如,游江河湖泊和名山,就涉及动态观赏与相宜的节奏;观飞瀑、日出或艺术作品,就得利用静态观赏的法则;去石林看"阿诗玛石像",就须找出最佳的观赏角度;登泰山览"黄河金带",就要抓住观赏的时机;泛舟漓江赏象鼻山的空间构景,就得掌握适当的观赏距离……由此可见,要想充分地展现出旅游景观的美,获得审美满足,就要学会因地制宜地运用观赏原理。

一、动态观赏与静态观赏

对旅游者来说,根据景观特征和个体需要来灵活地运用这两种观赏方法,是获得更多旅游经验的重要途径。

(一)动态观赏

动态观赏是一种游览,例如海滨城市青岛开辟了近海和远海的海上游览,这种游览式的观赏风景越来越引起旅游者的兴趣。观赏者全部身心都置于风景之中,使人感到美就在你周围,美在包围着你,这种美感是一种立体的感受。由于物我双方的空间位移速度快,视觉形象的空间跨度大,在紧张捕捉但易失之交臂的观赏过程中,景物产生一种具有倾向性的张力,向一定方向倾斜聚集,给人的视觉以强烈的幻觉性运动感,使人得到一种生机盎然、气势浩荡的审美感受。唐代大诗人李白在《早发白帝城》中所描绘的"两岸猿声啼不住,轻舟已过万重山"那流动的景象，就是对运动感以及流动美的精彩写照。

动态观赏过程是由移动、速度、景变与感受等四大因素组成的"魔圈"，其中移动涉及速度，速度导致景变，景变影响感受，感受反过来又调节速度……彼此关联、循环往复、交互作用，旅游者一旦步入其中，将会在"无限交流意志"的驱动下，俯仰六合、尽情玩味、畅神怡性、欣然而乐。① 所以，动态观赏有极大的魅力。

在游览中，沿着一定的风景线，或徒步、或乘车、或坐船……在移动过程中欣赏玩味那些流动变幻的风光胜景。其中，步移景易是一种慢速度的游览，人与景没有阻隔，不可分离，在随心所欲和全身心投入的观赏中，体验到较强的亲切感和立体感；湖中荡舟式的游览在审美效果上与此近似，但视野比较开阔，感受更为悠闲；车过景变则是动态观赏活动中速度快、节奏快的游览形式。

(二) 静态观赏

静态观赏是旅游者停留在某一时空背景中有选择地凝神观照周围景致的方法。

人们在游览有些景点之时，要设法入静，在静观中感悟景物的诗情、画意、哲理或禅味。实际上，中国的古典园林，在布局和设计上，也充分考虑到这一审美情趣，主要的景点均置有亭、台、楼、阁、廊等，如上海豫园的静观厅、昆明滇池的大观楼、北京颐和园的佛香阁等。它们一方面构成景致，供游人憩息，另一方面还供游人静观周围的景象，是观赏功能和实用功能有机统一的产物。②

静观中各种感觉器官综合运用，这种审美感受的强度，一般大于各相关部分的简单相加，因此具有不同寻常的"审美增值"效应。③ 在大自然的怀抱中，由色彩、线条和体积等物理要素所构成的视觉形象，由风声、雨声、涛声和鸟声等声响所构成的听觉形象，由花香、草香和清新的空气等因素所形成的嗅觉感受，由温暖的阳光、扑面的微风与流云飘雾

---

① 王柯平，《旅游美学新编》，旅游教育出版社，2000年3月版，第188页。
② 王柯平，《旅游美学新编》，旅游教育出版社，2000年3月版，第188页。
③ 王柯平，《旅游美学新编》，旅游教育出版社，2000年3月版，第190页。

等因素所形成的温馨的触觉感受,以及品尝甘泉和呼吸田园里的清新空气所体验到的某种醇和、滋润或透亮的味觉感受,会在相互作用中形成一种联合的审美感受。

在旅游审美活动中,动态观赏和静态观赏在效果上具有明显的互补性。因此,动中求静、静中求动、动静结合的观赏方法,也符合旅游者在旅游过程中的生理和心理节奏。

二、移情与内模

移情与内模是旅游审美活动中常见的两种观赏景物的方法,两者既有相似之处,又有区别。

(一)移情

在旅游审美活动中,我们把移情观赏作为重要原理之一,是指游人在凝神观照旅游景观的过程中,在审美知觉和理解的基础上展开审美想象的飞翼,动用以往积累的直接或间接审美经验,将自己的情趣投射到外在的景观中去,使景化为情、使情化为景,达到"情景交融"的主客之间"无差别境界",从而实现畅神怡性、从"小我"进入"大我"的最终目的。[1]凡有过泰山观日出体验的人都知道:拂晓,你站在观日峰上,只见脚底飞渡过乳白色的流云飘雾,东方茫茫的海面上浮动着鱼肚白色的云团。你屏住呼吸,凝神翘望,渐渐地,那云团染上了淡红色,愈来愈浓,成为朵朵翻飞的丹霞;继而,含羞带笑的红日慢慢地浮起来。当红日火轮似地一下子跃出地平线时,光芒四射,万物生辉。此时,你心神振奋,只觉得自己的生命在扩张,体积在增大,仿佛感到这云霞、红日中有你,你胸中有这云霞、红日……这是什么缘故呢?是移情观赏所产生的作用。[2]

"移情说"是德国美学家立普斯的创举。他认为移情作为一条最基本的审美原理,不是一种身体或生理的感觉,而是将自己的生命与情感"灌注"和"外射"到审美对象中去的心理现象。"你聚精会神地观察外物,便会忘记自己的存在,不久你就和外物混同一起……同理,你看到

---

[1] 王柯平,《旅游美学新编》,旅游教育出版社,2000年3月版,第192页。
[2] 王柯平,《旅游美学新编》,旅游教育出版社,2000年3月版,第191页。

蔚蓝天空中回旋的飞鸟,你觉得它表现出超凡脱俗的希望,你自己也就变成一只飞鸟"。审美主体到达"移入情感"之际,审美活动才算达到最完满的阶段。

那么,如何才能取得移情观赏的审美效果呢?下述两个要点不容忽视:

1. 入景

旅游者要想寄情于山水,须先"入乎其内",全身心地投入到景观欣赏之中。既要人(身)入,也要神(心)入。观赏者在凝神默照中,充分展开自由的想象,暂时逃开日常的自我,超出现实的意识,将自身的情感借助审美想象假托或外射到景观之中,进入到自由审美境界。

2. 择景

旅游景观丰富多样,审美个性因人而异。当景观的表现形态与某人的审美心理结构契合或接近时,便产生移情或共鸣;而与某人的审美心理结构相悖时,则难以沟通,会形成"视而不见,听而不闻"的无动于衷或两相对峙的现象。因此,须根据自己的情思意趣来选择相应的景致,利用取舍与组合等方式,达到满足旅游观赏需要的目的。[①]

(二)内模

内模是人体内部随客体运动而产生的一种运动的感觉。例如,观看武术表演时,我们的骨骼筋肉也在无意识地随之"捏把劲",有一种内在的力量被激发。西方美学家谷鲁斯认为内模的冲动感觉是产生美感的生理基础,是一种美感体验。

内模作用是通过视觉、听觉、触觉等感觉实现的:看到物体运动或流线型物体(相当于静止式运动),便无意识产生肌肉的动感;听到物体发出的声音,便无意识中喉头肌有重复其声响、节奏、音调之感;摸到物体的形状结构,便无意识中肌肉有模仿其空间结构的微动感。

内模的心理有助于启动人的审美敏感性。比如我们欣赏书法中,看到颜字那样字体刚劲,便不由自主地正襟危坐,模仿他的端庄刚劲;看到赵字那样秀媚,便不由自主地松散筋肉,模仿其潇洒娴娜的姿态。我

---

① 王柯平,《旅游美学新编》,旅游教育出版社,2000年3月版,第193页。

们有时凝神观照直插蓝天的大树或者高耸入云的山峰,也会不由自主地挺起腰杆,以内在的方式模仿对象超拔或崇高的形象等。

三、时机与距离

人们在观赏某些旅游景物时,除了依托个人文化、审美修养等主观条件外,也离不开景观欣赏时机、距离选择等外在条件,这是旅游审美活动取得预期效果的关键所在。

(一)时机

要想欣赏特定时期中的景观形象,旅游者务必选择好观赏时机,因为一些特定的景致只有在特定的时间才能充分展现出特定的风韵。如游杭州西湖的"三潭印月"景点,是随着朝暮时光的变幻而变幻的,观赏者如不把握好时机,就难以直接体味其独特的审美情趣。同样,如果不是在农历八月十八日去看钱塘江大潮,就有可能看不到大潮的壮观景象,感受不到大潮的崇高美。

当然,景观的形态变化,不仅受日暮光照的影响,而且也受季节的制约。宋朝诗人杨万里笔下所描绘的六月西湖就是一个范例,他写道:"毕竟西湖六月中,风光不与四时同。接天莲叶无穷碧,映日荷花别样红。"可见,同一景观,在不同的季节往往呈现出不同的色彩和形象。这是因为导致景观变化的光照、植被、云雾等自然现象,具有明显的季节性,从而使同一景观按时令顺序表现出春景、夏景、秋景和冬景。相应地,观赏者的审美心理活动与审美感受也呈现出不同的特征。

我们谈景观的变化,也包括那些稍纵即逝的特殊景观。如蓬莱仙岛的"海市蜃楼"和峨眉金顶的"佛光"等自然景。这类景观时间性尤为突出,大有机不可失、失不再来的特点,慕名而访的旅游者能否如愿以偿,那就要看其时运如何了。

(二)距离

观赏风景时,选择距离是很重要的。距离不适当,往往看不到美。在这里,距离主要指心理距离和空间距离两种。一般来讲,在游览某些景观的过程中,心理距离多由个体自行调节,而空间距离则有赖于导游因地制宜或因势利导。

1. 心理距离

"久居之处无风景"、"入芝兰室,久而不闻其香",那是因为习以为常,而不觉其美。在审美活动中,审美主体需要与审美对象保持一定的距离,审美对象才能显出美,这是人们的心理习惯造成的。这是瑞士心理学家、美学家布洛在1912年出版的《心理距离》一书中提出来的。[①]

关于心理距离,布洛曾有过这样的解释:设想海上涌起大雾,船上大多数的乘客除了感到烦闷和忧虑之外,还会产生一种奇特的焦虑之感,对难以预料的危险感到恐惧和紧张,使得这场大雾变成了海上的一场恐怖,因为它那极端的沉寂与轻飘迷茫显得更为可怕。然而,海上的雾也能够成为浓郁的趣味与欢乐的源泉。就像所有那些兴高采烈的登山的人们并不计体力上的劳累及其危险性一样,你也同样可以暂时摆脱海雾的上述情境,忘掉那危险性与实际的忧闷,把注意力转向形成周围景色的种种风物——围绕着你的是那仿佛由半透明的乳汁做成的看不透的帐幕,它使周围的一切轮廓模糊而变形,形成一种奇形怪状的形象;你可以观察大气的负荷力量,它给你形成一种印象,仿佛你只要把手伸出去,让它飞到那堵白墙的后面,你就可以触摸到远处那能歌善舞的云中仙子;最后,还有那出奇的孤寂以及与世隔绝的情境,宛如只有在高山绝顶上才能感受到的情况。这种经历把宁静与恐怖离奇地揉合在一起,人们可以从中尝到一种浓烈的痛楚与欢快混和起来的滋味。这种情绪与另一些方面所形成的盲目而反常的焦虑之情形成了鲜明的对比。海雾便是一种绝美的景致了。

朱光潜先生对此作过明晰易懂的阐述。他认为心理距离其实不过是脱开实用生活的约束,把事物摆在适当的位置之外去欣赏罢了。东方人陡然站在西方的环境中,或是西方人陡然站在东方的环境中,都觉得面前的事物光怪陆离,别有一种美妙的风味,这就是因为那个新环境还没有变成实用的工具……它们与你的欲念和希冀之中还存在一种适当的距离。池塘小园林的倒影往往比实在的园林好看,也是因为心理距离的道理。

[①] 乔修业,《旅游美学》,天津:南开大学出版社,1990年4月,第29页。

2.空间距离

所谓"空间距离"亦指实际距离,即人与物之间的远近长短间隔。距离不等,所看到的景致相异。如同电影镜头,构成远景、中景、近景或特写景,这些具有一定差异的景致,往往使人获得不同的审美体验。

"远眺轮廓,近观细部"、"远望之,以取其势;近看之,以取其质"。如云南昆明滇池的西山,素有"睡美人"之称。而这美人的睡态形象,只有在可构成全景的客观基础(如距离、时机、光照、角度等)之上,才能通过空间意象,画出轮廓线,看出形态美。假如距离太近,也许只能看到满山的杂树、遍野的荒草、零乱的岩石。由此可见,距离在旅游审美活动中占有十分重要的地位,对提高旅游者的观赏水平或美感层次有着不可估量的作用。

四、节奏与重点

在旅游审美活动中,观赏节奏的适当与否,对旅游者的体能、心境和情趣等有着直接的影响。另外,游人如果不能抓住重点,也就是侧重观赏其中占有主导地位或具有独特性的重要景点,那么就会与其失之交臂,铸成憾事。因此,把握好观赏节奏和重点观赏的原则,有助于获得较大的旅游满足感。

(一)观赏节奏

"节奏"原本是个音乐术语,泛指轻重缓急、长短交替的音响运动形式。节奏对人类的动作、情绪、心态等方面,起一种难于言表的协调作用。生理节奏正常,人体的内部机能才会处于稳态;心理节奏适度,人的内心生活才会趋于平和。同样,观赏节奏正常,人的审美需求才会得到最大满足。

所谓旅游观赏节奏,泛指游览活动的张弛、行进速度的缓急,导游讲解的快慢、声音语调的高低以及游览过程的停顿等因素所构成的多样统一的结果。旅游者是具有生理—心理结构的活生生的人,旅游审美是一项有劳体力和鉴赏力的综合性实践活动。于是,游览过程应该从人的本体出发,使观赏节奏符合旅游者的生理负荷和审美习惯。

1.静态节奏

审美对象自身具有静态节奏。远近不同、形态各异、色彩缤纷的景致,犹如一组组电影镜头,或一幅幅活动图画。其结果是,许多局部景点以画面组合的方式连贯起来,在空间腾跃飞动,此起彼伏,形成川流不息的静态节奏美。

比如游览北京故宫,那些具有独特建筑形式的大屋顶乍看上去会给人一种异常沉重乃至压抑的感觉,但随着视觉的移动,看到建筑四角弯曲翘起、飞腾展翼,原先那种重压感被减弱。这种建筑群的高低起伏、错落有致、虚实结合、疏密交织、对应幻变,亦产生了有节奏感的效果,给人以无穷的观赏兴味。因此,人们通常也把建筑称为"凝固的音乐"。

2. 动态节奏

审美主体的游览过程是动态的过程,或步行、或乘交通工具,景观也随之而变化。动态节奏尽管在审美意义上会给游人带来生理和心理上的快感,但它们如果超出了人的生理-心理负荷能力,就会适得其反。因此,要想解除紧张,摒弃单调,避免烦乱,就必须使观赏节奏趋于合理化。

(1) 一张一弛

常言说"文武之道,一张一弛"。旅游审美活动也应该注重这一点。游览活动要考虑到旅游者的生理适应性,解决好日程安排的紧与松或劳与逸的关系问题。作为审美条件的生理基础一旦失去,审美也就难以独自存在了。

(2) 有缓有急

在具体的游览观赏中,行进速度的缓急也要形成一定的节奏。例如游园,有的人习惯于宏观欣赏,即从大处着眼,注意建筑的轮廓形式和假山池树的布局;有的则喜好微观欣赏,即从小中见大,玩味一幅彩绘、一个透窗或一处盆景。

例如导游者在引导游客游览时,如果忽视了旅游者个人在审美习惯上的差异,或是一个劲地催他们快走,或是放任自流地随其所便,或是因为时间宽裕而故意慢慢腾腾,都会对旅游者的审美情趣产生消极的影响。所以,导游者应像乐队的指挥一样,要在整体协调和积极引导的基础上,把握好行进速度的节奏变化,对哪儿该快、哪儿该慢、哪儿该停必须心中有数,提前作好统筹安排,以便使游人在快、慢、稍快、稍慢和行止的节奏变化中,从容自如,轻松悠闲地享受到游览观赏的极大乐趣。

(二)重点观赏

所谓重点观赏,是指有选择地观赏景物对象中最具有个性特色或最富有审美价值的景点。

旅行游览,尽管在审美意义上是一项自由自在、随兴所至的精神性活动,但在实际过程中,常常受到来自主客观诸因素的制约。就主观方面而论,旅游观赏者主要受到个人闲暇时间、体能和财力等因素的限制。每次亲临内容丰富的名山胜水或名胜古迹,欲逐一观览,怕时间不够或体力不济;欲走马观花,则难以尽兴;想游其一角然后再次造访,又得盘算经济实力等;就客观方面来看,景观空间面积大、游览内容多虽是优点,但有时会使受主观因素制约的游人难以适从,会因为选择不当而顾此失彼或因小失大,结果盲目奔波。

那么,在游览过程中,又当如何解决取舍的矛盾呢?通常的做法是因景制宜,观其精粹,也就是我们这里所要说的"重点观赏"原理。事实证明,选择观赏重点是适合一般游人的审美活动规律的。因为游人对景观形象的观照,并非全盘接收,而是有所倚重、有所选择。据此,旅游者每次出外游览某一景区或胜地,需要事先查阅有关资料,了解其基本风貌,在获得一定背景知识的基础上确定观赏景点,作出于时、于人、于景均有利的游览计划。

第三节 中西方审美心理比较

中西方文明的诞生由于有着迥然不同的历史背景,因而造就了不同的社会形态、民族性格、思维方式、伦理道德等,进一步造成了在旅游活动过程中的审美心理差异。对于跨文化交际的旅游者来说,这种心理活动涉及文化背景差异,其审美心态、审美体验都会存在较大的不同。

一、审美心态异同

审美观念的形成是个体社会化的过程,因此受到很多因素的影响,中西方由于文明的形成有着迥然不同的自然环境、社会环境、意识形态等背景,因而形成了审美观上的诸多差异。

(一)求同与求异

中国人自小形成的依附权威、追求既定目标的教育方式使得中国人在成长的过程中容易形成"求同性"的思维方式,善于寻找共性。

西方人的教育方式强调技巧的培训和独创观念的培养,因此在思维方式上与东方人恰恰相反,喜欢张扬个性,寻找差异而不愿意雷同,因此最擅长于展现自我。

【案例2-1】 双胞胎教育

一对中国夫妇和一对法国夫妇都生了一对双胞胎,中国夫妇给双胞胎穿着同样的衣服,睡同样的房间,几乎是用同一种方式对他们进行培养教育。法国的夫妇则为自己的双胞胎孩子缝制了12件不同的衣服,尽可能不让他们做同样的事情,甚至想让他们截然不同。问及原因,中国夫妇回答:"因为他们是双胞胎。"法国夫妇回答:"他们已经在外表上非常相像了,我们更应该帮助他们培养各自的个性。"

(案例来源:朱希祥,《中西旅游文化审美比较》,华东师范大学出版社,1998年6月版)

(二)整体感悟与分割思索

中国人善于整体感悟。中国思维文化以综合性、整体性、模糊性和感悟性为特征。多数中国人在审美上,喜欢将哲学、伦理学、社会学、政治学等众多对象与审美放在一起共同思索,即考虑综合价值。在艺术欣赏上,喜欢将舞蹈、音乐、文学、讲演、武术、杂技等揉和在一起,而不喜欢分门别类的欣赏;在艺术创作上,讲求诗书画结合的美术创作,讲求整体气韵的书法艺术,和诗画文景结合的园林艺术构思。例如,《岳阳楼记》不仅要有范仲淹的文采,还要有大书法家的笔法,同时还要挂在岳阳楼上,这样才能体现《岳阳楼记》的价值。

西方人善于分割思索。西方思维文化以分割性、孤立性、清晰性和思辨性为特征。西方人在艺术欣赏方面,喜欢将歌剧、舞剧、话剧、哑剧等分类明确,各自独立,并不倾向于欣赏综合性节目;在艺术创作方式上,喜欢单独展现事物某一方面的特征,因此抽象艺术十分发达,多产印象派、抽象派艺术家;在学术研究领域,喜欢将一件事物深究到底,因而自然科学有了充分的发展空间和完善的学科体系,等等。

(三)节制与宣泄

钱钟书先生在《旧文四篇》中曾经这样描述道:中国诗里算得上"浪漫"的,比起"西洋"诗来,仍然是古典的;在中国诗里算得上坦率的,比起西洋诗来,仍然是含蓄的;我们以为词话够浓艳了,看惯粉红骇绿的他们还欣赏它的素淡;我们以为已经在扯着喉咙叫了,听惯大声高唱的他们只觉得不失为斯文高雅。[①] 由此可见中国人在艺术方面表现的节制。而西方人则以想到哪里就走到哪里、想到哪里就说到哪里来表达自己的情感,其艺术表现形式也以宣泄为特征。

(四)"物感"与"物拟"

"物感"与"物拟"是中西方学者在研究美学理论过程中所提出的基于中西方审美心态上的显著特征。

中国美学家提倡"物感"说。"物感"说侧重于研究个体主观内心、心理和情感机制与客观事物的关系,是中国人独特的"意境"、"消融"、"忘我"的审美境界。西方则推崇"物拟"说,"物拟"说来源于亚里士多德的"摹仿"说,"拟"重在描摹客观事物的形状、动态过程等。例如,西洋画中强调"再现",就是一种典型的"物拟"。

(五)"乐感"与"罪感"

中西方审美心态上的另一个明显区别还在于"乐感"和"罪感"的体验。这两种不同审美心态的对立其根源与宗教有很大的关系。

1. 中国宗教的"乐感"

中国本土的宗教——道教,强调重现世,即命定安分、知足常乐,重

[①] 朱希祥,《中西旅游文化审美比较》,华东师范大学出版社,1998年6月版,第59~60页。

实用的"乐感"文化。这种文化在旅游活动的审美过程中具体表现为：

(1)追求"圆"

历史地看,对圆的认识、崇拜和审美并非中国的专利,但随着中国封闭式社会的延续与加强,西方开放式社会的实现与扩展,对圆的认识发生了根本性的转变。如中国的戏剧几乎处处强调圆,要求情节要"圆满",表演要"圆场",唱腔要"字正腔圆"。

(2)崇尚"优美"

中国人的审美更倾向于令人愉悦,使主体向往、流连的对象,我们称之为"优美",优美的客体使人进一步接近,最终达到审美主体与客体渐渐统一,即主体承受美的对象所引起的是直接快感。

2. 西方宗教的"罪感"

西方的宗教源自希伯来精神,其要点是苦难和忏悔,是以原罪、赎罪为中心的"罪感"文化。这种文化在旅游活动的审美过程中具体表现为：

(1)追求"残"

中国人对圆的追求和崇拜有增无减,而西方人却转向其反面——关注"残"的美感体验。西方强调"无结束性"、"无确定性"的审美观念,更喜欢为观众提供带启发性、暗示性或象征性的不完整画面,让观众去进行审美的再创造。

(2)推崇"崇高"

西方人的审美表现在对内在的矛盾与冲突更为关注,对象往往造成一种开始拒斥主体,尔后升华主体的转变过程,即首先对主体造成恐惧,产生拒斥,进而唤起主体自身的理性和勇气,从而超越对象,达到新的精神境界。也就是说,主体承受的是崇高的对象所引起的一种由痛感转化而来的快感,我们将其称之为"崇高"。这也是西方悲剧发达的美学原因之一。

(六)以静制动与以动制动

中国人喜欢以静制动,在游览和观赏之间体验的是"人不动心动,心不动神动"的感受,在"看——想——找感觉——体验意境"的过程中得到愉悦。因此,观光旅游从古至今一直是旅游产品的主体。对事物的形状上,中国人偏重直线式审美;在色彩上,中国人偏重黑白两色;在空间上,中国人的思维多半在 1 至 2 维空间徘徊。

西方人喜欢以动制动,喜欢参与,喜欢征服,喜欢享受刺激性的体验,因此探险旅游发达。如美国有模拟"东方列车"谋杀的惊险旅游,英国有"血腥"周末旅游。对事物的形状上,西方人偏重曲线式审美,以文字为例;在色彩上,西方人喜好彩色,以绘画为例;在空间上,西方人喜欢挑战多维空间。

二、中西方审美体验差异

由于审美心态的差异,直接影响到旅游者在旅游活动中审美体验的差异,我们将通过山水、建筑、园林的审美对这些差异进行分析比较,希望能够从中窥见一斑。

(一)山水鉴赏

山水的美源自天然,是旅游活动过程中自然景观审美的重要组成部分,对于山水的鉴赏,我们将中西方审美的体验性差异概括为融合与交接。

1. 融合

融合是形成于我国先秦时期的"比德"式审美,即将自然物的某些特征比附于人的道德、情操,使自然事物的属性人格化,人的品性客观化。它集中体现的是重现实和世俗、重实践理性的儒家文化,将山水看作是人们理想、追求、憧憬、道义及人格的象征。"仁者乐山,智者乐水"是这一倾向的高度概括。

2. 交接

交接与融合不同的是人与自然的位置关系。这里交接指的是人与景分别处在不同的位置上,互作关照,而不是合二为一,不分彼此。西方人欣赏自然山水或者其他的艺术品,只是停留在旁观者的角度以一种平和的心态去看待一个客观的事物,没有"寄情于景"的心态。

(二)建筑审美

山水的美源自天然,还不能够体现人的力量,看不出人是如何按照美的规律来建造世界的。因此,在旅游活动过程中,人文景观会成为人们关注的又一焦点。在建筑审美观上,我们将中西方审美的差异概括为以下三个方面:

1.理念：实践理性精神与宗教神灵精神

实践理性精神指的是东方的建筑多关注于现实社会生活，不作纯粹抽象的思辨，强调"实用"、"实际"，满足于解决问题的经验性思维水平。宗教神灵精神指的是西方建筑受宗教的影响较大，宗教的痕迹在建筑中体现得十分明显。具体差异如表2-1所示。

表2-1　实践理性精神与宗教神灵精神

	中国：实践理性精神	西方：宗教神灵精神
结构	讲求平面铺展，均匀对称，又等级分明	平面铺展与空间拓展兼顾
材料	以土木砖为主，使建筑显得轻快、富于情趣，典型的如拱券、斗拱的使用	主要采用冷而硬、厚而沉、庞大的石块为材料，追求高大、强壮、神秘、威严和震慑的效果，是典型的弃绝尘寰的宗教出世精神
色彩	东方建筑的主色是象征幸福、喜庆的红色，其次是象征永久、平和与生机的绿蓝色，再次是象征富贵、力量、中央集权的金黄色，这些色彩涂在木建筑上既起到保护作用，又美观	主要由大理石贴面和彩色玻璃来体现，以白色、灰色为主色，红、黄色为辅色，以营造一种鲜亮辉煌和扑朔迷离的效果，给人以神秘、惶恐之感
审美感受	有利于缩短主客体之间的"认同"距离，产生亲近的美感效应	容易使主客体之间的距离感拉大和扩延，以产生一种崇敬和仰慕的美感效应

2.结构：框架式与围柱式

由于古中国建筑是以木结构为主，因此在结构上采用的是框架式，即采用木栏、木柱、木梁、木椽等构成房屋的主要框架。它既可给门窗的设置留有机动余地，又为形成特有的屋檐"斗拱"和千姿百态的屋顶设计奠定了基础。

西方古典建筑的结构特点是围柱式和由此发展出来的罗马斗兽场及凯旋门那样的券柱式。这种形式的建筑以古希腊神庙最为典型。从实用与美观出发，古希腊创造了三种柱式：仿男人体的粗壮的多利克柱式、仿女人体的颀长的爱奥尼式及综合两种特点的科林斯式。

3. 布局：庭院式和独体式

根据中国伦常礼法的原则和建筑平面匀衡的特点，中国的建筑无论是一般住宅还是宫殿、寺庙，都遵循着一种庭院式组合方式，即由若干单座建筑和一些围廊、围墙、屏障等环绕成为一个个庭院式建筑群。这种布局一方面造成了明显的君臣、长幼、内外、男女等级差别，另一方面也表现了"庭院深深深几许"的中国文化艺术的特有境界。

西方建筑在审美上寻求的则是一种独立的审美意味，注重的是个体的艺术效果和建筑风格。这其中最具代表性的、成就最高的就是古希腊的雅典卫城。

(三)园林审美

园林是自然和人工结合的最佳产物。从总体上来看，中西方在园林的文化象征上具有相似性和差异性。

1. 相似性

其一，中西方都将园林看作人间天堂。中国名言自古有"上有天堂，下有苏杭"的说法，而英文中"天堂"一词来自古希腊文的"Paradeisos"，意为"豪华的花园"。

其二，中西方都将园林看作是权力的象征和政治的情感寄托。中国的皇家园林体现的就是"小园林、大中国"的思想，一座园林就是一个缩小了的中国；而西方，特别是法国路易十四时代的造园艺术，典型地体现了"皇帝即国家"的绝对君权制度。

2. 差异性

其一，炫耀方式截然不同，这里主要指皇家园林。在中国的园林中，皇帝是独揽大权的，其他人只能作为随从或侍卫，不能同他一起享乐、一起观赏，凡有碍皇帝尊严，危及其安全的都要扫除或摒弃。西方国王和大贵族的享乐观念则完全不同，他们认为那是讲排场、比奢华的地方，因此他们喜欢在园林的空地中举行大型的酒会、宴会和舞会，和大家共同享乐，并因为自己是这一切活动的中心和组织者而洋洋得意。

其二，中西方寄托在园林中的理想与愿望不同。中国私家园林的特点是闲静、幽雅、曲折、含蓄，这种风格实际上是中国文人士大夫的处世哲学和文化审美态度，他们大多将园林作为隐身之处，在其间散步、思考和隐居。而西方的园林,其功能更多地是为了娱乐和玩耍,而不是为了美,将园林作为美的标志和休闲隐居的场所则是近现代才得以实现的。

思考题

1. 审美知觉、想象、理解的基本特征是什么?举例说明它们在审美活动中的作用。
2. 你如何看待旅游审美的类型?这种类型分析有何实际意义?
3. 你认为如何才能有效地深化旅游活动中的审美体验?
4. 在什么样的时空背景中,旅游观赏时机显得尤为重要?试举例说明。
5. 东西方审美体验在山水鉴赏方面会出现哪些差异?

第二部分

观光旅游审美

第三章　自然风景审美

学习目的

　　自然景观包括了地文、水域、生物、气象等多种类型,是旅游审美活动中最鲜活的对象。通过本章学习,了解自然风景的类型,认识各类自然风景的表现形态,理解自然风景美的形式,从而进一步掌握自然风景的美学特征。

主要内容

- **地文景观审美**

  地文景观的形态　地文景观的美学特征
  著名地文景观赏析

- **水域景观审美**

  水域景观的形态　水域景观的美学特征
  著名水域景观赏析

- **生物景观审美**

  生物景观的形态　生物景观的美学特征
  著名生物景观赏析

- **气象景观审美**

  气象景观的形态　气象景观的美学特征
  著名气象景观赏析

自然风景是在自然界中长期演化而形成的,是自然天成的景观,巍峨的群山、潺潺的溪流、变幻莫测的云霞、广袤的草原……这些各式各样的名山异水、奇花异草、光怪陆离的气象和气候,构成了自然风景的各种形态,深深地吸引着人们,给人以美的享受。古今中外,千姿百态的自然风景无不让人流连忘返。在我国,自然风景很早就进入人们审美的视野,"智者乐水,仁者乐山"、"山水之美,古来共谈"等言辞,透露了古人对自然风景的美学把握方式。

一处自然风景是由诸多自然要素构成的,这些自然要素相互联系、彼此映衬,共同造就自然风景整体的美。根据构成各类自然风景的主导性因素,可以将自然风景分为地文景观、水域景观、生物景观、气象景观四大类型。

第一节 地文景观审美

地文即地表的形态,地文景观是指地球内、外引力综合作用于地球的岩石圈而形成的各种现象与事物的总称。如独特壮观的地质构造,体现地球史的地质剖面,神秘的化石,体现地球本身及大自然鬼斧神工的火山、地震遗迹,以及以地质体为骨架基础的各种地貌景观等。

一、地文景观的形态

地文景观有多种形态,此处把它划分为地质过程形迹、山石与峡谷、蚀余地貌景观、自然灾变遗迹景观、沙石地地貌景观、岛礁、洞穴地貌等七大类。[①] 如表 3-1 所示。

---

① 马耀峰等编著,《旅游资源开发》,科学出版社,2005年,第38~47页。

表 3-1　地文景观的形态

1	地质过程形迹	断层景观
		节理与褶皱景观
		地层剖面景观
		生物化石景观
2	山体、石体与峡谷	山地
		凸峰
		造型石体
		峡谷
3	蚀余地貌景观	石林(喀斯特地貌)
		丹霞地貌
		雅丹地貌
4	自然灾变遗迹景观	地震遗迹景观
		火山活动遗迹景观
		冰川活动遗迹景观
5	沙石地地貌景观	沙漠景观
		戈壁景观
		沙滩景观
6	岛礁	岛屿
		礁
7	洞穴地貌	溶洞
		落水洞
		天生桥
		重力堆石洞

二、地文景观的美学特征

有地即有美，无处不风光。世界上的地貌景观林林种种，千姿百态。例如，美国科罗拉多大峡谷，中国的黄山、九寨沟，非洲的维多利亚瀑布，澳大利亚的大堡礁，坦桑尼亚的乞力马扎罗国家公园……都是大自然赠与人类的著名地貌旅游景观。地文景观以其雄伟、奇妙、险峻、幽静、空旷等形态美和多样的色彩美而展示其特有的美感。当然，不同的地文形态，美学特征也迥然有别。

(一)形象美

风景之美,总是以一定的形式和形象表现出来,形象是风景美最显著的特征。地文景观形象美的特征可以概括为雄、奇、险、幽、旷、野等。山体景观最能体现这些特征,每座山体既是各种基本形象的空间综合体,又具有独特的总体形象特征,如雄泰山、奇黄山、险华山、秀峨眉山、幽青城山等。

1. 雄伟

雄伟一般是就形体与气势而言的。凡形体高大雄伟、气势磅礴者,皆谓雄伟。雄伟是一种壮观、壮美、崇高的形象,它表现为宏大的形状,巨大的体积,宽阔的面积,沉重的深度,滚滚的气势。雄伟所引起的审美感受特征是:赞叹、震惊、崇敬、愉悦。雄伟的高山,喷薄的红日,参天的古树,凌云的雄鹰,无不给人雄伟的美感。

高大的山体景观具有雄伟的特点。泰山为五岳之首,海拔1545米,绝对高度并不高,但因其地处华北大平原东端,与开阔的平地相比,显得高大雄伟,有赞为"泰山天下雄"。杜甫《望岳》云:"会当凌绝顶(泰山之顶),一览众山小。"汉武帝游泰山赞其"高矣、极矣、大矣、特矣、壮矣"。

大规模的峡谷也同样拥有雄伟气势。大河上游一般发育有较大规模的峡谷,具有高峡阔水的特点,让人感觉气势磅礴,雄伟壮丽,如长江三峡的瞿塘峡,两岸悬崖绝壁,群峰对峙,急流澎湃,声如滚雷,其西口"夔门天下雄"之美誉便得于此。

钱塘江潮具有惊涛巨澜、汹涌澎湃、排山倒海、雷霆万钧、声如金鼓的特点,苏东坡描写其为"八月十八潮,壮观天下无"。此外,长江第一湾、三江并流、黄果树瀑布、北国风光、大漠驼行等也具有雄伟的特点。

2. 奇美

奇美是指那些经过地球外力作用和人类开发改造而形成的、具有奇特风格的地文景观形态。奇美在于形象之非同一般,变化多端,离奇怪异,出人意料,所引起的审美感受是令人神往、兴奋、惊喜、兴味盎然、妙趣横生。典型的奇山异水,有大西南的岩溶地貌,青藏高原神奇的湖泊,台湾、海南等沿海地区的海蚀柱、海蚀崖、海滩等。

我国的一些著名风景区,都以奇异的造型石体为其特色,如黄山的"鲜桃石"、"天鹅孵蛋石"、"石猴观海",普陀山的"磐陀石"、"云扶石",海南岛的"天涯海角"、"南天一柱"等。造型石体往往与传说、典故联系起来,使得自然景观平添几分灵性与生动。如黄山的"仙人晒靴"、海南岛的"鹿回头"都能引出一段美丽的传说。造型地貌由于其形态、纹理在各个侧面都不一样,因此,从不同角度观看,往往造型出现变化,这是地文景观资源又一引人入胜之处。

3. 险峻美

险峻美往往表现为垂直、绝壁、千钧一发、万丈深渊、深窄、突兀嶙峋,险所引起的审美感受是惊心动魄、心悸万分、心惊胆战,可以引发好奇心,具有强烈的吸引力。山西浑源悬空寺、华山"鹞子翻身"险径、险峻的瞿塘峡、"难于上青天"的蜀道、辽宁千山五佛顶等都是险峻美的代表。

4. 幽静美

幽静美的旅游景观,引起"清净"之感、幽深莫测的神秘感,可使旅游者心绪平缓、温和、轻松、宁静、淡泊、心境愉悦、明净、逍遥、恬适、超然。

幽静美之最负盛名者,历来首推"青城天下幽"之四川青城山。东北幽深的镜泊湖景区,清幽的长白山天池,幽雅的大连海滨浴场,雁荡山清幽的灵岩,台湾花莲的鲁阁幽峡,无不是幽静美景致的代表。

此外,小规模的峡谷,由于谷深有限,加以空间狭窄、曲折,视线不畅,因此更多地是给人一种幽静的体验。如武夷山、黄山的"一线天"就属于这种类型。

5. 空旷美

与形成幽美的视域条件(较窄)相反,形成空旷美须有辽阔、高远的视域。空旷美的载体是大平原、大草原、大海、大湖、大河,如"天苍苍,野茫茫,风吹草低见牛羊"的内蒙古大草原,"洞庭天下旷"的八百里洞庭湖等。空旷美的景观,使人视野大开,旅游者的心境也豁然开朗。

(二)色彩美

色彩美是大自然的杰作。蓝天、白云、绿水、青山、碧海、金沙、霜林、雪原、美草、百果、黄土地、红高粱、似锦繁花、五彩云霞、镶金的落晖、镀银的月华……大自然是绘就色彩美的最伟大的画师。色彩引起的审美感受是欢乐、幸福、振奋、赏心悦目。色彩的层次、种类极多：红、橙、黄、绿、青、蓝、紫，姹紫嫣红。

山色之美，各有千秋，如庐山之美、嵩山之峻、雁荡之奇、天山之丽，各具特色，美不胜收。

三、著名地文景观赏析

（一）科罗拉多大峡谷

科罗拉多大峡谷是世界陆地上最长的峡谷之一，位于美国科罗拉多高原，全长349公里，最大深度约1800米。大峡谷呈V字形，谷底最窄处仅120米。从谷底向上，岩壁均露着寒武纪到新生代的各期岩系，含有代表性生物化石，大峡谷因此有"活的地质史教科书"的美称。

科罗拉多大峡谷国家公园是大峡谷最深最壮观的35公里地段，最大深度1740米。暴露的地层展现了20亿年地质构造史，有多种生态环境和生物物种，还有4000年来印第安人的居住生活遗址。

科罗拉多大峡谷并不是世界上最深的峡谷，但是大峡谷凭借其超乎寻常的体表和错综复杂、色彩丰富的地面景观而驰名。从地质角度上来看，它非常有价值，因为裸露在峡谷石壁上的从远古保留下来的巨大石块因其坚硬和粗犷而美丽。这些石层无声地记载了北美大陆早期地质形成与发展的过程。当然，这里也是地球上关于风蚀研究所能找到的最迷人的景点。

（二）云南石林

天下奇观石林，位于中国云南省昆明市石林彝族自治县境内，地质学上称为岩溶地貌（喀斯特地貌）。据科学鉴定，这是距今2.7亿年前大海海底石灰石沉淀区，由于地壳运动，海底上升露出海面，经海水、雨水的熔融、冲刷和风化，形成了千百万座拔地而起的石峰，与众多的石柱、石笋、石芽连成一片石头的森林。

石林风光是大自然鬼斧神工的杰作，在石林县400平方公里的区域内，遍布着上百个黑色大森林一般的巨石群，有的独立成景，有的纵横交错，只见各种奇石拔地而起，参差峥嵘，千姿百态，其形象有的如莽莽森林，有的似千队万骑，有的石柱如利剑刺空，有的如一柱擎天，有的如高墙壁立，景致异常壮观。石林壁峰之中，翠蔓挂石，金竹挺秀，山花香溢，飞鸟和鸣，使千嶂崖峰显得生意盎然。在众多景点中，尤以"莲花峰"、"剑峰池"、"望峰亭"、"石林湖"、"母子偕游"等景色最佳。

独自成趣的石峰，连绵占地350平方公里，是典型的峰林型岩溶地貌中最美丽的风光，它由大小石林，即古石林、长湖、大叠水瀑布、芝云洞、月湖、奇风洞等景点组成。大小石林风景区方圆数十里。在野岭荒山、鲜花绿树丛中，又有许多奇峰怪石点缀其间。这些异石个体庞大，形象生动，加上周围环境生机勃勃，视野也较为开阔，游览又别有一种情趣和感受。

(三) 大堡礁

大堡礁是澳大利亚东北海岸外一系列珊瑚岛礁的总称。纵向分布在离岸16～240公里的珊瑚海上，美丽的布里斯班港东北部，大致沿昆士兰州海岸断续绵延2000余公里，包括约3000个岛礁。礁区从弗雷泽岛正北到约克角，覆盖着澳大利亚大陆架方圆3487平方公里的面积，是世界上最大的珊瑚礁。

"大堡"由2500个礁体组成，其面积小者几公顷，大者100多平方公里，有的地段被不到200米的海湾隔开，而另一些地段两礁相距可达20公里。礁体多在海下，但有些在退潮时可露出水面。

布里斯班港湾外之所以积聚大量的珊瑚礁，是因为这一带自古以来适宜珊瑚虫的繁衍。有的科学家预测，大堡礁至少已有3000万年的历史了。这些珊瑚礁系由钙化的动植物残骸沉积胶结而成，上面附着薄薄的一层寄生动物和植物。珊瑚礁形态与结构各异，其中71个礁体现已成为珊瑚岛。还有许多带状礁，它们是由于珊瑚在环绕大陆或陆地岛的海底岩石上生长而成的。

大堡礁海域水面温度高达21～38℃，温度的垂直变化和季节性变化都较小，平均盐度35％。海水清晰度高，水面较平静，水温适宜，生态条件较稳定，浮游生物丰富，水域内海洋生物种类繁杂，数量众多，大部分与印度洋、太平洋类同，海洋动物包括：约有珊瑚虫350种，海绵1万种,软体动物4000多种,棘皮动物50多种,鱼类1200多种。海洋植物以海藻类最重要,特别是构成礁冠的红藻,为千百个礁体镶嵌上边框,绚丽多彩,诱人观赏。岛礁上的植物只有三四十种,大的岛礁浅滩上分布着红树林。传统的生产活动有采集珊瑚、采珠和捕鱼,规模不大。采珠主要集中在北部的拖雷斯海峡附近水域。捕鱼区主要在昆士兰州北部自格拉德斯通至凯恩斯海域,以红鱼、鲑鱼、马鲛鱼等为大宗。堡礁区中部深水处还有多种海参、巨蛤和其他贝类等。

第二节 水域景观审美

水是自然界中最活跃的物质,也是塑造地貌景观的基本要素。水能随地形变化而造景,同时也能与山、与季节、与建筑、与动植物结合,构成奇妙多姿的景观,茫茫大海、滚滚江河、涓涓溪流、粼粼波光、眼眼清泉、帘帘瀑布,各自呈现出或雄浑荡魄、或千妩百媚的水国景色。俗话说"山是形,水是神",古人云"山因水而活",许多美丽的风景都要靠水去美化、蕴涵、点缀和哺育;反之,地表没有水,就没有生命,就不能使人产生灵动感。对旅游者具有吸引功能的水景有多种类型,如海洋、江河、涧溪、瀑布、湖荡、清泉等。

一、水域景观的形态

水原本无形无状,却能依照地形条件造型造景,所以水域景观形态是由水体所在的地形决定的,不同的地形地势与水体的结合,就形成多种多样的水域景观形态,主要有河川景观、湖泊景观、瀑布景观、泉水景观、海滨景观等。

(一)河川景观

河川景观是指具有观赏价值的常年有水流的河道或河床风光,它因水的点缀和烘托,形成了以水景为主体的风景体系。河川景观由河岸自然风光、水体资源和水文条件构成，我国的长江、黄河，印度的恒河，埃及的尼罗河，南美州的亚马逊河，德国的莱茵河，美国的密西西比河等都是世界上著名的大河景观。在悠长的历史岁月中，这些河川景观与河岸上的人类文明，交相辉映。

（二）湖泊景观

湖泊是水积蓄于陆地上凹状的湖盆而形成的。湖泊景观以湖盆的形态、分布状况，湖水的透明度、颜色，以及湖中发生的奇异现象等产生强烈的旅游功能。

我国面积在1平方公里以上的天然湖泊有2800多个，总面积超过8万平方公里。青藏高原是我国湖泊最多的地区，也是世界上海拔最高、湖泊数量最多的高原湖区，大部分为内陆盐湖或咸水湖。如我国最大的咸水湖——青海湖、我国第二大咸水湖和世界上湖面海拔最高的大湖纳木错湖、黄河源头的扎陵湖及鄂陵湖。东部平原是我国淡水湖泊最为集中的地区，如我国第一大淡水湖——鄱阳湖、第二大淡水湖——洞庭湖以及武汉东湖等。

（三）瀑布景观

瀑布是从河床断裂或山壁处倾泻下来的水流现象，以其陡落的水势与周围悬崖峭壁构成一种壮美地貌景观，其大小取决于落差的大小、水帘的宽窄和水量的大小。瀑布是自然山水结合的产物，由水流、跌水和深潭三部分组成，与蓝天、白云、青山、深潭组成一幅动态的画面。瀑布集形状、动感、声音于一身，形成千岩竞秀的胜景，它们既有飞流直下的壮美，又有烟雨迷濛、飘飘潇潇的优美。

我国由于地形复杂，河流众多，是一个多瀑布的国家，主要分布在由山岳、高原、盆地构成的海拔1000～3000米的第二级阶梯地区，以及东部的丘陵山地地区。如贵州黄果树瀑布、黄河壶口瀑布、雁荡十三瀑、黄山三瀑等。黄果树瀑布是我国最大的瀑布，落差66米，宽30～40米，洪水期流量可达2000立方米/秒。

（四）泉水景观

泉是地下水的天然露头，也是一项引人注目的旅游资源。它不仅有造景的独特功能，而且还有疗养、饮用等价值，自古以来都是人们观赏、利用的对象。世界上很多温泉都成了疗养地。

我国泉类繁多,分布广泛,各种名泉、矿泉数以千计。温泉区域分布规律明显,以藏南、滇西和台湾省最集中,温度也高。北方碳酸盐岩发育区,常常有一些岩溶大泉,成为重要的水源或著名的风景名胜地。山西娘子关泉、河北百泉、山东济南的趵突泉、珍珠泉、黑虎泉等就是这类大泉中最著名者。另外,许多地方还有一些名泉,如杭州西湖的虎跑泉、龙井、玉泉,北京的玉泉山泉,无锡的天下第二泉等。

(五)海滨景观

海滨景观由浅滩、沙滩、海岸的断崖绝壁、奇岩巨石、岛屿、海底景观、海上日出、海水潮夕等海洋和海岸风景组成。海洋作为旅游资源,其功能在于,可以疗养治病、海底观光、海岸海滨风光观光等。台湾东海岸的"清水断崖",海南省三亚的"天涯海角",福建大练岛的海蚀穴、海拱石,广州雷州半岛的海蚀台,钱塘江口宁海农历八月十五的"钱塘怒潮",都是知名度很高的海滨旅游地。

二、水域景观的美学特征

水是自然地理环境的重要组成要素,是天然景观的基本造景条件。不同的水域具有不同的审美特征,其美学特征各有千秋,总体上可以概括为形、影、声、色几个方面。

(一)形美

水的形,即为水的形象美。水的形状是以不同的地理实体表现出来的,海洋、河流、湖泊、泉水、瀑布等都是具有一定形象美的风景实体。深厚宽广的大海、奔流不息的江河、安静秀丽的湖泊……各种水体有各自的形态风韵,或动或静,或刚或柔,都是美,对旅游者具强烈的吸引力。

风景河段往往像条条银带,或流贯平原,或穿越山峦,忽宽忽窄,或曲或弯,构成了一种特殊的地理风韵和形态。其中平原风景河多静态景象,河道曲折有序,宽窄相间,辅以沙滩岛洲,岸柳竹影,别有一番韵味和趣意。山地风景河因落差大小不一,多形成以动态水景为主,动静互相转换的观赏空间。若再辅以湍流飞瀑或漂流船只,更显示出一种山光水色的交融美。

作为重要水域景观之一的瀑布,形态美也是其审美特征的一个方面。由于地形地貌和落差的不同,各种瀑布表现出不同的形式特征,有的飞洒喷薄,有的涓涓下注,有的溢而复折,变化无穷,千姿百态,令人叹绝。如黄果树瀑布豪迈粗犷、雄浑瑰丽,雁荡山大龙湫瀑布劲挺矫健,这些瀑布一泻千尺,散珠滚玉,银花飞溅,气势磅礴,动人心魄,属阳刚之美;庐山瀑布则秀丽峭拔,长白山天池瀑布飘逸高峻,四川九寨沟瀑布绚丽多姿,清丽、幽缈,属阴柔秀丽之美。

(二)影美

水影是水体特有的美学特征。水是无色透明液体,山、石、树、花乃至白云、蓝天、桥梁、建筑等落入其中都会形成美丽的倒影,水上水下、岸上岸下、桥上桥下,实物虚影彼此辉映,构成一幅美不胜收的观赏图画。

几乎所有的风景水域都会产生美丽的倒影,其中又以湖泊的倩影丽姿最佳且常见。湖泊是一泓清水,由于多种原因使其具有不同的透明度。在天然湖泊中,其透明度往往与湖水泥沙含量、生物繁殖程度以及它对光的吸收和散射状况有关。如太湖透明度从 0.15 米至 2 米不等。湖水的透明度直接影响水中倒影的清晰度。我国许多湖泊就是因为透明度高,博得了古今名人的赞赏。如新疆准噶尔盆地与伊犁河谷交界处的断陷湖赛里木湖,其透明度高达 12 米以上,被人们称为中国内陆水体最清澈的湖泊,人们赞美它是山清如洗,水秀如蓝,浪涛和松涛共鸣,草色和蓝天竞翠。北京颐和园昆明湖,清碧的湖水把西堤、玉峰、西山等几个层次的景色都映照出来,这种倒影效果大大强化了昆明湖的借景作用。

(三)声美

水声是水体与其他自然因素结合而产生的,是一种观水时所获取的听觉美。海洋、江河、溪流、清泉、瀑布,每一种水体的运动都会产生各自特有的音响,这种音响作用于人的听觉器官就会形成一种听觉美。"禹门三级浪,平地一声雷",是水体声音的生动写照。

声音美无处不在。拍岸的惊涛,叮咚的山泉,淙淙的溪涧,哗哗的瀑布……无不表现出天籁之美。涛声富有节奏,给人以特殊的美的享受。

听涛佳点多出现在山岳中的天然湖泊之滨,特别是湖岸陡峭、石块散列或有天然洞龛的岸域,水在风力推动下,有节奏地打向岩岸,进入洞龛,发出的声音尤为悦耳,而且声音有高低、浑脆等多种变幻。如黄果树瀑布水流轰鸣如鼓,声若滚雷、山崩地裂、万鼓齐擂、撼人心魄、发聋振聩,40公里之外便能听见其雷鸣轰天之声;而黄山人字瀑的涓涓细声,又犹如轻抚琴弦,低唱慢弹。

(四)色美

水本身是无色的,但射入水中的光线,受水中悬浮物及水分子的吸收和散射等综合作用,就呈现出千妩百媚的色彩。水色构成水景美的重要内容。

色彩是衡量风景湖的重要观赏尺度。奇妙多彩的水色使湖泊显得更加俏丽多姿。如太湖的黄绿色,黑龙江省镜泊湖的湛蓝色,扬州瘦西湖的淡绿色,南京莫愁湖的浅绿色,青海高原鄂陵湖的青蓝色,四川九寨沟高原湖泊有蓝、黄、橙、绿、紫等多种色彩。这些湖泊的色彩与水的深浅、泥沙含量、水生植物繁衍程度、有机质多寡,以及水对光的吸收与反射等息息相关。此外,湖水颜色与气候的日变化、季节变化也有很大关系,它可随季节转换出现不同的色彩。

瀑布的色彩也是丰富多姿的。喷涌的瀑布如白练飘空,银丝四射,人们常用"银河"、"素练"喻之。在阳光映照下,它又像天上撒下一条彩练,分外娇艳,而当太阳光线和瀑布形成一定的角度时,由于水光反射,瀑布上空还会映出几道彩虹,流光溢彩,绚丽动人。

三、著名水域景观赏析

(一)多瑙河

多瑙河是欧洲第二大河,也是欧洲最重要的一条国际河道。多瑙河全长2850公里,流经德国、奥地利、斯洛伐克、匈牙利、克罗地亚、塞尔维亚、黑山、罗马尼亚、保加利亚和乌克兰等10个国家,流域面积达81.6万平方公里,流域范围还包括瑞士、捷克、斯洛文尼亚、波斯尼亚和黑塞哥维那(波黑)、摩尔多瓦、马其顿等6个国家,有大小300多条支流。

多瑙河源于德国黑林山的两条小溪,到多瑙辛根会合,从这个地名开始被称为多瑙河,向东流经奥地利进入斯洛伐克,此为上游。上游长约966公里,水深最高达8米,流速为1~2米/秒;进入小匈牙利平原,直到贝尔格莱德附近的铁门峡,此为中游。中游流速变缓,河道宽达1.6公里,泥沙淤积成沙洲小岛,每年沉积达60万立方米,河中岛屿面积达2000平方公里。河谷深度猛增至54米,流速增至5米/秒,流量从2000立方米/秒增至6000立方米/秒。出铁门峡后直到入黑海,此为下游。下游又进入平原区,流速恢复到1米/秒,河道中再次沉降出小岛群,在距黑海80公里处进入三角洲,多瑙河三角洲面积达4300平方公里,盛产芦苇,为造纸工业提供重要原料,同时是欧洲重要的湿地资源。

(二)贝加尔湖

贝加尔湖是世界最深和蓄水量最大的淡水湖,位于俄罗斯联邦布里亚特共和国和伊尔库茨克州境内,东西伯利亚南部。

贝加尔湖湖形狭长,从东北向西南呈弧形延伸,如一弯明月,长636公里,平均宽48公里,最宽处79.4公里,面积3.15万平方公里。湖面海拔456米,湖水深邃,平均水深730米,中部最深达1620米,是世界最深的湖泊。蓄水量2.3万立方米,是欧亚大陆,也是世界上最大的淡水水库,约占世界地表淡水总量的1/5,占俄罗斯地表淡水的4/5强。

贝加尔湖享有"西伯利亚明眸"的美称,是由地层断裂陷落而成。大约在2000万年前,这里曾发生过强烈的地震,地壳岩层发生大断裂,大块土地塌落下去,形成了巨大的盆地,这里所有的动物、植物都葬身地下,只有急流的河川没有消失,向盆地飞奔而来,形成了瀑布,不断地注入湖中。有色楞格河等336条大小河川千百万年源源不断地注入贝加尔湖,只有安加拉河源于贝加尔湖,向北流去,奔向叶尼塞河。

贝加尔湖周围群山环绕,有的高出湖面2100米,多变质岩、沉积岩和岩浆岩。湖岸线长2200公里,东岸是奇维尔硅湾,有许多覆盖着稀少树木的小岛。西岸深灰色岩群之中是佩先纳亚港湾,两侧矗立大大小小的悬岸峭壁。在这里,可以看到被称为贝加尔湖自然奇观之一的高跷树。树的根从地表拱生。它们生长在沙土山坡上,大风从树根下刮走了土壤,而树根为了使树生存下来,却越来越深地扎入贫瘠的土壤中。

湖盆地区为大陆性气候。巨大水体对周围湖岸地区气候有调节作用,冬季相对较温暖,夏季较凉爽。年降水量北部200～350毫米,南部500～900毫米。风大,浪高达5米,湖水涨落现象明显。1～5月初结冰,冰厚70～115厘米。湖水清澈,含杂质极少,透明度40.5米,仅次于透明度达41.6米的日本北海道的摩周湖。也就是说,船航行在贝加尔湖上,可一眼见到40米深处的物质。

(三) 维多利亚瀑布

赞比西河是南部非洲著名的国际河流,也是津巴布韦与赞比亚两国的界河。在靠近这段界河的西端赞比亚河中游,横卧着一座气势磅礴、声若雷鸣、水雾云烟的大瀑布,这就是与北美洲的尼亚加拉瀑布、南美洲的伊瓜苏瀑布并列为世界三大瀑布的维多利亚瀑布,也称莫西奥图尼亚瀑布。瀑布区绵延97公里,是世界上最大的瀑布。

赞比亚北部的赞比西河,全长2560公里,是非洲的第四大河,它在赞比亚境内的长度为1520公里,流经3/4的国土。从广袤的原野流到南部赞比亚与津巴布韦交界的区域,遇到许多大大小小的岛屿,河南像扇面一样逐渐展宽。到了乌兰巴市附近,突然碰上了一个大断层,赞比西河在宽约180米的峭壁上骤然翻身,整个跌入约100米深的峡谷,万雷轰鸣,惊天动地,激起层层白色水雾,巨响和飞雾可远及15公里以外的区域,是世界难见的奇观。

维多利亚瀑布实际上是一个庞大的瀑布群,自西向东分为四段相对较小的瀑布,分别被称为魔鬼瀑布、主瀑布、彩虹瀑布和东瀑布。魔鬼瀑布只有约30米宽,因其流水侵蚀严重,比其他段平均落差线低10米左右,故水势凶猛,水流湍急,汹涌翻腾,恰如魔鬼一般,虽在旱季也气势不减,与它毗邻的是主瀑布,东边一段形如马蹄,有时也被单独称为马蹄瀑布。彩虹瀑布是整个瀑布中最高,也颇具神秘感的一段,最高处达122米,在这里除可欣赏巨帘似的大瀑布外,还可以经常看到出现在翠谷间一条条五彩缤纷的彩虹。彩虹随瀑布此起彼伏,有时能凭借其广阔的活动空间形成多层的或几乎能闭合成圆形的彩虹。游人至此,恍如置身于仙境。据说,当赞比西河涨水而逢满月时,人们可以看到月光下的彩虹,这就是神奇的"月虹"。彩虹瀑布旁的一片洼地,在雨水丰沛的季节也可挂上水帘,被称为扶手椅瀑布。最东段的就是东瀑布,独具魅力,从这里可观大瀑布如何形成。但由于其凶猛的气势常屈服于干旱的季节,故此它的名字也只能平淡了。整个瀑布宽约 1800 米,居世界之最。年平均流量达每秒 1400 多立方米,在雨季可达到每秒 5000 多立方米。

第三节　生物景观审美

生物是地球表面有生命物体的总称,包括植物、动物、微生物三大类。生物与地理环境中的地貌、水体、气候等景观共同组成自然旅游资源整体。风景生物是自然旅游资源中最富有生气的部分,在所有旅游资源中,唯有动植物具有生命的活力。在旅游活动中,生物景观具有自身独立的审美价值,是现代社会中旅游欣赏的重要对象。

一、生物景观的形态

凡是具有观赏功能、能被旅游业所利用的生物都是风景生物,或称生物景观。其中与观光旅游密切相关的要数植物景观和动物景观。

(一)植物景观

植物是装点人类生存环境的重要因素。它们彼此映衬,构成大自然万紫千红、绚丽多姿的美丽图景。植物在旅游方面具有很高的观赏功能、优化环境功能和科学研究功能。

1. 树木

树木是人类生存环境的主要构成要素,人类很早就注意到了树木美,如独树成林、古木异株、森林景观都是受人喜爱的植物景观。树木的美既在于其郁郁葱葱的景象,也表现在树干、树叶、树枝的形状和颜色。在旅游活动中,常常作为旅游资源的是森林景观和古树名木。

常见的森林景观如热带雨林景观、亚热带常绿阔叶林景观、温带森林景观、红树林等。

古树名木则是指记录历史、指示环境变迁、展示生态特征的历史文物和科学资料,具有科学研究和旅游欣赏的价值。古树名木具有两层含义:第一,以古老的树龄、珍稀的树种和独特的生理结构特征吸引旅游者的观赏树木,如银杏、金钱松等;第二,具有历史文化特性,或因人亲自种植,或因传说故事,或因其形态奇特而闻名的树木。多与庙宇、古建筑、古陵墓、山岳景象结合,形成具有一定的文化内涵的旅游景观,如陕西的轩辕黄帝陵的轩辕柏,相传是轩辕黄帝亲手所种,树高20米,树龄5000多年。

2. 草原

以草为主体的植物景观主要有草原风光或大面积的草坪。草之美以颜色取胜,绿色的草地给人以心旷神怡的享受,也给人以强烈的生命律动感受。如非洲典型的热带草原景观,以我国内蒙古草原为代表的温带草原景观,以及以青藏高原为代表的高寒草甸景观。

3. 花卉

鲜花是植物景观中最具观赏性的一种,花的姿态、色彩、香味,都是构成花卉美的要素。鲜花景观能够营造各种环境气氛,给人以清香、明快的审美享受。牡丹的富贵、樱花的绚丽、兰花的幽雅、玉兰的高洁……这些鲜花景观,不但可以独立成景,还装点着草木和大地,陪衬着山水与建筑,使景物的画面层次更加生动、更加丰富,同时鲜花还吸引着飞禽,造成一种生机盎然、鸟语花香的祥和气氛。如人们公认的名贵花卉、奇异花卉以及那些具有特殊意义的花卉景观,如国花、市花等。

(二)动物景观

动物是生物景观中最具活力的一种。大千世界因有了鸟兽虫鱼各类动物的存在,有了它们的习性、外貌、毛色和声音的装点美化,而变得生机盎然,活力无限。鱼类、兽类、禽类和昆虫类中众多的动物都具有强烈的旅游吸引功能。在水族中,海豚、鲸、鲨鱼、金鱼都是极富观赏性的。在走兽中,不论是凶残的狼、剧毒的蛇、笨拙的熊、乖巧的猫、调皮的猴、温顺的兔、忠厚的狗,都对人有美学吸引力。飞禽中的鹰、雁,昆虫类的蝴蝶,其姿态、其动作、其灵性,都让人赞叹不已。

另外，一些动物事件和动物表演也会成为相当具有吸引力的动物景观。如中国青海湖的鸟岛和大理的"蝴蝶泉"蝴蝶会，青藏高原上的"雪人"和新疆玛纳斯湖中的大红鱼之谜等。

【案例 3-1】蝴蝶泉

（云南大理）蝴蝶泉公园内，蝴蝶种类繁多，每年阳春三月到五月间，蝴蝶大的如巴掌，小的如蜜蜂，成串悬挂于泉边的合欢树上，五彩缤纷。盛况最高峰，是 4 月 15 日，这一天被白族人民定为蝴蝶会。徐霞客在他的游记里曾作过这样的描述："还有真蝶万千，连须钩足，自树颠倒悬而下及于泉面，缤纷络绎，五色焕然。"著名诗人郭沫若于 1961 年秋到大理游蝴蝶泉时，曾写下"蝴蝶泉头蝴蝶树，蝴蝶飞来万千数，首尾联接数公尺，自树下垂疑花序"的诗句。

（案例来源：云南旅游信息网，http：//www.yunnaninfo.com/yunnan/dali/）

（三）珍稀鱼类

鱼类是观赏性动物中的一种。从形式上看，鱼的身体呈现出流线造型，这是鱼类具有观赏价值的一个重要方面。在我国，鱼类自由自在的生活状态也成为人们审美的对象。中国金鱼是闻名于世的观赏鱼，由于体形丰满、性情温婉，被誉为幸福、吉祥、和平与友谊的象征。金鱼的故乡在中国，自南宋时期（968～975 年）被发现后，迄今已有千余年的历史。我国金鱼品种众多，泳姿舒逸，并有着无穷无尽的变化。这种活的艺术品使人悠然神往、陶醉其中、乐而忘倦、怡而忘忧，爱好者众多。

二、生物景观的美学特征

生物景观是所有景观中最具生命活力的景观，其美学特征虽然仍属于形式美的范畴，但无疑比其他任何景观更具活力，更有律动感，更富有动态美。

（一）形态美

植物的审美要素主要有花、叶、根、茎及果实的形态和色彩。植物美的审美特征之一是形态美。各种植物千姿百态，各具风采。有的以花或叶的形态迷人，有的以枝干的姿态取胜，有的花、叶、茎相互衬托，呈现出整体的和谐。不同的形态表现出不同风格。如牡丹以其丰硕的花朵尽显华贵,被誉为"花中之王";文竹因其纤巧的枝叶,姿态飘逸,成为案头佳品;松柏则以苍劲、古拙的枝干而耐人寻味。许多动物的生理结构、形体姿态都符合对称、比例、均衡等形式美的法则。特别是狮、虎、牛、马,当它们正立时,如以前肢为界作垂直虚线,把身体和头、颈分为两部分,其水平长度之比恰与黄金分割相符,因而,给人以和谐的美感。

(二) 声音和气味的美

植物随风摇摆发出的天籁清音,使欣赏者在观其形、色的同时兼获听觉享受,令植物美更富感染力。气味美是植物得天独厚的优势,"云湿幽崖滑,风梳古木香"生动地传达了植物芳香气味随风扩散而心醉神迷的审美愉悦。不只是植物的花朵芳香袭人,令人陶醉,有些树木,如樟树、楠木、檀香树等,其木质亦能散发沁人心脾的幽香。动物的鸣叫声亦多种多样,有的婉转悦耳,有的高亢洪亮,有的奇特有趣。如黄山珍禽八音鸟,鸣声尖锐多变,每在清晨鸣叫,能发出八个音,被称为林间音乐师;南美洲森林中的吼猴,咆哮如雷,声撼四野……各种动物的鸣叫声千奇百怪,各有特色。

(三) 动态美

植物有它自身生长、变化发展的规律,季节不同,姿态各异。一般地,植物的季相变化表现为春华、夏茂、秋实、冬骨。再加上日光的移动,阴影的变化,风摇雨打等气候景象的辅助,更赋予植物多变的动态美。动物是活动的景物。它们以其灵巧、轻捷、雄健、怪异等神采各异的动作、姿态,增添了人们的审美情趣。如鱼群"散如万点流星迸,聚似三春濯锦舒",昆虫"穿花蛱蝶深深见,点水蜻蜓款款飞",鸟儿"举翼凌空碧"、"翱翔一万里",还有猴子灵巧的攀缘,企鹅摇摆行走的憨态模样,等等。各种动物的动态美各有其趣,令人叫绝。

(四) 象征美

有些植物的某些属性,如外在形态、内在生命或二者的统一,与人的品格或形象有相似之处,唤起人们丰富的联想,从而具有某种象征意义。如莲花"出淤泥而不染",象征人的高洁情操;木棉枝干挺拔、花红似火,如巨人披锦,而被称为"英雄树";梅、兰、竹、菊皆"清华其外,不趋炎热",而被誉为花中"四君子"。动物比起其他事物,与人在各方面最为接近,所以动物的美最能唤起人的联想,拥有更丰富的象征意义。如成双成对的鸳鸯是忠于爱情的象征,凶猛的狮虎是强悍、英武的象征,牛的吃苦耐劳是无私者奉献精神的写照,狗的忠实、羊的温顺、骆驼的耐力等都引起人的肯定性的美感。

(五)奇异美

植物中一些种类颇为奇特,令人叫绝。如能结"面包"的面包树、能预报气象的青风栎、会害羞的含羞草、会翻筋斗的长生草、直径达一米以上的大王花等。

动物界异趣良多、奥妙无穷。如形似植物的海鞘,能离开水在滩涂上爬行、跳跃的滩涂鱼,用眼睛喷血来抵御敌人的角蟾等。

动物美包含多种特性,具有独特的魅力,并从多方面美化环境。它们的色彩装点了环境美,它们的声音歌唱了环境美,它们的行动丰富了环境美。动物美与山水、植物等其他自然景观的美相互衬托,交相辉映,共同创作出美不胜收的自然画卷。

(六)色彩美

植物的色彩主要体现在花和叶上。植物花朵的颜色有的单纯、明丽,有的复合多彩,有的清新素雅,有的浓烈艳丽,五彩缤纷,千娇百媚。鲜红的玫瑰、黄色的菊花、血红的杜鹃、洁白的玉兰、金黄的茶花、火红的石榴,还有那娇如红靥的桃花、灿若明霞的紫薇、万紫千红的月季、繁星点点的霞草……组成了一幅幅璀璨夺目、色彩缤纷、绚丽多彩的大自然图画。有些动物的皮毛色彩单一纯正,如金色的猴、雪白的兔、褐色的松鼠等。有些动物的皮、毛色彩缤纷,显现出或对比、或调和、或规则、或奇异的图案美,如五彩的孔雀、斑斓的猛虎等。动物的色彩之丰富堪与植物相比美,且一般不受季节、气候的影响。

三、著名生物景观赏析

(一)亚马逊森林

亚马逊森林的植物种类异常繁多。植物学家认为,仅亚马逊河流域就有不下5万种植物,迄今只有半数被作出科学的鉴定。与温带植被景观不同,热带雨林中通常很难找到优势树种。在这片热带雨林里,每公顷林地一般包括 200 多个树种,而同等面积的温带林地仅有 10~15 个。

热带的许多乔木高大笔挺,没有分枝。树的主干常具富有特征的外表:有的光滑,有的粗糙,有的长着稀疏的疣突,有的披着密密的尖刺。有些树主干基部具有外露土面的板状根,板状根由粗大的侧根发育而来,构成扁平的三角形的板,有时高达 3~4 米,显得颇为壮观。①

(二)内蒙古贡格尔草原

碧草茵茵、坦荡如砥、雄浑壮阔的贡格尔草原,总面积 480 余万亩。草群中以禾科碱草及针茅草为主,杂以冰草、隐子草、紫花苜蓿、扁豆、野豌豆等,草高 30~40 厘米,草原盛产白蘑、黄花及黄芪、甘草、芍药、苦参等中草药材。贡格尔草原有野生植物 500 余种,狍、鹿、狼、狳、獭等野生动物数十种,有天鹅、水凫、百灵、鹭鸥等禽鸟 133 种。贡格尔草原水草丰美,风光秀丽,达里诺尔、岗更诺尔、多伦诺尔三个姊妹湖由沙里河、亮子河、贡格尔河、耗来河串起,为贡格尔草原戴上了一条美丽的项链。

春天的草原,绿草青青、蒲莲离离、黄花点点,丹顶鹤、白天鹅、大雁等候鸟大批集合在此。夏日的草原,碧草连天,馥郁芳香的百花,潇潇洒洒、无拘无束地铺成了花的海洋,湖泊水色犹如碧波洒落万盏银灯。秋天的草原,热浪渐息秋风起,满目繁花更撩人。天似穹庐,白云悠悠,绿波花海中那墨绿的蘑菇圈神奇地向您展示着大自然无穷的魅力。②

(三)洛阳牡丹

牡丹是中国名花之一,花朵硕大,花容端丽,雍容华贵,超逸群卉,素有"花王"之称。牡丹原为野生的落叶小灌木,在中国大约有 1500 年的栽培历史。自唐代以来,牡丹之盛,莫过于洛阳,以"洛阳牡丹甲天下"的美名流传于世。宋朝诗人以"洛阳地脉花最宜,牡丹尤为天下奇"

---

① 张树义,《亚马逊热带雨林系列报道二——缤纷的植物王国》,中国科学院网,http://www.cas.ac.cn/
② 协同旅游网,http://www.ctrib.com/

的诗句来称赞洛阳牡丹。据有关史料记载,宋代的洛阳牡丹有一百多个品种,而且有不少名贵品种,其中的"姚黄"、"魏紫",被誉为牡丹的"王"和"后",尤为人们所喜爱。

现在每逢"清明"、"谷雨"时节(即每年四月下旬),洛阳市内各公园里的牡丹竞放:"姚黄"金光灿灿,"魏紫"光彩灼灼,"洛阳红"喷红吐艳,"烟绒紫"墨里含金,"二乔"红白斗艳,"豆绿"美如碧玉……红白黛绿,姹紫嫣红,五彩缤纷,美不胜收。每年四月,洛阳都要举行盛大的牡丹花会,数以万计的中外游客竞相观赏,真正是"唯有牡丹真国色,花开时节动京城"。[1]

第四节 气象景观审美

气象属于天象与气候景观中的一种,由于气象景观与旅游活动的关系最为密切,因此这里特别作为一节来阐述。

人们把大气中各种物理现象和过程统称为气象。气象变化形成各种不同的奇异景观,所以气象也有造景、育景的功能,不同的气象条件形成不同的自然景观和旅游环境。

一、气象景观的形态

气象景观形态善变多样,主要有雨景、云雾景、霞景、旭日景、风景、蜃景、雾淞景等。

(一)雨

雨景是一种常见的景致。雨景有一种朦胧的美,下雨时,烟雨笼罩一切,树木忽隐忽现,天地空濛,遥望山峦,烟雨弥漫,颇有诗情画意。江南烟雨,如丝如缕,如烟如雾,迷迷蒙蒙,细雨中山村景色,小桥流水,使江南的雨景更有韵味。贵州毕节八景之一的"南山雨霁",就是朦朦细雨

---

[1] 北方网,http://news.enorth.com.cn/

及雨过天晴之后出现的一种朦胧、清新的雨景。

（二）云雾

山区云雾积聚，急剧流动，形成瞬息万变的云雾景观。"山无云则不秀"，反映了云雾景观的造景功能。黄山的云景，天下闻名，其云海辽阔无边。云雾景观往往变化极快，在高山之顶观赏瞬息万变的云海雾潮，总能让人豪情满怀。

（三）霞

霞是日光斜射天空，由于空气层的散射作用和受天气现象及时辰影响，使天空云层呈现黄、橙、红等色彩的自然现象。霞景因瞬息万变，五彩迸发，对游人有极大的吸引力。霞多出现于日出或日落时分，其主要形式有朝霞、晚霞、雾霞、彩云等。

（五）风

风看不见、摸不着，既无形象，又无色彩，只能通过触觉感知。风与其他景物配合，如松林、花草、湖海等，就可形成有形、有势、有声的风之景。"白水秋风"、"月黑风高"描写的都是风的景致。云南大理四绝之一的"下关风"，是由于从大理西边苍山横谷或低缓处越脊而过的冷气流，到东侧洱海上空下沉，因强烈对流产生的一种固向风。"下关风"是塑造大理景观的重要因素，使人们能享受到清风凉意的美感。

（六）蜃景

蜃景即海市蜃楼的奇景，由于气温在垂直方向上剧烈变化，空气各层的密度有较大差异，从而引起光线的折射和全反射现象，导致远处的地面景物在人眼前造成奇异的幻觉。沙漠地带以及山东省蓬莱海边常出现蜃景。

（七）雾凇、雨凇

雾凇又称雾挂，是在雾天形成于树枝上的白色而松软的水滴凝结物。雾凇出现时，如千树梨花。这些霜花千姿百态，形成各种独特的艺术造型。吉林雾凇是全国有名的景观。

雨凇是冷却的雨滴落在物体上冻结起来的透明或半透明的冰层，多出现于南方，以峨眉山、庐山常见。

二、气象景观的美学特征

气象美是指天气中风、云、雷电、雨雪、霜雾、光象等各种状态和现象之美。气象美是综合的美。

(一)风之美

风是流动的空气,它是无形的,但却是产生动态美的一种动力,它能驱动浮云、掀起波澜、摇拂垂柳、荡出松涛,是运动和力量的象征。人能用多种感官来感受风的各种形态的美。"春风又绿江南岸,明月何时照我还","风急天高猿啸哀,渚清沙白鸟飞回",风随时随地都会引发人们的美感。

(二)云之美

云常与风并存。"大风起兮云飞扬"、"风云际会",可以说风是云的骨,云是风的肉。"云无意安排,布局皆精品",尤其是夏天的云,因地面水气蒸发,天上的云常呈现出崇高的形象,且极富变化。怀素"以夏云为师"留下千古不朽的草书精品。云的美既可作为点缀,又可用以遮掩。"孤云独自闲",作为点缀的云,悠然自得地在天际徜徉,是人类自由的象征;"白云生处有人家",作为遮掩的云,意味绵长悠远,诱人想象。

(三)雷电之美

雷电是云层放电时发生的声光现象。雷电以其威力无比的特性而成为自然景观中壮美的典范,给人以强烈的震撼。无论是在远古的蒙昧时代,还是在今天的科学时代,人类都把雷电想象为正义的化身。"九洲生气恃风雷",龚自珍将社会昌明的希望寄于雷电。屈原的一串"天问"把雷电期盼为惩恶扬善的利器。高尔基那只作为革命精灵的海燕在雷电中也显得越发矫健。

(四)雨之美

雨是生命之泉,雨露的滋润,给草木带来生机,为万物增添活力。在感觉中,雨水的质感柔和,适宜人体肌肤的感受;雨的温度令人清醒;沥沥雨声衬托出环境的静谧。雨与人的和谐奠定了其美的基础。雨是线的艺术,那些自上而下、或粗或细、或密或疏的直线、斜线、重力线、亮线激起人的提升感和亢奋感。而未成线的朦胧雨意,使自然景观幻化得更加秀媚。如江南早春的"烟雨迷蒙",峨眉道中的"空翠湿人衣"便由此而成别具一格的美景。

(五)雪之美

雪花之美既在其个体的优美,也在于其整体的壮美。雪花匀称和谐的放射状结构,晶莹洁白的色彩,易溶易碎的脆弱质地,都显得玲珑娇美,惹人怜爱。而雪的整体又是壮美的。"山舞银蛇,原驰蜡象","忽如一夜春风来,千树万树梨花开"。白雪能够把美丑混杂的现实世界,妆扮成圣洁的童话王国,令人神清气爽,满怀豪情。

(六)光象之美

大气中的光都源于太阳。日光有时与云交互作用,在天空为霞,为虹,在山上为岚,在谷中、平地为雾,为佛光。光象美变幻莫测、扑朔迷离,引起人无尽的审美想象。此外,凝结在枝头、瓦上的洁白的霜花,弥漫在空中,把山川草木笼罩上一片朦胧的雾气,也都各有其美。总之,气象美内涵丰富,富于变化,可谓"气象万千"。

三、著名气象景观欣赏

(一)峨眉佛光

佛光是峨眉山举世闻名的日出、云海、佛光和圣灯四大奇观中最奇特的一种自然现象,这种现象在其他地方极为罕见,但在峨眉山经常出现,人们称之为"峨眉宝光"。千百年来,"峨眉宝光"驰名中外,佛教的渲染使其更富有传奇色彩和神秘感,吸引着无数的好奇者。佛光只在特定的天气状况下才会出现,当人站在峨眉山金顶背向太阳而立,而前下方又弥漫着云雾时,有时会在前下方的天幕上,看到一个外红内紫的彩色光环,极为华丽灿烂,且人动影随,人去环空。即使两人拥抱在一起,每个人也能看到各自的身影。佛光因色调、形状、大小的不同,有各种不同名称的光,如有水光、辟支光、童子光、金桥、清现、反现、大现、小现等。

峨眉佛光是一种自然现象,是日光在传播过程中,经过障碍物的边缘或空隙间产生的展衍现象,即衍射作用而形成的。当云层较厚时,日光在射透云层后,会受到云层深处的水滴或冰晶的反射。这种反射在穿过云雾表面时,在微小的水滴边缘产生的衍射现象,有一部分光束会偏离原来的放射方向,其偏离的角度与水滴直径成反比,而与各色光的波长成正比。于是,不同的单色光就逐渐扩散开来,在人们的眼前,出现一个彩色的光环。

(二)黄山云海

黄山位于中国安徽省南部的黄山,地跨歙县、太平、休宁、黟县等县,景区面积154平方公里,为中国著名的山岳名胜区之一,是以风景秀丽为特色的旅游胜地,1990年被列入世界遗产名录。

黄山犹以奇松、怪石、云海、温泉"四绝"著名。黄山的云海,以无边无际、绮丽多姿、变幻无穷而独立成景。黄山的云景可分为东海、南海、西海、北海和天海。清代刘大魁曾这样描绘:"顷之,山半出云如冒絮,如白龙,奔逐四合,弥漫荒野,一白无际,渺极天际。日射之,如积雪之环周;而诸峰落其间,仅见其顶如螺髻,乍隐乍现。……其依风而横者如岸,其冒树而拔者如堵,其因风而时高时下者如浪。人在峰顶,如乘槎而浮于海上。已而轻风骤卷,云气逬驶,石出山高,岛屿耸峙,向之所见,如泡如幻,謦欬之间,不知消之何有,此所谓'铺海'之云也"(《游黄山记》)。这种云飞雾走构成的动态景观,在黄山四季常在,具有令人神思飞扬、心胸浩荡的审美效应。黄山云海的广大,体现在它的"五海"相连,遍布前后山。东海位于白鹅岭以东,最佳视点在白鹅岭、东海门;西海位于丹霞峰、飞来峰以西,最佳视点在北海宾馆的排云亭;南海位于天都峰、莲花峰以南,玉屏楼为最佳视点;北海位于丹霞峰、狮子峰、始信峰以北,清凉台为最佳视点;天海位于光明顶前,最佳视点当然是光明顶了。至于黄山的流云飘雾,更俯拾皆是。若是在雨后初晴,云铺深壑,絮卷危岩,眼前一片汪洋,脚底白浪滚滚,远处海天相接,偶尔耸出云端的山尖,恰似大海中的孤岛,时隐时现。大风乍起,巨浪排空,惊涛拍岸,瞬息之间又归于平静,阳光普照。

(三)西湖雪景

西湖是位于杭州市城西,面积约5.6平方公里的泻湖,处于平原、丘陵、湖泊与江海相衔接的地带,三面环山。湖面如镜,沿湖四周繁花似锦,形成一个色彩缤纷的巨大花环。

西湖以其美丽的自然风光,获得历代文人墨客的青睐。闻名的"西湖十景"是：苏堤春晓、断桥残雪、平湖秋月、三潭印月、双峰插云、曲院风荷、花港观鱼、南坪晚钟、雷峰夕照、柳浪闻音。

西湖雪景,历来受人称颂。"断桥残雪"的意境尤为脍炙人口。关于断桥残雪景观内涵的说法不一,一般指冬日雪后,桥的阳面冰雪消融,但阴面仍有残雪似银,从高处眺望,桥似断非断。每当大雪之后,红日初照,桥阳面的积雪开始消融,而阴面还是铺玉砌玉,远处观桥,晶莹如玉带。伫立桥头,放眼四望,远山近水,尽收眼底,给人以生机勃勃的强烈、深刻的印象,是欣赏西湖雪景之佳地。中国著名的民间传说"白蛇传",为断桥景物增添了浪漫的色彩。

思考题

1. 地文景观分为哪几类?
2. 水域景观的审美特征有何独特之处?
3. 谈谈气象景观的旅游价值。
4. 试述生物景观的美学特征。
5. 结合地文、水域、生物和气象景观的美学特征,讨论自然风景美的本质。

第四章　园林审美

学习目的

在认识园林旅游资源吸引力的基础上,掌握世界各国园林旅游资源审美要点,了解中国园林与世界其他园林的美学特征,获得更多更好的旅游体验。

主要内容

- 园林的形成与发展

  中国园林的形成与发展　西方园林的形成与发展　中西方园林审美比较

- 中国传统园林的美学特征

  中国传统园林的类型　中国传统园林的造园要素　中国传统园林的造园手法　中国传统园林的审美方法　中国传统园林的美学特征

- 西方传统园林的美学特征

  意大利传统园林审美　法国传统园林审美　英国传统园林审美　美国现代园林审美

- 世界著名园林赏析

  北京圆明园　上海豫园　西藏罗布林卡　日本桂离宫　意大利兰特庄园　法国枫丹白露宫苑　英国汉普顿宫苑　美国达拉斯喷泉广场

音乐是时间的艺术,建筑是空间的艺术,园林则是时空相连的综合艺术。

古今中外,放眼东西,对于自然美与人工美完美结合的园林来说,它既是对大自然的利用和仿造,于方寸间再现自然野趣,同时又不忘再造自然,一草一木、一山一石莫不显露出造园者匠心独运的智慧之光。

园林在中国和西方是如何形成并发展的?园林的构成要素和美学特征会对人们的审美活动产生何种影响?带着如许的疑问,让我们共同走入这些美好的"人间天堂"。

第一节 园林的形成与发展

园林,即在一定的地域运用工程技术和艺术手段,通过改造地形(或进一步筑山、叠石、理水)、种植树木花草、营造建筑和布置园路等途径创作而成的美的自然环境。[①]

按照现代人的理解,园林不只是作为游憩之用,而且具有保护和改善环境的功能。植物可以吸收二氧化碳,放出氧气,净化空气;能够在一定程度上吸收有害气体和吸附尘埃,减轻污染;可以调节空气的温度、湿度,改善小气候;还有减弱噪声和防风、防火等防护作用。尤为重要的是园林对人们心理上和精神上所起到的有益作用:漫步在景色优美和安静的园林中,有助于消除长时间工作带来的紧张和疲乏,使脑力、体力得到恢复;园林中的文化、游乐、体育、科普教育等活动,更可以丰富知识和充实精神生活。

[①]《中国大百科全书》总编委会:《中国大百科全书》(精华本),中国大百科全书出版社,2002年10月版,第4909页。

一、中国园林的产生与发展

在历史上,供人游憩的场所因内容和形式的不同用过不同的名称。从有文字记载的殷周的"囿"算起,中国园林已有三千多年的历史。中国殷周时期,以畜养禽兽供狩猎和游赏的境域称为"囿"和"猎苑"。中国秦汉时期供帝王游憩的境域称为苑或宫苑,属官署或私人的称为园、园池、宅园、别业等。"园林"一词,见于西晋以后诗文中,如西晋张翰《杂诗》有"暮春和气应,白日照园林"之句;北魏杨衒之《洛阳伽蓝记》评述司农张伦的住宅时说:"园林山池之美,诸王莫及。"唐宋以后,"园林"一词的应用更加广泛,常用以泛指庭园、宅园、小游园、花园、公园、植物园、动物园等各种游憩境域。

中国园林素有"世界园林之母"的美称,在国际上享有崇高的地位,成为吸引国内外游客的重要旅游资源。究其原因不外乎有两种:一是中国园林历史悠久,是几千年中国历史文化的集中积淀之一,具有浓重的中国气息;二是受中国传统文化的影响,中国园林具有独特的民族风格,与西方园林风格迥然不同。

(一)商周早期

根据文献记载,早在商周时期我们的先人就已经开始利用自然的山泽、水泉、树木、鸟兽进行初期的造园活动。最初的形式为"囿"。囿通常在选定地域后划出范围,囿中草木鸟兽自然滋生繁育。挖池筑台,是中国古代最早的一种园林形式,其功能主要是供帝王和贵族们狩猎与享乐。囿中有自然景象、天然植被和鸟兽的活动,可以赏心悦目,得到美的享受。有文字记载的最早的囿是周文王的灵囿(约公元前11世纪)。《诗经·大雅》灵台篇记有灵囿的经营,以及对囿的描述:"王在灵囿,麀鹿攸伏。麀鹿濯濯,白鸟翯翯。王在灵沼,於牣鱼跃。"灵囿除了筑台掘沼为人工设施外,全为自然景物。

(二)春秋战国时期

东周时期,出现了"囿"的更高一级形式,此时园林的组成要素都已具备,园中有了成组的风景,既有土山又有池沼或台,园中已经构亭营桥,种植花木。这标志着中国的自然山水园林已经开始萌芽,不再是商周时期简单的囿了。

（三）秦朝

秦始皇统一中国后，大规模营造宏伟壮丽的宫室，其中自然也包括了对园林的建设与扩张，如"引渭水为池，筑为蓬、瀛"之举。此时的园林称之为"宫苑"，是在囿的基础上发展起来的建有宫室的园林。它拥有囿的传统内容，即天然植被，野生或畜养的飞禽走兽，可供帝王射猎行乐。此外，还建有供帝王居住、游乐、宴饮的宫室建筑群。大的广袤百里，小的则筑在宫中，只供居住、游乐。

（四）汉朝

秦汉以来，绝少单独建囿，大都在规模较大的宫苑中辟有供狩猎游乐的部分，或在宫苑中建有驯养兽类以供赏玩的建筑和场地，称兽圈或囿。汉代的园林与秦相似，同样是在囿的基础上发展出来的一种新的园林形式，称为"苑"。苑中养百兽，供帝王射猎取乐，保存了囿的传统，同时有宫、有观，成为以建筑组群为主体的建筑宫苑。值得一提的是，汉朝开创了中国传统园林造园手法的"一池三山"的形式，成为后世宫苑中池山之筑的范例。西汉时已有贵族、富豪的私园，规模比宫苑小，内容仍不脱囿和苑的传统，以建筑组群结合自然山水，如梁孝王刘武的梁园。茂陵富人袁广汉于北邙山下筑园，构石为山，反映当时园林中已用人工构筑石山。园中有大量建筑组群，园中景色大体还是比较粗放的，这种园林形式一直延续到东汉末期。

【案例 4-1】 上林苑

汉武帝刘彻于建元二年(公元前138)在秦代的一个旧苑址上扩建上林苑，地跨长安、咸宁、周至、户县、蓝田五县县境，周围三百里，有霸、产、泾、渭、丰、镐、牢、橘八水出入其中，具备多种功能和游乐内容。"中有苑二十六，宫二十，观三十五"。建章宫是其中最大宫城，"其北治大池，渐台高二十余丈，名曰太液池，中有蓬莱、方丈、瀛洲，壶梁象海中神山、龟鱼之属"。这种"一池三山"的形式，成为后世宫苑中池山之筑的范例。

(案例来源：http://www.china.com.cn)

（五）魏晋南北朝时期

魏晋南北朝时期是我国历史上政局最为动荡的时期，然而也是思想、文化、艺术发生重大变化的时期。这些变化必然引起园林创作的巨大变革，使得魏晋南北朝时期成为中国园林发展史上的转折点之一。这一时期，我国园林的发展呈现出几个显著特点：

其一，西晋时出现的山水诗和游记对造园艺术产生了深远的影响。魏晋以前，对自然景物的描绘，仅限于用山水形象来谈玄论道。到了晋以后，人们对自然景物的描绘已成为用来抒发内心的情感和志趣的一种手段，反映在园林创作上，则追求再现山水，犹若自然。

其二，开山水园之先河。据史书记载，早在东汉桓帝时，大将军梁冀就大起第舍，"广开园囿，采土筑山，十里九坂，以象二崤，深林绝涧，有若自然，奇禽驯兽，飞走其间"。十六国时期，后燕帝慕容熙在平城（今大同）筑龙腾苑，广袤十余里，起景云山于苑内，基广五百步，峰高十七丈。这时期的筑山以仿真山为主，所以山必求其宏大，峰必求其高峻。这一时期的园林穿池构山而有山有水，结合地形进行植物造景，因景而设园林建筑。如南齐文惠太子（萧长懋）开拓元圃园，多聚奇石，妙极山水。湘东王（梁元帝萧绎未登位前封号）造湘东苑，穿池构山，跨水有阁、斋、屋。斋前有高山，山有石洞，蜿蜒潜行二百余步。山上有阳云楼，楼极高峻，远近皆见。在北朝，北魏官吏张伦在宅园中模仿自然造景阳山。这个时期对植物、建筑的布局也发生了变化。如北魏官吏茹皓营华林园，"经构楼馆，列于上下。树草栽木，颇有野致"。从这些例子可看出南北朝时期园林形式和内容的转变。园林形式由粗略地模仿真山真水转到用写实手法再现山水；园林植物由欣赏奇花异木转到种草栽树，追求野致；园林建筑不再徘徊连属，而是结合山水，列于上下，点缀成景。南北朝时期园林是山水、植物和建筑相互结合组成山水园。这一时期的园林可称为自然（主义）山水园或写实山水园。

其三，佛教的传入及老庄哲学的流行，使中国园林转向崇尚自然。南北朝时佛教兴盛，各地广建佛寺。佛寺建筑多用宫殿形式，宏伟壮丽并附有庭园。尤其是不少贵族以自己的官僚舍宅为寺，原有的宅园成为寺庙的园林部分。很多寺庙建于郊外，选山水胜地营建。这些寺庙不仅是信徒朝拜进香的圣地，而且逐步成为风景游览的胜区。此外，一些风景优美的胜区，逐渐有了山居、别业、庄园和聚徒讲学的精舍。这样，自然风景中就渗入了人文景观，逐步发展成为今天独具中国特色的寺院园林景观。

（六）隋朝

隋炀帝杨广即位后，在东都洛阳大力营建宫殿苑囿。别苑中以西苑最著名，西苑的风格明显受到南北朝自然山水园的影响，以湖、渠水系为主体，将宫苑建筑融于山水之中。这是中国园林从建筑宫苑演变到山水建筑宫苑的转折点，习惯上把这种将宫苑建筑融于山水之中的园林形式称为"山水宫苑"。隋炀帝的西苑布局继承了汉代"一池三山"的形式，反映了王权与神权的统治以及享乐主义思想，具有浓厚的象征色彩。十六组建筑庭园分布在山水环绕的环境之中，成为苑中之园，不像汉代宫苑那样以周阁复道相连，山上的建筑时隐时现，反映了建筑技巧的提高。此时，私家园林开始大量出现。

（七）唐宋时期

唐宋时期是我国园林发展的成熟时期。盛唐时期，中国山水画已有很大发展，出现了寄兴写情的画风。园林方面也开始有体现山水之情的创作。盛唐诗人、画家王维在蓝田县，利用自然景物，略施建筑点缀，经营了辋川别业，形成既富有自然之趣，又有诗情画意的自然园林。中唐诗人白居易游庐山，见香炉峰下云山泉石胜绝，因置草堂，建筑朴素，不施朱漆粉刷。草堂旁，春有绣谷花（映山红），夏有石门云，秋有虎溪月，冬有炉峰雪，四时佳景，收之不尽。唐代文学家柳宗元在柳州城南门外沿江处，发现一块弃地，斩除荆丛，种植竹、松、杉、桂等树，临江配置亭堂。这些园林创作反映了唐代自然园林式别业山居，是在充分认识自然美的基础上，运用艺术和技术手段来造景、借景而构成优美的园林境域。由于山水画的发展，人们纷纷将诗与画融入园林的布局与造景中，根据造园者对山水的艺术认识和生活需求，因地制宜地表现山水真情和诗情画意的园林。我们将这种园林称为"写意山水园林"。

(八)元、明、清时期

元、明、清时期是我国园林发展的鼎盛时期。特别是明清时期,无论江南私家园林,还是北方帝王宫苑,在设计建造上,都达到了登峰造极的地步。此时的宫苑总结了几千年来中国传统的造园经验,融会了南北各地主要的园林流派风格,在艺术上达到完美的境地。现在保存下来的园林大多属于明清时代,这些园林充分表现了中国古代园林的独特风格和高超的造园艺术,向世人展示了中国传统园林独特的魅力。

元明清三代都建都北京,大力营造宫苑,先后完成了西苑三海、故宫御花园、圆明园、清漪园(今颐和园)、静宜园(香山)、静明园(玉泉山)及承德避暑山庄等著名宫苑的建造。这些宫苑或以人工挖湖堆山(如三海、圆明园),或利用自然山水加以改造(如避暑山庄、颐和园)。宫苑中以山水、地形、植物来组景,因势因景点缀园林建筑。其中,大型的宫苑多采用集锦的方式,集全国名园之大成,以圆明园为代表,一园囊括了全国园林的一百多处景,这种"集锦式园林",成为中国园林艺术的又一传统。

这一时期的宫苑还吸收了蒙、藏、维吾尔等少数民族的建筑风格,如北京颐和园后山建筑群、承德外八庙等。清代中国同国外的交往增多,西方建筑艺术传入中国,首先在宫苑中被采用。如圆明园中俗称"西洋楼"的一组西式建筑,包括远瀛观、海晏堂、方外观、观水法、线法山、谐奇趣等就是当时西方盛行的建筑风格以及石雕、喷泉、整形树木、绿丛植坛等园林形式。这些宫苑集中了历代朝廷大量财力物力,是中国园林的宝贵遗产。

二、西方园林的产生与发展

由于中世纪的欧洲将园林看作是享乐的奢侈品而长期遭到清教徒的禁止,西方园林艺术只能在寺院中苟延残喘,因此早期西方园林的发展并不突出。但总体来讲,在西方园林的发展史上,中国园林对它的影响起到了十分重要的推动作用。

欧洲人知道中国园林,大约可上溯到元代的马可·波罗。在江南,他见到过南宋建造的许多园林。中国园林在17世纪被更多地介绍到欧洲,先是英国,然后又传到法国和其他国家,被誉为"世界园林之母"。1685年,英国著名学者和政治家坦伯尔针对当时欧洲几何式园林写道:"还可以有另外一种完全不规则形的花园,它们可能比任何其他形式的都更美;不过,它们所在的地段必须有非常好的自然条件,同时,又需要一个在人工修饰方面富有想像力和判断力的伟大民族。"他承认这种园林是"从在中国住过的人那儿听来的……在我们这儿,房屋和种植的美,都主要表现在一定的比例、对称和整齐划一上;我们的道路和我们的树木一棵挨一棵地排成行列,间隔准确。中国人要讥笑这种植树的方法。他们说,一个会数数到一百的小孩子,就能把树种成直线……中国人运用极其丰富的想像力来造成十分美丽夺目的形象,但是,不用那种肤浅地就看得出来的规则和配置各部分的方法"。

据历史记载,在中国园林发展史上,在理论上贡献最大的造园理论家计成和实践家张涟,与欧洲古典园林代表人物、法国的勒·诺特几乎同时;理论著作计成的《园冶》和法国布阿依索的《论造园艺术》也都在1630年以后诞生。17世纪下半叶,在君主集权制发展到最高峰的法国,改造了从意大利传来的造园艺术,形成了在哲学上反映唯理主义、在政治上反映绝对君权制度的古典主义的造园艺术。但到18世纪上半叶,西方讲究自由、活泼、委婉、轻松的罗可建筑思潮将传统的几何构图冲垮了。于是,他们又向当时正值鼎盛时期的中国园林取经。英国、法国、德国都相继效仿中国。那个时候,中国趣味成了欧洲,尤其是法国最盛行的时尚。随着欣赏和赞叹,随之而来的便是模仿,首先从英国开始,然后是法国、意大利、瑞典和其他欧洲国家,仅巴黎一地,就建起了中国式风景园林约20处。园中往往还造起一些中国式的塔、亭、榭、拱桥和楼阁,甚至还有孔庙,称为图画式花园。以至于在18世纪的欧洲掀起了一阵"中国园林热"。英国出现了"英中式花园"或"中国式花园";法国巴黎花园内有20多处中国式亭子;在德国有个"木兰村",村旁的山溪名为"吴江"。直到19世纪中期,西方园林才在学习和借鉴中国园林的基础上,有了自己新的特点,主要是加强了现代意识。而中国在这个时期也从西方园林中吸收了不少东西(如圆明园的大水法和音乐喷泉等),形成了至今我们还能看到的公园体式、街心花园、洋房花园等式样的园林,基本是中西合璧的东西。

从总体上来讲,我们可以将西方园林的发展过程归纳为几个大事件:

第一,欧洲早期的园林发展以意大利为代表,其中世纪寺庙园林是僧侣们喜爱的活动场所,园林设计十分简洁,规模较小,常以富于装饰性的柱式和花草树木作为园林的构景要素。

第二,从世纪的动荡岁月中走出来的意大利人率先为欧洲园林的复兴注入了新的活力。作为罗马人的后裔,罗马帝国的辉煌在意大利人心中记忆犹新,这些古希腊和古罗马艺术传统中的古典主义思想成为文艺复兴时期园林创作的源泉。16世纪后半叶,是意大利传统台地园林的成熟时期,这种因地势和气候特点而建造的台地园林通常由三层台地和一个花园组成,园林布局严谨,台地层叠,有明显的贯穿全园的中轴线,对称布局,整体上强调均衡统一,喜欢以雕塑作为点缀,在广场水池中置喷泉。台地式园林的造园手法曾一度成为欧洲各国园林建造模仿的对象。

第三,16世纪末至17世纪,欧洲的建筑艺术进入了巴洛克时代,园林的内容和形式也相应发生了新的变化,以法国为代表的"巴洛克式园林",强调新奇,追求夸张,注意细部技巧,喜欢运用大量的装饰小品进行造园。

第四,文艺复兴初期以模仿意大利造园要素为主的法国在17世纪下半叶进入了太阳王路易十四的绝对君权专制时代,以凡尔赛宫为代表的、被看作是专制君权象征的勒·诺特尔式园林标志着法国园林艺术的成熟和真正的古典主义园林时代到来。勒·诺特尔式园林不仅为法国带来了空前的辉煌,而且使法国取代了意大利,成为了统率欧洲造园艺术长达一个世纪之久的园林样式。

第五,18世纪的欧洲在资产阶级运动和中国园林艺术的影响下,自然风景式园林率先在英国盛行,发生在18世纪英国的这场风景式造园运动改变了西方流行了一千多年的规则式造园传统,在欧洲掀起了"中国园林热"的旋风。这种园林在法国被称为"英中式园林"。

三、中西方园林审美比较

从总体上来讲,中西园林的发展历史基本上遵循了一个先并驾齐驱,后逐步融合、互通有无的过程。因此,两者之间存在着明显的相似性和差异性。在这里我们将中西方园林审美中的一些异同进行比较,目的在于让大家能够更容易、更透彻的理解在后面的章节中对中西方园林的美学特征的分析。

(一)审美文化的异同

中西方园林分别代表着中西方的两种截然不同的文化,具有明显的文化特征。

1. 相似性

中西方在园林的文化象征上有两点是相同的:一是中西方都将园林看成是人间天堂。中国有句老话,"上有天堂,下有苏杭",由此可以看出中国的私家园林已经体现了"天堂"的意味,皇家园林就更不用说了。而从汉朝延续下来的"一池三山"的造园手法也正是这种观念的体现。这与西方的观念是相似的。英语中"天堂"一词来自古希腊文的 Paradeisos,这个词又从古波斯文而来,意思就是"豪华的花园"。[①] 二是中西方都将园林看作是权力的象征和政治的情感寄托。中国皇家园林体现的是小园林、大中国的构想,如颐和园、承德避暑山庄这些集锦式园林,就是缩小了的中国版图和中国景观集粹,充分表现了皇帝的无所不能、独霸江山的权势。而西方以法国为代表的勒·诺特尔式园林则典型的映照了"朕即国家"的绝对君权专制制度,将豪华而又技术性很强的东西统统纳入园林中,借此炫耀自己。在这一点上中西方也是不谋而合的。

2. 差异性

差异性同样也表现在两个方面:一是炫耀方式截然不同,这里主要指皇家园林。中国皇帝的观念是"宁教我负天下人,休教天下人负我"。[②] 因此在园林中,皇帝是独享游览大权的,其他人只能作为随从或

[①] 朱希祥,《中西旅游文化审美比较》,华东师范大学出版社,1998年6月版,第123页。
[②] 朱希祥,《中西旅游文化审美比较》,华东师范大学出版社,1998年6月版,第124页。

侍卫,不能与之一起享乐。西方国王和大贵族的观念则不同,他们认为园林是讲排场、比富豪的地方,所以他们经常利用园林的广场和空地举行酒会、宴会和舞会等,自己则因成为这一切活动的中心和指挥者而洋洋得意。据说,路易十四就曾要求凡尔赛花园里能同时容纳7000人玩乐。二是中西方寄托在园林中的理想与愿望不同。中国园林,特别是私家园林的特点是闲静、优雅、曲折、含蓄,它所体现的思想观念就是中国文人士大夫们的处世哲学和文化审美态度,寄托的是封建文人士大夫的主观情感,抒发的是他们的追求和理想。而在西方人那里,将园林作为美的标志,作为散步、思考和隐居的好去处,则是在近代才得以实现的。圣西门公爵在其回忆录中曾说过,路易十四的凡尔赛花园是"为了玩,而不是为了美",这种园林只适合于炫耀国王的威严,而不适合于在其中悠闲地散步、思考和隐居。

(二)绘画原则与建筑原则

黑格尔认为园林是依附于建筑的,因此他把园林艺术和美学的论述放在建筑美学之中,他精辟地指出:"园林艺术不仅替精神创造了一种环境,一种第二自然,一开始就用完全新的方式来建造,而且把自然风景纳入建筑的构图设计里,作为建筑物的环境来加以建筑的处理。"[①]这主要是针对西方园林发展的情况。就中国而言,从园林形成的早期开始,园林艺术与建筑就一直保持着一种若即若离的关系,有时独立,有时依附,有时甚至反客为主让建筑为园林服务。这是中西方园林艺术地位上的不同。黑格尔进一步对中西方园林艺术提出了较本质的看法:"讨论到真正的园林艺术,我们必须把其中绘画的因素和建筑的因素分别清楚。花园并不是一种正式建筑,不是运用自由的自然事物而建造成的作品,而是一种绘画,让自然事物保持自然形状,力图摹仿自由的大自然。它把凡是自然风景中能令人心旷神怡的东西集中在一起,形成一个整体……中国的园林艺术早就这样把整片的自然风景包括湖、岛、河、假山、远景等都纳入到园子里。"[②]可以说,中国园林遵循的

[①] 朱希祥,《中西旅游文化审美比较》,华东师范大学出版社,1998年6月版,第125页。
[②] 朱希祥,《中西旅游文化审美比较》,华东师范大学出版社,1998年6月版,第126页。

就是一种绘画原则。那么西方园林所遵循的建筑原则又是如何的呢？黑格尔认为，最彻底运用这种建筑原则的典型是法国园林，"它们照例接近高大的宫殿，树木栽成有规律的行列，形成林阴大道，修剪得很整齐，围墙也是用修剪整齐的篱笆来造成的，这样就把大自然改造成一座露天的广厦"。① 这种典型的遵循建筑原则而建的园林被人们形象地称为"露天的绿色建筑"、"掀掉房顶的屋子"。

（三）含蓄审美与直观寄情

虽然中西方园林审美都不可避免地有感情的注入和人格化的倾向，但在程度和形式上二者是有区别的。中国在对园林的审美中显示较多的是含蓄悟物。中国园林中的景物，除了松、柏、竹、兰等与人的品格有着某种相似之处，以体现这种含蓄审美外，还有人为地加以寓情寄意，并以美的感性名目命题之处，如美人峰、狮子林、五老峰等，还有诸如"烟波致爽"、"万壑松风"、"芝径云堤"、"如意湖亭"等美妙的、容易让人产生审美联想的景观名称，都体现出这种含蓄之美。而西方则是出自科学和工业时代的精神的审美，他们并不喜欢这种曲折含蓄在园林中介入感情与审美意味的方式，更强调直观，方就是方，圆就是圆，不讲模糊含蓄，人就是人，动物就是动物，这也是西方园林中雕塑大都照实物塑造的原因。这种一目了然、直观寄情的审美方式可以让游人非常直接地获得审美感受。

（四）自然美与人工美

从处理园林的基本原则来看，中西方都要求解决自然美与人工美的关系，但在解决的方式上中西方却各侧重一面。中国人造园始终贯穿了人是自然的一部分的观念，在总体上遵循的是："虽由人作，宛自天开"的美学原则，构建时侧重对自然情趣的追求，通常是利用原有的山势、水形、树态本身的气质和姿态，在此基础上进行造山、理水、植景的工作，在花木的处理上也强调本着花木的自然生长规律，再加以人工处理，使之形成"四时不断，皆入图画"之意。西方则基本贯彻的是文艺复兴时期的人是自然的主人这一思想，在园林的建造上侧重于人力的艺

---

① 朱希祥，《中西旅游文化审美比较》，华东师范大学出版社，1998年6月版，第126页。

术加工。构建园林时主要采用重建的方式,即在一块选定的地点上,先推土平地,再挖池修湖、种植树木花草,最后再剪树、修花、做雕像,以一种建筑性的几何机械方式布局,使整个园林显得整齐有致,流露出很深的人工雕琢的痕迹。

(五)幻想与理念

雨果曾经这样说过:"在世界的一隅,存在着人类的一大奇迹,这个奇迹就是圆明园。艺术有两种渊源:一为理念——从中产生欧洲艺术;一为唤醒——从中产生东方艺术。圆明园属于幻想艺术。一个近乎超人的民族所能幻想到的一切都汇集于圆明园。……只要想象出一种无法描绘的建筑物,一种如同月宫似的仙境,那就是圆明园。假定有一座集人类想像力之大成的灿烂宝窟,以宫殿庙宇的形象出现,那就是圆明园。"[①] 这是对中国园林这一幻想艺术的高度总结。理念的内涵则可以作两种解释:一是理性领域的概念,即西方哲学中的观念;二是指概念与现象的统一,即黑格尔在《美学》中所说的那种普遍性与特殊性的统一,本质与现象的统一,成为具体的客观存在之后,概念变成理念。[②] 西方园林所体现的建筑原则、人工美,都可以看作是由这种理念所产生的具体的西方园林审美观念。

(六)不同的综合美

西方园林中一般是将符号差异不大的艺术门类加以综合,主要是借助雕塑、工艺美术、绘画等手法来丰富和充实园林,这种雕塑、工艺美术和绘画主要体现在人体和动物的雕塑形象及花坛、喷泉、藤架、水池、晒台等小建筑物上,使之构成一种人物、动物、植物俱全的生物世界,形成一种高低、硬软、冷热、动静、曲直相结合的综合美。而中古派园林除了西方园林中的这些形式以外,更突出的是融入了文学、书法等诸多因素,即物质性与精神性、造型艺术与语言艺术高度结合,丰富和浓化了中国园林景观的艺术和美学意蕴。自然的符号只能描摹出物体的具体形象,而语言艺术却能在欣赏者心中唤起一种意象,一种逼真的幻觉,

---

① 朱希祥,《中西旅游文化审美比较》,华东师范大学出版社,1998年6月版,第130页。
② 朱希祥,《中西旅游文化审美比较》,华东师范大学出版社,1998年6月版,第130页。

这正是与西方园林迥然不同的综合美。

归纳起来,我们可以看到中国园林基本上是写意的、含蓄的,重自然、重情感、重想象、重联想,重"言有尽而意无穷"、"言在此而意在彼"的韵味;而西方园林基本上则是写实的、理性的、客观的,重图形、重人工、重秩序、重规律,以一种天生的对理性思考的崇尚而把园林也纳入到严谨、认真、仔细的科学范畴。概括说来,可以用表 4-1 来说明。

表 4-1 中西方园林审美比较

内容	园别	西方园林	中国园林
1	布局	几何形规则式布局	生态形自由式布局
2	道路	轴线笔直式林荫大道	迂回曲折,曲径通幽
3	树木	整形对植、列植	自然形孤植、散植
4	花卉	图案花坛、重色彩	盆栽花台、重姿态
5	水景	动态水景:喷泉瀑布	静态水景:溪池滴泉
6	空间	大草坪铺展	假山起伏
7	雕塑	石雕具像(人物、动物等)	大型整体太湖巨石
8	取景	视线限定	步移景换
9	景态	开敞坦露	幽闭深藏
10	风格	骑士的浪漫	文人的诗情画意

第二节 中国传统园林的美学特征

园林艺术中包含着深刻而丰富的美学思想,具有很高的游览和观赏价值,吸引着广大的园林爱好者和旅游爱好者,这早为世人所认同。因而在当今旅游业蓬勃发展之际,如何引导众多旅游者对园林资源的美的认知与欣赏,越来越引起人们足够的重视。由于篇幅的关系和现代园林发展的种种特殊因素,我们在这里就不深入探讨,在第二、三、四节中我们主要针对中西方传统园林的美学特征进行剖析。

一、中国传统园林的类型

中国传统园林遵循着"虽由人作,宛自天开"的宗旨,集真、善、美于一体,具有鲜明的地域文化特色,有两个显著特点:第一,以人为中心。园林可居,可观,可游,可乐。园林注重人文意蕴,文化内涵很深,很丰富,礼乐伦理观念融贯其中。第二,重视自然与人的和谐,选择自然,美化自然,创造自然。山水与建筑有整合效应,多元意境有机地融合在园林系统中,形成天人合一的感染力。目前我国各地现存的主要的传统园林有:

北京:圆明园、颐和园、天坛、地坛、日坛、月坛、故宫、社稷坛、先农坛、恭王府等。

承德:避暑山庄、外八庙。

上海:豫园。

南京:愚园、玄武湖、瞻园。

苏州:拙政园、留园、网师园、沧浪亭、狮子林、环秀山庄、虎丘、洞庭东山和西山等。

扬州:瘦西湖、影园、个园、寄啸山庄、何园等。

杭州:西湖。

绍兴:沈园、兰亭。

成都:杜甫草堂。

昆明:大观公园。

按地域来分,可以分为巨丽庄重的北方皇家园林、古雅精巧的江南私家园林和充满世俗情趣、紧凑之美的岭南园林。

(一)皇家园林

皇家园林一般指供帝王居住游娱的园林。古人讲普天之下莫非王土,在统治阶级看来,国家的山河都是属于皇家所有的。所以其特点是:耗资巨大,气势恢宏,用材丰富,真山真水较多,功能庞杂,园中建筑色彩富丽堂皇,建筑体型高大,体现了统治者的主宰意识。历代主要的皇家园林包括:黄帝、周文王的囿,秦王嬴政的阿房宫,汉武帝的上林苑、甘泉苑、太液池,魏文帝的芳林园,隋炀帝的西苑,唐代的南苑,宋徽宗的艮岳、南宋在临安的园林、元代的万岁山太液池、明朝的皇宫、三海、清朝的圆明园、颐和园、避暑山庄。这些园林除南宋的以外，基本上都建造在北方，这是由于北方长期是政治中心的缘故。

（二）私家园林

私家园林是供皇家的宗室外戚、王公官吏、士大夫、富商大贾、逸士等富人休闲的园林，我国的私家园林绝大部分分布在南方苏州、杭州、无锡、南京、扬州等地，这是由于自魏晋以来经济重心南移的缘故。生活在这些城市中的官僚贵族不仅贪图城市优越的物质生活，而且极力寻求"山水泉林之乐"，以满足他们穷奢极欲的精神享受。江南的私家园林以明、清两代建造最多，从总体上来讲，我国的私家园林不像皇家园林那样规模宏大、豪华富贵，而是追求一种精巧素雅、玲珑多姿的风格，讲求山林野趣的自然美，其最大特点就是善于把有限的空间巧妙地组合成千变万化的园林景色，利用咫尺山林再现大自然的美景，把山水、花木、建筑融为一体，把自然美与人工美有机地统一起来，以少胜多，以精取胜。

明清时代，南方最有代表性的私家园林是海宁的安澜园、南京的瞻园、苏州的狮子林、无锡的秦园，它们合称江南四大名园。

（三）寺庙园林

根据已有的考古材料证明，中国寺观的起源在五千年以前，当时是以神祠的形式出现的，这就是红山文化遗址中发现的女神庙。东汉时在洛阳以皇家花园改建成的白马寺成为中国第一佛寺。然而佛寺的建设兴旺于魏晋南北朝。因为当时的社会战火不断，民众生活痛苦不堪，生命无常，因此，佛教中因果报应、轮回转世的思想深入人心。另一方面，道教思想中取法自然、延年益寿、飞身成仙等也赢得众多追随者。在舍宅为寺的热潮中，北魏洛阳和南朝的建康佛寺成百上千，香火甚旺。此时，寺观园林有三种形式：一是把城市中寺观本身按园林布置；二是在城市寺观旁附设园林；三是在风光优美的自然山水中建寺。这样做是因为，不论佛教中的天国还是道教追寻的仙境，都对寺观的环境提出很高的要求。

寺庙园林包括宗教（佛教、道教、基督教、伊斯兰教等）园林和历史名人(如黄帝、大禹等)的纪念性祠庙园林。当寺庙建在市区且仅有建筑物者,不能称为寺庙园林,只有当寺庙兼有林木、草坪、水池等园林要素时,才能称为寺庙园林。长江流域在距今1600年前的公元4世纪已有了寺庙园林,如僧人慧远在庐山营造的东林寺即是。唐宋时期,佛教、道教、儒教迅速发展,寺观的建筑布局形式趋于统一,即为伽蓝七堂式。此时的文人也把对山水的认识引入寺观氛围,这种世俗化、文人化的浪潮促使寺庙园林的建设产生了飞跃。唐代长安的广恩寺以牡丹、荷花最为有名,而苏州的玄妙观也发展成规模宏大的寺庙园林,据传宋代名画家赵伯驹之弟所绘《桃源图》描绘的就是玄妙观的情景。明清时期,寺观园林建设达到高潮。

寺庙园林主要有如下特点:第一,开放性,寺庙园林不是供私人享乐,而是为香客和游人敞开。第二,稳定性,寺较少受到战争破坏,也很少因政治动荡而毁弃,寺庙有田业和财产,能长期保存。第三,天然性,寺庙占有名山大川,一般不在闹市建筑,情趣自然,人工与天趣相融合。僧人崇尚自然,乐于保护自然。第四,神秘性,寺庙营造佛界仙境氛围,如放生池、神像、音乐、缭烟都具有宗教刺激和感悟性,佛教的极乐世界、彼岸净土都幻若神仙境界。

二、中国传统园林的造园要素

综观世界园林,在造园伊始就非常注重各种构园要素的选择和布局,因而在现存的园林中体味园林之美,就非常有必要对各种构园要素进行一一探知,从而整体上领略园林之味。

(一)山水构架

中国人对大自然有着特殊的情感,而山水在风水理论中又被认为是阴阳两极的结合,这种特殊的人文背景孕育出的山水观对中国造园产生了重要的影响,这就是中国人如此狂热地在自然山水中营造园林,或者在园林中构架自然山水的原因。

山水构架是指利用已有的自然山形水势改造或仿创自然的山水形态。山体通常有石山、土山和土石山三种。水体通常有湖、河、溪、瀑布、泉等。山水构架主要有以下几个步骤:

1. 掇山

掇山是指仿自然山体造型,用土、石或土石结合的手法仿自然山体或在自然山体上堆筑假山。掇山的原则是"有真有假,作假成真"。这些假山一可以成为园林的主景,二可以作为园林的地形骨架,划分或组织园林空间,另外还可以作为水的驳岸。

秦汉的上林苑,用太液池所挖土堆成岛,象征东海神山,开创了人为造山的先例。东汉梁冀模仿伊洛二峡,有园中垒土构石为山,从而开拓了从对神仙世界向往,转向对自然山水的模仿,标志着造园艺术开始以现实生活作为创作起点。魏晋南北朝的文人雅士们,采用概括、提炼手法,所造山的真实尺度大大缩小,力求体现自然山峦的形态和神韵。这种写意式的叠山,比自然主义模仿大大前进一步。唐宋以后,由于山水诗、山水画的发展,玩赏艺术的发展,对叠山艺术更为讲究。最典型的例子便是爱石成癖的宋徽宗,他所筑的艮岳是历史上规模最大、结构最奇巧、以石为主的假山。明代造山艺术,更为成熟和普及。计成在《园冶》的"掇山"一节中,列举了园山、厅山、楼山、阁山、书房山、池山、内室山、峭壁山、山石池、金鱼缸、峰、峦、岩、洞、涧、曲水、瀑布等17种形式,总结了明代的造山技术。清代造山技术更为发展和普及,当时的造园家创造了穹形洞壑的叠砌方法,用大小石钩带砌成拱形,顶壁一气,酷似天然峭壑,乃至于喀斯特溶洞,叠山倒垂的钟乳石,比明代以条石封合收顶的叠法合理得多、高明得多。现存的苏州拙政园、常熟燕园、上海豫园,都是明清时代园林造山的佳作。

2. 置石

以单个或数个山石形成石景。通常置石的方法有以下几种:

(1)特置:即选用造型别致的大石头作为独立欣赏的对象;

(2)对置:沿轴线两侧对称布置;

(3)散置:以三至五块石头根据艺术构图原理摆放;

(4)踏跺与蹲配:以山石作为建筑出入口的台阶叫踏跺,其两侧起保护装饰作用的石头叫蹲配;

(5)汀步石:点置于水池中作为联系交通之用的石头;

(6)角石:连接建筑阴、阳角处的石块;

(7)山石花台:以山石围合而成的种植台。

中国传统园林中常见的如太湖石,它是石灰岩的一种,多见于南方园林中,形态奇异多变,因产于太湖而得名;房山石,也是石灰岩的一种,形态浑厚,小洞居多,黄褐色,多见于北方园林中,因产于北京房山而得名。

3. 理水

理水即仿自然水体形态以岸、堤、岛、桥形成聚散有致、曲折多情的水景空间。水是园林的血液,不论哪一种类型的园林,水是最富有生气的因素,无水不活。中国自然式园林以表现静态的水景为主,以表现水面平静如镜或烟波浩淼的寂静深远的境界取胜。人们或观赏山水景物在水中的倒影,或观赏水中怡然自得的游鱼,或观赏水中芙蕖睡莲,或观赏水中皎洁的明月……当然中国的自然式园林也表现水的动态美,但不是喷泉和规则式的台阶瀑布,而是自然式的瀑布。池中有自然的矶头、矶口,以表现经人工美化的自然。正因为如此,园林一定要省池引水。传统园林理水之法,一般有三种:

(1)掩

以建筑和绿化将曲折的池岸加以掩映。临水建筑,除主要厅堂前的平台之外,为突出建筑的地位,不论亭、廊、阁、谢,皆前部架空挑出水上,水犹似自其下流出,用以打破岸边的视线局限,或临水布蒲苇岸、杂木迷离,造成池水无边的视角印象。

(2)隔

或筑堤横断于水面,或隔水净廊可渡,或架曲折的石板小桥,或涉水点以步石,正如计成在《园冶》中所说,"疏水若为无尽,断处通桥"。如此则可增加景深和空间层次,使水面有幽深之感。

(3)破

水面很小时,如曲溪绝涧、清泉小池,可用乱石为岸,怪石纵横、犬牙交齿,并植配以细竹野藤、朱鱼翠藻,那么虽是一洼水池,也令人似有深邃山野风致的审美感觉。

水同时也是园林的主要景色,无水不成景,无水不成园。水总是占据园子的中心地带,房子依水而建,山依水而造。有了水,园子就有了活力,仿佛水是血液;有了水,山石草木都有了影子,太阳有了反光,仿佛水是一面镜子,映照着周围的一切。园林因水而活,园林因水而美。有水便有桥。桥凌于水上,但桥不是对水的超越,而是对水的依赖。桥或者垂直河流而建,或者与湖中央的亭子相连,让走者有一种徒步水上的感觉。但水也会因桥而显得富有生命。有了桥,水仿佛就有了脊骨,有了站起身眺望的力量,有了离开自己、从空中反观自己的路线和支点。水、桥、影和鱼,缺一不可,它们共同组成了园林的动态美与静态美的综合,同时也使园林有了活力和灵魂。

(二)园林建筑

建筑是园林的眼睛,人们往往透过建筑看到园林不同的景致。园林中的建筑有十分重要的作用,它可同时满足人们生活享受和观赏风景的愿望,一方面要具有居住、游憩、娱乐、赏景与造景、理政,甚至举行宗教活动的功能;另一方面则起着点景、隔景的作用,使园林移步换景、渐入佳境、以小见大,又使园林显得自然、淡泊、恬静、含蓄。这是与西方园林建筑很不相同之处。中国传统园林之中的建筑造型轻巧,富于变化,常见的建筑形式主要有堂、厅、楼、阁、馆、轩、斋、榭、舫、亭、廊、桥、墙、门等。园林中的所有建筑,其形与神都与天空、地面自然环境吻合,同时又使园内各部分自然相接,以使园林体现自然、淡泊、恬静、含蓄的艺术特色,并收到移步换景、渐入佳境、小中见大等观赏效果。

1.厅堂

厅堂是待客与集会活动的场所,也是园林中的主体建筑。"凡园圃立基,定厅堂为主"。厅堂的位置确定后,全园的景色布局才依次衍生变化,形成各式各样的园林景致。厅堂一般坐北朝南。向南望,是全园最主要景观,通常是理池和造山所组成的山水景观,使主景处于阳光之中,光影多变,景色显得变幻无穷。厅堂建筑的体量较大,空间环境相对也开阔,在景区中,通常建于水面开阔处,临水一面多构筑平台,如北京园林大多临水筑台、台后建堂。这成为明清时代构园的传统手法,如拙政园的远香堂、留园的涵碧山房、狮子林的荷花厅、恰园的鸳鸯厅等,都采用此法布置厅堂。

2.楼阁

园林中的二类建筑,属于较高层的建筑。一般如若房阔,须回环窈窕;作藏书画,须爽皑高深;供登眺,视野要有可赏之景。楼和阁的体量处理要适宜,避免造成因空间尺度的不和谐而损坏全园景观。阁,四周开窗,每层设围廊,有挑出乎座,以便眺望观景。

3. 书房馆斋

馆供宴客之用,其体量有大有小,与厅堂稍有区别;大型的馆,如留园的五峰仙馆、林泉香石馆,实际上是主厅堂。斋供读书用,环境当隐蔽清幽,尽可能避开园林中主要游览路线。建筑式样较简朴,常附有小院,植芭蕉、梧桐等树木花卉,以创造一种清静、淡泊的情趣。

4. 榭

榭建于水边或花畔,借以成景。平面常为长方形,一般多开敞或设窗扇,以供人们游想、眺望。水榭则要三面临水。

5. 轩

轩是小巧玲珑、开敞精致的建筑物,室内简洁雅致,室外或可临水观鱼,或可品评花木,或可极目远眺。

6. 舫

舫是仿造舟船造型的建筑,常建于水际或池中。南方和岭南园林常在园中造舫,如南京煦园的不系舟是太平天国天王府的遗物,苏州拙政园的香洲是舫中使者。舫大多将船的造型建筑化,在体量上模仿船头、船舱,便于与周围环境相协调,也便于内部建筑空间的使用。

7. 亭

亭是一种开敞的小型建筑物,主要供人休憩观景,可眺望,可观赏,可休息,可娱乐。亭在造园艺术中的广泛应用,标志着园林建筑在空间上的突破,或立山巅,或枕清流,或临涧壑,或傍岩壁,或处平野,或藏幽林,空间上独立自在,布局上灵活多变。在建筑艺术上,亭集中了中国古代建筑最富民族形式的精华。按平面形状分,常见的有三角亭、方亭、短形亭、六角亭、八角亭、圆亭、扇面亭、梅花亭、套方亭。按屋顶形式分,有单檐亭、重檐亭、攒尖亭、盖顶亭、歇山亭,攒尖高耸,檐宇如飞,形象十分生动而空灵。按所处位置分,有桥亭、路亭、井亭、廊亭。凡有佳景处都可建亭,画龙点睛,为景色增添民族色彩和气质;即使无佳景,也可平淡之中见精神,使园林更富有生气和活力。苏州的沧浪亭,拙政园中的松风亭、嘉实亭都是著名的亭。

8. 路与廊

路与廊是中国园林中,最富有可塑性与灵活性的建筑。在园林中不仅有交通的功能,更重要的是观赏的作用。蜿蜒曲折也好,高低起伏也好,曲折如游龙也好,高下如长虹也罢,是一种生动活泼颇具特色的民族建筑。它既可在交通上连通自如,将园林贯通一气;又可让游人移步换景,仔细品味周围景色。它既可使游人于烈日之下免受曝晒之苦,又可使游人于风雨之中不遭吹淋之罪,在酷暑风雨之时,仍然可以观赏不同季节和气象时的园林美。廊,又有单席与复席之分。单廊曲折幽深,若在庭中,可观赏两边景物;若在庭边,可观赏一边景物,还有一边通常有碑石,还可以欣赏书法字画,领略历史文化。复廊是两条单席的复合,于中间分隔墙上开设众多花窗,两边可对视成景,既移步换形增添景色,又扩大了园林的空间。苏州沧浪亭的复廊最负盛名。如果把园林比作一片绿色的树叶的话,那么长廊就是联系各个景点的脉络,正是它们之间的巧妙融合,使园林成为美的整体。

9. 桥

园林中的桥,一般采用拱桥、平桥、廊桥、曲桥等类型,有石制的,有竹制的,有木制的,十分富有民族特色。它不但有增添景色的作用,而且用以隔景,在视觉上产生扩大空间的作用。同时过了一桥又一桥,也颇增游客游兴。特别是南方园林和岭南类型园林,由于多湖泊河川,桥也较多。

10. 园墙与门

园墙是围合空间的构件。中国的园林都有围墙,且具民族特色,比如龙墙,蜿蜒起伏,犹如长龙围院,颇有气派。园中的建筑群又都采用院落式布局,园墙更是不可缺少的组成部分。如上海豫园,有几条龙墙,即伏卧龙、穿云龙(口下有金蟾)、双龙抢珠、睡眠龙,将豫园分割成若干院落。

而门在我国传统园林中则犹如文章的开头,是构成一座园林的重要组成部分。造园家在规划构思设计时,常常是搜奇夺巧,匠心独运。如南京瞻园的入口,小门一扇,墙上藤萝攀绕,于街巷深处显得情幽雅静,游人涉足入门,空间则由"收"而"放"。一入门只见庭院一角,山石一块,树木几枝,经过曲廊,便可眺望到园的南部山石、池水建筑之景,使人感到这种欲露先藏的处理手法,正所谓"景愈藏境界愈大",把景物的魅力蕴含在强烈的对比之中。

园林的门,往往也能反映出园林主人的地位和等级。例如进颐和园之前,先要经过东宫门外的"涵虚"牌楼、东宫门、仁寿门、玉澜堂大门、宜芸馆垂花门、乐寿堂东跨院垂花门、长廊入口邀月门这七种形式不同的门,穿过九进气氛各异的院落,然后步入七百多米的长廊,这一门一院形成不同的空间序列,又具有明显的节奏感。

(三)花木配置

花木犹如园林的毛发。与西方园林不同,中国古代园林对树木花卉的处理与安设,讲究表现自然。松柏高耸入云,柳枝婀娜垂岸,桃花数里盛开……乃至于树枝弯曲自如,花朵迎面扑香,其形与神,其意与境都十分重在表现自然。

植物是造园不可缺少的又一因素。花木犹如山峦之发,水景如果离开花木也没有美感。自然式园林着意表现自然美,对花木的选择标准,一讲姿美,树冠的形态、树枝的疏密曲直、树皮的质感、树叶的形状,都追求自然优美;二讲色美,树叶、树干、花都要求有各种自然的色彩美,如红色的枫叶,青翠的竹叶、白皮松,白色的玉兰,紫色的紫薇等;三讲味香,要求自然淡雅和清幽,最好四季常有绿,月月有花香,其中尤以腊梅最为淡雅、兰花最为清幽。花木对园林山石景观起衬托作用,又往往和园主追求的精神境界有关。如竹子象征人品清逸和气节高尚,松柏象征坚强和长寿,莲花象征洁净无暇,兰花象征幽居隐士,玉兰、牡丹、桂花象征荣华富贵,石榴象征多子多孙,紫薇象征高官厚禄等。

古树名木对创造中国式园林的气氛非常重要。古木繁花,可形成古朴幽深的意境。所以如果建筑物与古树名木矛盾时,宁可挪动建筑以保住大树。计成在《园冶》中说:"多年树木,碍箍檐垣,让一步可以立根,研数桠不妨封顶。"

除花木外,草皮也十分重要,平坦或起伏或曲折的草皮,也令人陶醉于向往中的自然。

（四）园林小品

中国的每个园林建成后，园主总要邀集一些文人，根据园主的立意和园林的景象，给园林和建筑物命名，并配以匾额题词、楹联诗文及刻石。这与西方多设置一些雕塑等陈设不同。匾额是指悬置于门楣之上的题字牌，楹联是指门两侧柱上的竖牌，刻石指山石上的题诗刻字。园林中的匾额、楹联及刻石的内容，多数是直接引用前人已有的现成诗句，或略作变通，如苏州拙政园的浮翠阁引自苏东坡诗中的"三峰已过天浮翠"。有一些是即兴创作的，还有一些园景题名出自名家之手，不论是匾额楹联还是刻石，不仅能够陶冶情操，抒发胸臆，也能够起到点睛的作用，为园中景点增加诗意，拓宽意境。例如即使是春的风格的拙政园，还是能感受到它秋的气息，从那些匾额上就能一目了然，匾额往往是一处园景的主题词为"秋香馆"。秋香，就是稻谷飘香的意思。

匾额横置门头或墙洞门上，在园林中多为景点的名称或对景色的称颂，以三字四字的为多。楹联往往与匾额相配，或树立门旁，或悬挂在厅、堂、亭、榭的楹柱上。楹联字数不限，讲究词性、对仗、音韵、平仄、意境情趣，是诗词的演变。相传楹联始于五代后蜀，孟昶在寝门桃符板上题"新年纳余庆，嘉节号长春"句。匾额楹联不但能点缀堂榭，装饰门墙，在园林中往往表达了造园者或园主的思想感情，还可以丰富景观，唤起联想，增加诗情画意，起着画龙点睛的作用，是中国传统园林的一个特色。如苏州拙政园中的"与谁同坐轩"，表达了"与谁同坐？清风、明月、我"的孤芳自赏的思想。楹联中如苏州沧浪亭的"清风明月本无价，近水远山皆有情"，拙政园梧竹幽居的"爽借清风明借月，动观流水静观山"，雪香云蔚亭的"蝉噪林愈静，鸟鸣山更幽"，都是写景、写情，发人联想，即使游人在无风、无月、无蝉、无鸟时到此，也觉得似有这一境界。

【案例 4-2】　杭州西湖

西湖以自然山水、文物古迹、寺庙古塔、碑刻造像和新建公园绿地组合而成。有湖不广，平静如镜；山多不高，绵亘蜿蜒；湖山依傍，自然尺度协调，显得妩媚多姿。"三面云山一面城"，是西湖的特点。西湖园林建设既突出了西湖风景的独特性，又注意了与地方特色相协调的整体性。因此,所有新建和扩建的园林都用大体量的乔灌木丛组成大小不同、疏落有致的空间,重视配置艺术,选择色彩丰富的树木花草作为园林的主景;亭、台、廊、榭等建筑物以及掇山、园林理水,只作为景区的点缀。其体型、姿态、色彩与妩媚、恬淡、宁静的西湖自然景观和宽阔的湖面融成一体,使人工美与自然美有机地结合起来,不仅防止追奇猎古、曲折封闭的气氛,也避免建造林立的大厦和体型庞大的建筑物,取得了明朗、宽广、自然,园内园外浑然一体的效果。

(案例来源:中国航空旅游网,http://www.ftrip.com)

三、中国传统园林的造园手法

在人和自然的关系上,中国早在春秋战国时代就步入注意与自然相协调的阶段,所以在造园时常运用多种手段来表现自然,以求得渐入佳境、小中见大、步移景异的理想境界,取得自然、淡泊、恬静、含蓄的艺术效果。常见的造园手法主要有以下几种:

(一)抑景

中国传统艺术历来讲究含蓄,所以园林造景也绝不会让人一走进门口就看到最好的景色,最好的景色往往藏在后面,这叫做"先藏后露"、"欲扬先抑"、"山重水复疑无路,柳暗花明又一村",采取抑景的办法,才能使园林显得有艺术磁力。如园林入口处常迎门挡以假山,这种处理叫做山抑。

(二)透景

作为传统的造园手法之一,透景运用是比较多的。在园林中任何一个景点,其四周阻挡观景视线的植物、建筑等背后必然有一个或几个极好的观景视线和视角,通过巧妙布局和运用,将远处美景引到游人视线中来,或是避开阻挡,必能获得理想的观赏效果。

(三)添景

当某风景点在远方,或自然的山,或人文的塔,如没有其他景点在中间、近处作过渡,就显得虚空而没有层次;如果在中间、近处有乔木、花卉作中间、近处的过渡景,景色显得有层次美,这中间的乔木和近处的花卉,便叫做添景。如当人们站在北京颐和园昆明湖南岸的垂柳下观赏万寿山远景时,万寿山因为有倒挂的柳丝作为装饰而生动起来。

(四)夹景

当某风景点在远方,或自然的山,或人文的建筑(如塔、桥等),它们本身都有审美价值,如果视线的两侧大而无当,就显得单调乏味;如果两侧用建筑物或树木花卉屏障起来,使风景点更显得有诗情画意,这种构景手法即为夹景。如在颐和园后山的苏州河中划船,远方的苏州桥主景,为两岸起伏的土山和美丽的林带所夹峙,构成了明媚动人的景色。

(五)借景

大到皇家园林,小至私家园林,空间都是有限的。在横向或纵向上让游人扩展视觉和联想,才可以小见大,最重要的办法便是借景。所以计成在《园冶》中指出,"园林巧于因借"。借景有远借、邻借、仰借、俯借、应时而借之分。借远方的山,叫远借;借邻近的大树叫邻借;借空中的飞鸟,叫仰借;借池塘中的鱼,叫俯借;借四季的花或其他自然景象,叫应时而借。

(六)对景

在园林中,或登上亭、台、楼、阁、榭,可观赏堂、山、桥、树木,或在堂桥廊等处可观赏亭、台、楼、阁、榭,这种从甲观赏点观赏乙观赏点,从乙观赏点观赏甲观赏点的方法(或构景方法),叫对景。

(七)框景

园林中的建筑的门、窗、洞,或乔木树枝抱合成的景框,往往把远处的山水美景或人文景观包含其中,这便是框景。

(八)漏景

园林的围墙上,或走廊(单廊或复廊)一侧或两侧的墙上,常常设以漏窗,或雕以带有民族特色的各种几何图形,或雕以民间喜闻乐见的葡萄、石榴、老梅、修竹等植物,或雕以鹿、鹤、兔等动物,透过漏窗的窗隙,可见园外或院外的美景,这叫做漏景。

(九)点景

点景是中国园林的艺术特色之一。中国园林中有大量的点景题咏,推敲其字句之妙,对于领会园林意境和提高游兴将大有裨益,后世常常留下"辞因景生,景因辞胜"的名园、名章。点景的方法很多,有描写形象的,如桂林的"南天一柱",点出独秀峰的拔地凌空之形;有描写意境的,如"象山水月"。点景惯用四字,也有三字或五字的。点景力求含蓄新雅,名实相符,概括景的特色与神韵。如曲院风荷、断桥残雪。

（十）引景

引景是吸引游人继续游览的景物。山间筑路、水里修亭,都是为了引发游人的好奇,使之继续往前,产生无尽的想象和游兴。弯曲的长廊,曲折的小路,都可能起到引导游人继续游览的作用。

（十一）藏景

"景愈藏,景界愈大;景愈露,景界愈小"。藏景,多为园中易被人忽视之处。在参天古木和嶙峋山石之后的园中小园,却能给人幽静深邃之感,而谐趣园在皇家园林颐和园中的建造就深具山林野趣。

园中园的建造,可使园林取得大中见小、小中见大的对比之效,游人在具有强烈对比的园林中游览,必将为丰富审美层次增添韵味。

【案例5-4】 苏州古典园林

明代著名造园家计成在《园冶》一书中说:"夫借景,林园之最要者也。"苏州古典园林里的长廊,便在借景上充当了重要的角色。那长廊的表现形式千姿百态,通常为一面敞对景区,而另一面砌以廊壁挡隔另一景区。廊壁也并非一堵粉墙,沉闷一块,而是在上面开设漏窗,使游人身在这一景区能透过漏窗窥见另一个天地里的胜景,那景致在漏窗的间隔下像活动电影一样,显得影影绰绰,分外奇妙诱人。一孔接着一孔漏窗,移步换景,美不胜收。

苏州的古典园林就是如此,惯用长廊来分隔园景,使园林有纵深感,激发游人探幽寻胜的兴趣。留园入口处有一段暗廊,廊壁辟有一排花样各异的漏窗,窗外花木葱茏,曲桥流水,游人在窗花的间隙中观之,迷离惝恍,似真似幻。这里的暗廊起着避免开门见山的作用,而廊上的漏窗则起到了引人入胜的诱导作用。而沧浪亭又不同,在园边有依水而筑的复廊,它把一条走廊在中间砌墙,里外一分为二,形成一条走廊两面廊屋的格局,俨然成了背靠背的两条走廊。这复廊的廊墙上也嵌设漏窗,廊北是园外的一汪幽幽绿水,廊南是一脉郁郁的青山,通过廊墙上的漏窗,把园外与园内联系起来,使游人突破了视觉的界限,从而扩大了园林的空间。在园中透过漏窗看水,还可以见到对岸的杨柳依依;在园外透过漏窗观山,咫尺近山在窗花的间隙隐约朦胧,有一种色彩斑驳的韵味。仁者乐山,智者乐水,这时候,山水都在你的眼前,快乐真是难以言喻。

再如拙政园和补园,两园以一条水廊相映,廊壁上漏窗洞明。在补园透过漏窗可见东邻拙政园的景物,在拙政园透过漏窗可见西邻补园的景物,两园通过漏窗互相借景,让人感觉园与园之间的息息相通。

(案例来源:旅游资源网,http://www.chinajourney.com)

四、中国传统园林的审美方法

(一)看面

中国古典园林作为"艺术的宇宙模式",竭力追求顺应自然,着力显示纯自然的天成之美,而尽量避免纯粹形式的规整性。师法自然、模山范水,成为中国造园艺术的最大特点之一。

"师法自然",在造园艺术上包含两层内容:一是总体布局、组合要合乎自然。山与水的关系以及假山中峰、涧、坡、洞各景象因素的组合,要符合自然界山水生成的客观规律。二是每个山水景象要素的形象组合要合乎自然规律。如假山峰峦是由许多小的石料拼叠合成,叠砌时要仿天然岩石的纹脉,尽量减少人工拼叠的痕迹。水池常作自然曲折、高下起伏状。花木布置应是疏密相间,形态天然。乔灌木也错杂相间,追求天然野趣。

面的处理要注意运用形式美法则,古今中外均如此,即均衡、对称、比例、对位、节奏、韵律、比例尺等,虚实、明暗、色彩、材料质感。综合运用它们,结合建筑物的具体条件和性质,就可以得到既有丰富变化,又有高度和谐完美的造型。

(二)观线

园林中通常要用各种景观线,也就是园林里的线路,来将园中的各色美景按序相连,避免散乱无章,力求"曲径通幽"。曲,中国人认为自然界中本来没有自然直线之体,因而在造园伊始就力避直线,以顺应自然,融于自然;幽,则代表一种意境和情趣,给人以一种悬念和引导,层次无穷之感。曲径通幽,实则是在视觉感知下,循光、影的折断,来引导视线定格与转换,是在一定的时间展示下,对于园林节点的关联,从而营造出整体的幽境与美感。这跟中国人的情感含蓄及文化审美有关。园林中的景观线要符合游客"入山惟恐不深,入林惟恐不密"的强烈的审美要求,要将景观线上的各美景巧妙连接,既要景景相连,又要繁简变化,让游客在"步移景异"中增大游兴。

园林的观赏有静观和动观两种方式。静观即在视野开阔的精彩之处,细细品味,流连赏玩。动观却是沿自然曲折、高下起伏的游览线路来移步换景,在多角度、多面貌的动态欣赏中,体验园林艺术的节奏和韵律之美。

(三)赏点

对于具体的观赏点来说,通常在造园之初就考虑了它设立的选择要求:既要有层次感,又要有立体感,要因地制宜,兼顾前后。在大面积风景布置之外,对于风格独特、精雕细刻的那些局部小景物来说,供人细细品味其艺术妙境是特写景的精彩之处。中国园林中的特写景是十分丰富的,如精巧的太湖石、精致的小品建筑和精美的动植物等。盆景、家具、树木、花石……无一不可用于体现园林之意。

特写景的特征是以小见大、以精见长,从小处反映广阔的艺术境界。这不仅丰富了园林的内容,而且使游人增加了游览的兴致,在心旷神怡之际体会无穷魅力。

五、中国传统园林的美学特征

中国传统园林与西方传统园林最大的不同在于园林的艺术境界,这也成为中国传统园林独有的美学特征。概括起来,这种境界大致有三种:一曰"生境",二曰"画境",三曰"意境"。后一种境界相继为前一种境界的逐次深化和提高。而对于旅游者来说,只能在不断积累对园林美的认知过程中不断实践,方能提高审美能力,得窥园林艺术的美妙之处。

(一)观"生境"

中国古代的造园大师们,在构园过程中,第一步就是要创造出一个生意盎然的、"木欣欣以向荣,泉涓涓而始流"的"自然美"的境界;同时园主人又能在这富于自然美的小天地中,构造若干个能挡风雨、避寒暑、防蛇虫的建筑物,形成一个具有浓厚生物气息的"生活美"环境。这种自然美和生活美相结合的境界,是中国古典园林创作中第一个境界,可称为"生境"。

在创作"自然美"的同时,还要创作"生活美",使构建的园林"可望、可行、可游、可居"。可望,就必须建亭、台等以赏景;可行,就必须建园路、蹬道、廊桥等,以走游、登山、涉水;可游,就必须有一系列景观可欣赏;可居,就必须建筑必要的建筑设施,是人们在园林中保证"生活美",有着浓厚的生活气息和享受生活乐趣所不可缺少的。

为了实现"生活美"而设置的建筑物,其风格、体量、形式、色彩、布局,只能使自然美更为增色,决不应压倒和破坏自然美;只能使两者相辅相成,不能使两者相互对抗。

这种生境的创造,是中国园林来自自然、来自生活的现实主义创作方法的反映,是中国园林的第一层次的艺术境界。古代园林是对大自然的真山真水的直接模仿,北齐的华林园是五岳四海的仿造,唐安乐公主定昆池叠石是华山的仿造,唐李德裕平泉山庄叠石是巫山十二峰和洞庭九派的仿造。这种直接仿造大自然的园林创造即生境的创造。

(二)品"画境"

中国园林的第二艺术境界,就是把从自然和生活中发现和体验到的美,通过取舍、概括、熔炼和提高,使之成为一个有主次、有烘托、有呼应的多样统一的完整布局,把生境美的素材通过艺术加工,融入中国山水画的笔意,上升到"艺术美"的境界——"画境"。

中国古典园林都是根据中国山水画的布局理论来造景布局的。中国园林实际就是立体的中国山水画。这种按照"画境"来造园的艺术手法,是中国园林现实主义创作方法与自然主义创作方法根本不同的。

中国园林的造景,虽然取材于自然山水,但并不是自然主义地加以机械模仿,而是集中天下名山胜水,加以高度的概括和提炼。来于自然而高于自然,力求达到"一峰则太华千寻,一勺则江湖万里"的神仙境界。将大自然的景色经过取舍、概括和艺术加工以后而得到像中国山水画那样的艺术境界,这就是"画境"。

画境是中国园林的第二层次艺术境界,是生境的提高和升华。它已摆脱了历史上直接模仿大自然的真山真水的生境艺术境界的幼稚,使园林创作臻于更完美、更成熟的艺术境界。

"观"是在园林具象上来接受园林,领略园林的自然与生活之美,"品"则需要欣赏主体充分调动自身的生活经历、文学素养、道德情操等,运用丰富的联想和想象,去主动地再造园林,移情审美。

(三)悟"意境"

如果说"观"、"品"是感知,是想象,是使游人与园林景象物我一体,你中有我,我中有你的"比德"、"比附"的话,那么"悟"则是一种思考、一种理解和一种了悟。它不仅是探求、品味和体验,还应该是哲学思考和理性把握。

中国园林通常追求以小见大,把自然之美引入,使观者从三寸之地窥见大千世界,"纳千顷之汪洋,收四时之烂漫"。突破有限,通向无限,从而对整个人生、历史、宇宙产生一种富哲理的感受和思考,领悟到园林艺术所追求的最高境界。

中国园林不但要创造富于生意的生境和上升到富于画意的画境,而且更要创造"触景生情",产生浪漫主义的激情和理想主义的追求,"寻找可以显现心灵方面的深刻而重要的旨趣",进入情景交融的境界,这就是中国园林的第三层次艺术境界——"意境"。

意境是指艺术形象或情境中呈现出的情景交融、虚实相生,能够蕴涵和昭示深刻的人生哲理及宇宙意识的至高境界,它是主体情感与客观物象的有机统一,在有限的艺术形象中体现出无限的意蕴。中国文人写意山水园林,多为怀才不遇、贬官谪居或坎坷不平的文人画家命题立意或参与建造的。他们造园如作诗文,如画画,总要抒发一种感情,表达一种意愿,追求一种理想,在园林创作中"以景寓情,感悟吟志"。这种意境,总是通过园林的命名、匾额、楹联、题咏和铭记中明确反映出来。如苏州沧浪亭的命名,取自《孟子》"沧浪之水清兮,可以濯吾缨";拙政园的命名,取自晋代潘安《居闲赋》中"此亦拙者之为政也"之意,而自我解嘲;藕园的命名表示夫妻双双一同归田隐居的意思……凡此种种,大致反映了对一种美的感情(理想的感情)、美的抱负(理想的抱负)、美的品格(理想的品格)、美的社会(理想的社会)的向往和追求。

　　古人云:"诗言志"、"诗缘情",所以"意境"也就是"诗境"。诗中的"志"、诗中的"情",就是园林"意境"中的"意"。"形美以感目,意美以感心"(鲁迅语),中国园林就是通过艺术加工过的高山流水、清风明月、鸟语花香、亭台楼阁来激发游人的美的感情、美的抱负、美的品格、美的对社会的向往和追求。这种境界,是园林艺术的最高境界,亦即"理想美"的境界,应是造园家们所孜孜追求的最终境界。中国园林构建的总体指导思想是"人与自然直接感通"、"人对自然的有情观念"的"天人合一"的哲理,是环境意识与社会意识的有机配合。它以物质寓精神,以"物我相揉和",以有限为无限,构建起一个以哲理为命脉的精美的文化环境,意在给人以无穷的兴趣和联想,达到"忘其美之所在,复又与美同在"的化境。因而在总体上,它是含蕴无尽、理趣横生的。

第三节　西方传统园林的美学特征

　　除中国园林之外,西方传统园林也以其特有的风格在世界园林史上独树一帜,不论是意大利、法国、英国,还是后来居上的美国,都在不同的时期,以不同的风格在欧洲园林史上引领了园林发展的潮流。因此,对西方传统园林美学特征的探索我们将按照在欧洲园林发展史上影响比较大的几个国家的不同特征来进行分析。

一、户外的厅堂——意大利传统园林审美

　　意大利是欧洲园林发展史上的第一个领军人物。意大利是一个半岛国家,地形起伏,气候温和,从而形成一种独特的造园风格。由于夏季低地较潮湿闷热,因此庄园多半建立在海边的山坡上,顺着地势成台阶形,称台地园。庄园建筑往往设在上层和中层,下层则布置绿树坛,台地平面多半采用方圆结合的几何图案,以中心线分划左右,布局对称。建筑物集中,并与排列整齐的树丛形成从近到远的透视终点,引入天然景

色。在建筑物前设置如织花地毯般的花圃、草地。为了达到上面俯视的效果，庭园中将植物排成某种几何图形，并加以人工剪形，将黄杨树剪成矮篱，构成各种花饰，对比强烈，节奏明显。如意大利费蒙的耐的美狄奇别墅选址在山坡，园基是两层狭长的台地，下层中间是水池，上层西端是主体建筑，栽有许多树木。台地园的造园模式是在高耸的欧洲杉林的背景下，自上而下，借势建园，房屋建在顶部，向下形成多层台地；中轴对称，设置多级瀑布、叠水、壁泉、水池；两侧对称布置整形的树木、植篱及花卉，以及大理石神像、花钵、动物等雕塑。人们在林中，居高临下，海风拂面，一种独特的地中海风光尽收眼底。

意大利园林的另一个特点是利用自然水源作园内主景之一。处理水的方法颇多，一般由高处贮水池汇集水源，然后顺地形而下，形成瀑布、急湍、喷泉、水池等，增加庭园内的活泼气氛，再加上各种雕像，作为点缀。意大利人爱好户外生活，把庭园当作建筑空间的延伸，作为户外的起居室，以获得新鲜的空气、充分的阳光、凉爽的微风。

意大利庭园继承了古罗马的传统，以开朗明快为胜，但缺乏曲折多变，更没有中国园林那样抒情、清雅和耐人寻味。因此，进了庭园，便一览无遗。台地园林是意大利园林特征之一，它有层次感、立体感，有利于俯视，容易形成气势。另外，直线几何图形成为意大利园林的又一个特征。

二、永久的光荣——法国传统园林审美

欧洲几个重要国家的园林基本上承袭了意大利的风格，但均有自己的特色。法国便是欧洲园林发展史上的第二个领军人物。

15世纪末由法国国王查理八世发动的"那波里远征"开始了法国的文艺复兴运动。这场在法国历史上遭到惨败的战争，却在文化艺术上为法国获得了累累硕果。战败的查理八世从意大利带回了大量的文化战利品和22位意大利工匠，成功地把文艺复兴文化包括造园艺术引入法国，先后在巴黎南郊建起了枫丹白露园和巴黎市内的卢森堡园。文艺复兴初期的法国园林受意大利影响极大，当时的园林主要是模仿意大利的一些造园要素，在整体构图上还比较逊色。直到17世纪下半叶，在

太阳王路易十四建立了绝对君权的专制体制之后，才逐渐自成特色。特别是被看做是专制君权象征的勒·诺特尔式园林的脱颖而出，标志着法国园林艺术的成熟和真正的古典主义园林时代到来。勒·诺特尔式园林不仅为法国带来了空前的辉煌，而且使法国取代了意大利，成为统率欧洲造园长达一个世纪之久的园林样式。这种古典主义园林的代表就是凡尔赛宫。

路易十四时期在巴黎西南兴建的凡尔赛宫，是勒·诺特尔名垂青史的作品，其规模之大，风格之独特，内容之丰富，手法之多变，成为古典主义造园手法最完美的体现。法国地处气候温和的平原地带，王室、贵族占据着辽阔的领地，领地四周为茂密的森林。因此，其园林的形式从整体上讲是平面化的几何图形，也就是以宫殿建筑为主体，向外辐射为中轴对称，并按轴线布置喷泉、雕塑。树木采用行列式栽植，大多整形修剪为圆锥体、四面体、矩形等，形成中心区的大花园。茂密的林地中同样以笔直的道路通向四处，以方便从较远的地方骑马、射猎、泛舟、野游。著名的凡尔赛宫可谓经典之作，它以无与伦比的规模集中表现了豪华和财富。凡尔赛宫规划面积为1600公顷，其中仅花园部分面积就有100公顷，如果包括外围大林园的话，占地面积达6000多公顷。凡尔赛宫的美和富丽堂皇，如果不是亲眼看见，是非常难以想象的。该宫位于巴黎城郊西南方约18公里的地方，由巴黎乘车只需45分钟，交通十分方便。凡尔赛宫园林分为三部分，南边有湖，湖边有绣花式花坛，中间部分有水池，北边有密林。园中有高大的乔木和笔直的道路，王家大道两旁有雕像，水池旁有阿波罗母亲雕像和阿波罗驾车雕像，表明这座宫廷园林的主题歌颂了太阳神，是积极进取的。花园两旁种满既对称又整齐的树林、图案和美丽的花圃，以及亭台楼阁，小桥流水，繁花似锦，此外还有1400多个不息的喷泉，喷出自怪兽口和各种造型不同的雕像，这些喷泉又和赛纳河相联，构成了一幅极富有欧洲古典浪漫气氛的画卷，使人流连忘返。这时期的园林把主要建筑放在突出的位置，前面设林荫道，后面是花园，园林形成几何形网格。法国古典主义园林是西方园林的一种风格和流派。

三、情感的自然——英国传统园林审美

英国园林突出自然风景。起初,英国园林先后受到意大利和法国的影响。从18世纪开始,英国人逐渐从城堡式园林中走出来,在大自然中建园,把园林与自然风光融为一体。18世纪后半期,英国园林思想出现浪漫主义倾向,在园中设置枯树、废物,渲染随意性、自由性。

西方古典园林大多是方方正正,整齐划一,均衡对称,通过人工美追求几何图案美。不太重视园林的自然性,即没有下工夫去模拟自然,协调人与自然的关系。他们修花坛、造喷水池、搞露天雕塑,都体现了人工性,具有理性主义色彩。诚如1712年英国作家丁·艾迪生撰文指出:英国园林师不是顺应自然,而是尽量违背自然,每一棵树上都有刀剪的痕迹。树木应该枝叶繁茂地生长,不应该剪成几何形。这段话虽有些偏颇,但指出了西方园林太注重人工雕凿这个特点。英国采用自然风致式园林。英伦三岛基本上为高低起伏的丘陵,为大西洋海洋性气候带,虽为高纬度,但受大洋暖流影响,使得四季冷凉而湿润。由于阴霾、大雾的天气居多,人们渴望阳光明媚的好天气出现,因此英格兰和苏格兰民族对园林的形式就形成了崇尚自然的理念,远处片片疏林草地,近观成片野花,曲折的小径环绕在丘陵间,木屋陋舍点缀其中,没有更多的人工雕琢之气。伦敦园为典型之作。

英国在公元5世纪以前,作为罗马帝国属地,萌芽的园林脱离不了罗马方式。首见载籍的是12世纪英国修道院寺园,到13世纪演变为装饰性园林,以后才出现贵族私家园林。文艺复兴时期,英国园林仍然模仿意大利风格,但其雕像喷泉的华丽、严谨的布局,不久就被本土古拙纯朴风格所冲淡。16世纪的汉普敦宫,是意大利的中古情调,17世纪又增添了文艺复兴布置,18世纪再改成荷兰风格的绿化。18世纪中叶以后,中国造园艺术被英国引进,趋向自然风格,由规则过渡到自然风格的园林应运而生,被西方造园界称为"英华庭园"。之后,这种"英华庭园"通过德国传到匈牙利、沙俄和瑞典,一直延续到19世纪30年代。

四、对岸的风景——美国现代园林审美

从时间上来讲,美国园林属于现代园林,鉴于其在现代园林发展史上起到的重要作用,在此特别一提。

从17世纪初,英国移民来到新大陆,同时也把英国造园风格带到美洲大陆。美国独立后逐步发展成为具有本土特色的造园体系:"园景建筑",造园作为一项职业,在美国影响深远,并使美国今日"园景建筑"专业处于世界领先地位。

美国现代风景园林的起源,可以追溯到美利坚合众国成立前的很长时间。作为美国开国元勋之一的托玛斯·杰弗逊(Thomas Jefferson)就是一位杰出的建筑师和景观设计师,他规划的弗吉尼亚大学校园,是建筑和景观设计的经典之作。杰弗逊等人沿袭了英国、法国园林的设计手法,又赋予了其更多属于新大陆的文化元素。他们设计的园林大都趋于开放、自然,体现了追求自由、平等的愿望。在美国现代风景园林设计史上起了重要的启蒙作用。

如果说美国早期的园林设计师杰弗逊试图营造一个更加完美、合理的人文环境,那么,"美国现代园林之父"奥姆斯特德(F. Olmsted,1822~1903)关于建立城市公园系统,并将所有城市都有机溶于这个系统的深远见解,在现代园林史上写下了最光辉的一页。

之后的设计师们也纷纷秉承了美国现代园林的设计理念,更多地考虑了社会功用、文化背景等,使现代园林的理念更加完善。如理查德·哈格的油库公园(Gas Work Park)就是一个设计师在对现状进行了仔细评估、周全思考之后,着手改善现状,重造自然的经典作品:把原本一个污染极度严重、肮脏不堪的工业区改造成了一个颇具特色的美丽湖滨公园。丹尼尔·斯图尔特(Daniel Stewart)的纽约长岛东汉普顿的蟾蜍大楼花园设计,则考虑了大西洋海岸气候对设计区域自然环境的影响。在沃特里奇(Wateridge)公司工业厂区设计中,罗杰·德威斯(Roger De Weese)则创造性地将一个水资源缺乏,土地半盐碱化的地区规划成环境优美的商务发展中心。设计大师彼特·沃克(Peter Walker)的作品西湖、南湖,既保持了原址经营农业、园艺业的传统特

征,又借助于结构主义的设计手法,保证了其区域规划的合理布局。

第四节　世界著名园林赏析

为了更好地领略世界园林的风采,掌握它们的审美方法,理解其美学特征,我们选择了中西方传统园林中比较具有代表性的作品进行赏析。

一、北京圆明园

圆明园是我国传统园林的杰作,皇家园林的代表。建于清康熙年间,完成于乾隆年间,前后用了40年,历经三个朝代,对于"圆明"之意,雍正皇帝解释为:"夫圆而入神,君子之时中也;明而普照,达人之睿智也",表达的是为君要中庸、明察的意思。[①] 圆明园由圆明、绮春、长春三园组成,占地面积约350公顷。雍正时期形成圆明园24景,乾隆时又增加20景,加上长春园30景、万春园30景,共100多处景点,因此西方人将这座园林称为"万园之园"。

圆明园位于北京城西北海淀区,地形既无山丘又无水面,但地下水资源很丰富,挖地三尺即可见水,为造园提供了良好的条件,也正是利用这点使圆明园形成了自己的特色。

特色之一:平地造园,以水为主。

圆明园最大的特点就是平地造园,以水为主,园内大小水面占全园面积的50%,理水的技巧发挥到了极致。它引用玉泉山和万泉河两水系入园,挖土堆山,形成仿江南水乡景色的复层山水空间,其中最大者为圆明园中心的福海,宽达600米,湖中建有三座小岛;中型水面有圆明园后湖等,长宽约二三百米,隔湖可观赏到对岸的景色;小型水面和

---

① 刘晓明、吴宇江:《梦中的天地——中国传统园林艺术》,云南大学出版社,1999年5月版,第39页。

房前屋后的清池数不胜数,还有回流不断的小溪如同园内流动的纽带,将这些大小水面联为一个完整的水系,构成一个十分具有特色的水景园林。由于水面统统由平地挖掘而成,挖出之土就用于堆山,形成山水相间、错落有致的格局。

特色之二:园中有园。

圆明园没有类似北海琼华岛和颐和园万寿山那样可作为全园风景中心的山峰,没有明显的中心建筑,只有一组又一组的小型园林布满全园。它们或以建筑为中心,配以山水植物;或在山水之中,点缀亭台楼阁,利用山丘和墙垣建成一个又一个既独立又相互联系的小园,组成无数各具特色的景观。这些园林都是乾隆皇帝几下江南所带的随行画师把苏杭的名园摹画下来后在北京重现的,因此在圆明三园中相继出现了苏州水街式的买卖街,杭州西湖的柳浪闻莺、平湖秋月和三潭印月等著名景观。

特色之三:园中建筑富于变化。

圆明园中的建筑不但类型多样,而且极富于变化。建筑平面除惯用的长方形、正方形外,还有工字、田字、中字、"卍"字、扇面等多种形式,建筑的屋顶也随不同的平面采用庑殿、歇山、悬山、硬山、卷棚等单一或复合式,园内的亭子有四角、六角、八角、圆形、十字形,还有特殊的流水亭,廊分直廊、曲廊、爬山廊、高低跌落廊等。另外,乾隆时期还在长春园的北部集中建造了一批西洋式石头建筑,由当时在清朝做事的意大利教士、画家郎世宁设计,采用的是充满繁琐石雕装饰的欧洲"巴洛克"风格形式,建筑四周也布置着欧洲园林式的整齐花木和喷水泉,这是西方建筑第一次集中地出现在中国,形成圆明园的又一大特色。

二、上海豫园

上海豫园原为明代潘允端以"豫悦老亲",为其父所建,取名豫园,是上海著名园林之一,也是我国著名的私家园林。豫园建于明朝嘉靖、隆庆、万历年间(1559年~1577年),占地两公顷左右,设计精巧,布局疏密得当,具有小中见大的特点,融合了明清两代南方园林建筑艺术风格,曾被誉为"奇秀甲于东南"的古园林。今日豫园约有48个风景点,由五条龙墙把它们分割成六个不同景区,各有特色。

豫园的造园艺术尤以园林空间虚实对比的处理手法为佳。它的入口处是一座朴实无华的大门,进入园内,过三穗堂,便是仰山堂、卷雨楼。在仰山堂可凭栏仰视北部那高约12米的黄石假山山景,这就是明代园林建筑第一高手上海张南阳精心设计的遗作,至今保存完好,名扬海内外。卷雨楼北临池水,这池水既是造景的重要部分,又起到分割空间的作用。视线无阻却又被大池相隔,这可以说是有虚有实了。

池之东有一条游赏路线,以游廊相连,廊中有方亭一座,又有"渐入佳境"匾额。在游廊中可欣赏大水池周围形貌苍古的自然景物,但又与中部园景相隔,不是一览无余,而是有虚有实。游廊左侧又有高三米左右的石峰,起到障景和增加空间层次的作用。廊的尽端正面墙壁上有"峰迴路转"的石刻,在这里既可去大假山,又可通中部园景,透转分开,通前达后,曲折深奥,渐入幻境。在假山山麓有挹秀亭,在挹秀亭中既可窥见大假山和池面荷花的秀丽景色,而又不让你见似真似假的大假山全貌,一虚一实的造园手法,运用得极妙。

仰山堂前的池水分流两支,使山景有溪流纵横之感。一支向西入山间,深奥莫测;一支向东过水榭绕"万花楼"下。清流狭长,而其上隔以花墙,流水复自月门中穿过,望去有深远不知其终之感,有虚有实。更为引人之处是用清流与复廊联系,中有一道漏窗的墙,把景物分隔成两个境界,南面是流水山石,北面是厅堂过道。游人步入廊内,左顾右盼,彼此衬托,充实情趣,顿觉空间扩大,层次加多,有虚有实,咫尺之地,有极妙的安排。

万花楼东是以点春堂为中心的建筑群。点春堂是1853年上海小刀会起义的指挥所,为上海人民革命斗争的遗址之一。堂前有打唱台,堂东倚墙叠山筑屋,下有小溪石洞。山巅的快楼形体轻巧玲珑。出点春门楼,就是豫园东部胜景,会景楼风景区展现在眼前。明代风格的长廊"点春廊"引你穿过翠竹,会景楼与九狮轩隔水相望,傍水的九狮轩水榭,静卧在青石古树之中。

玉玲珑、玉华堂、积玉峰、积玉廊是玉玲珑风景区的精华,天工奇石玉玲珑,据说为宋徽宗花石纲的遗物,实乃石中异宝。积玉峰置于积玉廊上,与玉玲珑、玉华堂似形成"三足鼎立"之势,又得碧水相衬,真可谓交相辉映。

积玉廊北尽头新堆砌了一座假山,山道曲折盘桓,山洞幽致别趣,洞中套洞,错综相交,路中盘路,起伏相间,且有洞流,聚而成泉,顺悬崖直下,绕山道,过石室,随廊而去……

粉墙围住得月楼,得月楼为之俏丽,而会景楼和玉玲珑两风景区又被巧妙隔开,墙间洞开一门,"玉玲珑"正好映在洞门之中。人随曲桥引,石在洞中游,恍惚之中有一种朦胧美。

整个东部占地 7 亩,水池就占了 60%,使东部景致倒映在碧波水池中,虚实相间,相映成趣。内园原为邑庙后花园,占地两亩,以"晴雪堂"为主体。堂东有溪流与廊、亭、花墙组成庭院。厅前叠山,山后建楼,参差错落,间种古木,植物繁茂,花草树木品种丰富。

三、西藏罗布林卡

罗布林卡在西藏拉萨市区,位于布达拉宫西偏南约一公里处,藏语意思是"宝贝园"。罗布林卡是西藏自治区规模最大、营建最精美的园林,也是我国著名的寺庙园林。现已辟为公园,对游人开放。200 多年前,这里灌木丛生,人称"拉瓦采"(荆棘灌木林)。五世达赖曾到此消夏。1755 年七世达赖格桑嘉措在此建正式宫殿,名"格桑颇章",并开始在此消夏理政,改"拉瓦采"为罗布林卡。从此罗布林卡成为历代达赖夏季处理政务和进行宗教活动的地方。七世达赖晚年常来沐浴泉水,清廷驻藏大臣为他建乌尧颇章(凉亭宫)。八世达赖时期,建成恰白康(阅书室)、曲然(讲经院)、鲁康(龙王庙)、措吉颇章(湖心宫)以及康松司伦(威镇三界阁)等,宫苑初具规模。到十三世达赖时,又建竹曾颇章(普陀宫,后改为藏书室)。1922 年在西区建金色颇章(金色林卡一组建筑)。1954 年为十四世达赖建达旦米久颇章(俗称新宫),终于形成至今占地面积约 36 公顷的别墅式园林。

罗布林卡全园分为三个区:东部宫前区包括入口和威镇三界阁之前的前园,中部为核心部分的宫殿区,西区是以自然丛林野趣为特色的金色林卡。每个景区又根据功能要求,结合自然环境,或宫墙深院,古木成荫，或芳草疏林，繁花似锦，构成不同的景观。罗布林卡的园林布置，既有西藏高原的特点，又吸取了内地园林传统手法，运用建筑、山石、水面、林木组景，创造出不同的意境。如湖心宫的设计，就有汉族地区古代造园艺术中"一池三山"的痕迹。

园内新老建筑的格调既和谐统一，又富于变化，金顶辉煌，彩绘绚丽。新宫内四壁绘制连环画式的大型壁画，主题包括西藏历史和佛教典故。罗布林卡反映了西藏民族和宗教的特色，又是藏汉两族文化交流的结晶，是中国园林中的珍宝。

四、日本桂离宫

日本人喜欢造园，一方面受中国文化影响，另一方面能独立创造。日本园林大多很细腻精致，园林建筑不用油漆，不雕刻，屋面用木板、树皮、草之类覆盖，很素朴，多像天然的工艺品。从世界角度而言，日本园林艺术的贡献主要在于"枯山水"的思想，它源于中国传去的禅宗，"枯山水"的成就却是日本人干出来的。他们在荒坡野岭、断壁悬岸创造淡雅的风景，在没有山丘溪流的地方创造出山水意境，这是了不起的实践。

桂离宫是日本传统园林的杰出代表，它与仙洞御所、修学院离宫和京都寓所，并称京都四大名园，可以说代表了日本传统庭园的主要风格和特性。桂离宫东西长266米，南北长324米，面积约66990平方米。庭园的西部主要以书院、茶亭为主，东部为池泉。水面8853.9平方米。没有溪流和叠水。在水面中有一个被称为"大岛"的岛，其中有园林堂和赏花亭，另外还有两个中岛。在东北部有被称为出岛的两个小岛，松琴亭所在地形成了从东南至西北走向的出岛，在这个三角形地带营建了多处的书院。

山庄的东部有一条被称为桂川畔的小路并通过一片竹林，这里最早被称为桂离，表现出山庄庭园与自然相协调的造园思想。从表门入内，过御幸门、御幸道、红叶山，到达松琴亭，这里的飞石多采用自由自在的设计手法，与池岸的飞石十分相似。从赏花亭往西北过土桥到园林堂、出出岛、中岛、码头、梅马场和石灯笼到笑意轩。其前面的三光灯笼，造型简练，开了三个口，并命名为日、月、火。

建筑和庭园有机地结合在一起的桂离宫是近世庭园中最完美的作品之一。而且，尽管不是一个设计者一次完成的作品，但是庭园整体上保持了高度的协调性。无论是建筑还是庭园部分的细部处理都表现了设计和施工者的非凡才华，及庭园主人的智仁、智忠两亲王杰出及非凡的文化修养。这个庭园最具特色的部分全部由人工所建造，是茶道十分盛行时代的作品。庭园整体就像是连续的茶庭。园内的建筑（月波楼、松琴亭、赏化亭、笑意轩、园林堂等）都是围绕着心字池协调统一地设置在园中。另外，在细部处理上也做得十分成功。例如，各种不同寓意的石灯笼和手水钵，还有飞石和延段、角飞石和自然石飞石等人工加工的材料使用在园中。从这些方面可以体会到：桂离宫是受远洲师匠古田织部影响的艺术造诣最高的作品。

五、意大利兰特庄园

兰特庄园是意大利台地园的杰出代表，位于罗马以北96公里处的小镇上，是16世纪中叶所建庄园中保存最完整的一个。这座前后用了20年时间才大体建成的庄园由红衣主教甘巴拉（Gardinale Gambara）修建，后来出租给兰特家族，称为兰特庄园。

兰特庄园坐落在朝北的缓坡上，园地呈矩形，面积约1.85公顷。全园设有四个台层，高差近5米。入口底层台地近似方形，四周有12快精致的黄杨植坛。正中是金褐色石块建造的方形水池，十字形园路连接着水池中央的圆形小岛，将方形水池分成四块。第二层台地上依坡建有对称布置在中轴线两侧的两座建筑，菱形园路连接正中。中轴线上的圆形喷泉与底层台地的圆岛相呼应。第三层台地的中轴线上有一长条形水渠，据说曾作为漂送餐盘的"餐桌"，颇有点"曲水流觞"的味道。顶层台地的中心为八角形水池及喷泉，造型优美，绿树成荫。

兰特庄园的特色在于以不同形式的水景形成全园的中轴线。从顶层尽端的水源洞府开始，将汇集的山泉送至八角形泉池；再沿阶梯将水引致第三台层，以溢流水盘的形式送到半圆形水池中；接着又进入长条形水渠中，在二、三层交界处又形成帘式瀑布后，流至二层的圆形水池中；最后，在第一台层上以水池环绕的喷泉作为高潮而结束。这条中轴线依地势形成了各种水景，结合多变的阶梯及坡道，既丰富多变，又有统一和谐的效果。

六、法国枫丹白露宫苑

枫丹白露宫苑是法国古典主义园林大师勒·诺特尔的代表作之一。枫丹白露的森林是理想的狩猎场所，城堡就建造在森林深处的沼泽地上。从12世纪起，法国历代君王几乎都曾在此居住或狩猎，历史上的许多重大事情也在这里发生，从而为它蒙上一层神秘的色彩。

1169年，肯特伯雷主教贝克将枫丹白露庄园的小教堂献给法国国王路易七世。此后，这里成为历代君王的行宫。1528年，弗朗索瓦一世将旧宫殿拆毁，只保留了塔楼，重新建造了完全是文艺复兴初期样式的新宫殿。当时，意大利最著名的艺术家参与过花园的设计。

新宫殿南面过去有近似方形的庭院，称为喷泉庭院。16世纪时，庭院中有米开朗琪罗的"海格力士"雕像和喷泉。庭院南边面对着开阔的鲤鱼池，是13世纪开挖的，形状呈梯形。由喷泉举目南望，有宽阔的水池及远处的树木，景色秀丽，视野开阔而深远。庭院北面是一处封闭庭园，称为狄安娜花园，园内有狄安娜大理石像。弗朗索瓦一世时期，庭园改成黄杨园，内有一组方格形的黄杨花坛，还设置了一些青铜像。亨利四世时期又将狄安娜大理石像移到室内保存，换了一尊青铜仿制品放在原处，下面还有四只鹿头，口中吐出喷水。现在看到的狄安娜铜像，是1684年重新塑造的。

1645年，勒·诺特尔改建了狄安娜花园，在喷泉四周设置了刺绣花坛，以雕像和盆栽柑桔作为装饰。同时他还重点改造了枫丹白露的大花园，开创出广袤的空间效果。但是，不同时期形成的水景，无疑是枫丹白露宫苑最突出的特点。运河和鲤鱼池，以及一系列水池和喷泉，都给人留下深刻的印象。

拿破仑在位时又将狄安娜花园改成英国式园林，过去的小喷泉改成大理石池壁、青铜像装饰的泉池，一直保留到现在。

七、英国汉普顿宫苑

汉普顿宫苑是英国首屈一指的大型规则式园林作品,位于伦敦以北约20公里处的泰晤士(Themes)河畔。在它出现之前,英国人还未曾设想过在城市外围建造庄园。最初的园主是红衣主教沃尔西,用于修养。

庄园占地约80公顷,是一座集果园、花园为一体的林苑。府邸建筑于1516年建成,同年,主教在这里接待了国王亨利八世。花园布置在府邸西南面的一块三角地上,边缘就是河流,设计得十分精致。林园布置在庄园的北面,东边有菜园和果园。庄园建成之后,沃尔西常在此款待国王和贵宾。

沃尔西去世后,国王亨利八世将汉普顿宫苑占为己有并新建了"秘园"。在整形划分的地块上有小型结园、喷泉和彩色的砂砾铺路。秘园的一端为"池园"。长方形的池园以"申"字形园路划分,中心交点上为泉池,纵轴的终点是以紫杉修剪成半圆形的壁龛,内有白色大理石的维纳斯雕像。整个池园周边逐层上升,形成三个低矮的台层,最外围是绿墙及砖墙池园的一角建有亨利八世的宴会厅。

之后,汉普顿宫苑几经易手,多次改建、扩修。如查理二世曾在园中开挖了一条1200米长的运河,建造了几条放射状的林荫道,还有半圆形的大花坛……后来英国著名的设计师瓦伦等改造的结果,就是完全按照勒·诺特尔(法国著名园林设计师,曾主持修建法国凡尔赛宫)的设计思想进行的。宫苑的主轴线正对着林荫道和大运河,宫殿前是半圆形围合空间中的刺绣花坛,占地9.5亩,装饰着13座喷泉或水池、雕塑等。边缘是种有椴树的林荫大道。

汉普顿宫苑大体上完整地保留了下来,作为一座皇家宫苑,十分精美壮观。然而,无论在宏伟的气势上,还是在丰富的装饰上,纵然有凡尔赛宫的影子,但却难与凡尔赛宫相匹敌。

八、美国达拉斯喷泉广场

达拉斯市中心广场的城市空地上,位于贝律铭所设计的六十层高的联合银行大厦一侧的喷泉广场是由丹·基利所设计的。它采用典型的结构主义的设计手法,首先采用整个设计平面上铺放5米见方的网格,作为第一层空间结构,网格的交叉点上种植了200棵落羽杉。树木被栽种在圆形的种植盆里,沿建筑四周的种植盆被刷成醒目的黄色。然后,在第一层网格的基础上往左往上分别位移2.5米,铺放第二层5米见方的网格,作为次层空间结构,在网格的交叉点上用喷泉代替了树木种植。空间的第三层结构,即对广场中心的强调,丹·基利隐去了重复在网格上出现的树木和喷泉,代之以十字形交叉的宽达十米的混凝土铺装,铺装的四周环绕着水体。在十字形的交叉点上,丹·基利设计了该广场的第四层结构:1米见方的正方形网格,并在网格的交叉点上密密匝匝地排列了361支线形喷泉,这个喷泉方阵可以喷出不同形状的水流。

水、植物和喷泉被有序组织,几个元素在设计中的组合变化隐含了对空间的解释,譬如喷泉和树木交叉整齐排列;水和树没有出现在广场中心;广场中心的喷泉方阵与周围喷泉大小和疏密的不同;硬性铺装和环绕铺装的软性水体的对比等等。丹·基利从来没有表达过他是"结构主义"设计师的代表,但他作品中生动表达的"结构主义"的内涵,却被人们视为将结构主义运用于园林设计的先锋之一。

思考题

1. 举例说明中国园林和西方园林的审美异同。
2. 如何理解中西方园林的美学特征?
3. 试以某具体园林景观为例,说明园林的各造园要素对园林的作用与影响。
4. 对中国传统园林的审美应掌握怎样的方法?
5. 比较中国园林和西方园林的文化内涵和它们的外在形式。

第五章 古建筑审美

学习目的

通过本章的介绍,在认识中西方古建筑的特色、建筑理念的基础上,掌握中西方古建筑的审美要领,学会从丰富的中西方古建筑资源中获得新奇的审美感受。

主要内容
- 中国古建筑审美

    中国古建筑的基本原理　中国古建筑的思维理念　中国古建筑赏析
- 中国古建筑小品赏析

    牌坊　华表　影壁　神兽　其他建筑小品
- 西方古建筑审美

    西方古建筑的基本原理　西方古建筑的思维理念　西方古建筑的形式

本章所讨论的古建筑是世界旅游资源中的重要组成部分。世界建筑的发展史和人类的发展史是紧密联系的,凡是有人的地方就有建筑,各地因为社会文化、政治、经济、宗教信仰等的差异,使得每个时代、每个地方的建筑都具备了不同的风格和特征。正如陈志华先生所言:"建筑是人类生活的舞台,人塑造了建筑,建筑反过来也塑造了人,建筑上凝固着人的生活,包括他们的需要、感情、审美和追求,并通过建筑实体把这些传达给一代又一代的人,渗透到他们的性格和理想中去,因此,建筑成了人们历史的见证、文化的标志、心灵的寄托。"而本书之所以只选择了古建筑作为讨论对象,原因主要有两个方面:其一,不论是中国建筑还是西方建筑,都有上千年的历史积淀,如果要一一加以论述,一章的篇幅实在太有限;其二,相比较而言,由于古建筑对于现代旅游者而言无论是时间距离还是空间距离都更为久远,因此具有更大的差异性,所以今天的大多数旅游者更倾心于古代建筑,这也是选择古建筑而舍现代建筑的另一个原因。

第一节 中国古建筑审美

中国文化博大精深,这些文化通过中国古人的智慧集中在房屋建筑中,使得古建筑成为中国文化中最具代表性的一部分,凭借它特有的建筑风格和建筑理念,中国古建筑在世界建筑史中占有了一席之地。

一、中国古建筑的基本原理

了解了中国古建筑的基本原理,就能够更好的把握古建筑外在的美学要领和特征。因此,探讨中国古建筑的审美首先得从中国古建筑的基本原理谈起。

【案例 5-1】 "墙倒屋不塌"

1996 年 2 月,联合国教科文组织派专家到中国实地考察云南省丽江县申报"世界文化遗产"的情况,专家一行到了北京,丽江地区却发生了大地震,在这样的情况下,联合国的专家还去不去,丽江对"世界文化遗产"的申报还有没有希望?经过研究,国家文物局的专家决定还是陪同联合国专家按原计划前往丽江考察。丽江老城区在市区中部,有连片的古建筑和街道,纵横的溪河穿流其间,集中显示了丽江古城的原始风貌,是丽江作为全国历史文化名城的主要标志,也是这次申报"世界文化遗产"的重要依据。专家们一行到了丽江,看到不少新建的大楼倒塌了,道路受损,但令人惊奇的是丽江的老城区破坏却没有想象中那样严重,有些老住宅、老店铺的墙壁被震倒了,或受到了不同程度的损坏,但这些老建筑的构架依然挺立,保持着原来的形态。老城的道路还是那样弯弯曲曲,小溪河流还是那样水流潺潺,古老的丽江并没有消失。于是联合国的专家当即决定,只要经过修复,丽江的历史、艺术和科学价值依然存在,"世界文化遗产"的申报依然有效。

(案例来源:楼庆西,《中国古建筑二十讲》,三联书店,2001年9月版)

1997年底,联合国教科文组织终于批准了丽江市列入"世界文化遗产"名录。

为什么地震震倒的是钢筋混凝土的大楼,却没有震倒老房屋呢?对于这个问题的回答就是本章节所要探讨的重要内容——中国古建筑的基本建造原理是什么。

(一)木结构建筑体系

为什么地震震倒了钢筋混凝土的现代建筑而没有震倒老房屋呢?这就是中国古建筑的第一个基本原理——木结构体系。

木结构建筑体系即用木料作为房屋的总体构架,先从地面搭建木柱,在木柱上架设横向的梁枋,进而再在梁枋上铺设屋顶,所有房屋顶部的重量都由梁枋传到柱子,经过柱子传到地面,而在柱子与柱子之间的墙壁,不论用泥土、砖石或是其他材料筑成,都只是起到隔断的作用而并不直接承受房屋的重量。因此,当遇到地震或房屋受到突然的、猛烈的冲击时,由于木结构各个构件之间都由榫卯连接,在结构上称为软性连接,这种连接相对于其他形式的连接更富有韧性,不至于发生断裂,于是就出现了前面所讲到的"墙倒屋不塌"现象。与西方古建筑的砖石结构体系相比,木结构体系就成为了中国古建筑最大的特色。

1.优点之一:超强的防震能力

由梁枋和柱子承重的木结构建筑,其最大的特点是能够防御地震。丽江古城就是最好的见证。除此之外,我们仍然能够找到相关的例证证明这一特点。

【案例 5-2】 木结构建筑的防震能力

山西应县佛宫寺的释迦牟尼塔高 67.3 米,除底层用砖、屋面用瓦外,全部由木材筑成,这是我国境内留存下来的最古老和最高的一座木结构佛塔,建于辽清宁二年,即 1056 年,距今已 900 多年历史,其间经历数次地震依然耸立,充分显示了木结构建筑的抗震能力。

(案例来源:楼庆西,《中国古建筑二十讲》,三联书店,2001 年 9 月版)

2.优点之二:采伐施工便利

相对于砖石结构而言,木结构建筑的另一个特点就是从采伐到施工都十分便利。其原因主要在于,砍伐树木比起开山取石、制坯烧砖要简便得多,用木材做柱子比起用砖、石做柱子要容易得多,建筑中的木门窗、木雕刻比起砖石雕刻要简洁些。①

【案例 5-3】 "木头"VS"砖石"

① 意大利佛罗伦萨的主教堂 1420 年动工兴建,经过 11 年时间才完成了教堂的穹顶,后来又在穹顶上加建了一座采光亭,整座教堂直到 1470 年才完工。而建于同期的中国明代紫禁城,王宫占地 72 万平方米,房屋大小近千幢,面积达 16 万平方米,1407 年开始建造,1420 年即全部竣工,仅用了 13 年时间,这 13 年中大部分时间花在准备材料上,真正现场施工时间还不到 5 年。

② 法国 19 世纪初为纪念拿破仑击溃奥俄联军在法国巴黎兴建的凯旋门,落成于 1836 年,这座仅仅高 50 米,宽 45 米的石造门的建造就花了近 30 年时间,而几乎同时期中国清朝乾隆皇帝为团结蒙古、西藏的少数民族而在承德兴建的几座喇嘛教寺院,其中规模最大的是河北

---

① 楼庆西,《中国古建筑二十讲》,三联书店,2001 年 9 月版,第 3 页。

承德的普陀宗乘之庙,整个寺院是仿照全国喇嘛教中心——西藏布达拉宫而兴建的,占地22公顷,包括主殿、群楼、佛堂、钟亭、门楼、塔、亭、牌坊等各式殿堂楼台,自乾隆三十二年,即1767年开工,至乾隆三十六年,即1771年完工,前后仅4年时间就全部完成。

(案例来源:楼庆西,《中国古建筑二十讲》,三联书店,2001年9月版)

以上并不是说明中国古时的工匠一定比同时期西方国家的工匠高明,只是想以此说明在科学技术不发达的当时木结构比砖石结构所特有的一些优势。

3. 缺点之一:木之"三怕"

所谓"三怕",即怕火、怕潮湿、怕虫害。清咸丰十年,即1860年,英法联军攻占北京,火烧圆明园,圆明园陷入一片火海,园中景点被烧得所剩无几,只剩下夕阳楼景区的石造宫殿没有被烧掉,经过一个多世纪的沧桑,如今西洋楼的石柱、石墙仍然立于园中,成为圆明园可供游人观赏的几处真迹之一。无数的亭、台、楼、阁在大火中毁于一旦,只有石柱、石墙留存至今,这正说明了木结构建筑最大的缺点就是怕火。我国宫殿中必备常年盛水的吉祥缸就是为防火之用。也正因为这一点,使我国的许多古建筑屡遭毁坏。其次,木结构建筑还怕潮湿和虫害,雨水如果经屋顶渗漏至下面的梁架,日久天长会使木料腐蚀,动摇木结构建筑的主体框架,发生事故。同样,虫害也会导致同样的后果,在南方地区有一种白蚂蚁,专喜好蛀蚀木料,如果不加以防备,区区小蚂蚁就可以把立柱与横梁蛀成空壳。

【案例5-4】 火烧太和殿

北京紫禁城中心的太和殿(明代称奉天殿)建于公元1420年,是紫禁城最重要的一座大殿,自建成后,明清两代皇帝登基、完婚、做寿,以及每年的重大节日和朝廷大事都在这里举行隆重的仪式,接受文武百官的朝拜,但就在大殿建成后第二年,即1421年,太和殿就遭雷击而发生大火,不仅大殿本身,连同它后面的中和、保和两座大殿也全部烧毁。几年后三大殿才被恢复,到了1557年,太和殿又一次遭受火灾,这次不仅三大殿,而且沿两侧的配殿一直烧到前面的太和门、午门,宫城中最重要的前朝部分三殿二楼十五门全部毁于大火。据文献记载,自紫禁城建成后直到清末的400多年中,宫内主要建筑发生比较大的火灾就达24次。

(案例来源:楼庆西,《中国古建筑二十讲》,三联书店,2001年9月版)

4. 缺点之二:对生态环境造成破坏

唐代诗人杜牧在他的《阿房宫赋》中曾经写道:"六王毕,四海一;蜀山兀,阿房出。"一语道破了建筑皇宫对生态环境所造成的后果。公元前221年,秦始皇统一中国,定都咸阳以后开始大兴土木建造宫殿。据《史记·秦始皇本纪》记载:"秦每破诸侯,写放其宫室,作之咸阳北阪上,殿屋复道,周阁相属。""……乃营做朝宫渭南上林苑中。先作前殿阿房,东西五百步,南北五十丈,上可以坐万人,下可以建五丈旗。周驰为阁道,自殿直抵南山,表南山之颠以为阙。""咸阳之旁二百里内,宫观二百七十,复道甬道相连……"[①] 其规模和气魄可谓空前绝后,而这两百多座宫殿和甬道皆为木结构房屋,试想要砍伐多少树木。秦始皇死后,秦二世又继续营建皇宫。据说公元前206年,项羽引兵至咸阳,放火烧毁秦朝宫殿,大火三月不灭。杜牧有此感叹也就不足为奇了。我国两千多年的封建王朝,一代又一代的王朝更替,一座又一座的皇宫建造,不知砍伐了多少树木。到清代重建被大火烧毁的太和殿时,连大殿中心6根最重要的柱子都找不到这么粗的整根木料了,只能够用细木料拼合成6根具有象征意义的蟠龙金柱。用细木加铁箍拼合成柱子,在技术上应该算是一个进步,但被用于这座最重要的大殿的中心部位却说明当时木材资源已经匮乏到了何种程度,更意味着对自然生态的破坏,这将给人类社会带来严重的后果。

然而,木结构建筑不论有多少优点和缺点,它毕竟是中国古代建筑选择的结构体系,无数工匠在这些木结构的建筑上发挥和表现了他们的聪明与才智,曾经创造出辉煌的建筑奇迹,从而使中国古代建筑在世

[①] 楼庆西,《中国古建筑二十讲》,三联书店,2001年9月版,第15页。

界建筑的画卷种呈现出独特的风貌。①

(二)曲面大屋顶

世界各国的建筑,由于所选用的材料不同,结构方式不同,导致建筑物表现出来的形态也各有不同。即使所用材料与结构方式相同,在不同的国家和地区,由于社会背景、民族构成、风俗习惯、宗教信仰等差异,也会导致建筑物建造出来的形态有所不同。这就是欧洲建筑与亚洲建筑有所不同,中国建筑又与日、韩建筑有所不同的原因。

中国古代建筑在建筑形态上最显著的特征就是中国建筑所特有的大屋顶。② 因为中国建筑采用木结构体系,从地面搭建木柱,在木柱上架梁枋,再在梁枋上铺设屋顶,这样构建的屋顶部分在房屋的总体型中就相对显得大些,而且房屋面积越大,屋顶也越高。按常理,这样的屋顶不免显得沉重和笨拙,于是古人想出了用曲线和曲面来进行处理的办法,将这种硕大的屋顶屋面建造为曲面形,四面屋檐两头高于中间,使整个屋檐形成一条曲线,再点缀一些装饰,这种"如鸟斯革,如翚斯飞"的建筑手法,使大屋顶成了中国古建筑中极富于情趣的一部分。曲面大屋顶是中国建筑中特有的,关于其产生的原因众说不一,各有理论支撑,如结构、建造、采光和排水设计、重檐结构、美观等原因,但都不能够完满的解释曲面大屋顶形成的原因。

(三)斗拱联接

中国古建筑屋身的最上部分,在柱子上梁枋与屋顶的构架部分之间,可以看到有一层用零碎小块木料拼合成的构件,它们均匀地分布在梁枋上,支挑着伸出的屋檐,这种构件称为斗拱,它是中国古代木结构建筑上的一种特有的构件。③ 这种特有构件的弓形部分称为"拱",用于垫在两层"拱"之间的方木块叫做"斗",二者结合而成的构件即称为"斗拱"。斗拱用在屋檐下可以使屋顶的出檐加大,用在梁枋两端下面,则可以减小梁枋的跨度,加大梁枋的承受力。

---

① 楼庆西,《中国古建筑二十讲》,三联书店,2001年9月版,第16页。
② 楼庆西,《中国古建筑二十讲》,三联书店,2001年9月版,第5页。
③ 楼庆西,《中国古建筑二十讲》,三联书店,2001年9月版,第8页。

(四)组体建筑

如果说西方古代建筑主要体现在个体建筑所表现出来的宏伟与壮丽上,那么中国古建筑则主要表现在建筑群体所表现出来的博大与壮观。[①] 中国古建筑采用木结构体系,强调平面布局,与西方古建筑相比,建筑个体的平面多为简单的矩形,单纯而规整,形体也并不高大,即使是宫城的宫殿也没有古罗马的浴场、高直的教堂那样复杂的平面构成和雄伟的外观形象。不论是宫殿、寺庙、园林、住宅的功能需求,都不是靠单体建筑的平面和体形,而是依靠它们所组成的不同群体来适应和满足的。中国古建筑的群体组合所采取的是由单幢房屋围合而成的院落形式,这种院落一般由房屋四面围合成院,即四合院。为满足人们对建筑的不同需求,就用这种最基本的四合院单位根据不同的需要组合而成,以大小及组合方式的不同创造丰富多彩的建筑形态。因此,在中国古建筑中不论是富丽堂皇的宫殿建筑、陵墓,还是民居建筑,这种四合院式的群体结构都随处可见,也因此而成为了中国古建筑的重要特征之一。

二、中国古建筑的思维理念

前面说过,中国古建筑是中国文化的代表之一,因此,对中国古建筑审美的过程,包含了对它背后所蕴涵的中国文化的深入了解,这种文化已经成为了古建筑不可分割的一部分,通过一种特殊的方式表现出来,这就是中国古建筑在建造过程中贯彻始终的思维理念,包括风水学说、礼治的思想、阴阳五行说和"化家为国"的设计模式。

(一)风水学说

风水一词的定义,学术界公认为是晋代郭璞所著《葬书》中首先提出的:"葬者,乘生气也。气乘风则散,界水则止。古人聚之则不散,行之使者止,故谓之风水。"说的是死人安葬需选择有生气之地,生气遇风则散,有水则止,所以只有避风聚水才能获得生气。[②] 什么地方能够避风

[①] 楼庆西,《中国古建筑二十讲》,三联书店,2001年9月版,第33页。
[②] 楼庆西,《中国古建筑二十讲》,三联书店,2001年9月版,第300页。

聚水,这就产生了风水学中选择环境和处理环境的一整套理论与方法。

风水学应用在中国古建筑中,简而言之就是在建造房屋时充分考虑环境的因素,这种独特的建筑思维理念运用在中国古建筑中主要表现在以下几个方面:①

1. 觅龙

在风水学中,龙代表山脉。山是万物生长之所依,从原始人类开始,生活就离不开山,所以在人类生存环境的选择中,首先要寻山,即觅龙。寻山首先要寻找山脉的出处,古人认为那里是祖宗居住的最高处,再找近处山脉的入首处,从远而近分别称为太祖山、太宗山、少祖山、少宗山及父母山。寻到山脉后还看山之形势,讲求远观得势,近观得形,要求群峰起伏,山势奔驰,这种山势即为藏气之地。

2. 察砂

砂就是主山脉四周的小山。在觅龙之后,真龙居中,两旁还需有护、有缠,才称得上是贵地,而这护和缠就是"察砂"要解决的问题。在主山两侧要求有上砂与待砂相拥抱,能遮挡住外来的恶风,增加小环境的气势,在前面远处还要有低平的迎砂,这也是贵地的象征。风水说中也把四周的山与象征地上四方的神兽联系起来,形成青龙、白虎、朱雀、玄武的环抱形态,这就是觅龙、察砂的理想环境。

3. 观水

有龙有砂还不够,还要观察水的状况,因为生命离不开水,尤其长期以来农耕观念更加认为水是福之所依、财之所依。

(1)看水口——即这个环境的水的入口处与出口处,风水学认为水的入口处要开敞,出处要封闭,这样才能留住财源。

(2)看水形——宋朝《博山篇·论水》中有云:"洋潮汪汪,水格之福。湾环曲折,水格之贵。直流直去,下贱无比。"

(3)看质量——古人常用眼、口、鼻检查水之色、味、气等,从而判断水质的优劣,水质之优劣又直接关系到环境之生气。

4. 点穴

---

① 楼庆西,《中国古建筑二十讲》,三联书店,2001年9月版,第300页。

点穴就是决定人住的阳宅和葬地的阴宅的位置,经过觅龙、察砂、观水,实际上已经决定了建筑所在的最佳位置环境,点穴就是在这个环境中找一个最佳的位置动工。

从现代科学的观念来分析,风水说所选择的无疑是一个很好的自然生态环境,背山可以阻挡冬季寒风,前方开阔可以保持良好日照,也可接纳夏日凉风,四周山丘可供木材和燃料,山上植被能保持水土,防止山洪,也能形成适宜的小气候,流水既保证了生活与农田灌溉,又适宜水中养殖。这也是东方建筑审美中实践理性的具体表现。

(二)礼治的思想

古代中国是以礼治国的国家,号称礼仪之邦,《礼记》中记载,"夫礼者,所以定亲疏、决嫌疑、别异同、明是非也"。"道德仁义,非礼不成,教训正俗,非礼不备。分争辨讼,非礼不决。君臣、上下、父子、兄弟,非礼不定"。礼不仅可以决定人与人之间的伦常关系,还是人们日常行为规范的标准。体现在建筑中,"这些规范的核心思想和主要内容就是建立一种等级的思想和等级的制度"。[①]

1. 城楼

《周礼》中将城市分为天子的王城、诸侯的国都和宗室与卿大夫的都城三个级别,规定:"王宫门阿之制五雉[②],宫隅之制七雉,城隅之制九雉。门阿之制,以为都城之制。宫隅之制,以为诸侯之城制。"即王城的城楼高九丈,诸侯国都的城楼高七丈,都城的城楼高五丈。多一分不行,少一分不行。

2. 城门

为了让"礼"在实践中更具操作性,中国历代统治者根据《周礼》制定了各种更为具体的规章制度。唐朝《营缮令》中规定:都城(相当于王城)每座城门可以开三个门洞,大州的城门(主要城市)正门可开两个门洞,县城的城门只能开一个门洞。

3. 屋顶

[①] 楼庆西,《中国古建筑二十讲》,三联书店,2001年9月版,第37页。
[②] "一雉"相当于今天的"一丈"。

唐朝《营缮令》中规定：帝王的宫殿屋顶可用庑殿式，五品以上官吏的住宅正堂屋顶只能用歇山式，而六品以下官吏及平民住宅的正堂屋顶只能用悬山式。"庑殿"、"歇山"、"悬山"都是中国古代建筑的一种屋顶形式，根据它们不同的构造和形式，按庑殿、歇山、悬山、硬山分别代表房屋由高到低的不同等级。

4. 间架

中国古建筑中除了以屋顶来代表等级以外，还以间架和装饰来进一步体现礼制的思想。"间"指房屋的宽度，两根立柱中间算一间，间数越多面宽越大；"架"指房屋的深度，架数越多房屋越深。公侯，前厅七间或五间，中堂七间，后堂七间；一品、二品官，厅堂五间九架；三品至五品官，后堂五间七架；六品至九品官，厅堂三间七架。

有了这样严格的礼治制度作为依据，人们就很容易根据一个建筑群的规模、物顶、间架等因素判断出建筑物的级别。因此，当我国著名的旅行家、地理学家徐霞客在考察云南丽江木氏土司府时，在参观了木府宏伟的建筑和精致的陈设后，发出"宫褒之丽，拟于王者"的惊叹也就不足为奇了。

不仅房屋的宽度和深度有礼可依，对于房屋的高度也是有规定的。《礼记》记载："有以高为贵者。天子之堂九尺，诸侯七尺，大夫五尺，士三尺。"因此，在宫室、庙堂的建造中，建筑群房屋的高低也直接标志着贵贱。由于中国古建筑是木结构体系，房屋的高度受材料高度的限制，因此，在建造时常使用"须弥座"以增加房屋的高度，有必要时，可以将数个"须弥座"叠加。须弥为佛教中的圣山名，所以佛像下面的座称须弥座。佛教传入中国后，佛像下面的须弥座逐渐成为中国建筑普遍使用的石座形式，并逐渐形成了固定的式样。①

（三）阴阳五行说

阴阳五行是中国古代的一种世界观和宇宙观，古人认为世上万物皆分阴阳，男性为阳，女性为阴；方位中前为阳，后为阴；数字中单数为阳，双数为阴。这种阴阳五行的观念在皇宫建筑中体现尤为突出。

---

① 楼庆西，《中国古建筑二十讲》，三联书店，2001年9月版，第236页。

1. 阴阳

古代皇宫建筑中,通常将执政的朝廷放在前面,将帝王生活的寝宫放在后面,这不仅符合使用功能的需要,也符合方位中的阴阳之说。至于数量上,前朝执政的宫殿一般为单数,而后宫部分一般为双数。例如在紫禁城建筑中,前朝部分由太和、中和、保和三大殿组成,后宫则由乾清、坤宁两宫组成,也符合阴阳之说。另外,根据我国著名建筑史学家傅熹年教授对紫禁城主要院落和重要建筑的仔细测量与分析,发现紫禁城前朝三大殿共处的工字型大台基,其南北之长为232米,东西宽130米,二者之比为9∶5。9和5都为单数,因此同样符合阴阳之说。而在阳数中以九为最高,五居中,所以中国古代常以九和五象征帝王,称"九五之尊"。

2. 五行

古人认为世界由金、木、水、火、土五种元素所组成;地上方位分作东、西、南、北、中五方;天上的星座分为东、西、南、北、中五官;颜色分为青、黄、赤、白、黑五色;声音分为宫、商、角、徵、羽五音阶,同时还把五种元素与五方、五色、五音联系起来组成有规律的关系,成为中国古建筑中特有的"五行"表现。

【案例5-5】"五行"在中国古建筑中的表现

表现一:天上星座的五官中,中官位居中央,分三桓,即上桓太殿,中桓紫薇,下桓天市,紫薇自然成为宇宙的中心位置,为天帝居住之所。人间的皇帝自称天子,因此在地上的住所称为紫薇宫。汉朝的皇帝在长安的未央宫别称就叫紫薇宫,而明清两朝则称为紫禁城。

表现二:星座五官中除中官外,东官星座呈龙形,与五色中青色相配,称青龙;西官星座呈虎形,与白色相配,称白虎;南官星座呈鸟形,与赤色相配,称朱雀;北官星座呈龟形,与黑色相配,称玄武。因此青龙、白虎、朱雀、玄武成为天上四个方向星座的标记,也成了地上四个方位的象征,而这四种兽也被视为人间的神兽。所以在中国古代宫殿建筑中,面南的门,如紫禁城中的午门,也称五凤楼或朱雀门;面北的门称玄武门,到了清朝由于第二任皇帝康熙名叫玄烨,为了避讳,将玄武门改称神武门。

表现三：五色中除了东青、西白、南朱、北黑外，中央为黄色，黄为土地之色，土为万物之本，尤其中国自古以来就是一个农业社会，因此黄色成为五色的中心，这就是紫禁城中几乎所有宫殿的屋顶都用黄色琉璃瓦的原因。

（案例来源：楼庆西，《中国古建筑二十讲》，三联书店，2001年9月版）

（四）"化家为国"的思维理念

"化家为国"的思维理念得从紫禁城院落的模数关系谈起，这也是我国著名建筑史学家傅熹年教授提出的，他从紫禁城院落面积和宫殿位置的模数关系上进行了探讨。[①] 傅教授在对紫禁城主要院落和重要建筑的测量与分析中发现了一些现象。

现象一：傅教授测得后寝二宫组成的院落东西宽118米，南北长218米，二者之比为6∶11，由前朝三大殿组成的院落东西宽234米，南北长437米，二者之比同样是6∶11，且后者的长和宽都几乎是前者的两倍，即前朝院落的面积等于后宫院落的四倍。

现象二：后宫部分的东、西两侧各有东西六宫和东西五所，经测量，这东、西两个部分的长为216米，宽为119米，尺寸与后宫院落大小基本相同。

由此傅教授得出了这样的结论：前朝院落与东西六宫、五所的面积都可能是根据后宫院落的大小而定的。这就是傅先生所说的，中国封建王朝的建立，对皇帝来说是"化家为国"的理念，所以以皇帝的家，即后宫为模数来规划前朝三殿与其他建筑群，这是完全可以理解的。

三、中国古建筑赏析

中国古建筑的代表从宫殿到民居，从佛堂到庙宇，从祠堂到陵墓……应有尽有，这里所选取的是中国古建筑中比较具有代表性的建筑形式，包括宫殿、民居、陵墓、祭祀建筑、宗教建筑等。

---

① 傅熹年，《关于明代宫殿坛庙等大建筑群总体规划手法的初步探讨》，《建筑历史研究》第三辑，中国建筑工业出版社，1992年4月。

(一) 宫殿建筑

前面讲过,中国古建筑是群体组合建筑,组合的单元是由单幢房屋围合而成的院落形式,即四合院,宫殿也不例外。明清两代的宫城紫禁城就是中国古建筑中规模最大、形态最复杂的四合院群体。下面就以紫禁城为例介绍中国宫殿建筑。

1403年,明成祖朱棣任命侯爵陈珪和工部侍郎吴中负责北京和紫禁城的规划设计。1407年(明永乐五年),明成祖朱棣下令营建宫城,1420年(明永乐十八年)竣工,历时13年。

根据紫禁城的功能要求,其规划严格遵循了前朝后寝,前宫后苑,左祖右社的格局,以满足古代帝王办理政务、生活起居、进行宗教、祭祀活动等需求。

紫禁城的布局集中体现了封建礼治的等级思想和等级制度。

1. 城门

从南到北,紫禁城的城门根据礼仪和功能的不同依次为天安门、端门、午门、太和门、乾清门、神武门,东西两侧还有东华门和西华门两座城门。

· 天安门

位置:最前端的大门,也是皇城的大门,位于北京城的中轴线上和中心部位。

结构:城门楼式大门,面阔九开间,坐落于汉白玉城台之上,重檐庑殿式琉璃瓦屋顶,地面至楼顶高33.7米。有五个门洞,与南面横列的五座金水桥相连,前有石狮、华表作为标志。

· 端门

位置:位于午门的南面,天安门的北面。

结构:城门楼式大门,面阔五开间,坐落于城台之上,单檐歇山式屋顶。

功用:礼仪之门,皇帝出宫时(如出征、巡游)接受文武百官、皇室宗亲告别、祝福和归来时等候迎接的地方。

· 午门

位置:位于天安门和端门之北,是整座宫城的大门。

结构：坐落于城台之上，中央有一座九开间大殿，两翼各有13间殿屋向南面伸出，在殿屋两端各有一座方形的殿堂，这种呈"门"字形围合而成的门楼称"阙门"，是中国古代大门的最高级形式。午门大殿还用了重檐庑殿式屋顶，也是中国古建筑屋顶的最高级式样，由此可见午门在整座宫殿中的重要地位。

功用：紫禁城的大门，皇帝下诏书，下令出征和战士战后凯旋向皇帝献俘虏的地方，以及对官员实行"杖刑"的地方。据考证，斩首的地方其实不在午门，而是在离午门有相当距离的菜市口。

门洞：城台下面的三个门洞，中央一个是皇帝专用门道，除皇帝外，皇后在完婚入宫时可进此门，中了状元的进士也可进此门。百官上朝时，文武官员进东门（右），王公宗室进西门（左）。左右城台下各有一门，称"掖门"，遇皇帝殿试各晋京举人时打开，按在会试时考中的名次，单数走东掖门（右），双数走西掖门（左）。

• 太和门

位置：紫禁城前朝部分的大门，它不是宫城之门，而是城内一组建筑群体，即前朝三大殿的大门，因此没有采用城门楼形式，用的是宫殿式大门。

结构：大门坐落在白石台基之上，面阔九间，进深四间，屋顶为重檐歇山式，等级仅次于重檐庑殿式，门口各有一只铜狮以示威严。

功用：明清两朝帝王除重大节日庆典必须亲临太和殿举行大朝仪式外，平时遇到需下诏颁令时往往在太和门内接见文武百官，因此有"御门听政"的用处。

• 乾清门

位置：后宫的大门，位于前朝保和殿之北。

结构：宫殿式大门，面阔五开间，屋顶为单檐歇山式，有白石台基，门前有铜狮把门。但毕竟是后宫大门，屋顶、面阔、台基高低、铜狮形态都比太和门要低一等级，在礼制许可范围内，为了不失后宫大门身份，特别加建了两座影壁呈八字型连接左右，也颇有气势。

• 神武门

位置：紫禁城的后门，位于中轴线之北，原称玄武门，因避讳而改称神武门。

结构:城门楼形式,重檐庑殿式屋顶,五开间,比午门低一级。

2.前朝三大殿

前朝三大殿坐落在同一台基上,台基高三层,其中前后的台基有左右并列的三道,中央一道为专供帝王上下的御道,雕有九条龙纹。

• 太和殿

太和殿是前朝的第一座宫殿,皇帝登基、完婚、寿诞,每逢重大节日接受百官朝贺和赐宴都在这里举行。太和殿面阔 11 开间,宽 60.01 米,进深 5 间,共 33.33 米,通高 35.05 米,建筑面积 2377 平方米,是中国迄今留存的古建筑中开间最多、进深最大、屋顶最高的一座大殿,屋顶结构为重檐庑殿式。

• 中和殿

前朝三大殿的第二座宫殿,是帝王上大朝前做准备与休息的地方。

• 保和殿

前朝三大殿的第三座宫殿,是皇帝举行殿试和宴请王公的殿堂。

3.后宫三大殿

后宫三大殿同样是坐落于同一台基之上,按礼制,后宫要比前朝低一等级,因此台基只有一层,且在乾清门与大殿之间还连着一条甬道,可以让人们进入后宫大门后直接走到乾清宫而不必登台基。

• 乾清宫

后宫第一大殿,屋顶为重檐庑殿式。在明朝和清朝前期这里是皇帝、皇后的寝宫,有时皇帝也在这里接见大臣,处理日常事务。

• 交泰殿

交泰殿是后来加建的,位于乾清宫之后,是皇后接受皇族朝贺的地方。

• 坤宁宫

皇后居住的正宫,屋顶为重檐庑殿式。清朝将它分为东西两个部分,西半部分按满足习俗,沿墙设大炕,室内安置大锅,每逢祭日,皇室在这里杀猪、蒸糕、喝酒祭神。东半部为皇帝结婚用的洞房,设有龙凤喜床。

4.紫禁城的建造花絮

紫禁城的设计、建造手法都充分揭示了古代建筑家的聪明才智：

•水运木料：建造宫殿所需要的木料多取自浙江、江西、湖南、湖北和四川，砍伐下的木材经各地区的河道先运送到长江，顺长江水由西而东漂送到南北大运河，再经运河北上至北京，需3～4年时间。

•金砖的烧制：重要殿堂室内地面用的是一种特殊高质量的"金砖"，可敲击出金属之声，建造紫禁城共需8000万块这样的砖，全在江苏烧制。

•旱船滑冰：采集和运输石料是建造过程中最为艰难的事之一，其所需的汉白玉产自河北曲阳县，距京400多里，当时的工匠为了运送石料，想出了旱船滑冰的办法，即在沿路打井，利用冬季天寒地冻取井水泼地成冰，用旱船运石，在冰上用人力拽拉前进。

宏大的紫禁城就是这样前后用了13年时间完工的，其中备料的时间持续了近十年，这充分表明，明清时期中国的建筑业不论设计还是施工组织、施工技术方面都已经达到了一个很高的水平，成就了一代中国古代建筑的精品。

(二)民居建筑

中国古代民居建筑同样是由中国古代建筑群体的基本单元组合而成的，因此四合院也是中国古代民居建筑的基本形式。

1.北京四合院

在元大都城的规划中产生了胡同与胡同之间的住宅形式，经过明清两代，这种住宅进一步得到发展，成了今天我们见到的北京四合院。

北京四合院的标准形式是将单幢房屋放在四面围成一个内向的院落，院落多采用南北方向，大门开在东南角，进门即为前院，前院之南与大门并列的一排房屋称为倒座，之北为带廊子的院墙，中央有一座垂花门，进门即为住宅内院，这是四合院的中心部分。内院正面座北朝南为正房，多为三开间房屋，左右带耳房；院左右两边为厢房，南面为带廊子的院墙，正房、厢房的门窗都开向内院，房前有檐廊与内院周围廊子相连，在正房的后面还有一排后罩房。内院正房为主人居室，两边厢房供儿孙辈居住，前院倒座为客房和男仆人住房，后罩房为女仆人的住房及厨房、贮物间，内院四周的围廊便于雨天和炎热的夏季人们行走。

四合院的规模随住宅主人权势高低和经济实力的大小决定,一般人家只有四边房屋围合成院,既无前院,也无后罩房,官吏、富商之家如果三世或四世同堂,则把几座标准四合院纵向或横向串联组合,形成大型的四合院住宅,如《红楼梦》中的荣国府和宁国府。

2. 云南民居

云南地处中国西南边陲,除汉族外,还聚居着人口在5000人以上的25个少数民族,由于长期历史发展的原因,使中原文化与当地的民族文化相互融合发展,形成了特有的民居建筑形式,最具代表性的有大理白族的四合院建筑、西双版纳傣族的杆栏式建筑、山地彝族的土掌房建筑、宁蒗摩梭人的木楞房建筑等。下面我们主要介绍大理白族的四合院式民居建筑。

由于云南大理地区地理、气候的原因,导致这里的四合院民居形式和内地相比有着不同的特点。大理四合院最常见的有两种形式:

(1) 三坊一照壁

"坊"是当地作为基本单位的一栋房屋的称呼,其形式是一栋三开间二层楼的房屋,三坊一照壁的四合院就是由三座坊和一座照壁围合而成。座西朝东的坊作为正房,进深较大,檐廊也较深,左右二坊为厢房,进深较小。东面为照壁,这是一面独立的墙体,它的宽度与正房相当,高度约与厢房上层檐口取平。壁身为白色石灰面,利于正房和院内的采光。

(2) 四合五天井

将三坊一照壁的照壁换成一座坊就是白族四合院民居的另一种形式"四合五天井"。即四面各有一座坊屋,除了中央的庭院外,在四个角上还各有一个小院落,当地称为"天井"。四合五天井的房屋还是采取坐西朝东的方向,东西两坊进深较大,前廊较深,左右两侧带耳房,南北二坊为厢房,大门多开在东北角,比起前一种四合院,四合五天井更显得封闭。

3. 南方天井院

这种形式常见于江苏、浙江、安徽、江西一带的暖温带到亚热带气候地区,这里四季分明,春季多雨,夏季炎热,冬季阴寒,人口密度大,因此这里的四合院三面或四面房屋都是两层,从平面到结构都相互联成一体,中央围成一个小天井,这样既保持了四合院住宅内部环境的私密与安静,又节约用地,还加强了建筑结构的整体性。按类型分,主要有以下几种形式:

(1)三间两搭厢

由三面房屋一面墙组成,正屋三开间居中,两边各为一开间的厢房,前面为高墙,墙上开门。另外,还有正房不止三开间,厢房不止一间的,按其间数可以分为五间两厢、五间四厢、七间四厢等。

(2)对合

四面都是房屋围合而成的天井院,这里正房称上房,隔天井靠街的称下房,大门多开在下房的中央开间。

4.窑洞四合院

黄土高原汉族民居的一种,属穴居,适用于北方干旱寒冷地区,多见于陕北、甘肃东部、山西中部、南部、河南西部,由于这一地区土质坚实,气候干燥少雨,加上经济不发达,于是挖窑洞造屋就成了当地百姓最方便、最经济的一种手段。在陕北米脂一带,窑洞几乎占了当地农民住房的80%。一般有三种形式:

(1)靠崖窑

靠崖窑源于原始社会依靠陡崖土壁挖掘出的横向水平穴,靠山或山崖横向挖洞,洞呈长方形,宽约3~4米,深约10米,洞上为圆拱形,拱顶至地面约3米,洞口装门窗。洞前挖一个院子,就成了有院子的住房。

(2)地坑窑院

地坑窑院也称天井窑院,在平地上向下挖出一个地下四合院,然后在坑的垂直面上开凿窑洞,称为地坑式或地井式窑洞,窑洞有土台阶通向地面。此类窑洞的特点因有较厚的黄土层包围,所以隔热与保温较好,洞内冬暖夏凉,具有良好的节能效益,不利的是洞内通风不良,比较潮湿,经常要烧火驱寒。

(3)锢窑窑院

锢窑窑院指在地面上用砖石土坯等材料建造一层或两层的拱券式

房屋,称为锢窑,用数座锢窑构成院落称之为锢窑窑院。这种窑洞讲究坐西北朝东南,而且要躲开正北南子午线,同时选土要选土质坚硬的黄土,越坚硬就越有利。

5.福建圆楼

圆楼常见于福建南部永定、龙岩、漳平和漳州一带的农村,特点是体积大,平面形式有方形、圆形、五角形、八角形、半月形等,其中以圆形最为独特。此类房屋来源于聚族而居,以求相互依靠、患难与共,共同抵御外来入侵者。

圆楼周围排列着整齐的房屋,有的多达数十间,高达三四层,有时还不止一圈房屋相套,中央围成一个圆形的院落,所以也列为合院式建筑。一座圆楼可以容纳几十户人家,数百人生活。

【案例5-6】 福建永定县承启楼

建于清康熙年间,历时3年完工,为客家人所建,圆楼直径达62.6米,里外共4环,最里面一环是全楼的祖堂,二环有20间房,三环有34间房,最外环有60间房,房间共计300多间,有600余人同时在里面生活。

(案例来源:楼庆西,《中国古建筑二十讲》,三联书店,2001年9月版)

(三)陵墓建筑

由于古人的灵魂观念,进而产生了祭祀观念,使得中国历代帝王都在有生之年为自己修建陵墓,其规模之大、形式之多、陪葬物品之华贵已成为中国古建筑空前绝后的一页。各陵墓所在地则成为了举世闻名的旅游胜地。

1.秦陵

提到秦陵,自然会让人想到举世闻名的兵马俑,这是用泥土制成的秦始皇陵墓的守陵卫队。公元前221年,秦始皇统一六国后,在建造宫殿的同时,也开始了陵墓的建造。秦始皇陵的主体在今陕西临潼骊山北麓,外观为一方锥形夯土台,南北长350米,东西345米,台高47米。陵体四周筑有两层城垣,内城四周共长2525米,外城周长6294米。这就是所谓的"方上"的陵墓形式。至于秦陵内部的状况,由于尚未开发,至今不得而知。据考古学家探测，墓内确有水银贮存，而为怕制作机弩矢和埋葬宝物的工匠泄露建陵的机密，也将他们一并留在了墓中。这座动用了70万人力兴建的始皇陵，其中的秘密被埋入了地下。

2. 汉墓

汉王朝陵墓仍沿承秦制，一是在帝王登位的第二年即开始兴建自己的陵墓，二是墓室仍深埋于地下，上起土丘以为陵体。汉武帝的茂陵于他登基第二年始建，历时53年完成。陵体本身高36.3米，每边长251.4米，陵体之上原有殿屋，外围四周有墙垣，每边长418米。西汉的皇陵大多建在陕西咸阳至兴平县一带，至今没有正式挖掘。汉墓有木结构的地宫，也有砖、石结构，墓室四壁的画像较为详细地描绘了当时汉朝社会的状况和市俗生活。茂陵之东1公里处有西汉抗击匈奴名将霍去病将军之墓，其墓前是汉武帝为记其功而修建的系列石雕，其中有脚踏匈奴的立马、卧马、母牛、卧象、伏虎等16件。该系列石雕不仅展现了早期粗犷而写意的石雕风格，也让我们第一次看到了这种由石雕组成的墓前神道。

汉代陵墓是保留至今唯一一种汉代建筑类型，汉墓中出土的大量石画砖、画像石和明器，为我们提供了那个时代建筑的形象资料，也正因为如此，汉代陵墓在古代建筑历史研究中占有重要的地位。①

3. 唐、宋陵

唐朝作为中国封建社会的鼎盛时期，其陵墓建筑也反映出这一时期的博大气势。"以山为陵"是唐陵最典型的特征。唐高宗和皇后武则天合葬的乾陵是唐陵中最突出的代表。这座皇陵坐落在陕西乾县，以梁山最高峰北峰为陵体，陵前有神道，神道引伸往南分别安设了三道阙门以增强陵墓的气势。神道自第一道阙门至北峰下的地宫，共长4公里有余，其气魄是依靠人工堆筑的土丘陵体所无法比拟的。乾陵地宫在北峰之下，开山石辟隧道深入地下，北峰四周筑方形陵墙，四面各开一门，按方位分别为青龙、白虎、朱雀、玄武门，四门外各有一对石狮把守。神道两旁还立有当年臣服于唐朝的外国君王石雕群像60座。经探测，乾陵

---

① 楼庆西，《中国古建筑二十讲》，三联书店，2001年9月版，第53页。

地宫内隧道与墓门用大石条填塞,并以铁汁浇灌石缝,坚固无比,这些只有等待日后的发掘才能展现于世人面前了。

宋朝皇陵制度则与前代不同,规定每朝皇帝死后才能开始建陵,而且必须在7个月内完工下葬,所以尽管宋陵本身还是承袭了秦汉"方上"的风格形式,以陵台为中心,四围有陵墙,四面设门,门外有神道,但在规模上比起历代皇陵要小得多。北宋八座皇陵全部在河南巩县境内。宋朝时期,由于手工业和商业的发展,使得当时城市生活的繁荣景象、住宅建筑的发展在陵墓中也有所体现,这也是宋陵的特色。

4. 明陵

明成祖朱棣迁都北京的同时,即下令觅宝地修建皇陵。明皇陵的地点选在北京昌平县以北的天寿山南麓,这里山势环抱,地域开扩,所以自朱棣以后的十三位明朝皇帝除宗陵外,先后都在这里兴建,组成中国历史上最大的皇陵区,统称明十三陵。明代皇陵与前面历代陵墓相比,在形式上有较大的变化。首先,明陵仿唐陵也是选择以自然山体为靠背而成的有利环境,但它没有开山做地宫、以山为宝顶,而是在山前挖地藏,在地宫上堆土而成宝顶。不同于秦汉皇陵的方锥形陵体的是明陵做成圆形宝顶,宝顶之上不建陵殿,所有陵墓地面建筑全部列在宝顶之前,形成前宫后寝的格局。其次,明皇陵与宋皇陵一样,都集中建造在一起,但与宋陵不同的是各座皇陵既各自独立,又有共同的入口,共同的神道,它们相互联系在一起,组成一个统一庞大的皇陵区,既完整又有气势。[1]

以明永乐皇帝的长陵为例,长陵规模居十三陵之首,陵墓最前方位大门,其后为祾恩门、祾恩殿、方城明楼、宝顶,其中最重要的是祾恩殿,它是祭祀先皇的大殿,地位相当于紫禁城中的太和殿。它面阔九开间,进深五间,宽度甚至超过太和殿,同样坐落于三层白石太基之上,用的是重檐庑殿式、黄琉璃瓦屋顶,大殿内60根立柱全部用整根楠木制成。皇帝生前用的太和殿和死后用的祾恩殿成了目前我国留存下来的最大的两座古建筑。目前定陵已经发掘,可供游人参观。

---

[1] 2003年7月,明孝陵和明十三陵被联合国教科文组织批准为世界文化遗产。

5. 清陵

清陵沿承了明代"宝城宝顶"的陵墓形式。公元1644年清军入关后，顺治皇帝即开始选择陵区，最后定在北京东面燕山之下，地属河北遵化县，称为清东陵。到雍正皇帝时，其陵墓本应建在其父康熙的景陵旁，但雍正帝认为那里风水不佳，土质不好，遂在河北易县泰宁山下另选了一块宝地建陵，称为清西陵。[①] 到下一任乾隆帝建陵时，本应随其父葬于西陵，但又恐从此荒废了东陵，愧对祖先，于是决定将陵墓建在东陵，并立下规矩，其子之陵应在西，孙之陵应在东，形成父子分葬东西的格局。清陵中值得一提的要数乾隆皇帝的裕陵。乾隆在位时是清王朝的鼎盛时期，国力强盛，因此所建陵墓宫室用料讲究，陵地占地面积达46.2万平方米。裕陵由于早年被盗，殉葬宝物损失殆尽，但地宫建筑保存完好。整座地宫由石料筑造，前后进深达54米，由明堂、穿堂和金券三部分组成，地宫四壁所雕刻的菩萨、佛像、佛花、经文等应有尽有，图案精美而庄重，反映了清朝盛期建筑技术与艺术的高超水平。

(四) 祭祀建筑

中国古代对天地山川的祭祀可以追溯到远古时期。当时社会生产力低下，人们缺乏对自然界各类灾害的认识和抵御能力，由此产生了对自然界的恐惧与敬畏感，这是人类早期的原始崇拜。进入农业社会后，人类主要从事农业生产，更加重了对天地自然的依赖（这种依赖造就的上天崇拜的思维方式也是导致中国建筑物审美中重顶的原因之一）。自然界的变化决定着农作物的丰歉，也决定着人间的祸福，于是这种对自然天地的崇拜逐渐发展为对天、地、日、月的祭祀。祭祀活动在中国古代成为了朝廷重要的政治活动和帝王的专利。因为有祭祀，所以有了今天精美的祭祀建筑。

在对天、地、日、月的祭祀中，祭天最为隆重，所以天坛在诸祭坛中规模最大，建筑也最讲究。天坛位于北京城正阳门外东侧，始建于明永乐十八年(1420年)，与紫禁城同期完成。于1998年获联合国教科文组织批准成为世界文化遗产。其审美价值在于：

---

① 2000年11月，清东陵和清西陵被联合国教科文组织批准为世界文化遗产。

1. 世界上最大的祭天建筑群

天坛占地4184亩,相当于紫禁城面积的四倍。整个天坛的建设反映了中国古代建筑师卓越的空间组织才能,建筑群由内外两重坛墙环绕,正门位于西面居中的位置。古代中国人相信天圆地方之说,上天是圆的,苍茫大地是方的,因此在天坛里,圆与方的形象被大量运用,天坛里外两道围墙都是上圆下方,因为苍天在上,大地在下。南部祭天的圜丘三层平台皆为圆形,中部存放天神牌位的皇穹宇大殿与围墙皆为圆形,北部祈求丰年的祈年殿建筑与台基也是圆形,而其外院墙则为方形。内坛西南是皇帝祭祀前斋宿的斋宫,每年冬至的前一天皇帝出紫禁城后到斋宫沐浴斋戒,表示对祭天的虔诚之心和神圣之意;外坛有饲养祭祀牲畜的牺牲所和舞乐人员居住的神乐署。坛内建筑面积非常有限,空地遍植柏树,以衬托主体建筑的雄伟肃穆。这座世界上最大的祭天建筑群堪称中国古建筑的杰出代表。

2. 中国文化的集中体现

天坛建筑充分表现了中国文化中天的崇高与神圣。

祈年殿:天坛最突出的建筑,位于中轴线的北面,是祈求丰年的地方,明永乐年间建成时是一座方形大殿,实行天地合祭,明嘉靖年间实行天地分祭才改为圆形。[1] 其高超的艺术处理是中国古代建筑艺术最成功的优秀典范之一。首先,祈年殿周围没有任何附属建筑,其台基设计比四周地面高出10米以上,使人穿过古柏林之后顿然有超凡出尘、与天相接的感觉。其次,祈年殿建筑本身平面为正圆形,上为三重青色琉璃瓦檐,象征天(原来上层为青色,中层为黄色,下层为绿色,清乾隆年间才改为全青色[2]);殿内柱子分里外三层,最里层为4根大立柱,象征一年的四季;中层12根立柱象征一年12个月;外檐12根柱子象征一天12个时辰;中、外两层共24根柱子,象征一年24个节气。这种设计充分显示了中国古代对天的崇拜与农业社会密不可分。

圜丘:皇帝每年冬至日祭天神的地点,位于中轴线的南端。古人认

---

[1] 楼庆西,《中国古建筑二十讲》,三联书店,2001年9月版,第68页。
[2] 楼庆西,《中国古建筑二十讲》,三联书店,2001年9月版,第68页。

为世上万物皆分阴阳,天为阳,地为阴,数字中单数为阳,双数为阴,因此帝王祭天要用阳数中最高数字——9,圜丘最上层即举行祭天大礼之处,坛面全部用青石铺砌,中央一块圆石为心,围绕中心石的四周皆用扇面石,逐层展开,第一层为9块,第二层为18块,第三层为27块,直至第九层81块;三层平台皆有石栏杆,最上层四面栏杆每面各9块,第二层每面18块,第三层每面27块;三层平台皆有石台阶上下,每层台阶皆为9级。

皇穹宇:圆形殿堂,平时置放昊天上帝的神牌,四周有圆形围墙用细砖筑造,做工精细,当两人站在围墙内不同地点贴墙讲话时,由于墙面的连续折射,可以相互很清楚地听到对方的声音,这就是天坛的回音壁,这种效果并不是当初有意造成的。①

3.东方古老文明的象征

祭天在中国延续了至少三千多年,而历朝历代用于祭天的祭坛都几乎不符存在了,在现存的祭坛中,北京的天坛却以其建筑的圣洁崇高、文化内涵的深刻丰富成为人类建筑艺术的瑰宝,东方古老文明的象征。天坛文化涉及自然科学、社会科学,集古代哲学、政治、天文、历法、美学、音乐以及建筑艺术等多学科文明于一体,具有极高的历史文物价值和审美价值。

除祭天的建筑外,古人还在名山之间祭祀天地、社稷,如泰山的封禅大典,同样为我们留下了一批精美的祭祀建筑,如泰山岱庙,皇帝的祖庙、社稷坛,以及中国南方诸多省份的传统的合院式祭祀建筑——祠堂。由于篇幅的关系,对于这些建筑精品这里就不详加叙述了。

(五)宗教建筑

世界三大宗教在中国的融合与发展已有上千年的历史,其中在建筑方面影响比较大的要数佛教、伊斯兰教和中国的本土宗教道教。基督教的典型建筑我们将在西方古建筑审美中再作阐述。

1.窟

石窟是开凿在山崖上的石洞,是早期佛教建筑的一种形式,印度早

---

① 楼庆西,《中国古建筑二十讲》,三联书店,2001年9月版,第68页。

期佛寺多用这种形式。据考证,其原因在于崖窟内冬温夏凉的环境适宜修行。我国发现最早的石窟是新疆的克孜尔石窟和丝绸之路上的敦煌石窟。随佛教的传入,黄河流域以及南方地区都建造了大量的石窟建筑,著名的有甘肃炳灵寺石窟、天水麦积山石窟、大同云冈石窟、洛阳龙门石窟、四川大足石刻等。这些石窟在建筑学和美学上的价值并不仅仅在于它本身是宗教建筑的一个类别,更重要的是在它的雕刻与壁画中反映了我国早期的建筑活动与形象。从敦煌石窟壁画所描绘的佛教故事场面和大量的装饰图集中,从龙门、云冈和其他石窟的雕刻中所表现的佛像、任务、动植物和各种花饰所组成的环境里,我们可以看到古代城镇、宫殿、寺庙、园林、住宅、街市的形象和不同的建筑式样,甚至可以看到古代房屋施工的场面。

2. 寺

在中国,占主要地位的宗教建筑还不是石窟,而是寺庙。佛教修行的地方多称为"寺"或"庙",伊斯兰教普遍称"寺",而道教多称为"庙"或"宫"。

布达拉宫:布达拉宫坐落于拉萨市红山,是松赞干布为纪念与文成公主成婚而兴建的,始建于7世纪,后毁于雷火与兵燹。如今所见的是17世纪后陆续重建与扩建的。这座政教合一的大型宫殿寺院以红、白两宫为主体建筑,面积最大的白宫是西藏最高领袖达赖的宫殿,红宫则是历世达赖的灵塔殿和各类佛堂。布达拉宫几乎占据了整座红山,从其底部到顶部高达117.19米,外观完全采取了西藏本地的碉楼城堡形式,第13层顶层采用了汉地宫殿的歇山式屋顶和成排的斗拱。宫殿上下左右联为一体,高低错落,宫墙红白相衬,宫顶金色闪烁,气势宏伟,表现出藏传佛教寺庙独有的粗犷与雄劲之美。

艾提卡尔礼拜寺:伊斯兰教进行宗教礼仪的场所是伊斯兰寺院,因为它主要的功能是供教徒聚会做礼拜,所以也称礼拜寺。艾提卡尔礼拜寺是我国新疆喀什地区最大的一座清真寺,建于清朝。寺院位于喀什市中心艾提卡尔广场之西,前有高大的门楼,开尖券大门,门上安两扇铜制门扇。由于伊斯兰教的真主安拉是没有形象的真主,所以伊斯兰教从一开始就反对偶像崇拜,在所有的礼拜堂内从不设偶像。因此,艾提卡尔礼拜寺也只在门楼两侧设了不对称的壁龛,左右连着两座高耸的邦克楼,即伊斯兰教的宣礼塔,进入门楼隔着门楼就是主体建筑礼拜堂,堂面阔140米,进深20米,分内外二层,圣龛位于内堂的西墙上,因为圣城麦加位于中国的西方,所以教徒都西向做礼拜,礼拜堂的入口设在东向。大堂由140根木柱组成,除中心内堂四面的墙外,外堂东西都不设墙而称为开敞性空间,可供千人礼拜。整个礼拜寺为砖构造,外墙为土黄色,其中用蓝、绿色瓷砖作装饰,在蓝天衬托下十分醒目,成为喀什市的标志性建筑,也是南疆地区最著名的清真寺。

武当山古建筑群：截至2004年12月,武当山古建筑群是中国世界文化遗产中唯一一项道教建筑。现存的武当山古建筑群多是由明永乐年间由皇帝下诏营建的道教宫观,完全按照宫廷建筑标准设计建造。从策划、选址、修建到管理均由皇帝亲自指派专人进行。建筑分布大小分明,主次有序,注重周围环境,讲究山形水脉,聚气藏风,达到了建筑与自然的高度和谐。山上宫观建筑以及道路、桥梁、碑亭、小品建筑等一律按最高规格建造,力求将道教宫观的"仙居"与帝王宫殿的"皇居"合二为一,从而达到统治者利用宗教晓谕天下以君权神授的政治目的。据史载,明成祖朱棣崇奉道教,在建设北京宫殿(今故宫)、太庙、社稷坛、天坛等基本完工后,于永乐十年(1412年)即命人率众30万进驻武当山,大兴土木,以十三年之功,从筠县(今丹江口市)城内的净乐宫到天柱峰金顶之绵延70公里的路旁,建成后来形成的九观、九宫、十二亭、三十六庵堂、三十九桥梁、七十二岩庙等整套关联完整而雄伟壮观的建筑群之33处建筑,古栈道似银线串珠,连接着主体建筑和点缀性小品建筑,计殿堂庙宇2万多间、400多处,总占地面积160万平方米,超过故宫一倍以上,构成庞大的道教建筑群,具有较高的艺术价值和历史价值。其规模之宏大、技艺之精湛、工程之艰巨,实为世所罕见。如此浩大的工程,在中国名山开发史上可说是绝无仅有。整个建筑体系按照政权和神权相结合的政治意图,每一建筑单元都建在峰、峦、坡、崖涧的合适位置上,借自然风景的雄伟高大或奇峭幽壑,构成仙山琼阁的意境。既体现了皇权的威武庄严,又体现了神权的玄妙神奇,创造了自然美与人文美高度融合的名山景观。

3. 塔

塔是佛教的专用建筑。佛教创始人释迦牟尼死后,其弟子将他的遗体火化,烧出了许多晶莹带光泽的硬珠子,称为舍利。众佛教弟子将舍利分别拿到各地安放,把舍利埋入地下,上面堆起一座圆形土堆,在印度梵文中称为Stupa,音译为"堵波"或"浮图",是一个覆盆的形式,就是我们所说的塔。塔建筑传入中国后,与中国固有的楼阁相结合,便产生了中国形式的佛塔。塔主要以木结构、砖石结构为主,其形式主要有以下几种:

(1) 楼阁式

早期的楼阁式佛塔多为木结构,结构严密,造型宏伟,呈多面形,每层有檐、梁、柱、墙体和窗,塔内有楼梯可登至各层,塔顶立着塔刹,刹尖为金宝瓶,每层檐角悬挂有金铎,风吹铎响,十里之外都能听见。但木结构楼阁式佛塔最怕火灾,因此至今所剩无几。

(2) 密檐式

多为砖石结构,是在楼阁式的基础上将楼阁的底层尺寸加大升高,而将以上各层的高度缩小,使各层屋檐呈密叠状,使全塔分为塔身、密檐与塔刹三个部分,因而称为"密檐式"砖塔。这类佛塔留存至今年代最早的是河南嵩岳寺塔。塔建于北魏,高约41米,塔身呈十二边形,内室为正八边形,塔身二层约占总高的1/3,以上为15层密檐,顶部为石造的塔刹。这座十二边形的密檐塔因别处再没发现而成为国内孤例。西安的小雁塔、云南大理的崇圣寺三塔也属于这一类型。

(3) 喇嘛塔

盛行于藏传佛教地区的一种塔的类型。造型下部是须弥座,座上是平面为圆形的塔身,再上是多层相轮,最上为塔顶。这种塔址来源于印度,几乎没有受到汉地楼阁的影响,还比较多地保留了"堵波"的原形。著名的如北京妙应寺塔、云南藏区的白塔等。

(4) 金刚宝座塔

其形式是塔下面有一巨大的宝座,座上建有五座小塔,供奉佛教密宗金刚界五部主佛舍利,所以称为金刚宝座塔。北京大正觉寺塔是目前发现最早的一座金刚宝座塔,建于明成化九年(1473年),塔宝座高7.7

米,南北长 18.6 米,东西宽 15.7 米,四周外壁上下分为六层,下为须弥座,其上五层均为成排的佛龛,上有挑出短檐,宝座为砖筑,外表包以石材。宝座之上立五座石造密檐式塔,中央塔高 13 层,约 8 米,四角小塔略低,高 11 层约 7 米,塔的表层布满佛教内容的石雕。

(5)缅式塔

为云南傣族地区上座部佛教(小乘佛教)的塔的形式,原形来自缅甸佛塔,与汉地和藏传佛教的佛塔形式迥然不同,称为缅式塔。最著名的是西双版纳景洪大勐龙的曼飞龙塔。此塔建于 1204 年,在八角形的须弥座上立有主塔 1 座和主塔四周的 8 座小塔,塔身均为圆形,上下分作若干段,粗细相间,很像细长的葫芦,顶上有尖锥状塔刹,塔身皆为白色,塔刹贴金,刹尖有几层铜制镂空宝盖,高约 8 米的八座小塔围簇着中央高 16.30 米的主塔,总体造型挺拔秀丽。当地傣语称"塔诺",意思是雨后出土的春笋,比喻十分形象贴切。

除以上所讲的形式之外,在各地寺庙中还有一些其他形式的塔,如山东神通寺四门塔为单层方塔、河北广惠寺花塔、宁夏青铜峡喇嘛塔群等。

第二节　中国古建筑小品及装饰赏析

在世界建筑发展史中,中国古代建筑以其鲜明的特点而自成体系。这些特点除了我们所看到的殿、堂、楼、阁、厅、馆、亭、廊等主体建筑物来成就之外,还有一些相对而言较小的建筑加以衬托,这些建筑因为体积较小,建筑学家们亲切的称为"小品建筑"。这些小品建筑在中国古建筑特点的形成中发挥着重要的作用,它们造成了中国古代建筑富有特征的外观,极大地加强了建筑艺术的表现力,成为了中国古代建筑艺术的一个不可或缺的部分。因此,在本节中,将专门介绍中国古建筑的小品建筑和装饰的审美特征与审美技巧。

一、牌坊

牌坊也称牌楼,多被安置在一组建筑群的最前面,或者立在一座城市的市中心,通衢大道的两头,位置十分显著。因此,中国古代通常把牌坊当作是一种标志性建筑,它在城市和建筑群中起到划分和控制空间的作用,增添了建筑群体的艺术表现力。典型的如北京明十三陵入口的五开间巨型石牌坊、颐和园通道中央的木牌楼、过去北京城东西长安街两头的牌坊等。

(一)牌坊的渊源

说到牌坊的起源,我们要从中国古代早期建筑群的大门说起。中国古代早期的大门称为"衡门",即在两根直立的木柱子上加一条横木组成门,多用作乡间普通建筑的院门,所以古代将简陋的房屋称为"衡门茅屋"。[①] 后来为了防雨雪侵蚀,才在衡门的横木上加了屋顶,这种简单的院门形式如今在农村还能见到。另外,在《营造法式》中还记载过一种乌头门,其形式是两根木柱左右立在地上,上有横木,横木小安门扇,但与衡门不同的是两根立柱直冲上天,柱头用乌头装饰,故名乌头门。这两种门的形式可以说都是牌坊的雏形。至于为何后来称为牌坊或牌楼,还得从中国古代城乡中的里坊说起。里坊是我国古代城市居住区的基本单位,里坊的门叫"闾",中国古代有"表闾"的制度,即将各种功臣的姓名和他们的事迹刻于石上,置于闾门以表彰他们的公德。据建筑学家刘敦桢先生的分析,这种闾门上往往书写坊名,而且按表闾的制度,将表彰事迹书写于木牌,悬挂在门上也是完全可能的事,就是说闾门上既有坊名又有木牌,牌坊之名可能就由此而产生。[②]

(二)牌坊的规模

牌坊可分为木牌坊、石牌坊和琉璃牌坊,琉璃牌坊用砖建造,表面贴琉璃瓦。不论哪种牌坊,其规模都以牌坊的间数、柱数和屋顶的多少(或称楼数)为标志,其中又以柱数和间数为主要标志。从间数和柱数来

---

① 楼庆西,《中国古建筑二十讲》,三联书店,2001年9月版,第226页。
② 楼庆西,《中国古建筑二十讲》,三联书店,2001年9月版,第227页。

看,最简单的为两柱一间,以四柱三间最为常见,六柱五间则可以称得上大型牌坊了,多用于宽阔的道路和墓道上;从楼数来看,最简单的也是一楼,常见的为两楼至三楼,也有高达七楼、九楼的牌坊。

(三)牌坊的功用

从功用上来分,牌坊一般可以分为标志功能、大门功能、纪念功能、装饰功能几种。

1. 标志性

牌坊通常立于宫殿、陵墓、寺庙等建筑群的前面,作为一组建筑群的标志。例如,老北京的东、西市的十字路口各建有四座牌坊,作为东、西城中心地区的标志。如今由于交通发展、马路拓宽,这几座牌坊早已被拆除,但至今人们仍习惯地称这两处为"东四"、"西四",可见牌坊所形成的标志作用。

2. 以牌坊代门

这种牌坊同样位于一组建筑群的前面,是建筑真正的院门,门边通常有影壁与院墙相连。如颐和园宫廷区的仁寿门、山东曲阜孔庙的第一座大门棂星门。

3. 纪念性

这种牌坊沿承了古代里坊门上表彰功德的做法,用牌坊来纪念或表彰某人某事。这类由皇帝敕建或自建的牌坊,有的是为了显耀祖宗,光照门第,有的借孝子、节妇的事迹宣扬封建道德。在安徽歙县唐樾村就有一连七座宣扬孝子、善民、节妇事迹的石牌坊排列在乡间大道上,成为颇有气势的牌坊系列。

4. 装饰性

这种牌坊常用在古代一些店铺的门面上,或是寺庙、祠堂等重要建筑前面,既不是独立的标志,也不是大门,而是附着在店铺门脸上的一种装饰或是增强建筑物的气势。

二、华表

华表作为另一类建筑小品,是一种典型的标志性建筑设施,不但经常出现在重要建筑群的大门之外,有时也出现在桥头和建筑的四周,例如天安门金水桥前面的华表、卢沟桥两头的华表,以及北京明十三陵碑亭四周角上的华表,都起到了烘托建筑物的作用。

(一)华表的渊源

华表起源于古代帝王听取老百姓意见的"谏鼓"和"谤木"。所谓谏鼓,就是在朝堂外悬鼓,让臣民有意见就打鼓,帝王听见后,让臣民进去面谏;所谓谤木,就是在大路街口交通要道外竖立木柱,专供臣民书写意见之用。随着历史的发展,立在大道口的谤木不再具有听纳民意的作用,而逐渐变为交通路口的一种标志,又称"表木"。① 这大概就是华表的起源了。

(二)华表的结构

"表木"最初是木结构的,因屹立在露天,经不住风吹日晒和雨淋,就逐渐被石料代替了,但它的形状仍然继承了原来木柱的样式。这个变化是一个漫长的过程,但由于历史上各个时代遗留下来的华表很不完全,如今见到的多是明清两代的实物,因此只好以这个时代的华表形象来分析它的结构了。华表一般可以分为三个部分:

1. 柱头

柱头为一圆形石盘,称为"承露盘",源于汉武帝在神明台上立一铜制的仙人举双手于头顶,合掌承接上天甘露,以求给皇帝喝后长生不老。圆盘中常立一小兽,称为"犼",是一种形似犬的神兽。它不仅起到装饰作用,有时也有特殊的意义。

【案例5-7】 "犼"的特殊含义

在天安门前后两对华表的承露盘上各立着一对石犼,后面华表上的面朝北,遥望着紫禁城,名叫"望君出",是希望久居深宫的皇帝应该经常出宫体察民情;而前面华表上面朝南的,叫"望君归",是提醒皇帝不要留连于山水,久出不归,还要回宫处理朝政。这既反映了世人的愿望,同时也说明了华表在建筑群体中所占的显著地位。

(案例来源:楼庆西,《中国古建筑二十讲》,三联书店,2001年9月版)

---

① 楼庆西,《中国古建筑二十讲》,三联书店,2001年9月版,第234页。

2. 柱身

明清时期华表的柱身多做成龙柱，呈八角形，一条巨龙盘绕于柱身，龙首向上，龙身外布满云纹，有盘龙遨游太空之势。柱身上方通常还横插着一块云板，它的产生起源于原来表木柱上端的横木，后来演变成了雕有云纹的云板。

3. 基座

华表的基座多做成须弥座形式。天安门前后的两对华表在基座之外还加了一圈石栏杆，栏杆四角的石柱头上各立着一只小石狮，它们的头都与柱顶的石孔朝一个方向，不但起到了对华表的保护作用，还起到了烘托的作用，使高高的石华表显得更加稳重。

三、影壁

影壁是设立在一组建筑群大门里面或外面的一堵墙壁，它面对大门，起到屏障的作用。不论是大门里面或外面的影壁都与进出大门的人打照面，所以影壁又称为照壁。[①]

（一）影壁的种类

如果以影壁所处的位置来区别，可以将影壁分为立在门外、立在门内和立在大门两侧的三种类型。

1. 设立在门外的影壁

这种影壁是指正对建筑院落的大门，和大门有一定距离的一堵墙壁。较大规模的建筑群大门前方常用这种影壁，其正对大门，和大门外左右的牌坊或建筑群组成门前广场，增添建筑物的气势。如北京颐和园东宫门入口的影壁和紫禁城内宁寿宫前的九龙壁。另外还有几处这样大型的九龙壁，例如北京北海的九龙壁、山西大同的九龙壁。现在人们在观赏时都将它们当作独立的艺术品来欣赏，其实原来它们都是建筑群大门前的影壁。

【案例 5-8】 宁寿宫九龙壁

宁寿宫是紫禁城内一组相当具有规模的宫殿建筑群，是清代乾隆

---

① 楼庆西，《中国古建筑二十讲》，三联书店，2001年9月版，第237页。

皇帝准备在他退位当太上皇时居住和使用的,所以在布置上很注意要显出皇家建筑的气魄。它的入口是南面的皇极门,正对皇极门立着一座很长的影壁,影壁上有九条用玻璃烧制的巨龙,这就是有名的九龙壁。皇极门、九龙壁和东西两面的钦禧门和钖庆门组成了这组宫殿建筑群的大门前的广场。

(案例来源:楼庆西,《中国古建筑二十讲》,三联书店,2001年9月版)

2. 设立在门内的影壁

这种影壁立在大门里面,与大门也有一段距离,正对入口,完全起到一种屏障作用,避免人们一进门就将院内一览无余,所以这种影壁多设在皇帝寝宫和住宅内院大门的里面。如紫禁城的养心殿,是明清两代帝王的寝宫,在通向养心殿的第一道门遵义门内,迎面设有一座琉璃影壁。在皇族居住的建筑里也同样有类似的影壁。在北方的四合院建筑中,这类影壁也被广泛的采用,起屏障作用。

3. 设立在门两边的影壁

影壁除了起屏障作用之外,还有很重要的装饰作用,所有有时也被用在大门的两侧以增添大门的气势。例如紫禁城内乾清宫前面的影壁。乾清门是内廷部分的主要入口,自然是一座重要的大门,但它的形制无论在开间大小、台基高低、屋顶形式以及装饰上都不能超过外朝的大门太和门,这是礼制规定的。所以,乾清门为了增强气势,就在门的两侧各加设了一道影壁,呈八字形分列在大门左右,与大门组成一个整体。宁寿宫也采用了同样的方法。

另外,影壁按照其建造材料来分,也可以分为砖影壁、琉璃影壁、木影壁和石影壁等几种类型。

(二)影壁的结构

无论哪一种影壁,在造型上多可分为壁顶、壁身和壁座这样上、中、下三个部分。壁顶是影壁最上面作为一面墙的结束部分,它也采用房屋屋顶的做法,按影壁的大小及讲究程度分别用庑殿、歇山、悬山、硬山几种形式,顶上也有屋脊和瓦面。壁身是影壁的主体,占据影壁的绝大部分。壁座是影壁的基座,多采用须弥座或须弥座的变异形式。

（三）影壁的装饰

由于影壁在建筑群中所处的重要位置，使它必然成为装饰的重点部位。常见的影壁中装饰得最华丽、最隆重的是九龙壁。如故宫宁寿宫九龙壁。

四、神兽

中国人古而有之的图腾观念和原始的审美观念都是和自然界中的万事万物息息相关、紧密联系的，这就导致了在中国人长期培育和发展起来的建筑美感和建筑艺术观念中诸多自然界的动物、灵兽占有了一席之地，并将它们进一步神化。这些神兽包括了天上飞的、地上跑的、土生土长的、异国他乡引进的，甚至是神话传说中的神物。它们与建筑艺术的结合充分显示了人类智慧的力量。

（一）龙

在中国古建筑的装饰内容里，龙占了非常大的比重，不仅数量众多，而且形态各异，千奇百怪，特别在宫殿建筑中运用十分广泛，因此在这里我们专门将它提出来阐述。

关于龙这种神兽的来历，国内学者众说纷纭，但有两点主张是比较一致的：一是现今我们所见到的龙的形象实体，不论它的起源为何，它都代表了古代人类的一种神话意象，或者说是一种类似图腾的表记，而不是显示物质世界中的某种生物了；二是龙是原始人类崇敬的一种神物，它是人类对不自己所不认识也不能驾驭的某些超自然力量的化身，例如洪水灾害，人们就解释为神龙发怒，降灾人世。[①] 正因为龙的神乎其神，中国历代帝王都将龙比作自身，而中华民族的子孙也成了龙的传人。有这样的缘由，北京紫禁城成为龙的世界也就不足为奇了。

中国古代帝王的宫殿中常见的龙装饰主要分布在建筑物屋檐下的彩画里、门窗上、台基的御道、栏杆上，殿内的天花、藻井中，皇帝宝座的台基、屏风、御椅等部位。据有人统计，仅仅紫禁城太和殿一座大殿上，里里外外、上上下下，共有12654条龙。另外，除了龙本身的形式外，还

---

① 楼庆西，《中国古建筑二十讲》，三联书店，2001年9月版，第265页。

有诸多龙的变异形式,俗话说"龙生九子",其实并不是生物学上的意义,只是泛指其多而已,在古籍中提到的就不下十余种。现在把与建筑有关的几种列举如下:

(1)螭吻

即鸱吻,装饰于殿堂的正脊两头,性好吞好望。

(2)嘲风

装饰于殿堂屋脊上的走兽,性好险。屋脊上的小走兽最多有9个,各有其名,自前到后依次为龙、凤、狮、天马、海马、狻猊、獬豸、斗牛、押鱼,最前面通常还有一位骑凤凰的仙人,所以统称为"仙人走兽"。

(3)椒图

也被称为"蠡",装饰于大门上口衔门环的辅首,性好闭。

(4)螭首

装饰于台基上的石雕兽头,性好水,也是建筑中用来排吐雨水的构件。

(5)赑屃

装饰于石碑下的龟,也是龙的变异的一种,性好负重。

(6)金猊

装饰于香炉脚上的兽头,性好烟。

因为龙被皇帝视为帝王的象征,因此历代皇帝总想掌握龙的专用权,尤其在元明以后,朝廷三令五申,甚至立法来禁止民间建筑使用龙的装饰。但实际上皇帝并没有能够控制,在神州大地的很多寺庙、佛塔、祠堂,甚至园林建筑和民间住宅中,都可以发现龙的形象。千姿百态的神龙或隐或现地装点着各类建筑,使它们更加夺人眼目。

(二)狮子

在中国古建筑中,以动物为内容的装饰,除了龙以外,大概就要算狮子了。狮子不但与龙一样成为中国古代建筑装饰中的重要题材,而且还常以独立的体态站立于建筑群中,成为一种重要的建筑小品。

狮子原产于非洲和印度一带,相传在东汉时期安息国王万里迢迢带狮子献给汉章帝,从此狮子在中国安家,并传宗接代繁衍下来。由于狮子有万兽之王的形象,自然就被运用到建筑中来。常出现于帝王陵墓前,宫殿、寺院、园林甚至民居的大门前,牌坊的两侧,石桥、栏杆上,柱础、屋檐的牛腿和撑拱中也常见狮子的装饰。而置于建筑物大门前的石狮则有比较固定的形式,通常是左右各一只,左为雄师,足蹬一绣球,右为雌狮,脚按一幼狮。这种固定的形式在皇宫建筑装饰中除了有象征性的护卫作用以外,还被赋予了特殊的意义,雄师足蹬球象征一统寰宇,雌狮脚按幼狮象征子孙万代繁荣昌盛。

(三)龟、鹤

在北京紫禁城的太和殿前,除了放置有日晷、嘉量之外,还放置有另外两件建筑装饰,那就是铜龟和铜鹤。

龟、鹤这两种动物都因其寿命长而被古人看作是象征吉祥和长寿的神兽。太和殿前的铜龟高昂着头,大张着嘴,仰望青天,表现出一副扬眉吐气的神态。而铜鹤则体态婀娜,伸着长长的脖子,一副清高孤傲的样子。作为紫禁城最大也是最重要的大殿的殿前装饰物,这两对铜龟、铜鹤自然象征着帝王的长命百岁和江山永保,但更为巧妙的是,在这两对龟、鹤的身上都开有一个洞口,因为它们都是用铜制成的,腹中空心,这种设计在每逢太和殿举行大典的时候,就能够在龟、鹤的腹中点燃香料。典礼开始,钟鼓齐鸣,器乐高奏,这时烟雾从龟、鹤张开的口中喷出,缭绕于殿前台上,的确增添了几分神圣的色彩。

(四)其他动物装饰

除了上述提到的各种动物之外,在中国古建筑中,还常用一些形状奇特、发音特殊、具有一定象征意义的动物来作为建筑物的装饰,常见的如虎、凤凰、孔雀、公鸡、蝙蝠、鱼、鹿、喜鹊等。

另外,除了动物,用植物作建筑装饰也十分普遍,如松、柏、桃、竹、梅、菊、兰、荷、石榴、夹竹桃等花草树木。

五、其他小品建筑

除了上面所提到的各种小品建筑和装饰以外,还有一些非常有特色的中国古代用具也常常作为建筑物的装饰出现,最为常见的是日晷和嘉量。

(一)日晷

在北京紫禁城太和殿前,左右两侧布置有日晷和嘉量各一座。日晷是我国古代的一种靠观日影而定时刻的计时器,它的样子是用石料制造的一个圆盘,中心安放有一根细针,与圆盘保持垂的角度,圆盘的四周刻有刻度,称为晷度,日间有太阳照射时,针影落在圆盘上,并随着太阳的位置移动,针影会落在不同的刻度之上,这时,就可以通过针影变化而指向的不同刻度确定出一天中不同的时辰。放置于此处一是为了观察时辰,二是起到装饰和点缀建筑物的作用。

(二)嘉量

嘉量是我国古代的标准量器。汉始建国元年(公元9年),王莽改制时期制定了新的嘉量制,将不同等级的斛、斗、升、合、龠合为一器,器的上部为斛,下部为斗,左耳为升,右耳为合、龠。嘉量一般为铜制,置于石亭中,放在太和殿前象征着国家对度量衡的统一和集权。

第三节 西方古建筑审美

在世界古建筑的发展史中,不仅有独具特色的中国古建筑群,还包括了欧洲、非洲、美洲及亚洲其他国家的建筑,这里之所以选择西方古建筑进行对比阐述,主要原因在于与中国相比,以欧洲为代表的西方古建筑差异性更大,也更具有可比性。

一、西方古建筑的基本原理

在外国古建筑的发展过程中,以欧洲发展最为全面,也最具系统性和代表性,亚洲和美国的建筑或多或少受了中国和欧洲的影响而显得特色不够鲜明,而非洲国家由于历史发展的原因也造成了建筑发展上一些不可抗拒的缺憾,因此本书仅对以欧洲为代表的西方古建筑的基本原理进行一些粗浅的剖析。

(一)石结构建筑体系

西方至今遗留下来的古建筑几乎无一例外的是石结构建筑体系,诸多西方古建筑的研究资料中也详细记载了这一石结构建筑体系的发展历程,然而我们却未能找到详尽的关于为什么采用石结构建筑体系的原因论述,因此只能在这里尝试性地作出分析和总结。石结构的建筑其优点在于更坚固耐久,而且能做得很高大,不像木结构建筑的高度直接受到树木自身高度的限制,古希腊时代就有10米以上甚至达到12米的柱子,在古罗马时代,有的柱子高度竟然将近20米。同时,石结构建筑梁的跨度也非常大。这些都是木结构建筑体系达不到的。因此,产生于古希腊的石结构柱式其适应性便强于木结构体系,并且有了更丰富的表现力。这也许就是西方之所以倾心于石结构体系的原因吧。

(二)柱式结构

古希腊对世界建筑最大的贡献是柱式,这种希腊柱式起源于木结构,经过长期演变完成了向石结构的过渡。① 所谓柱式,指的是石质梁柱结构各部件的样式和它们之间组合搭接方式的完整规范,从细部直到整体。它们不但决定了建筑的形式和比例权衡,而且决定了它的风格。② 世界上还没有另外一种如此简单而又完整的元素能以如此直截了当的方式几乎无所不包地决定着建筑的面貌。③ 柱式结构流行到全世界,对世界各国的建筑都造成了或多或少的影响,历经两千多年一直延续到现在,以至在很长一段时间内,欧洲的建筑艺术教育就以研究柱式为主要内容。

1. 柱式的类型

柱式的基本单元是一棵柱子以及它下面的基座与上面的檐部。按照柱式的基本单元将柱式进行分类,大约可以分为以下三种典型的柱式类型。

(1)多立克柱式

---

① 陈志华,《外国古建筑二十讲》,三联书店,2002年版,第23页。
② 陈志华,《外国古建筑二十讲》,三联书店,2002年版,第21页、第1页。
③ 陈志华,《外国古建筑二十讲》,三联书店,2002年版,第21页。

古希腊早期形成的多立克柱式,柱子没有柱础,早期的柱头像一只浅浅的碗,侧面轮廓弯曲而柔软。后来柱头发展成为一个倒置的圆锥台,轮廓两边成为直线。这种柱式柱身是圆的,有大约20个凹槽直通上下,槽与槽之间相交成锋利的线,依次造成光影变化,使柱子显得峻峭有力,表现出一种男性的雄健和庄严。外形上细下粗的多立克柱式高度通常为柱子底部直径的6～7倍,柱身外廓呈很精致的弧形,连接上径与下径的直线与弧形外廓相差最大之点大约在柱高的1/3处,这种轻微的外张使柱子像充满弹性而饱满的肢体。多立克柱式的檐部分上下三层,直接搁在柱头上的叫额枋,顶上向前挑出的叫檐口,二者之间的部分叫檐壁,檐壁最明显的特点是被一种竖长方形板块分隔成段落,板块上有两条凹槽,它们的间隔大致呈正方形,间隔里常以雕刻来增强柱式的立体感。多立克柱式线脚少而且多呈方棱方角形,没有曲面的和经过雕饰的线脚,保持了它简朴单纯的风格。整个柱式结构体现的是一种完全没有装饰的赤裸男性的身体美感。

(2)爱奥尼亚柱式

同样是古希腊早期的柱式类型,但定型比多立克柱式晚,其高度通常为直径的9倍。它的柱子有柱础,由两或三层的凸圆盘和凹圆槽组成,外形像被压缩的弹簧,富有弹性。整个柱身比多立克式纤细,也有凹槽,通常是24个左右,槽与槽之间不相交,保留着一小段圆形柱身外廓的弧面,所以柱身上垂直的线条密而且柔和,显得轻巧而富有灵气。与多立克式相比较,爱奥尼亚柱式最突出的是柱头,这种柱头的典型特征是柱头左右各有一个秀逸纤巧的涡卷,涡卷下的颈部箍一道雕饰精致的线脚,典型的雕饰题材是盾和剑,或者是草叶。爱奥尼亚柱式的檐部也分三层,下层额枋被两道串珠线脚划分为三条,上面通常还有一组复合的弧形线脚。向前挑出的檐口上缘也是复合的曲面线脚,底部有一排细小的齿形装饰。它的檐壁不分隔,是完整的一条,通常用以作内容连续的大场面故事性雕刻,雕刻的风格比较薄,与柱式的风格完全统一。因此,爱奥尼亚柱式更多一点女性的柔和华贵,涡卷好像女性的头发,柱身纵向的凹槽仿佛女性服装的褶皱,整体体现的是一种窈窕而富有装饰的匀称的女性身体美感。

古希腊所创造的两种典型柱式充分显示了古希腊文化中人文主义的光辉,他们将人体作为量化建筑物各部分间的比例关系和对建筑物进行审美的标准,真正将人体美赋予了建筑。

【案例 5-9】 "把人体美赋予建筑"

古罗马建筑师维特鲁威(Vitruvius Pollio,约公元前 84~前 14)在他的著作《建筑十书》里就传达了古希腊人对建筑物的这一审美观念。他在第三书第一节里写道:"神庙的设计由均衡来决定。……它是由比例得来的,比例是在一切建筑中取得均衡的方法,这种方法是:从细部到整体都服从于一定的基本度量单元,即与身材漂亮的人体相似的正确的肢体配称比例。"在第四书第一节里,维特鲁威还讲了一则有趣的故事,虽然故事未必可靠,却把希腊柱式的人文性写得十分传神。他说雅典人到小亚细亚移民后打算造一座阿波罗神庙,像他们在多立克人的城邦里见到过的那样。"当他们想要在这座神庙里设置柱子的时候,因为不知道它的均衡原则,便探索既能把它做成适于承受荷载又保持公认的美观形象的方法,于是人们试着测量男子的脚长,把它和身高比较,因为男子的脚长是身高的六分之一,所以就把这比率搬用到柱子上来。……后来又试用新的形象来建造狄安娜神庙,以表现女子的苗条修长,……这个由爱奥尼亚人最初创造的式样就命名为爱奥尼亚式"。维特鲁威的记述大概并非虚构,在一些古希腊的建筑遗迹中我们可以找到一些佐证,例如公元前 6 世纪,有一些爱奥尼亚式的建筑直接用秀雅的女像做柱子,又有一些多立克式的庙宇用了肌肉怒张的裸体男像做承重构件,也可能是柱子。而且到希腊晚期,女神庙用爱奥尼亚式,男神庙用多立克式,分得很清楚,对这一点维特鲁威也有论述,看来这并非偶然。

(案例来源:陈志华,《外国古建筑二十讲》,三联书店,2002 年 1 月版)

(3)科林斯柱式

大约在公元前 430 年,帕提农神庙的建筑师伊克提诺在伯罗奔尼撒的巴沙(Bassae)建造了一个多立克式的阿波罗神庙,在这个神庙内部出现了一棵全新的柱子,柱头是一棵完整的、茁壮的忍冬草的形象。

这就是后来被叫做科林斯的柱式。维特鲁威在《建筑十书》第四书第一节中写道:"第三种柱式称做科林斯式,模仿少女的纤柔身态。因为少女的年龄幼弱,肢体更加苗条。"关于它的起源维特鲁威又叙述了一个美丽的故事:

【案例 5-10】 关于科林斯柱式传说

维特鲁威在其著作《建筑十书》第四书第一节里写道:"一位科林斯少女公民已经临近婚期却患病去世了,埋葬之后,乳母把少女生前最喜爱的东西收集起来,装进篮子里放在墓碑上。为了使它在露天里尽可能的耐久,便在篮子上盖了一块瓦片。篮子偶然压在一棵忍冬草根上,到了春天,忍冬草茎叶发了芽,在篮子的周边生长起来,因为被瓦片压着,叶端被迫长成了涡卷。"一位杰出的雕塑家"偶然路过这座墓碑,发现了这只篮子和它边上茂密的叶子,对这新鲜的样式十分喜爱,就以它为原型在科林斯造了一些柱子,规定了它们的比例。从此开始,建筑中就多了一种柱式——科林斯式。"

(案例来源:陈志华,《外国古建筑二十讲》,三联书店,2002 年 1 月版)

维特鲁威在书中还详细介绍了科林斯柱式的各部分量化规定,但这种介于多立克和爱奥尼亚两种柱式风格之间的柱式在古希腊时代远远没有定型,其檐部和基座都袭用了爱奥尼亚式的风格。

柱式在欧洲建筑史中的发展并没有到此为止,后人不断继承和发展了这些经典柱式,形成了千姿百态的建筑风格。

(三)**拱券结构**

古罗马在西方建筑史上最伟大的贡献之一是它的拱券结构,而拱券结构在古罗马建筑中的普遍使用主要得力于它的混凝土工程技术。正是混凝土技术和拱券结构的结合,促使古罗马建筑大大突破了古希腊建筑的传统模式,出现了大幅度创新,为古罗马建筑创造了崭新的艺术形象。

1. 券洞

券洞是拱券结构为欧洲古建筑带来的新的造型因素,这种圆弧型的造型大大不同于古希腊梁柱结构的方形造型,它很巧妙地融合了方形的柱式因素,组成了连续券和券柱式,构图丰富,适应性很强,从单跨的凯旋门到有240个券洞的大角斗场,券洞都是造型的主角。

2. 穹顶

拱券结构的另一大造型因素是穹顶,穹顶的集中式空间的艺术魅力在古罗马时期逐渐被人们所认识,特别是在古罗马的公共建筑中运用十分广泛。但穹顶在外部体形上的艺术处理方法在古罗马时期还没有找到,因此,当时运用穹顶的多数建筑在外观上不免显得缺乏生气。

3. 代表性建筑

与柱式结构相比,由于拱券结构具有的诸多优点,一时间在古罗马的建筑中得到大量应用,其中最具代表性的有以下几种:

(1)公共浴场

在古罗马的大型公共建筑中,最常采用拱券结构的是公共浴场,这不仅是因为空间组合的需要,而且也是为了采暖的需要。具体做法是先在拱券的胎膜上铺上一层空心砖,使空腔相接,然后浇注混凝土,空心砖就在混凝土拱顶和穹顶的内表面形成许多个贯通的管道,从锅炉房里把热气或热烟送进这些管道,把拱顶和穹顶的内表面烤热,热量就散发到浴场里去了。这些热气和热烟在穹顶内表面流动没有危险,而如果采用木屋架,就可能引发火灾。同样,如果用整块石料砌筑拱顶和穹顶,就很难形成采暖管道,是混凝土的拱券结构帮助浴场解决了供暖问题。①

(2)剧场

另一种因为采用了拱券结构而大幅度改变了形制的公共建筑是剧场。② 剧场起源于古希腊,最初的形式是依山坡而建,把山坡稍加修整,形成一个像半只深碟一样的观众席,而碟底就是表演区。观众席的人流出入都由两边的踏道和几条纵向过道分配,很不方便。于是,古罗马人依仗强大的技术力量,把剧场的整个观众席用一连串的筒形拱架起来,而不必依靠山坡,因此,观众出入可以利用设在观众席底下空间内的楼梯,这样观众可以依靠自己的座位区选择楼梯上下,减少了在观众席内

---

① 陈志华,《外国古建筑二十讲》,三联书店,2002年版,第63页。
② 陈志华,《外国古建筑二十讲》,三联书店,2002年版,第64页。

的移动,大大改善了观众席内的秩序。

(3)角斗场

完全依仗拱券结构而产生的建筑类型和响应的形制是古罗马的角斗场。① 它的外形类似于两个剧场对接而成,这几乎不可能依靠自然地形来形成。于是古罗马人用两层或三层矢向排列的喇叭形拱把整个观众席架起来,在中央设表演区,表演区的地下室是兽槛和奴隶囚室,表演区的雨水则由暗沟排出。观众人流的出入和剧场采用同样的办法,分区有序进行。罗马城内的大角斗场是古罗马建筑最伟大的代表作,可以说没有拱券结构就根本不会有大角斗场。

除此之外,拱券结构还改造了古罗马的城市建设,包括拱券式供水系统、军事防御工程等。然而,在西罗马帝国灭亡后五百年左右的时间里,西欧遗忘了拱券技术,直到公元 10 世纪,才又在法国复苏,主要用于修道院教堂。此后拱券技术在欧洲重新被普遍使用,成为欧洲、乃至亚洲以及伊斯兰建筑取得重大成就的基础。

二、西方古建筑的思维理念

(一)纪念性

纪念性是一种心理效应,建筑的纪念性在于让建筑物给人一个视觉冲击,使人觉得和被纪念的事物之间有一种全面的、难以逾越的差距。这种纪念性成为西方古建筑的又一大特色。在西方,有很多这样的建筑物,比如法国巴黎凯旋门、巴黎圣母院、美国自由女神像等。世界上最宏大、最庄严、最经得起岁月磨练,仿佛像时间一样永恒的纪念性建筑,产生在古埃及,古埃及人是最伟大的纪念性建筑的创造者,他们也最懂得什么叫建筑的纪念性。② 古埃及人让建筑物产生这种效果最简单的办法就是使建筑物的规模空前巨大,大到超乎想象的地步,让人觉得建筑物有永恒存在之感。这样的建筑物使人感到压抑,压抑之感正是

---

① 陈志华,《外国古建筑二十讲》,三联书店,2002 年版,第 64 页。
② 陈志华,《外国古建筑二十讲》,三联书店,2002 年版,第 245 页。

崇拜的起点,而崇拜则是纪念性必须具有的效应。① 古埃及最典型的纪念性建筑是陵墓和庙宇,为了加强纪念性形象的震撼力,古埃及人不仅在建筑中使用了行进中展开的序列,有前奏、有对比、有高潮,层次分明,逐步酝酿,同时还充分利用尼罗河自然景观使纪念性建筑的艺术表现力达到极致。

【案例5-11】 古埃及金字塔和祀庙

金字塔是古埃及最古老、最恢宏的纪念性建筑,它是专制国家神化皇帝(Pharaon,音译"法老")的杰作,以吉萨(Gizeh)高地上的三座为代表,它们是第四王朝皇帝(大约公元前3000年之初)的陵墓,从东北到西南排成一条斜线,依次是胡夫(Khufu)、哈夫拉(Khafra)和门卡乌拉(Menkaure)的墓,它们呈正方锥形,其中胡夫金字塔最高大,塔底边长230.35米,高146.60米,其所用的石块作为人类建造的最高的建筑物,胡夫金字塔把记录一直保持到19世纪末才被巴黎艾菲尔铁塔打破。这三座金字塔矗立在尼罗河西岸,大沙漠东缘,与自然景色融为一体,沙漠的浩瀚无垠越发衬托出金字塔稳定、沉重、简洁、高大的形象和永恒的意境。

除了金字塔,古埃及人还设计了神秘、压抑,具有震撼性和彼岸性的祀庙。祀庙是举行崇拜仪式的地方,它分为两部分,一部分叫"上庙",紧贴在金字塔的东面脚下,另一部分叫"下庙",远在东方几百米之外的尼罗河边。上庙和下庙之间用石块砌成一条全封闭的走廊,只容一人通行。古埃及人受日出和日落现象的启示,将墓葬区安排在尼罗河西岸。皇帝死后,送殡的人鱼贯由充满了石柱的下庙走向上庙,几百米的黑暗走廊让送殡的人产生一种幻觉,仿佛一步步离开现实世界。到了上庙,进入一个小小的院子,猛然间看到灿烂的阳光中端坐着皇帝巨大的雕像,上面是高高耸立的金字塔尖,剧烈的反差变化让他们感觉像来到了另一个世界,那就是得以永生的"极乐世界"。人在这样的环境当中备感自己的渺小,从而被一种极度的崇拜感征服了。

(案例来源:陈志华,《外国古建筑二十讲》,三联书店,2002年1月版)

---

① 陈志华,《外国古建筑二十讲》,三联书店,2002年版,第245页。

(二)自由平等观念

中国几千年来的封建制度导致了中国古建筑严格的等级观念,这一点和西方古建筑稍有不同。在西方发展的一段时期里,也和中国一样,曾经是封建专制、君主专制的国家制度,直到欧洲资产阶级大革命爆发,推翻了君主专制制度,加上随后而来的英国工业革命,不仅促使资本主义经济大大发展,而且也涌现了一批思想家和艺术家,建筑当然也经历了这一场革命。这时候的欧洲,以歌颂君主的光荣伟大为主要任务的古典主义宫廷文化衰退了,贵族们开始从凡尔赛离散出来,回到自己的府邸里,一些贵族府邸的沙龙成了思想界、文化界聚会的中心,它们取代宫廷领导了上层思想文化潮流。贵族们感到末日的来临,生活中弥漫起恣情享乐的颓风,艺术上追求欢愉而摒弃崇高,追求亲切的舒适而摒弃夸张的尊贵,追求雅致优美而摒弃庄严宏伟,追求生活化而摒弃纪念性。[①]

在这种资产阶级启蒙思想的影响下产生了朝气蓬勃的建筑思想,不仅建筑的形式和装饰上更加自由、多样,而且更加崇尚真实、自然、合理,"方便、坚固、美观"被奉为当时的三条经典建筑原则。提倡建筑要为大众服务,为社会服务,要合乎自然,因为一切美的规则都来自自然。同时在建筑中还宣扬"个性",提倡建筑从外部结构到内部装饰都要清晰地表现建造者的个性,表现主人的个性。"自由"和"平等"的观念就这样随着资产阶级的大革命逐渐深入人心了。

(三)宗教色彩

基督教产生在西方,在西方生根、发芽、开花、结果,因此,它的教义在西方就像中国古建筑中总是渗透着礼治的思想一样,根深蒂固地渗透在西方的建筑里,成就了西方古建筑中又一辉煌的部分——教堂。西方的教堂,特别是12至13世纪兴起的哥特式主教堂,它以明亮、轻快、宽敞的布局,充满着梦幻色彩的彩色玻璃窗,慈祥的怀抱着耶稣基督的圣母像,给人营造出一种祥和、空灵的氛围,使前来教堂聆听教化的市民心无杂念,接受洗礼,诚心倾诉。由此可见,西方人"建造教堂不仅仅

[①] 陈志华,《外国古建筑二十讲》,三联书店,2002年版,第193页。

是为了崇拜上帝、救赎灵魂,不仅仅是为了荣耀城市,更是为了寄托自己对生活的期望和爱"。[①] 这种宗教色彩已经由建筑渗透到了人们的生活,由生活渗透到了人们的心灵。

三、西方古建筑的形式

在上一节中我们选取了中国古建筑中比较具有代表性的建筑——进行了介绍,在本章中我们不对西方具体的建筑作介绍,而是对西方古建筑发展历程中出现过的主要建筑形式进行介绍,希望能够通过介绍增进大家对西方古建筑的认识和了解。

在这里要特别说明的是,在西方,很长一段时期内城市建筑的主体是教堂,因此在下面所介绍的各种建筑的代表形式多以教堂为例。

(一)拜占廷式

历史学家把东罗马帝国称为拜占廷帝国。公元4世纪到11世纪是拜占廷帝国最繁荣的时期,在这一时期,由于保存了古希腊和古罗马的文化,也汲取了阿拉伯文化,使拜占廷的建筑和艺术获得了空前的进步和创新,硕果累累,在建筑上也形成了独特的风格,后人将其称为拜占廷式。拜占廷建筑留下的最高成就是索非亚大教堂,而它对世界建筑的贡献集中表现在两个方面,一是"希腊十字",二是彩色玻璃镶嵌画艺术和相关技术。[②]

1."希腊十字"

典型的拜占廷式教堂建筑平面呈等臂十字形,臂不长,伸出大致等于宽度或者略小于宽度,正中覆盖着一个穹顶,四臂或者是筒形拱,或者各有一个穹顶,有时候,四角补齐外廓,呈"九宫格"的样式,常为中央和四角覆穹顶而十字臂只覆筒形拱。这种等臂十字形的形式称为"希腊十字"式,这是拜占廷式建筑区别于其他形式建筑的最典型形式。这种希腊十字式的拜占廷教堂曾一度流行于除叙利亚以外的拜占廷帝国各国,包括巴尔干和小亚细亚,甚至延伸到俄罗斯等东正教国家。阿拉伯

[①] 陈志华,《外国古建筑二十讲》,三联书店,2002年版,第88页。
[②] 陈志华,《外国古建筑二十讲》,三联书店,2002年版,第78~81页。

人占领西亚后,通过伊斯兰教的传布,这种建筑形式又称为北非、伊朗、中亚细亚等地礼拜堂的常用形制,甚至传到印度。这种十字形拜占廷建筑形式也同样被西欧采用,不过被翻译成古典柱式的语言,19世纪又从教堂移植到了大型公共建筑上,再远渡重洋,传到美洲。其流传范围之广,影响之深远可想而知。

2. 彩色玻璃镶嵌技术

镶嵌画在古希腊晚期曾经在地中海广泛流行,拜占廷的镶嵌画就参照了亚历山大里亚城(Alexandria)的传统。镶嵌画是用半透明的小块彩色玻璃镶成的,为了保持大面积画面色调的统一,在玻璃块后面先铺一层底色,6世纪以前这种底色多为蓝色,6世纪以后有些重要的建筑就以金箔做底,使镶嵌画显得格外明亮辉煌,其表面有意略作各种不同方式的倾斜,造成明灭闪烁的效果。拜占廷的镶嵌画大多不表现空间,没有深度层次,人物的动态很小,以保持建筑空间的明确性和结构逻辑。镶嵌画使教堂内部灿烂夺目,这种技术传到欧洲之后曾经启发了教堂中彩色玻璃窗的产生,中亚伊斯兰建筑的琉璃镶嵌显然也和拜占廷风格有关。

【案例 5-12】 彩色玻璃下的感受

普罗科匹厄斯在描述索非亚大教堂的彩色玻璃镶嵌画内景时说:"人们觉得好像来到了一个可爱的百花盛开的草地,可以欣赏紫色的花、绿色的花;有些是艳红的,有些闪着白光,大自然像画家一样把其余的染成班驳的颜色。一个人到这里来祈祷的时候,立即会相信,并非人力,并非艺术,而是只有上帝的恩泽才能使教堂成为这样,他的心飞向上帝,飘飘荡荡,觉得离上帝不远。"

(案例来源:陈志华,《外国古建筑二十讲》,三联书店,2002年1月版)

(二)罗曼式

中世纪晚期,大约在10至12世纪,在意大利的北部出现了另外一种建筑形式,被人们称为罗曼式(Le Style Roman),意思就是追摹罗马的建筑形式。罗曼式建筑的主要代表仍然是教堂,建筑师们把严格的宗教观念注入到了教堂中。罗曼式教堂是纯粹的宗教活动场所,是耶稣基督棺木的象征,所以与后来的哥特式教堂相比,罗曼教堂显得粗糙、沉重、阴暗。这种建筑形式后来又随到西班牙北部朝圣的人流传到了法国中部,并得到发展。意大利的罗曼式建筑有明显的地方流派,以比萨为中心的罗曼建筑成就最大,它的代表作是比萨主教堂建筑群,是为纪念1062年比萨人打败阿拉伯人、收复被侵占的西西里首府巴勒莫城(Palermo)而建造的,包括主教堂(1063~1092年)、洗礼堂(1153~1278年)和钟塔(1174年),即著名的比萨斜塔,其中主教堂是拉丁十字式[①]的,全长95米,30米宽的主厅被4排柱子分划为1个中舱、4个舷舱,袖厅比较窄,只有两个舷舱,舷舱上用十字拱,但或许是技术上有困难,中舱上还是用了木桁架。洗礼堂在主教堂前,是个圆形大厅,直径35.4米,本来只用一个砖砌的圆锥形顶子,高约54米,后来在外面包了一层穹隆形外壳,不过是用木构架支撑而成的。钟塔在主教堂后面,外形是原形,直径大约16米,高55米,分为8层。三座建筑物都用白色石块砌筑,用暗绿色石块作水平带,这是比萨罗曼式建筑的第一个重要特征;三座建筑物的外表面上都分层作小小的连续券空廊,它们只起装饰作用,使墙面有光影和形体的丰富变化,避免封闭沉闷,这是比萨罗曼式建筑的第二个重要特征;发券大多是马蹄形的,明显受到阿拉伯建筑的影响,柱子则用古典形式,虽然不很规范化,仍可见古罗马的遗韵,这是比萨罗曼式建筑的第三个重要特征。

(三)哥特式

12至13世纪,西欧建筑又挺立起了一个新的高峰,在技术上和艺术上都成就了伟大而且有非常强烈的独特性,这就是哥特式建筑(Gothic Architecture)。哥特式建筑最初诞生于以巴黎为中心的法国北方伊尔·德·法兰西(Ile de France)地区,以主教教座所在的主教堂为最高代表,然后从法国流传到英国、德国、西班牙北部和意大利北部。在哥特式建筑盛行的时期,雕刻、绘画、家具、各种工艺美术,甚至书法,都形成了鲜明的特点,也叫做哥特式。因此,哥特式是一种很成熟的时

[①] 在西欧,大厅比圣坛长,横厅比大厅短,这样的十字形叫"拉丁十字",以区别于拜占廷的"希腊十字"。

代艺术风格,建筑则是这种风格的主导者。① "建筑是石头的史书(雨果)"、"建筑是凝固的音乐(歌德)"这两个对建筑艺术著名的论断都由哥特式主教堂而起,可见它的地位之重要。

哥特式教堂脱胎于罗曼式教堂,但又大大不同于罗曼式教堂,这除了重要的技术因素之外,也是因为市民文化已经改变了基督教,也改变了教堂在城市里的作用。哥特式主教堂的外观在几千年的世界建筑史中有着极其鲜明的个性。它们的一个显著特点是在西面,也就是教堂大门所在的正面,有一对钟塔,位置在舷舱的前端,钟塔很高,大约在60~100米。大门有三个,一个正对中舱,两个在钟塔下正对舷舱,中央大门上方有一个直径十几米的大圆窗,叫玫瑰窗。玫瑰芬芳、美丽、高洁,是圣母的象征。玫瑰窗之上有一排雕像神龛,横贯整个立面,龛里有圣徒雕像。巴黎圣母院作为国王加冕的场所,则立以色列的历代国王像。三个大门是雕刻装饰的重点。因为墙垣很厚,门洞因而很深,周边斜出呈八字形,沿斜面做一层一层的线脚,形成一层层尖券,每一层线脚都充满雕刻,大多是圣徒、福音书故事和宗教训诫等。门洞中央有一棵小柱,顶一根横梁,梁上券下填充着一块石板,有些雕耶稣基督像,有些则雕圣母生平故事。门洞周遭的线脚和雕像造成很丰富的光影变化,显得饱满生动。世俗的雕刻工匠们把对现实的理解带进了雕刻题材中,从而使哥特式教堂在雕刻上能够突破宗教的局限,这也是一大进步了。哥特式主教堂在结构上主要有三个特点:

1. 肋架券

哥特式教堂结构的第一个特点是使用肋架券,也就是把整体的罗曼式筒形拱分解成承重的券和不承重的"蹼"两部分。券架在柱子顶上,"蹼"架在券上。"蹼"的重量传到券上,由券传到柱子,再传到基础。这是一种框架式结构。使用肋架券的好处在于:第一,"蹼"的厚度大大减小,可以薄到25~30厘米,因此节约了材料,减轻了结构的重量。并且可以在建造时先砌筑肋架券,然后将"蹼"填充到几个券之间去,从而减少模板的使用,施工经济便捷。

---

① 陈志华,《外国古建筑二十讲》,三联书店,2002年版,第83页。

2. 尖券

哥特式教堂结构的第二个特点是使用尖券,也就是肋架券都不是半圆形的,而是尖矢形的。尖券的好处一是可以调节起券的角度,使券脚同在一个水平线上的不同跨度的拱和券的最高点,也就是矢尖,都在同一个高度上。二是尖券的侧推力比半圆券小,使中舱能开得较大,同时可以开比较多的高侧窗,这样中舱就变得开阔、明亮。而且尖券在视觉上比半圆券轻巧,更有向上的动势,和肋架券的艺术效果完全一致。

3. 飞券

哥特式教堂结构的第三个特点是使用飞券,这正和抵御中舱拱顶的侧推力有关。哥特式主教堂拱顶用了肋架券之后,侧推力集中到了墩子头上,因此只要在墩子头上来平衡它们就可以了。加以拱顶减薄和使用尖券,侧推力也小得多了。于是,哥特式教堂采用了最有特色的结构方法,就是用飞券来抵住中舱墩子头。飞券立足于大厅的外侧,以一个扁扁的柱墩形式垂直升到一定高度,然后向中舱的墩子头架起半个券,把侧推力传递过来,用扶壁的重量和基础抵消。同时,飞券成排地高高跨越在舷舱上空,以致教堂的外观轻灵通透,极富弹性,克服了大多数罗曼式教堂的沉重封闭甚至笨拙。尤其在圣坛部分,它们随半圆形的外墙作放射状排列,衬着蓝天更充分显示出飞越的灵巧。

空前未有的结构创新成就了空前未有的建筑艺术。哥特式教堂和古希腊教堂、古罗马教堂都雄辩地说明,建筑的艺术样式和风格,必须附丽于相应的结构技术,建筑没有脱离了结构技术的纯艺术创造。[①] 这也是我们对世界建筑进行审美所要把握的关键所在。

(四) 巴洛克式

17世纪,继文艺复兴运动之后,西欧又兴起了两股新的文化潮流:一股是巴洛克,一股是古典主义。巴洛克是天主教反宗教改革运动的文化,发轫于意大利罗马,主要服务于教皇和教廷贵族,后来传播到天主教国家,如西班牙、奥地利和德意志南部,其建筑艺术的主题和题材多是宗教性的,以天主教堂为代表。

---

① 陈志华,《外国古建筑二十讲》,三联书店,2002年版,第95页。

巴洛克(Barocco)一词源于葡萄牙,意思是畸形的珍珠,它是畸形的,但它是珍珠。巴洛克艺术强调动态和不安,追求个性,重视色彩,喜欢用对比色,认为色比形更重要;追求绘画、雕刻和建筑的融合,消泯它们的边界。这颗畸形的珍珠也光华夺目,它造就了欧洲建筑和艺术的又一个高峰,一个世纪内,它造就了大量的新样式和新手法,影响一直达俄罗斯和美洲。巴洛克艺术是反理性的,力求突破既有的规则。[①]因此,巴洛克建筑的表情非常复杂,像一只玻璃球,折射出许多不同的色彩,对它的评价历来都褒贬不一,差异很大。罗马的耶稣教堂(Il Gesu,1568~1575),就是罗马耶稣会的祖堂,可以称为早期意大利巴洛克建筑的第一个代表作。其平面用了拉丁十字的巴西利卡形制,因为这是天主教极盛时期的中世纪教堂形制,有利于渲染浓重的宗教气氛。它有四个重要特点:一是柱式的组合使用了双柱,就是把两棵柱子或壁柱紧紧并立在一起,其目的是为了造成节奏的不规范变化,而没有结构逻辑的客观依据;二是大门上方把两个山花套叠在一起,一个是三角形,一个是弧形,样式很新奇,但没有实际意义;三是由于教堂中舱的山墙高于舷舱的山墙,在两者之间用了一个来回反曲的涡卷作为过渡,它们只起到构图上的联系作用;四是教堂内部拱顶天花中央画了深远的天空,参差几群天使和圣徒以强烈的升腾态势向白云中飞去,画框周边画成建筑外檐的檐口和檐头栏杆,还有众多的天使和圣徒从画框外扑向天空,不断地打破画框。绘画运用了透视法和光影衬托,体积感表现得十分有力,将建筑、绘画和雕刻融为一体,彼此的界线消失了,这是典型的巴洛克作品。到17世纪中叶,意大利的巴洛克建筑进入了鼎盛时期,以贝尔尼尼(G. L. Bernini,1598~1680)和普罗密尼(F. Borromini,1599~1667)这两位杰出天才的创作为标志,其代表作是为了纪念或做城市装饰用的罗马教区的众多小教堂。这些教堂通常规模都很小,往往只有一个厅,拉丁十字的巴西利卡形制是用不上了,因为它们旨在纪念和装饰,所以形式标新立异,变化多端,非常自由,它们是巴洛克精神最强烈

[①] 陈志华,《外国古建筑二十讲》,三联书店,2002年版,第135页。

的代表。①

（五）古典主义风格

古典主义是统一的民族国家的宫廷文化,古典主义建筑最初也发生在意大利,后来以法国为代表,主要服务于国王和宫廷贵族,后来传播到新教国家,如英国、尼德兰和德意志北部。古典主义建筑艺术多以世俗和古代异教为题材,用来颂扬君主,以宫殿为代表。古典主义高扬理性,企图建立严谨的规则,强调平稳和沉静,追求客观性,重视构图及形体,认为形比色更有价值,喜欢用调和色;追求绘画、雕刻和建筑三者各自独立,认为建筑只是绘画和雕刻的框架。

最合乎古典主义基本要求的是古典柱式,原因在于:第一,它在古代就有相当严密的、稳定的规则,这正是唯理主义者所需要的;第二,柱式建筑庄严端重,雄伟而壮丽,足以表现罗马帝国和它的皇帝们的伟大和光荣,这是宫廷文化的需要。因此,古典主义建筑就成了最严谨的柱式建筑,它讲求布局的逻辑条理、构图的几何性和统一性、风格的纯正,要简洁、含蓄、高雅,不做很多装饰,不重视色彩甚至排斥色彩,认为色彩会扰乱建筑对形体美的欣赏。这种风格的建筑以法国巴黎卢浮宫的东立面和凡尔赛宫为代表。

思考题

1. 中西方古建筑的基本原理是什么?
2. "风水学说"在中国古建筑的发展过程中起到了什么作用?其实质是什么?
3. 简述天坛的美学价值。
4. 简述柱式结构对西方古建筑发展的影响。
5. 西方古建筑有哪些代表形式?

---

① 陈志华,《外国古建筑二十讲》,三联书店,2002年版,第143页。

第三部分

度假旅游审美

第三部分

美育的新建设

第六章 海滨度假旅游审美

学习目的

通过对海滨度假旅游的自然审美要素和人文审美要素的认识,进一步了解海滨和度假旅游的关系,掌握海滨度假旅游的美学特征,并学会运用这些知识对世界著名海滨度假胜地进行赏析。

基本内容

- 海滨度假旅游的自然审美要素

  海岸带　沙滩　海岛

- 海滨度假旅游的人文审美要素

  海滨公园　海滨度假村　渔村　海滨人工造景　海滨人文活动

- 世界著名海滨度假地赏析

  里约热内卢海滨　尼斯海滨　普吉海滨

地球表面积的70%是海洋，它无边无际，一望无垠，拥有丰富的旅游资源，围绕大海边缘形成了自然演化和文明演化的产物——海滨地域由古至今，无论在国内还是国外，在旅游者的度假选择里，海滨一直是休闲度假最具吸引力的地方，是度假旅游的主要场所之一。它融山水、人文为一体，让人远离都市喧嚣，是旅游者直接融入自然，和自然亲密和谐相处的最佳选择。所以，当旅游者在山岳奇峰里领略到了大自然雄伟高大、拔地通天的壮美气势后，又将青睐的眼光投向了形声色态、千变万化的大海之滨。

选择海滨度假可以开阔旅游者的心智。由于海洋辽阔广大，使人心怀宽广；海洋深邃、神秘，让人学会含蓄、谦逊、虚心、睿智；海洋潮涨潮落有定时，教人守信；海洋波翻浪滚，使人热情奔放；海洋惊涛骇浪，使人勇敢无畏；海洋五彩缤纷，使人感情丰富；海洋化岩石为白沙，使人刚毅柔韧。总之，海洋可以陶冶人的审美性情。当旅游者站在海滨高高的碣石上，以观浩瀚的沧海，感到平静而又充满遐想，当获得心灵上极大的满足时，美的力量已足够潜移默化改变人生的心境。

我国海滨旅游胜地从南到北主要有：大连、北戴河、青岛、蓬莱、长岛、威海、成山头、连云港、普陀山、海宁、湄州岛、围头、厦门、深圳、珠海、香港、澳门、湛江、北海、海口、三亚、高雄、台南等。世界著名的海滨度假旅游地主要集中在太平洋、地中海和加勒比海沿岸的国家和地区，如泰国的宋卡，日本的镰仓，比利时的奥斯坦德，法国的尼斯、加莱、布伦海滨，西班牙的巴塞罗那、西洪海滨，意大利的斯培西亚和利古里亚海滨，美国的火奴鲁鲁和尼加拉瓜的科林托海岛、长岛、新泽西洲海滨和加尔维斯敦海滨等。这些美丽的海滨旅游胜地，都是以具有美学价值的海岸为依托，以辽阔壮观的海洋为主景，与清澈透明的海水、洁白平缓的沙滩、风和日丽的天气相结合，构成景观独特的海滨度假地，成为永远的度假旅游热点。

第一节 海滨度假旅游的自然审美要素

"滨",古语意为"近水之地"。[①] 而海滨是大陆与海水交互作用的历史记录。海洋辽阔无垠,气象万千;海岸地貌丰富多彩,变化无穷。这海洋、陆地,两大地貌单元相会过渡的地带,形成旅游胜地。不能复制的海滨自然旅游资源,是大自然沧桑巨变的神奇杰作。

一、海岸带

海岸带,通俗地说,是临接海水的陆地部分。进一步说,海滨海岸带是海岸线上边很狭窄的那一带陆地,是把陆地与海洋分开同时又把陆地与海洋连接起来的海陆之间最亮丽的一道风景线。但它不是固定不变的,而是在潮汐、波浪等因素作用下,每天都在发生变动的一个地带。由此可见,它作为旅游资源的奇幻生动。现在,海岸带正作为地球上陆地和海洋两大自然体系的衔接地带,成为海滨度假旅游中最基本也是极富魅力的景观之一。

早期度假旅游研究中心曾把阳光(Sun)、海水(Sea)、海滩(Sand)称为最吸引游客的"三S"旅游资源,而同时具备三个S的就是海岸带。海岸地带作为旅游资源是从海水浴的普及开始的,18世纪的英国人最早开始海水浴,以后逐渐向欧洲大陆发展,并从海水浴发展到以海滨为依托的度假。围绕海岸带,海滨度假旅游成为早期的旅游热点。

(一)雄壮之美——基岩海岸

由坚硬岩石组成的海岸称为基岩海岸。其中,以山地丘陵构成的基岩海岸自然景观最为宜人,所以主要的海滨旅游胜地大都分布在基岩海岸上,是旅游者涉足最多的海滨海岸。

从总体形态上看,基岩海岸轮廓分明,线条强劲,气势磅礴,不仅具

[①]《辞海》,古籍出版社,1988年6月第三版 p4136

有阳刚之美,而且具有变幻无穷的神韵。基岩海岸上常有突出的海岬,岬湾相间,绵延不绝,使海岸线十分曲折迤逦,站在曲折的海岸边,大自然的沧桑和柔韧让人感慨万千,无不叹服那种海与岸的相互依存,相互包融,相互改变的深情相伴。基岩海岸最为壮观的景象还是从海上奔腾而来的巨浪在悬崖峭壁上撞出冲天水柱,发出阵阵轰鸣,给游客雄奇壮美之感。

由于基岩海岸多由花冈岩、玄武岩、石英岩、石灰岩等各种不同山岩组成,所以基岩海岸之旅就是踏上基岩海岸观石之美景之旅。在旅游者的审美视野里坚硬的岩石,其质地、色泽(在光线作用下)、纹线形态等形式美都能引发旅游者遐想,而石水相依、刚柔相济,也使旅游者有独特的美感体验。

位于台湾北县万里乡、距基隆市约17公里的野柳海滨度假地就是有名的基岩海岸,是一突入海洋约2公里的岬角,远望如一只海龟蹒跚离岸,昂首拱背而游,因此也有人称之为野柳龟。受造山运动的影响,深埋海底的沉积岩上升至海面,产生了附近海岸的单面山、海蚀崖、海蚀洞等地形,海蚀、风蚀等在不同硬度的岩层上作用,形成蜂窝岩、豆腐岩、蕈状岩、姜状岩、风化窗等世界级的岩层景观,成为台湾著名的海滨度假旅游地。

我国青岛石老人国家旅游度假区,也是背倚在花岗岩组成的基岩海岸上,海岸上奇石林立,千年沉静。其画龙点睛之笔乃是耸立于岸外的高24米、长10米、宽5米的一块巨石。该石远远望去像一尊老人的雕像。任凭风吹浪打,我自巍然不动,人称"石老人"。石老人中部有一高8米、宽3米的鸡心状的海蚀洞,在海上掀起大风浪时,汹涌的海水冲过海蚀洞,发出哗哗的声响。这是石老人的呼喊,大海的呼唤。它也为这座旅游名城增添了新的风采。

(二)奇趣之美——卵石海岸

潮滩上下堆积大量碎玉般石块的海岸称为卵石海岸。卵石海岸在我国分布较广,多在背靠山地的海区。辽东半岛、山东半岛、广东、广西及海南都有这种海岸分布。辽东半岛西南端的老铁山沿海断续分布着以石英岩为主的卵石海岸。在山东半岛,许多突出的岬角附近都有卵石海岸出现。卵石海岸宽度各处不一，山东半岛东端成山头附件卵石海岸宽度约 40 米，胶南及日照岚山头附近的卵石滩宽度可达数百米。在山东沿海的一些岛屿，如田横岛、灵山岛也有典型的卵石海岸存在。台湾岛东海岸，濒临太平洋，水深坡陡，形成多处卵石海岸段。台湾东海岸卵石滩宽度较大，在北端的三貂角和南端的鹅銮鼻一带宽度可达 800～1000 米。在这里，还可见到崖壁上崩落的巨大块石和略有磨园的巨砾。卵石海岸形成的历史十分漫长，其形成方式主要有两种：

其一，海边的山崖在波浪的冲击下，在海水溶蚀和热胀冷缩作用下，在自然风化作用下，导致的岩石的破碎。这些碎石大小相差悬殊，极不规则，棱角分明。它们在海中受巨浪的冲刷，并随着激流上下滚动，相互碰撞、磨擦。锋利的棱角逐渐地被夷平，慢慢地变小而且变得圆滑起来，终于成为人们喜爱的光滑的卵石。许多卵石堆砌在一起，就组成了卵石海岸。

其二，发源在山地的短促的入海河流。由于这种河流的河床较低，在山洪暴发时，急促的水流携带大量石块入海。这些入海的石头在河床中曾随水流一起滚动，在搬运过程中已经有一定程度的磨圆，但棱角依然清晰可辨。这些石头在波浪的冲击下，棱角进一步被夷平，变得更为圆滑，堆积起来，形成入海区的卵石海岸。它们的圆滑光洁也形成了颇具动感、拙朴天成的海岸美景。

卵石的大小不一，比鹅卵大的，与鸡蛋相似的，比鹌鹑蛋还小的都有。卵石的圆度也不相同，浑圆状、椭圆状、长椭圆状都有。其中以椭圆状的居多。它们色彩纷呈，红、黄、灰、黑、白、黑白相间、红黄辉映的应有尽有，美不胜收。卵石经过海水的打磨，去尽棱角，是人生态度的体味和生命蕴涵的诠释。它质朴无华，而情趣盎然。自然亲切，返璞归真，使得海滨度假旅游变得别有情趣。

（三）绚烂之美——红树林海岸

在热带海滨度假时，再也没有比层林尽染的红树林海岸更能使你联想翩翩了：你驾一叶机动扁舟驶进某一处海岸，舟下是翠碧剔透的海水，两旁是郁郁葱葱的绿树，千百条同样翠碧剔透的水道，在绿林中交错纵横，随着你的扁舟驶过，白色的海鸟掠过……你会为此惊叹大自然的美妙,大自然的神奇,这便是红树林海岸。

红树林是生长在热带特有的海边维管类植物,受周期性海水浸淹淤泥海滩上的一种耐盐的常绿乔灌木植物群落,能起扩展滩涂、防御风浪潮汐袭击和保护海岸等作用。红树林海岸主要分布于热带地区。南美洲东西海岸及西印度群岛、非洲西海岸是西半球生长红树林的主要地带。在东方,以印尼的苏门答腊和马来半岛西海岸为中心分布区。沿孟加拉湾—印度—斯里兰卡—阿拉伯半岛至非洲东部沿海,都是红树林生长的地方。澳大利亚沿岸红树林分布也较广。印尼—菲律宾—中印半岛至我国广东、海南、台湾、福建沿海也都有分布。由于黑潮暖流的影响,红树林海岸一直分布至日本九洲。我国的红树林海岸以海南省发育最好,种类多,面积广。因其树皮及木材呈红褐色,因而称为红树、红树林。

红树林的根系十分发达,盘根错节屹立于滩涂中,其郁郁油绿的绿叶,油光闪亮,与荷花一样,出污泥而不染。有趣的是红树植物的种子成熟后在母树上萌发,成长成幼苗,由于重力作用幼苗离开母树下落,插入泥土中,被称为植物界罕见的"胎生"现象。更使人们惊奇的是,当幼苗落至水中,它们随海水飘泊,有时长达几个月,甚至一年也未能找到它生长所需的土壤,然而一旦遇到条件适宜的淤泥,几个钟头就可扎根生长,有时从母树落下的幼苗平卧于土上,也能长出根,扎入土中。它们以顽强的生命力在海滨海岸上形成美丽的屏障,也让无数游客赞叹不已,为海滨旅游增添无限情趣。

(四)奇异之美——珊瑚礁海岸

在蔚蓝色的海面下,盛开着色彩艳丽的"石花"。色彩斑烂的热带鱼在石花中欢快地穿梭往来,然而,真正目睹海底"石花"风采的人却为数不多。"石花"学名为珊瑚。它是一种较高级的腔肠动物,是生长在海洋中不能移动的动物。

珊瑚对生长地有着严格的要求,最适宜生长的海水温度需在20℃以上。它洁身自好,对于不清净的海水难以忍受。它既不嗜盐如命,又不喜欢清淡的海水,要求海水盐度保持在35‰左右,才能颜色绚丽,缤纷绽放。它喜欢海水中具有新鲜而充足的氧气。它生长的深度不超过

40~60米。如果不具备上述的条件，它将无法容身。如果原来舒适的住处环境恶化，它将以死相拼，真有一股"宁为玉碎，不为瓦全"的气概。在河流入海口，因有淡水和泥沙的侵入，那里就没有珊瑚礁群体生长。而在海水过于平静的海湾中，因氧气不充足，珊瑚群体生长十分缓慢，奄奄一息。由于珊瑚对生长条件的要求比较严格，所以珊瑚多死亡，死亡的珊瑚骨骼与一些贝壳和石灰质藻类胶结在一起，形成大块具有孔隙的钙质岩体，像礁石一样坚硬，因而被称为珊瑚礁。它们在浅水处形成的近岸珊瑚礁，构成了风光绚丽的珊瑚礁海岸。

珊瑚礁海岸独特美丽，但它们的根扎在哪里？珊瑚礁并不是无本之木，它也需要有固着的地方。我国海南岛北岸、西岸的珊瑚礁多固着在海底的玄武岩上。岩石是珊瑚礁最好的附着体。除岩石外，珊瑚礁还能建筑在细砂和泥质基底上。澳大利亚大堡礁的珊瑚礁层之间存在着泥沙夹层，印度尼西亚有些珊瑚礁形成在淤泥之上。无论是岩石、细砂或淤泥都能托起美丽的"珊瑚礁大厦"。它们形状各异，千姿百态，玲珑逼真，留给游客无尽的想象空间。

走近珊瑚礁保护区内，就可看到在蔚蓝、透明、清澈的海水，这是因为绚丽多彩的珊瑚礁能够分解海水中的有害物质，净化环境。由于海域盐度较其他地方高得多，透过清澈的海水你就能看到水下五颜六色飘动的活珊瑚。这些海底五颜六色的珊瑚礁、热带鱼以及种类繁多的贝类和海底植物，组成了五彩缤纷的审美世界，由阳光和珊瑚折射产生的蓝色的海水由深至浅，仿佛集中了蓝色和绿色之间的所有色彩，令您不禁感叹这些色彩的神奇变化和大自然的伟力。

我国西沙群岛、亚龙湾和三亚湾等处海水清澈，透明6至10米。在我国海南省三亚亚龙湾国家旅游度假区，不仅拥有中国最迷人的海湾、沙滩，而且在其附近海域拥有世界上最大、最完整的软珊瑚族群以及丰富多彩的硬珊瑚、热带鱼类等海洋生物，是中国对世界开展海底观光旅游的最佳景区之一。

(五)广阔之美——淤泥质海岸

淤泥质海岸主要是由细颗粒的淤泥组成，平均粒径只有0.01~0.001mm。我国的淤泥质海岸坦荡无垠，其坡降在0.5‰左右，高低潮线之间的滩涂宽度一般为3~5公里,宽的可超过10公里。潮汐是塑造淤泥质海岸的主要动力。从广阔海面上涌入海湾的潮流,把泥沙带进湾底。落潮时,潮流又把一部分泥沙带入海中。在潮流进出淤泥滩的过程中,强潮流冲刷海岸和滩面,弱潮流使泥沙沉积下来淤高和加宽滩面。波浪的作用占第二位。它在局部地区能对海岸、滩面造成侵蚀,使海岸后退,在滩面上形成许多坑洼。

淤泥质海岸靠近大潮高潮线的滩地称为高潮滩,那里是整个滩涂地势最高,离海最远的地方。一般高潮时,海水涨不到这一地带,只有在发生大潮或风暴潮时,潮水才能将其淹没。这里裸露的滩面受强烈的蒸发作用的影响,表层脱水干缩,形成许多不规则的裂纹。这些裂纹与龟壳上的图案很相似,因而被称为龟裂纹。滩面脱离海水的时间越久,龟裂现象就越明显,龟裂带的宽度可达几百米。而发生大潮时,海水到达高潮滩,龟裂纹消失,滩面又恢复潮湿平整的面貌。这种变化有时十分迅速。在渤海湾西岸的淤泥质海岸,当海面上吹起偏北风,又恰当大潮的高潮时,海水漫滩,那里的龟裂纹就消失殆尽。当你一夜醒来,再去岸边时,那里的滩地面貌大变,再也找不到龟裂纹的踪影了。然而大潮过去,海水退却,近岸的高潮滩许多天不见海水,滩面上又将形成龟裂纹。

在淤泥质海岸线附近还有一种有趣的现象,即有无数大大小小的泥丸堆积。那泥丸就像孩子们用手搓成的圆泥球,小的直径有3厘米,大的直径有6厘米,有的泥丸里还含有贝壳碎屑。这些泥丸不是孩子们的手艺,而是波浪的杰作。夏秋时节,大潮海水不断地冲刷着龟裂的滩面。被剥离下来的大小不一的粘土块,随着接踵而来的波浪沿岸坡上下往复滚动,并不时地粘结一些贝壳碎屑。粘土块越滚越圆,最后成了一个个泥丸。潮水退后,泥丸一个个静静地堆积在高潮线附近。冬季潮水比夏季要小,一般很少有海水漫滩那样的大潮。沿着潮沟进来的海水,把其携带的泥沙沉积下来,埋没了夏秋季节形成的泥丸。冬春季节,淤泥质海岸附近的泥丸就像被人埋藏起来一样,一个也看不见了。科学家通过实地观察,揭开了泥丸的秘密——制作泥丸、埋藏泥丸的孩子就是人们所熟悉的波浪。

我国淤泥质海岸主要分布在渤海的辽东湾、渤海湾、莱州湾及黄海的苏北平原海岸。淤泥质海岸与河流有密切的关系,有河流存在,淤泥质海岸就兴旺发展,失去了河流,淤泥质海岸就萎缩后退。我国上述的淤泥质海岸与在这里入海的辽河、黄河、海河等有关。特别是黄河,把巨量泥沙搬运入海,在沿海形成广阔平坦的淤泥质海岸。在我国大连海滨海岸,退潮时可到潮坪上挖贝壳、捉蟹子,观看各种海鸟,进行泥浆浴,参观盐场等。潮水退去,上百里宽的滩涂一望无际。滩沙坚硬有弹性,名为"铁板沙",可以行车。人们用脚踩动滩面,不一会,文蛤便会出露,追逐戏耍,十分有趣。

二、海滩

蓝天、阳光、洁白的沙滩,五彩缤纷的洋伞像千万朵绽放于海滨的花朵,成千上万的人在海中游泳嬉戏,在沙滩上、太阳伞下静卧的人悠然自得,沙雕创作的人神情专注,沙滩排球激战正酣……人们休闲娱乐的笑颜也如花朵。这一切几乎是旅游者在海滨度假最为向往的。在沙滩上体验度假旅游,几乎成为了海滨度假方式的首选。

海滩是陆地向大海的延续,是人类接触海洋的临界地。在夏季酷暑难熬的时候,人们最好的消暑、休闲的去处当数海滨浴场的沙质海滩了。

(一)沙质海滩的形成

沙滩的形成是山地、丘陵腹地发源的河流,携带大量的粗沙、细沙入海,一部分在河口沉积形成拦门沙,大部分会随海水流动扩散的沙在海湾里就会沉积成沙质海滩。虽然泥沙不断带入海洋,也不断地被风吹走,但海滩上的沙也会不断得到补充,变得绵长、舒展、平缓、细腻。海滨的沙丘就是在经常不断地补给中逐渐变得高大、雄伟、壮观。

在我国,沙质海滩很多,如北戴河、南戴河、昌黎黄金海岸、青岛汇泉浴场、北海银滩浴场、海南三亚大东海、琊琅湾等。昌黎一带的沙质海岸尤为美丽。金沙银沙堆成的滨海沙丘,在夏日阳光照射下,光彩夺目,分外壮观,被人们称为黄金海岸。这不仅是因为它具有金色的沙粒,更重要的是通过开发,海滨度假旅游业已蓬勃发展起来,收到了良好的效益,成为寸土寸金之地。我国的青岛也是一座国内外闻名的海滨旅游城市。青岛第一海水浴场就建在汇泉湾沙质海滩上。那里的沙细、沙纯又特别松软,光着脚走在沙滩上十分舒服、惬意。

(二)世界十大优质海滩

沙滩是最受旅游者喜爱,最有开发利用价值,与旅游者的度假休闲关系最为密切的海滨度假资源。世界公认的十大优质海滨度假海滩,各具特色,各有所长。

1. 冲浪天堂——澳大利亚黄金海岸

这里是世界上最著名的海滩。每年大量的游客成群结队地来到黄金海岸冲浪、游泳、聚会,使得黄金海岸具有了特殊的动感之美。在海滩旁边,购物者们可以参观众多的主题公园,比如吸引人的电影世界或者海洋世界。大多数人是在12月和第二年的2月之间来这里旅游的,它为前来旅游度假的冲浪爱好者提供了最好的天然表演舞台。

2. 气候之美——牙买加尼格瑞尔海滩

牙买加的尼格瑞尔海滩成为十大著名海滩之一,其中最重要的原因就是它极其棒的天气,这里的好天气常年不变,最令人吃惊的是,这种天气在整个10月的飓风季节里也不会受到任何影响。这个海滩有着17英里非常迷人的白海滩,以及沿着海岸线开设的餐馆里的一种宁静的气氛。这里的沙滩文雅高贵,远观银滩静美,如诗如画。牙买加的夏季可能更吸引人,因为海滩上没有拥挤的游客,旅馆的入住率要比冬天低30%。

3. 众滩汇集——墨西哥坎昆海滩

墨西哥坎昆海滩最大的特色就在于各种类型的海滩应有尽有,可以满足各种旅游者的要求。而最值得旅游度假者特别注意的是对度假时间的选择,在每年的2月和3月之间,是来这里的最好季节,但是在9月和10月里,旅游者最好去其他地方,除非你偏好这里的暴风雨。

4. 精致之美——菲律宾博龙岸海滩

尽管菲律宾的博龙岸海滩已经凭借它"白海滩"的特征赢得了很多的奖项,但它真正吸引世界无数海滨度假旅游者的到来原因还是因为这里的海水浅,沙子比该群岛大多数海滩的沙子要光亮和细小,属于真正的观赏型海滩。这里有350多处海滩景点和2000个房间,旅游度假者一定会尽兴而归。

5. **魅力沙滩——美国夏威夷海滩**

夏威夷海滩位于火奴鲁鲁岛上。到这里的旅游度假者可以领略到带有世界性特点的舒适的海岛魅力,因此世界各地的游客络绎不绝。游览夏威夷海滩的最佳时间是从12月的中旬到第二年的3月底,但是在4月到12月中旬之间,你可以享受到最好的价格。夏天的气温保持在30℃左右。在海滩上,你可以同时感受来自五大洲的风情,因为世界各地的游客们和很多名人一起来到这里在沙滩上享受日光浴。沙滩上提供了一切旅游者想得到和想不到的娱乐方式,沙滩掩映在椰树下,到了黄昏,金色细软的沙滩就是黄金铺就,灿烂辉煌无比。

6. **月下银滩——斐济主岛海滩**

斐济主岛海滩是斐济最漂亮的白沙海滩。主岛海滩有着迷人的自然风光,并且安排有从潜游到骑马等一系列活动。如果旅游度假者喜欢温和干燥的天气,那么就选择5月到10月,而那些喜欢暖和和湿润天气的旅游者们则应该在12月到第二年的4月期间游览主岛海滩。斐济主岛海沙沙质如同白色的软纱,在月色下熠熠生辉,因此月下沙滩是这里的特色旅游点。旅游者在月色下欣赏斐济主岛海滩,一定能深刻体会到"银滩"美誉的由来。

7. **风情之旅——泰国普吉海滩**

泰国普吉岛海滩的风情是一大旅游亮点,比如巴通海滩被视为是普吉岛上最重要的一处景点,该海滩绵延长达4公里,沙质细致,海域清净,旅游度假者或静或动的活动在这片细长的沙滩上都找得着,有的取一角落晒晒日光浴,有的阅读喜爱的小说,有的在沙滩上来一节泰式按摩、编发辫,有的或是玩拖曳伞、水上摩托车、帆船、橡皮艇、沙滩排球、浮潜。每年的11月到第二年的1月,是黄金度假时间,因为那个时候天空是蔚蓝的,海水是平静的,游客可以尽情领略东南亚的泰国风情。

8. **恒温海滩——西班牙加那力群岛海滩**

由于距离赤道很近,加那力群岛的天气常年炙热。这里的海滩被人工暗礁环绕着,最令人难以置信的是,这里海滩的气温和水温几乎没有温差,气温永远从20℃到25℃,水温从19℃到22℃,每年的降雨天数不到 30 天,这样理想的温度让这里每年都吸引了大量的游客。

9.露天宴厅——美国佛罗里达南部海滩

这里的海滩之所以世界闻名是因为它是一个有名的海滩聚会地。每年无数旅游者相约在这里聚会。从 11 月到第二年的 4 月,海滩就像一个社交活动的场所,无数美国家庭结伴来这旅游度假,使这里不仅成为一个可以进行日光浴和冲浪锻炼的地方,更重要的是这里的沙滩似乎已经成为专为聚会而设的天然宴会厅。

10.火焰沙滩——巴西里约热内卢海滩

里约的海滩位于里约居住区的前方,横跨 3 英里(约 4.5 公里)。它的景色之美让人流连忘返:花岗岩环绕着一直通往海湾的大门。当地的夏季是从 12 月到第二年的 2 月,气温在 77 华氏度(约 25 摄氏度)到 95 华氏度(约 35 摄氏度)之间。在炙热的海滩上,你会有一种来到人间天堂的感觉,因为可以看到世界上最为细腻美丽的沙滩,还可以看到奔放美丽的海滩桑巴舞,它舞热了金色的沙滩,有一种燃烧的、热火朝天的美感体验,被称为"火焰沙滩之旅"。

三、海岛

海岛是指海洋包围的在高潮时露出水面的自然形成的陆地。这些海岛有大有小,距离大陆有远有近,是不同于大陆的,具有独特优势、自然特点和海滨旅游资源的陆地,具有不同的水文与气候,以特色资源吸引着无数旅游者。有一位航海家曾经说过:"海洋里的岛屿,像天上的星星,谁也数不清。"用这句话来形容海岛之多一点也不为过。到目前为止,作为海滨度假型的已开发海岛全世界究竟有多少,很难说出一个准确数目来。

可以进行海滨度假旅游的海岛类型复杂多样,但按其成因、分布情况和地形特点,一般将海岛分为大陆岛(陆缘岛)、火山岛和珊瑚岛三种。这几种类型的海岛在旅游度假中各具特色。

(一)山川秀丽的大陆岛

大陆岛原是大陆的一部分,与大陆是连接着的,后来由于地壳运动、海的侵蚀作用而与大陆慢慢分离开,但它常常靠近大陆沿岸,所以在地质构造上与附近的大陆十分相似,是同源的。它们提供了一个整体美丽的海滨度假地。

我国海滨多数是大陆岛,成因多样。如北方的长山群岛、庙岛列岛,南方的舟山群岛、海坛岛、湄州岛、台湾岛、海南岛等。

我国的海南岛就是典型的大陆岛,它位于我国雷州半岛的南部。从平面上看,它就像一只雪梨,横卧在碧波万顷的南海之上。海南岛的面积32200平方公里,是我国仅次于台湾岛的第二大岛。海南岛岛内山势磅礴,每当天气晴朗、万里无云之时,站在雷州半岛的南部海岸遥望,海南岛便隐约可见。海南岛是一个"四时常花,长夏无冬"的地方,气候条件特殊。年平均气温在24℃左右,为全国之冠。

充满热带风光的海南岛,五指山热带雨林郁郁苍苍,环岛皆是基岩岬湾型的海岸,岸边堆积着洁白的珊瑚砂,滩前海水碧蓝透明,滩后青山苍翠。在那里,白色的环礁、碧蓝的大海、绿色的椰子树,构成一幅美丽的图画。山脚下椰林、茅屋,是黎、苗族同胞的村寨。海南西南端的三亚市,一年大部分时间阳光灿烂,海风猎猎,是世界少有的既无严寒又无酷暑的热带海滨度假旅游胜地。

(二)千姿百态的火山岛

火山岛是海底火山喷发露出水面而形成的岛屿。世界旅游度假胜地夏威夷群岛就是典型的火山岛,也是太平洋上有名的火山活动区,因为这些岛屿正位于太平洋底地壳断裂带上,夏威夷群岛都是由地壳断裂处喷发出的岩浆形成的。直至现在,一些岛上的火山口,还经常发生火山喷发活动。

夏威夷群岛是世界有名的火山岛,各个岛屿,都是地势起伏的纵横山地、丘陵,平原很少。这也形成了夏威夷群岛美丽独特的自然景色。

除此之外,在群岛的冒纳罗亚活火山上,还有夏威夷国家火山公园。这个火山公园自冒纳罗亚山顶的火山口,一直延伸到海边。在火山公园里,可以看到世界其他地方难以见到的景观。如火山喷发时形成的硫磺堆积起来的平原、熔岩隧道等。还可看到从裂开的地面中喷发含硫的热水蒸汽。在冒纳罗亚活火山的几老亚喷火口,可见到沸腾的熔岩岩浆在翻滚,有时可见到断落的岩层掉进熔浆里,溅起的火炬有几十米高。在火山喷发口活动强烈时,会从火山口溢出熔融状态的岩浆,沿着山坡向下流,一直流淌到远在几十公里的太平洋里,并发出咆哮的声响,这为旅游者增添了更多的观赏选择。

火山岛度假能满足旅游者审美需要里的猎奇心理,是海滨度假的又一种审美形式。

(三)风光旖旎珊瑚岛

珊瑚岛是由珊瑚遗体为主的生物碎屑长期堆积而成的。它们一般围绕在岛屿四周,或堆积凝固于海山海峰或海底平台山的顶部而成,可以说是站在"巨人的肩膀"上形成的。

位于斯里兰卡南方650公里的马尔代夫群岛,由北向南经过赤道纵列,形成了一条长长的珊瑚礁岛群地带。若能搭乘小飞机遨翔于马列南、北环礁,从空中俯瞰马尔代夫,您定会惊异非常。无际的海面上,星罗棋布一个个如花环般的小岛,犹如天际抖落而下的一块块翠玉。小岛中央是绿色,四周是白色,而近岛的海水是水蓝、深邃的蓝,逐次渐层。印度洋犹如一面蓝色的天鹅绒布,在蓝色天鹅绒布上,则缀饰着一串串的翡翠、绿宝石。在其中200个有居民的岛中,有73个度假岛屿饭店。每一座珊瑚礁就是一所豪华的度假酒店。雪白晶莹的沙滩,倒映在水中婆娑的椰影,大群大群五彩斑斓的热带鱼构成了马尔代夫的"动画"景观。这里海水洁净,透明度大,潜泳爱好者只要潜入几米深处,就可欣赏多姿多彩的海底景色。那五光十色的珊瑚丛中,白玉般的菊花珊瑚,粉红色的莲花珊瑚,朱红色的牡丹珊瑚以及淡黄色的蘑菇珊瑚,各放异彩,争奇斗艳。加上各种奇形怪状,却格外可爱的热带鱼虾和海藻等悠游生长其间,构成了一个神奇美丽的"海底花园"。

美丽的澳大利亚东海岸外的大堡礁,也是世界著名的海滨珊瑚岛,大堡礁水下景色非常美丽,被国际组织评为世界水域七大奇观之一。澳大利亚已把它列为国家海滨公园和海上自然保护区,每年吸引了世界许多游客去观光。

可见,各类型海岛是独具一格的巨大的旅游资源,正确认识海滨地海岛旅游资源也将是开发海滨旅游资源的前提。

第二节　海滨度假旅游的人文审美要素

绚丽的海洋若与当地的文化古迹、山水风景、娱乐设施相结合,便可构成旅游者最向往的旅游和娱乐、消遣和疗养休闲的海滨地。

海滨度假地有以人文景观为代表的公园、度假村、灯塔、渔港、渔村、码头等,有以海底为旅游活动舞台的海底世界观光,有以海岸为运动场所的海水浴、帆船、游艇、舢板、冲浪、滑水、垂钓以及在海滩上拾蛤蜊、贝壳等活动,使旅游者享受着美好生活和美好心情。它们是人类社会文明美和智慧美的凝结,用美的思想创造出的美的海滨人文世界。

一、海滨公园

海滨公园一般依山傍水,环境优雅宁静,空气格外清新,是人类社会改造利用自然环境的典范。

它的审美区域一般由以下组成:

(一)森林旅游区

畅游林中,近观绿树挺拔,远树含烟,清风吹拂,松涛远扬,海啸入耳,更兼百鸟齐鸣,松鼠欢舞。每逢春暖花开,绿树浓荫,蝶飞蜂舞,树下草丛与路间时有地蟹爬过。有的公园还拥有"植物活化石"之称的"水杉",使公园林内平均气温要比日照城区降低4~5摄氏度,是人们休憩的好去处。

(二)娱乐区

公园海滨浴场,各项指标要求超过普通海滨浴场标准。在黄金海岸线上,浪缓滩阔,沙质细腻,海水洁净,人们开展了海上快艇、摩托艇、沙滩车、升空伞、观光游览车、多人骑自行车、欧式贵族马车等游乐项目,可吸引众多的游客前来避暑度假。由于安全性强,公园海滨浴场尤其适合老人、儿童及初学游泳者前来海浴玩耍。

(三)疗养度假区

该区域位于森林和海滨衔接地带,环境静谧,非常适合度假疗养。有各类旅游接待场所和标准宾馆,还有别具特色的小木屋等住宿设施,在这里旅游者可以品尝各种时令海鲜,领略渔家风情,有道是"海外桃源别有天,此处小住亦神仙"。

(四)特色文化区

该区由文化广场和娱乐中心组成,是档次品位最高的文化景观之一,它丰富了森林公园的人文景观,并为进一步挖掘和弘扬各地各民族文化奠定了基础。

我国北海公园内建有一生态广场,造型独特,线条优美,花木繁茂,郁郁葱葱,建有30多幢具有滨海特色、风格各异的楼台阁宇。有曲折宛延伸展的林荫小道,有反映北海人精神风貌的大型雕塑——海恋,有独具南国风情的椰树林,还有供游客观赏娱乐的太空船、高空飞车、异国珍奇鸟类表演、越南民族风情表演、俄罗斯风情表演和海上跳伞等游乐表演项目,可欣赏精湛演出,可搏击海面,亦可信步海堤,这里海天相连,海帆点点,波涛滚滚,白云朵朵,令人如入仙境,心旷神怡,流连忘返。

二、海滨度假村

海滨度假村通常是个独立的近海观光景区,它集吃、住、游一体。常在陆域和水域上兴建了一大批具有海滨特色的旅游基础服务设施。度假村内有与大海相接的游泳池和高尔夫球练习场、网球场、健身院、酒吧、中、西餐馆、咖啡厅、会议厅等设施;还有人工的专用白沙滩,水上客房、温泉公寓、海滨别墅、沙滩帐篷,具有海滨风情的椰林木屋,集餐饮、住宿、会议为一体的望海宾馆等,构成了极富特色的度假区域。

它的审美区域一般由以下组成:

(一)海滨浴场

海滨浴场一般分为人造游泳区域和自然海水浴场。人造游泳区域主要选择在人群比较集中,海面相对平静的海滨区域,通常这一带区域沙质细软,没有碎石,海水波浪起伏较小,水深适中。这主要是出于安全方面的考虑,专门为特殊人群,如老人、小孩而设置的区域。自然海水浴则一般安排在海面凹入处,并修建一个浮筏码头,以利于安全。自然海水浴场将利用相邻的快艇活动区造浪来增添游泳的乐趣。傍晚时,在海滩上烤肉,欣赏歌舞节目,别具情趣。

(二)水上别墅及低层公寓

由于水上别墅基础做于水中,通过连桥相联,显得特别别致悠闲,可提升度假生活的惬意感。水上别墅的建筑风格和美感要求以轻巧、新颖为主,室内布置尽量灵活多样又不失规律性,水上别墅都应设有游船码头,停靠旅客租用的游艇和往返于别墅区与其他景点的游船。这样给旅游度假者营造出更为浪漫的度假氛围。

低层公寓主要是满足短期居住的旅客的住宿要求,内部可设厨房,住客可通过赶海或海鲜街购买食品,自己烹饪制作,使海滨的度假生活很有生活情趣。

(三)海鲜街

游人在赶海满载而归后,可到海鲜街的店面里自己制作或请厨师制作。除以烹调海鲜为主的饭店外,海鲜街还设一些出售旅游用品和纪念品的商店。海鲜街建筑风格往往体现当地海滨特色风情,中间围合的小广场体现了当地建筑独特的风格。在美景地享受美食,使度假生活情趣盎然。

(四)休闲世界

这是对度假旅馆周围以休闲、运动为主的一片综合区域的总称,它包括网球场、遛马场、大型室内活动中心、高尔夫球练习场和集模拟枪战与传奇故事于一体的"海盗战争"等。另外,这里还设有其他的娱乐机构,如老年俱乐部、航海俱乐部、垂钓俱乐部等。由于这些区域丰富多彩的娱乐性和海滨的特殊环境相互契合,为旅游度假者提供了更为有趣的海滨度假休闲生活。

三、渔村

渔村是海滨人文旅游资源里最原生态、最返璞归真的景区,它往往是近海生活的完整写实。这里有着纯真古朴的渔家民俗,有着引人入醉的碧海蓝天,有着渔家人的豪爽。如今,一个个依然保持着原生态的渔村,是人们远离都市喧闹,尽情享受大自然赐予的度假旅游休闲好去处。

(一)天然氧吧

浩瀚的海边,每天倾吐着大量氧气,步入其中仿佛置身于巨大的"天然氧吧"之中,清风拂过,海风阵阵,游客的心情立刻就会被沁人心脾的空气所净化,每一根神经都放松了。

(二)赶海捕鱼

渔村衔山抱海,待到潮落时,一片沙滩慢慢地展现在游人的面前,螃蟹成群结队,牡蛎附岩而生,各种贝类海菜比比皆是。游人自寻自采,实乃采之不尽,拾之不完。看着那累累的丰收果实,让旅游者感到欢娱惊叹。旅游者当一回渔家人,既能欣赏到大海的美好风光,又能体验渔民生活,掌舵、摇船、下鱼笼、捉鱼,然后品尝一下您的劳动果实,这使海滨度假休闲生活增添无穷情趣。

(三)海边垂钓

渔村是钓鱼最佳选择地。钓鱼之乐在于山水之间。旅游者入住渔村后,可乘船海钓,也可依岸垂钓。热情的当地村民为您提供了各种优质的钓具和安全的设施,使您既能饱览海景,又可荡涤心胸,驱除俗虑,尽享渔翁之乐。归来自炊自饮,品味自己的劳动果实,别有情趣。

(四)自助海产品烧烤

渔村可为游客提供各种自助烧烤炉具和各种调料,以及时令野菜和新鲜蔬菜,旅游者在海边沙滩上,围炉烧烤,烧烤着自己钓来的鱼和拾来的海贝、螃蟹等,品尝着鲜美的食物鱿鱼、虾、鲈鱼、石斑鱼、黄鱼、牡蛎、扇贝等,太惬意了。

四、海滨人工造景

(一)音乐喷泉

喷泉是海滨人工美景之集大成手笔,它是人类社会想像力的升华。

我国广西北海有被誉为亚洲第一不锈钢雕塑的海滨音乐喷泉——"潮",它位于北海银滩旅游度假区的海滩公园内,是由北海人、中央美术学院魏小明设计,投资一千多万元,用两个月零 15 天建成的。整座雕塑以象征一颗大明珠的球体和七位裸体少女护卫球为主体,并由安装有 5200 个喷头的音乐喷泉组成。雕塑高 23 米,钢球直径 20 米。巨大的钢球是用不锈钢镂空制成。每当华灯初上时,随着音乐的旋律节奏,水池里的 5200 个喷头就从不同方位、不同角度喷射出一条条银色水柱,婉若仙女起舞,婀娜多姿,迷煞万千游人。水柱最高可达 70 米,为亚洲第一。

喷泉建筑以大海、珍珠、潮水为背影,与钢球、喷泉、铜像遥相呼应,互相映衬,既显示出海的风采,又构成潮水的韵律,使传统的人文精神与现代雕塑建筑艺术融为一体,形成完美和谐的统一。

(二)造型雕塑

雕塑以独特造型在海滨增添生动一景,它往往可以浓缩海滨的风格,甚至历史、传说。

我国厦门海底世界入口处在主体建筑外 60 米的地方就有一个设计独特、别具一格、张牙舞爪的章鱼雕,高 6 米、跨径 11.2 米。它以独特的雄姿热诚地欢迎旅客光临,是厦门海底世界的标志性建筑,也是游客们首先拍照留念的景观。

五、海滨人文活动

(一)海底世界观光

有人统计,海洋中有 18 万多种动物,2 万多种植物,总共 20 多万种。它们构成了美丽的海底世界,在海底世界观光,如此近距离的观赏海洋生物,实现人类步履海底的梦想,的确能让旅游者感到海滨度假的无穷惊喜和魅力。

1. 美丽奇幻的潜水世界

水下是个奇妙的世界,与水面相比有着另一番感觉。潜水的好处不仅在于水中的奇异世界给人的精神带来巨大的享受,而且更重要的是能够提高并改善人体的心肺功能。

海底有五颜六色的珊瑚礁、热带鱼以及种类繁多的贝类和海底植物,组成了五彩缤纷的审美世界。当旅游者头顶着一片片蔚蓝的海水,脚踏着深深的海床,周围是美丽的珊瑚礁,不时游过来一条凶猛的鲨鱼,你仿佛惊悚了一下,仔细瞧瞧,还看到了沉没的军舰、海底古城、古代海上丝绸之路的瓷器……每一个角落似乎都藏着一个神秘的传说。走进梦幻奇妙的海底世界,就好像走进了一个博大精深的海洋课堂,让你获益匪浅。

2. 绚丽多彩的海洋水族馆

水族馆是人类审美想像力的杰作下的建筑群。主要定居者是热带、亚热带独特鱼类和海洋动物,它们来自世界各地的海洋,美丽奇特。

水族馆一般展有花鳗鲡、胭脂鱼、鲟鱼、鳇鱼、锯鳐、大马哈鱼、亚马孙河鱼类、斑海豹、中华白海豚、吃人鱼、地图鱼等。海洋动物主要有巨鲨、巨鱼工、巨型石斑、珊瑚礁鱼类、巨型苏眉、医生鱼、海龙、海马、食人蟹、澳洲锦龙虾、棘皮动物杰出代表——海星、八爪鱼、石头鱼、河豚及狮子鱼、海龟等。其中,最精彩的展区如珊瑚鱼厅和海龟馆。美丽斑斓的蝴蝶鱼、憨厚的大海龟让你兴趣盎然,一见难忘。条条珊瑚礁鱼(又称蝴蝶鱼)在大水屏内争奇斗艳,缤纷夺目,让你叹为观止。

在很多水族世界有一个独特的设施,那就是约高 7 米、直径 2.5 米的圆柱形鱼池,这个高度相当于近三层楼房,在台阶上可以看表层的鱼类活动,也可以看底层的鱼类活动,立体感就更明显了。大型圆柱鱼缸主要展示海中五彩缤纷的珊瑚礁鱼类。

3. 精彩纷呈的人造海底隧道

美丽的人造海底游览通道,大多都拥有数百种上千尾美丽的海洋生物,旅游者漫步在 100 米长、270 度亚克力玻璃环绕而成的海底隧道中,五光十色的珊瑚鱼群环绕在您的四周,迷人的海底风光尽收眼底,在这里您可以尽情领略到海底风采,让您漫游海底的梦想成真。

我国厦门海底世界景观设施新颖,有现代化的设备,而最突出的设施就是海底隧道。海底隧道长 80 米,宽 1.5 米。进入海底隧道,站在电动代步道上,可以看到两侧的凹形大鱼池。旅客不需潜水也能进入海底世界与鱼共游,感受到四面八方和上下前后都是鱼的世界。

4. 知识丰富的海洋展览馆

海洋展览馆内可陈列形形色色的海洋生物标本,从海绵无脊椎的低能生物到大型脊椎哺乳动物依次陈列于展馆中。这样可以弥补旅游者在潜水或海底隧道中无法观赏到一些大型的、凶猛的海洋生物的遗憾。

我国 2000 年 3 月 11 日在厦门海域出现一只死亡的抹香鲸,乃迄今国内最大的抹香鲸个体,全长 18.6 米,重 46 吨。厦门海底世界按国家有关规定和程序接收了这只巨大的鲸鱼,并制作成皮和骨架两副标本。抹香鲸为国际上受保护的濒危鲸类之一,最大个体长达 19 米,重 50 多吨。抹香鲸标本馆通过 VCD 及图片,为游客们再现了整个抹香鲸处理的壮观场面及标本制作的过程,同时馆内还通过大量的图片及说明介绍有关鲸的生活史,使游客们在领略了大自然的美妙及香鲸标本馆其伟大的创造力的同时,也增长了鲸豚知识。

5. 海洋动物表演馆

海洋动物表演馆的主体建筑一般是"大型海洋动物表演场",以海狮、海豹、海豚等大型海洋动物表演为主题。动物的憨态可鞠,聪明活泼,让旅游者心情欢乐愉悦至极。

表演馆内部设计为仿真船舱,游客通过镶在展览池侧面的超大平面玻璃幕(2 米×30 米),直接观赏各种海洋动物在水下优美的泳姿,以及海洋动物在水下生活的动人场面。海滨旅游之旅变得浪漫生动、和谐。

(二)海上运动

目前,各海滨旅游地都已建成包括香蕉船、拖电伞、徒手潜水、玻璃观光船、快艇观光、摩托艇、冲浪飞车、沙滩摩托车、冲浪、沙滩浴场等娱乐项目的娱乐场所,游人可以从中领略到海滨旅游的无限乐趣。它们为喜欢运动、畅游于运动美中的游客提供了太多选择,在美景陪伴下,运动休闲,这一定是海滨度假中的乐事。

1. 冲浪

冲浪是站立在冲浪板上驾驭海浪的水上运动。冲浪是一种非常紧张刺激的水上运动,使用冲浪板的冲浪旅游者通常都是站在一块窄长的冲浪板上,乘着浪峰掠过水面。另外,还有一种称为"人身冲浪",就是不使用冲浪板的冲浪运动。无论哪一种,冲浪选手都需要把握很准确的时机,同时要有很灵敏的反应,保持身体的平衡。在远离海岸的地方,当海浪涌来的时候,冲浪者斜站在冲浪板上随波逐浪,滑行如飞。在汹涌的海浪中,冲浪者总是冲在浪峰的前面,似乎与大海融为一体,全然是一幅人与大海一比高低的美妙场景。

虽然目前冲浪运动在中国还不普及,但是盛行于西方,在度假旅游中冲浪运动还是很受广大体育爱好者的欢迎。在中国主要是由于运动条件的限制,随着全民健身运动的开展和运动场馆的建设和完善,参加冲浪这一刺激新鲜运动的人会越来越多。

2. 徒手潜水

世界上著名海滨度假胜地海水的能见度一般均在8米以上,有些海域从海面上即可看海底珊瑚和鱼类相伴,如旅游者想漂浮于碧海之间,只要穿一套泳装、戴一副潜水镜、一支呼吸管,着一副蛙鞋,就能体验到徒手潜水的乐趣,轻松自如地欣赏神秘的海底景观,享受与鱼类同游的感觉。

3. 快艇观光

海上娱乐的惊险和刺激莫过于快艇,快艇操作简单易学。旅游者身着救生衣,劈波斩浪,挑战自我,笑傲人生,可以尽情体验一下海面追风的感受。

4. 香蕉船

香蕉船是一个新兴的海上娱乐项目,因为船形似香蕉得名。骑上香蕉船,随着快艇的速度,犹如一匹脱缰的野马自由穿梭在碧蓝的大海之中,给游者带来很刺激的运动快乐。

5. 摩托艇

看到大海,人们都是心旷神怡,如果能够急速在海上游览,更是让人心醉,如果旅游者喜欢速度的感觉,那么乘坐摩托艇在海面上风驰电掣一把,也肯定让人终身难忘,海面上驾驶摩托艇,风驰电掣,刺激无比。

(三) 海滨疗养

1. 空气疗养

海滨的空气中含有大量的负氧离子,负氧离子称为"空气维生素",

它可以通过呼吸进入人体,改善肺的换气功能,增加氧的吸入量,二氧化碳的呼出量。在城市内的一般公共场所,每立方厘米含负氧离子为$10\sim20$个,室内含$40\sim50$个,绿地草坪可为$100\sim200$个,而海滨可达1万多个,为室内的几百倍。负氧离子是带负电的离子,有杀菌的作用,在空气中能抑制细菌的繁殖。大量的负氧离子可以提高人的交感神经的功能,使人精神焕发,精力充沛,还能增加血液中的血红蛋白的含量。

因此,海滨建有很多的疗养院,因为海滨空气对患有肺气肿、高血压、神经衰弱、哮喘、贫血等疾病的人有治疗作用,有益于人体的健康,使人精神振奋。

2. 海水浴

据科学研究,海水浴是保健身体的好方法。海水浴不仅可以享大海之乐,舒心养身,海水中还含有大量无机盐类及各种微量元素,如氯化钙、磷酸镁等,常洗海水浴可增强体质,对神经衰弱、慢性气管炎、早期高血压、慢性关节炎等有缓解作用。

3. 食疗

海鲜是海滨主要的特色菜肴,旅游者可以在这里品尝到许多在内陆城市难以见到的海鲜,例如爬虾、海虹、扇贝、螃蟹、牡蛎,以及各种海鱼等,旅游者还可以品尝高档海鲜,如海参、鲍鱼、大虾等,绝大多数海产品的营养价值较高,富含蛋白质、脂肪、维生素等多种营养成分,营养价值大大高于牛肉、猪肉、鸡肉等肉制品,矿物质数量、种类丰富,选择食用对人体健康也是十分有益的。

第三节　世界著名海滨度假旅游地赏析

一、里约热内卢海滨

巴西的里约热内卢,是一个风情万千的海滨城市。它依山傍海,千楼万宇点缀盘绕在弯弯曲曲的山水之间,来自世界各地的旅游者把它称为"奇妙的城市"。

（一）地名由来

在葡萄牙语里，"里约热内卢"意为"一月之河"，是一个充满诗情画意的词，因为一月是里约的盛夏季节，阳光灿烂，鲜花盛开，山青水蓝，游人如织。

不过，这个地名却来自一个阴差阳错的判断。1502年，葡萄牙王室派遣一支探险队沿着巴西海岸考察。当探险队来到这里时，看见两座陡峭的山峰扼守着一个巨大的葫芦状的河湾。他们误以为这是一条大河的入海口，当时又值盛夏一月，便用"一月之河"为其取名。后来，人们才发现，其实这片水域不是一个河湾，而是由大西洋海水入侵形成的海湾。海湾内水深浪静，是一个天赐的良港，于是葡萄牙殖民者在海湾的北岸建起了码头，将巴西的红木、黄金、宝石、蔗糖、咖啡、可可等源源不断地运往欧洲。里约海滨随着对外贸易的扩张而迅速地发展起来，而阴差阳错的地名又赋予了这座城市传奇般的色彩。它先成为一个天赐的良港，后逐渐形成一个世界闻名的海滨旅游度假胜地。

（二）山之美

里约海滨之美首在其山。环抱里约的群山奇峰突兀，蔚为壮观。山上树木四季常青，铺锦叠翠，景色秀美。其中，面包山和科尔科瓦多山更是各国游客的必到之地。

面包山雄居海湾与大西洋之间，山体陡峭，四壁光滑，高近四百米，远远望去，孤立于苍茫的天地间，巴西人戏称为"甜面包"。乘坐缆车登上面包山，凭栏远眺，里约市容一览无遗：这一边是瓜纳巴拉海湾，白色的游艇和帆船星散点落地停泊在蔚蓝色的水面上。半圆弧状的博塔福戈海滩金沙细浪，海滨大道旁是层层叠叠、错落有致的高楼大厦。远处，一条长龙飞架海湾两岸，那是著名的尼泰罗伊大桥。这座大桥全长14公里，把里约与对岸的尼泰罗伊市连接在一起；这一边是浩如烟海的大西洋，波光粼粼的海面上不时地驶过巨大的海轮，三三两两形状各异的小岛在海浪潮水的拍击下，时隐时现。远处，科帕卡巴纳海滩像一弯新月，横卧在大西洋身旁，五颜六色、南来北往的小汽车宛若无数的甲壳虫在月牙般的海滨大道上缓缓爬行……

登上科尔科瓦多山,眼前又是另一番的景致。在海拔700余米高的峰项建有一尊巨大的耶稣塑像,高38米,重1200余吨,是世界巨型雕塑之一。耶稣像身躯直立,两臂平展,仿佛是一个巨大的十字架立在山顶,它寓意着巴西是一个天主教国家。这个雕像的位置选得很好,当你在里约城中漫步,随处都能看到山上的耶稣像:它低头俯视,伸展双臂,像在护呵着山脚下的里约城。到了晚上,在灯光的照射下,黑色夜幕下的耶稣像显得更加高大和醒目,宗教色彩也更为浓厚。最为特殊的是科尔科瓦多山高雾多,即使烈日晴空,有时也会突然腾起一团团浓雾,弥漫整个山头,顿成一片迷朦世界,置身其间,顿感飘飘忽忽,如入仙境。

(三)水之美

里约山秀,水也美。走下山来,除了市中心巨大的淡水湖外,海边大大小小的沙滩一个接连一个,它们像是挂在里约"颈脖"上的一串晶莹夺目的项链,散发着诱人的魅力。

最著名的是"科帕卡巴纳"海滩,这个新月形的海滩宽百余米。走在海滩上,眼前是湛蓝湛蓝的海水和层层波涛,脚下踩着金色细软的沙子,耳畔海风习习,能够闻到海风中带着的阵阵海腥味。

一条宽阔的海滨大道顺着海滩走势蜿蜒向前伸展,海滨大道上的人行道用白色与黑色的小石头拼镶成各种波浪形的图案,高大挺拔的棕榈树屹立在人行道旁,伴着习习海风婆娑起舞。海滨大道的另一侧是林立的一幢幢二三十层的旅馆、饭店和豪华公寓。现代化的建筑与美丽海边风光和谐地融为一体,相得益彰。

无论是白天还是夜晚,海滩上到处是来此散步、踢球、沐浴阳光和到海水冲浪的人们。每到周末,绵延八公里长的海滩上,彩伞簇立,人声鼎沸,万头攒动,简直成了人的海洋。

(四)城之美

里约山水美不胜收,城市文化也是绚丽多彩。

走在里约市中心的大街上,殖民地时期修建的欧式建筑与现代化的高楼大厦交相辉映。气势恢宏的皇宫、庄严肃穆的教堂、雕梁画栋的大剧院……这些古老的建筑大多保存完好,有的被辟为纪念馆或博物馆。位于博阿维斯塔公园里的皇宫被辟为国立博物馆,收藏品有100多万件,其中有拉美古老民族印第安人使用的各种武器、服饰、日用器皿,还有成千上万种巴西矿石和动物标本以及各个历史时期的文献资料等。其中最名贵的是世界上最大的陨石,它重达5360公斤,是在东北部的巴伊亚州发现的。这里还收藏着在巴西1975年出土的人类头骨。科学家们考察后认为,这块头骨距今已有1万多年,是美洲最古老的人类化石。

里约是沙滩排球的"故乡",也是"足球王国"的"首都"。世界上最大的马尔卡纳足球场就坐落在这里,每当这里有球赛,几十万观众排山倒海般的欢呼声响彻云霄。

里约还有著名的狂欢节和桑巴舞游行表演。它们已成为世界性的节日,每年吸引着世界各国数以百万计的游客。

里约以其美轮美奂的山水风光和多姿多彩的文化生活而扬名世界,也被评为"世界上最值得一游"的海滨旅游胜地之一。

二、尼斯海滨

(一)世外桃源的美名

如果说法国是时尚的代言、国际文化的交融点,环绕地中海的海滨城市都带着令人憧憬的色彩。那么,尼斯一带的法国南部地中海沿岸更堪称是其中最大、名气最盛的海滨度假城市。尼斯机场也是仅次于巴黎的法国第二大机场,巴黎飞尼斯每天都有30个以上航班,可以看出世界各地有多少钟爱去此地度假的观光游客。

尼斯海滨以其全年温和的地中海气候,灿烂的阳光、悠长的石滩,以及晒太阳的人们而闻名。于是有人这样形容尼斯——"尼斯是个懒人城、闲人城"。这个世人们渴望徜徉的海滨度假胜地,从高岗向下望,是呈弓型的宽广蓝色海岸,两岸旁的高大椰影使得刺眼的阳光变得柔和许多,而古罗马帝国时代所遗留的古老街道,让尼斯更散发出怀古的幽思。

尼斯的英国滨海大道是一条沿着海滨全长3.5公里的大街。它汇集了众多超一流的饭店,这些饭店都有各自的购物中心和海滩区。中间有公用海滩区,人们可以自由出入。过了复活节,当人们刚刚感受到初夏阳光时,便有众多喜好日光浴的人们来这里,一展健美的身姿。这里也是尼斯人的乐园,尼斯人在此放狗的放狗,钓鱼的钓鱼,跑步的跑步,游泳的游泳,各适其适、各有欢愉,更多的是闲坐,惬意地享受阳光,这里是一片大自然赐予的纯净天地。

(二)古朴与现代融合的城区生活

作为蔚蓝海岸的中心点,尼斯过去是北欧王公贵族的避寒胜地,至今仍能嗅出昔日的繁荣与优雅的豪门情调。漫步在保有历史古貌的旧市区,立刻能感受异于其他著名度假胜地的特殊风格。在二战前,这里就是欧洲贵族的最爱,造访名单中包括沙皇尼古拉一世遗孀、英国维多利亚女皇等。

尼斯近郊有罗马人的古代遗迹,以前罗马帝国曾征服高卢人,在此驻军镇守,现经千数百年,但古堡遗址尚在。山上有俄罗斯人教堂,塔尖作洋葱式圆型金顶,特色十分鲜明。

而在这个璀璨的阳光城市里,总是可以遇见亲切和乐的居民们。广场周二至周五是花市和蔬果市场,周一则成了卖玻璃瓶或小饰品等的古董市集。由高岗向羊肠小道走去,就可以看见一栋栋民舍相连。建筑物外面披挂着刚洗好的衣服随风摇曳,散发着朴实的气氛。

当然,尼斯市内不乏备有室外游泳池的高级豪宅,这里可是法国南部最昂贵的退休养老地区之一。

(三)尼斯博物馆

地中海的光与影、海岸与天空,造就了这里人超越其他欧洲人的艺术气质,这里的每一个画面都是一幅绝美的油画,催生着诗情画意,因此,尼斯一直是艺术旅游爱好者的天堂。尼斯共有18家博物馆,野兽派领导人物马蒂斯与俄裔法籍画家夏加尔的博物馆就是尼斯最出名的两个,为这里再添重量级的魅力。在前者那里,你可以沉浸在夏加尔的梦幻世界之中,跳跃在博物馆的"舞蹈"中。而后者野兽派领导人物马蒂斯不羁、自由的绘画风格被视为古典主义的叛逆者,这种奔放流畅、率性洒脱的表现手法,恰恰与尼斯这个滨海的浪漫城市相辉映,马蒂斯的绘画得益于尼斯透明而纯净的阳光,他曾感叹说:"当我惊觉每日都会再看到这样的光线时,我简直无法相信有这等好运。"马蒂斯博物馆位于尼斯地瑟迈斯街口处，以罗马时代的竞技场为中心的公园中。馆内藏品甚丰，其中的《舞蹈》素描画和礼拜堂的设计草图等都很有意思。

（四）嘉年华狂欢节

尼斯嘉年华现在是世界嘉年华中最盛大的，除了尼斯本身的优良条件占极大优势外，从1294年以来，尼斯嘉年华深受皇室青睐，这也是其历久不衰的原因。

尼斯嘉年华每年2月举行，为期2～3星期，活动非常多元化，包括街头表演、烛光晚会、大游行、花车游行、化装舞会等。嘉年华会时，整个城市都沉醉在烟火、游行及化妆舞会中。而令人新奇的面具是狂欢节的特色，在古代的时候，那些面具的相貌更是吓人。古人相信，那是驱邪攘魔，以及防止农作物之害的良法。尼斯的狂欢节，人们在大马路上巡行载歌载舞，经数日而不衰，节目多姿多彩，令全市飘荡着欢乐的气氛。

（五）渔村

尼斯附近一带到处是小渔村或珍藏着悠久历史的小山村。许多伟大的艺术家或匿名工艺家，都因深受和煦阳光及恬静空气所吸引，而移居到这些小城镇里。

混合古今风格的街道，浓厚的艺术气息，海水随着季节、时间的不同有着微妙的变化。旅游者不能错过繁华的海滨城市，也不能遗漏这些极具特色的小渔村。

（六）相邻城镇

在尼斯，游人说到蔚蓝海岸的疗养胜地，很容易使人们联想到傲慢的上流社会。然而柠檬之城芒通却仍然保持着它曾作为渔村的浓厚纯朴气息。这里的冬天很温暖，以盛产柠檬而著名。每年2月的柠檬节，是该城镇最重大的节日，是狂欢者的天堂。人们用柠檬或橘子做成马或人像游行，很是热闹。因为与意大利相邻，芒通的建筑也沾染了意大利式的缤纷色彩，这是一个充满度假气氛的小城市，华美的巴洛克式别墅与种满奇花异草的花园分布在山腰间，俯瞰地中海的碧海蓝天，漫步在芒通的旧城内是一种享受，狭长而阴暗的石阶仿佛能引导你回到从前。

前卫又叛逆的导演、艺术家考克多是芒通另一特色，欣赏考克多在市政厅结婚礼堂绘制的壁画与考克多美术馆,会让你进入他瑰丽而奇异的梦想世界。

从位于高台上的车站到海边约 500 米左右。从站前广场步下台阶可以去往市内。当来到爱德华四世时,也可以看见不远处湛蓝的大海。再走 5 分钟,便来到海边的步行道,这里高级宾馆和赌场林立,完全一副高级疗养胜地的气派,和尼斯相比,更加整洁舒适,小巧玲珑。出了步行道往左拐,边欣赏海景边朝前走,便来到旧港。旧港的步行路尽头,可见到一座可以眺望大海的小城堡,这就是让・考克多博物馆。里面展示着电影《诗人与血》、《美女与野兽》的剧本,以及他的著名小说插图、陶艺作品等。

三、普吉海滨

(一) 迷人的海滨风光

"普吉岛"一词源自于马来西亚语,代表的意思是"山丘"。它是泰国南部最小的府城,距离首都曼谷有 862 公里,是泰国境内唯一有行省辖治地区的岛屿,占地共有 543 平方公里,南北长 48 公里,东西宽 21 公里,面积大概与新加坡相近。普吉岛是泰国南部的世外桃源,也是泰国最大的海岛,围绕着她的是安达曼海的温暖海水、美丽的海滩、奇形怪状的小岛、钟乳石洞、天然洞窟等自然景观,再加上沿岸海水的清澈湛蓝,海底世界美不胜收,将这些天然条件加起来,构成了普吉岛迷人的热带海滨风光。

在通往市区的路上,您可以充分享受属于海岛气候特有的轻松与悠闲,忽而望来青翠的丛林,忽而迎面的是蔚蓝海岸。其中,最值得自豪的,便是拥有岛的西边、邻近安达曼海的 10 多个美丽海滩,海滩类型十分丰富,有的清静悠闲,有的感觉豪华的像是私人度假地,有的海上体育运动盛行,还有的夜晚娱乐活动丰富多彩。由于有许多西方的游客在此度假,海滩上、酒吧里或大街上遇到的基本上都是金发碧眼的欧洲人,感觉仿佛到了地中海一般。如巴东海滩、苏林海滨、奈函海滨等,只见海滩上点缀着色彩缤纷亮丽的阳伞,光与影在此交错,使旅游者很快就兴奋起来了。还有海湾中有游艇飞驰,岸上晒太阳或戏水的游客们欢笑声此起彼落，对于许多人而言，喜悦的感觉真是来此的最大收获。

巴通海滩被视为是普吉岛上最重要的一处景点，海滩绵延长达4公里，砂质细致，海域清净，或静或动的活动在这片细长的沙滩上都找得着，像是取一方角落晒晒日光浴、阅读喜爱的小说、在沙滩上来一节泰式按摩、编发辫，或是玩拖曳伞、水上摩托车、帆船、橡皮艇、沙滩排球、浮潜都是不错的主意。沿着海滩边上，有许多一流的度假饭店、海鲜餐厅及露天的吧，只要度假旅游者有任何消费的话，洋伞和躺椅可以是免费的。

普吉岛还引以自豪的便是它的海岸线，柔和而呈弯月形的海滩总是风平浪静，每个海滩的尽头是石块嶙峋，被巨浪拍打的山崖毅然挺立，景象非常可观。

如果旅游者喜欢参观充满原始情趣的森林，考帕泰奥国家公园是个很不错的选择，至于位于最南端的帖朋岬又称为神仙半岛则是欣赏落日的绝佳地点。其他值得一提的还有普吉水族馆、珍珠养殖场、泰国村、兰花园，以及女战士纪念碑等景点。它们以独特热带风情给予海滨度假旅游者无尽的审美享受。

（二）离岛风情

在自然景观方面，邻近的攀牙湾也是吸引国际旅客的重要景观资源。于1981成为海洋国家公园的攀牙湾，知名度也是属一属二的，其中40多个岛屿，包括数不清的石灰岩洞所堆积而成的钟乳石、石笋美景，形状千奇百怪、更具特色，旅游行程中多不会错过回教渔村的班宜岛（Koh Panyee）、著名的007岛（因占士邦电影曝光后而出名）以及充满白色钟乳石的水晶岛（Tahm Panak）。这是一个被阳光沙滩宠爱的地方，其漫长的海岸线，遍布着柔和而呈弯月形的沙滩、椰林、橡胶林点缀其间，加上附近还有许多奇型怪状的小岛、钟乳石洞、天然洞窟等，令人叹为观止。

到了此地，海滨度假旅游者可以细细品味属于南方岛屿中海上吉普赛人独特的生活方式，以及大自然恩赐给当地的礼物。岛上的居民大多是中国福建人和葡萄牙人的后裔，所以这里的房舍、生活风俗拥有强烈的地中海风情及闽南风格，走在街道上，就连空气也充满了闲适和浪漫的气氛。白天,你可以拿本书歪斜在躺椅上听潮、看浪;夜里,你可以悠闲漫步在繁华街道中,体验着浓郁的异国情调;如果你热爱运动,丰富的水上活动可让你一试身手,你可以滑水、划独木舟、玩风浪板或香蕉船;如果想与大海来个更亲密的接触,你可以潜进五彩斑斓的海底世界中,与鱼儿共舞;如果你偏爱温和一点的活动,可以租个钓鱼杆钓螃蟹;再不然,就到面海的淡水泳池里,变成一条鱼吧!在普吉爱好运动的旅游者定会乘兴而归,这里可以乘快艇出海,进行滑翔运动,或是在海中潜水、浮潜,享受运动美的魅力。

(三)风味饮食

泰国是东南亚著名的旅游国家,普吉岛又是四面环海,饮食自然以各种热带作物和海产为主。泰国米是世界闻名的,也是泰国出口创汇的主力,泰国九世国王就是一个农业专家,自己在王宫边上开了一大片土地来研究改良大米。岛上居民主食还是香米,清香细糯,口感美好。而由于日照较强的缘故,泰国的水果含糖量很高,芒果、椰子、香蕉等都比我国海南产的更甜。在岛上,海滨度假旅游者几乎可以以椰子当水,香蕉作饭,不亦乐乎地品尝美食。

思考题

1. 海滨自然景观有何审美特征?
2. 应从哪些方面把握海滨自然景观的天然美质?
3. 海景人文景观为什么是自然美和人工美的统一?
4. 为什么说海滨度假也是疗养?
5. 地理环境,民族历史文化因素对巴西里约旅游风情形成产生了什么影响?

第七章　山地、温泉、森林度假旅游审美

学习目的

通过对山地、温泉、森林等度假旅游地的审美要素、审美方法的认识，进一步了解世界著名山地、温泉、森林度假旅游地的美学特征，从而学会在这些传统度假旅游地进行旅游活动的过程中获得良好的审美感受。

主要内容

- 山地度假旅游审美

  滑雪　高尔夫　登山

- 温泉度假旅游审美

  温泉的审美变迁　温泉的类型　温泉度假旅游的美学特征

- 森林度假旅游审美

  森林度假旅游的审美方法　森林度假旅游的美学特征

- 世界著名山地、温泉、森林度假旅游地审美

  阿尔卑斯山　日本温泉街　新西兰温泉区　加拿大温泉区　南极温泉　海南七仙岭国家温泉森林公园　德国黑森林度假地

第一节 山地度假旅游审美

全球进行山地度假旅游的著名旅游景点主要有：尼泊尔境内的喜马拉雅山脉、科罗拉多大峡谷、弗吉尼亚的蓝脊山脉（the Blue Ridge Mountain of Virginia）、英国的湖区（the Lake District in Britain）或南爱尔兰的凯瑞环型区（the Ring of Kerry in Southern Ireland）等地区。

山地度假旅游活动由于以风景秀丽的山地为依托，在旅游活动过程中必然要接触到山地特有的气候、地质地貌、动植物景观等自然审美要素，特别是山地气候类型，它不仅是度假旅游人群高度关注的因素之一，也是吸引度假旅游者形成旅游流的主要原因。同时，由于人文旅游活动的介入，也涉及一些人文美的因素。其中，涉及的美学特征主要包括了山容水态之美、花木鸟兽之美、气象天象景观之美以及建筑、文化等艺术景观之美。

关于这些自然和人文因素的美学特征和审美方法由于在前面章节中已做了详尽的阐述，这里就不再重复。本章对山地度假旅游的审美要素则主要从山地度假旅游的类型入手来进行分析。

山地度假旅游包括参加竞技型体育赛事与活动（通称硬运动），如山地自行车运动，参加娱乐性运动或休闲性运动，如滑雪、徒步等。按目前山地度假旅游市场的流行趋势，山地度假旅游主要可以概括为以下三种类型。

一、滑雪

全球的滑雪度假地主要集中在欧洲的阿尔卑斯山脉、比利牛斯山脉、北美的美国和加拿大。欧洲最有名的滑雪场集中分布在法国、瑞士、意大利和奥地利等国家。如法国的梅瑞贝尔（MERIBEL）雪场，它是世界上最大的雪场之一。瑞士著名的三大滑雪圣地——铁力士山、少女峰和洛伊克巴德，其中圣莫里茨（ST. MORITZ）雪场，是阿尔卑斯滑雪先锋,曾经组织过 1928 年和 1948 年的冬季奥运会以及各种世界杯滑雪比赛。除了滑雪,还有各式各样的活动适合任何人,包括雪橇、赛马、马球、冰湖上的板球运动等,这是世界上最豪华的雪场,欧洲王室及社会名流经常前往这个滑雪场,在这里你可能随时会遇到体坛明星或者好莱坞的天王巨星。近年来,东欧的保加利亚、罗马尼亚、斯洛文尼亚相继进入滑雪主流市场和大旅行商的产品册。

作为一种时尚休闲度假活动,近几年来,滑雪旅游在我国也悄然兴起。随着我国居民收入的大幅度增长和带薪休假人员的增多,也将极大地刺激滑雪旅游产业的发展。有关专家表示,滑雪旅游产业从初始期走向成熟期,国外用了大约 20~30 年的时间,而我国按目前的经济发展速度,在未来 15~20 年间将可能迎来滑雪产业的鼎盛时期。根据国家旅游局统计,从 2001 年国人的旅游趋势已逐渐开始从观光型转向休闲型,其中选择滑雪运动进行休闲健身的,在广大的 18 岁至 40 岁公众之间,正在成为一种时尚。以旅游滑雪场的发展为例,1996 年仅有寥寥数家,如今则已经在黑龙江、吉林、新疆、北京、河北、四川、内蒙古乃至西藏、云南等全国十多个省、市、自治区建立起了大小 100 多家,这还不包括在北京、深圳等地诞生的人工滑雪场和室内滑雪场。在滑雪场地快速建设的同时,滑雪人数则呈倍数级跳跃式增长,滑雪爱好者已经从 1999 年度的几万人激增到上百万人。种种迹象均表明,滑雪旅游在我国正以令人振奋的势头发展,成为许多人争相参与的"冬季第一户外运动"。我国有三个多雪区:大小兴安岭及长白山、天山北坡与阿尔泰山、青藏高原东部湿润区。综合年积雪期、雪质及硬度、冬季适于滑雪的室外温度等诸多因素,都是极适宜开展滑雪旅游的区域。

随着市场需求的不断增长,越来越多的滑雪者在寻找新的目的地,这一方面是由于滑雪场的建设会对自然生态环境产生影响,另一方面则是由于人们的喜新厌旧心理的作用。滑雪旅游度假地经营的成功与否主要看两方面的因素:

一是自然环境,包括雪期、雪质及高质量的雪道。

【案例 7-1】 丽江玉龙雪山滑雪场

位于我国云南省滇西北丽江玉龙雪山的旅游滑雪场就以每年长达

8个月(11月~次年6月)的雪期堪称中国乃至世界之最,滑雪场位于玉龙雪山东麓,距被联合国评定为"世界文化遗产"的丽江古城仅20公里,是距地球赤道最近、也是"最温暖"的天然高山滑雪场。滑雪场海拔在4500~4700米之间,东西长1000米,南北宽600米,雪质好,适合四季滑雪。

(案例来源:http://travel.sohu.com/)

二是基地设施。世界各地的滑雪地均要求有高质量的住宿设施和优质的服务。滑雪者喜欢尽可能长时间地沿雪道下滑而不是上行,所以,快捷高效的牵引索道是最基本的,住宿设施距离索道较近也很重要,还要有网络式的山间餐馆和咖啡馆。全球范围的跨国界高山滑雪旅游者每年形成了洲际间的互访,国际性滑雪度假地的吸引力主要也是因为有不经停的包机和直达定期航班,能够将游客从出发地直接送到滑雪地。

二、高尔夫

高尔夫运动在山地、平原、丘陵、高原、甚至海滨都能够开展,但由于其场地的设计多以起伏的山地为造型,对气候、植被的要求通常与山地度假旅游的条件十分相似,因此在这里我们将其归为山地度假旅游的一个代表类型来进行阐述。

英文"高尔夫"一词是一个典型的组合名词,组成"Golf"这个单词的四个字母分别代表一定的含义,通常认为"G"代表"Green 绿色"的第一个字母,"O"代表"Oxygen 氧气"的第一个字母,"L"代表"Light 阳光"的第一个字母,"F"代表"Foot 步行"的第一个字母,总体含义即在绿色的草地上,呼吸着新鲜的氧气,沐浴着灿烂的阳光,悠哉游哉缓步前行。也有的认为"G"代表"Gentleness 绅士风度","O"代表"Open 开放","L"代表"Life 生活","F"代表"Friendship 友谊或 Free 自由"。不论哪一种说法,都表明了高尔夫是一项健康、充满活力、令人精神愉快的户外运动。而高尔夫度假旅游则是指以在异地打高尔夫球为主要目的旅游,有的人以打高尔夫球为旅行的主要目的,有的人在旅游过程中捎带打高尔夫球。全球2600万高尔夫球爱好者促进了高尔夫球运动的蓬勃发展。高尔夫旅游者不愿意总在一个球场挥杆,他们通常渴望见识不同的球道,一试身手,不少高尔夫爱好者像集邮爱好者那样积攒著名高尔夫球场的标志或纪念品,这成为高尔夫旅游的一个重要动因。

在我国,高尔夫球运动自20世纪90年代开始兴起以来,已经从珠江三角洲逐步向东南沿海和内地延伸,目前,已有大量的境外游客以打高尔夫球为主要目的来华旅游。

打高尔夫球是运动,是休闲,是社交。人们在没有扰的绿草茵茵的球场,在将小球打进球洞的过程中,放松身心获得灵感,体验生活。越来越多的家庭度假首选有高尔夫球场的度假地,越来越多的会议组织者将会议的会场附近是否有高尔夫球场作为选址的一个重要因素,越来越多的商业协议是在高尔夫球场而不是在会场达成的,越来越多的商务旅游者在目的地不放过打高尔夫球的机会。

高尔夫球运动要求有开阔幽静的自然环境,维护保养良好、有特色风格、有一定档次的球场,球场地势具有挑战性,俱乐部式经营的球场更有吸引力。高尔夫球旅游还要求球场之外的文化、历史和自然风光构成总体吸引力。高尔夫球旅游者通常还追求个性化的产品,注重旅行生活中的自我体现和个人自由度。他们往往会要求能在长久居住地直接预订打球的时间,希望能在旅行开始之前就能预先知道详细的日程等。

【案例 7-2】 福布斯中国十大最佳高尔夫球场

2006年3月,《福布斯》杂志评选出了中国十大最佳高尔夫球场(排名不分先后),它们是:

① 春城湖畔高尔夫俱乐部(云南省昆明市)

春城高尔夫球湖畔度假村,位于中国南部省份云南省的首府昆明,坐落于清澈迷人的阳宗海湖畔,由湖畔球场和山地球场两个18洞72杆国际标准球场组成。1999年6月被US Golf Digest杂志获评为中国及香港高尔夫球度假村之冠。其中山地球场启用于1997年,长7453码,风景极为秀丽,长度达155码的第八洞半岛形果岭很有特色;湖畔球场则依地势而建,球道窄,打起球来很具难度,需要相当的策略思考。湖畔球场启用于1998年,长7204码,标准杆数为72杆。这里一年四季场地都保持着良好的状态,使球场感受到世界级赛场的风范,依托云南得天独后的旅游资源和丰富多彩的民族风情,吸引着越来越多的高尔夫爱好者。

② 博鳌高尔夫乡村俱乐部(海南省琼海市)

博鳌高尔夫乡村俱乐部得天独厚的地理条件和开发人巧夺天工的设计,使这座中国业内首创、亚太地区罕有的全岛型林克斯风格的高尔夫球场在万泉河入海口处的沙坡岛上,向人们展现了其独有的风姿和魅力。球场将高尔夫各种不同的球技战术的运用巧妙地揉合在这约80万平方米的岛上。严格保留了原有的自然地形、地貌和植被,充分利用了岛上水湾、沙坑、白花芦苇荡和各种灌木藤蔓植物的分布,尤其是遍布全岛的野菠萝丛林,它不仅赋予了球场景观特色,更对您打球的战略和技能是一个极大的检验。在设有18洞、72杆、全长7019码的球道上,前9洞绕岛环走,融海天风光和远山近水于一体。后9洞岛中穿行,集沙池奇石、椰林苇荡、田园景色于一身,该球场多次接待国内外贵宾和高尔夫爱好者,并多次举办了各种特色的高尔夫赛事。对于这里极具挑战性的球道风格,被中国高尔夫协会秘书长崔志强先生称为是"中国最具有特色的球场之一"。

③ 康乐园高尔夫俱乐部(海南省万宁兴隆)

海南康乐园国际高尔夫球俱乐部位于海南省东南部著名的兴隆温泉度假区,它与所属的康乐园大酒店之完美结合,是海南温泉高尔夫度假旅游的最佳选择。这个极具挑战性的18洞球场球道总长7201码,球场保持了原有的丘陵地形和茂密的树林,球道起伏差大,且绝大部分球道是发球台高,顺势而下,及至果岭。整个球场最特别的是双球道设计。如第11洞上全长600码的5杆长洞。球道中间被宽阔茂盛的树林隔成左、右两条球道。向左方发球为3杆上果岭的保守型设计、向右方发球则为2杆上果岭的525码长度的进攻型设计,但这要求球手具备足够的发球距离和准确的击球落点,否则不仅难圆2杆上果岭的美梦,更糟糕的可能是被困于陷阱而送江山。是攻是守,全凭个人的技能和智慧的战略应用。

④ 世纪高尔夫乡村俱乐部(广东省深圳市南澳)

深圳世纪海景乡村俱乐部位于深圳龙岗区南澳镇,倚山傍海,风景秀丽，令人心旷神怡，现已建成国际 PGA 标准 18 洞球场，球场设计以尽量保持原有的野生动植物、湖泊等天然景观为原则，在球道中挥杆，时见鹰隼盘旋，雉鸟信步，远山满目青翠，古朴的半天云村民居，青烟袅袅，群山隐隐欲动。球场内湖泊纵横交错，山势峻美，果岭平均面积达650平米，72个银色沙池障碍点缀球道，极具球技挑战，令您在高尔夫球运动中享受无穷的乐趣，完全融入美好的自然之中。

⑤ 万盛高尔夫俱乐部（广东省珠海市西部）

坐落于广东省珠海经济特区西部新闻开发区的万盛乡村高尔夫俱乐部，宛如闹市中的世外桃源。这个距离香港不到两个小时路程的度假胜地，面积达八百英亩，四周园林茂密，风光如画，当中的湖泊更以景致动人见长。这里，和谐、优美的自然环境与高尔夫球场配合得天衣无缝，球道充分利用山势的起伏和湖泊的形状，为球手提供各种不同的乐趣和充满挑战性的打球环境。第七球洞是跨越湖泊的一个洞，必须一杆将球送过水面，到达湖泊的另一边。其设计之匠心独到，精妙绝伦之处，非亲身领略而不能体会，令人叹为观止。

⑥ 中山长江高尔夫俱乐部（广东省）

位于中山市东区长江旅游风景区，球场总面积213万平方米（3200亩），高尔夫球场南区由美国 JMP 高尔夫设计集团设计，北区由美国 Schmidt Curly Golf Course Architecture & Planing 设计。共有36洞高尔夫球场（南区72杆7066码；北区72杆7037码），9洞夜间照明高尔夫球场（南区后9洞）高尔夫球培训学校及练习场。

⑦ 大连金石高尔夫俱乐部（辽宁省大连市）

金石高尔夫俱乐部位于大连金石滩国家旅游度假区内，球场占地面积223万平方米，其中的9个夜光球道将使高尔夫球玩家们体验到夜间挥杆的乐趣。已建成的18个球洞充分利用了金石滩的地形地貌，果岭均设在海头之上，惊险无比，其中最富挑战的"天下第一道"、也称"魔鬼球道"的第7号球道，被列入世界球道100佳。位于高山头的发球区。从伸入海面的一处山岩岬角上挥杆，银球飞过100多米的海面后，落到对面高度较低的另一块小岭上，小小的岛屿果岭漂浮在拍岸惊涛之中，即使是职业选手，也很难逃脱巨浪的洗劫。金石高尔夫俱乐部目前已加入了中国和美国高尔夫协会,同日本、美国、新加坡、韩国及国内18个球场结为姊妹球场,还被世界旅游协会接纳为会员。如今已被国际奥委会指定为高尔夫赛亚洲区主赛场之一。

⑧ 上海淀山湖旭宝高尔夫俱乐部(上海市)

上海淀山湖旭宝高尔夫俱乐部是连续多年举办 VOLVO 中国公开赛的场地,高质量的球场设施和服务使其成为了亚洲地区的良好锦标赛场地之一。

⑨ 三阳高尔夫俱乐部(江苏省苏州市)

三阳高尔夫俱乐部位于中国著名的水乡。在金澄湖的怀抱之中,18个洞宛如18个可爱的小岛,错落有致地散布在湖面上,岛与岛之间应用了多座元、明、清仿古桥衔接,将小桥流水的中国特色巧妙地融入了球场之中,融自然风貌与高尔夫理念为一体,大量湖水成为天然障碍,果岭叠翠,球道蜿蜒,变化多端,全面考验球手的球技劲度及胆量。这是三阳高尔夫俱乐部的球友们津津乐道、跃跃欲试之处。

⑩ 海峡奥林匹克高尔夫俱乐部(福建省福州长乐市)

长乐海峡奥林匹克高尔夫俱乐部球场属海边平地球场,从树林开发出来,近乎欧美、澳洲球场的格局。球场全长7333码,每个洞都会令打球者精神为之一振。长洞固然困难,而短洞也不易征服,像第17洞,只是190码的三杆洞,然而树丛、水池围着小小的一片果岭,能安全着陆已算是不错了。

(案例来源:http://www.hbhlh.com.cn/)

三、登山

登山旅游运动属于山地探险旅游的范畴,迄今已有二百多年的历史。由于它起源于欧洲阿尔卑斯山区,故也有人把登山旅游运动称为"阿尔卑斯运动"。今天,登山旅游运动已几乎遍及世界各个国家,成为相当一部分旅游者的特殊爱好。其最大的吸引力就在于挑战自我,在探险与征服的过程中实现自我。通常按照登山技术性和危险性,可以大概的将这项运动分为两个层次:一是特种登山旅游,这样的登山旅游运动,非一般旅游者所能为,它要求具备一定的专业技能,特殊的体质条件和特殊心理素质,这类人士通常选择高而险的山体作为对象,极度严寒、峥嵘的岩壁,是他们梦寐以求的征服对象。另一种则是绝大多数旅游者可以为之的登山旅游活动,即通常所说的山地度假旅游。旅游者以海拔高度适中、风景秀丽、气候宜人的山体作为选择对象,其登山目的旨在观赏自然秀丽的风光、放松心情、缓解紧张情绪、休闲度假,并兼有运动躯体、达到锻炼身心的目的。

欧洲的阿尔卑斯褶皱山系,包括东翼的喀尔巴阡山脉、巴尔干山脉、狄那克里阿尔卑斯山脉和西翼的亚平宁山脉、比利牛斯山脉等,构成欧洲南部的一条巨大弧形屏障,全长约1200公里,宽150~300公里,平均海拔3000米左右,主峰勃朗峰海拔4810米。它所在的一些国家,如罗马尼亚、意大利、法国、德国、瑞士、奥地利等国,雪峰林立,峡谷幽深,山顶晶莹皑皑,山坡林木森森,均是发展登山度假旅游的理想之地。如位于该山之内的风景国家瑞士,境内山地面积占80%,森林覆盖率达25%,因垂直景观变化明显,非常适宜发展夏季避暑、冬季滑雪等度假旅游活动。游人乘各种登山车辆,在几十分钟内,即可登上三四千米高的雪峰,成为世界上冰雪登山活动最发达的国家。

我国的登山旅游活动始于1980年。主要的客源包括两类:一类是前往开放山峰进行登山探险活动的各国登山界人士和登山爱好者;另一类则是去山间游览的旅游者,也就是我们所说的山地度假旅游者。由于我国幅员辽阔,地理环境优越,因此,无论是发展专业的特种登山旅游活动,还是发展的山地度假旅游,都具有良好的条件和优势。而这些高山,则成为开发山地度假旅游的潜在资源。

【案例 7-3】 中国对外开放的山峰

① 珠穆朗玛峰

它是喜马拉雅山脉的主峰,也是世界最高峰,海拔 8844.43 米(2005年10月9日国务院公布的最新数据),位于中国和尼泊尔王国的交界处。珠峰的姊妹峰章子峰(也称北峰),海拔7541米,与珠峰紧紧相连,也一并开放。

② 希夏邦马峰

位于喜马拉雅山脉中段,距第1高峰珠穆朗玛峰西北约100公里处,在中国西藏自治区聂拉木县境内。希峰海拔8012米,长期被称为"神秘的山峰"。希峰附近还有摩拉门青峰(7703米)、康彭钦峰(7281米)和西峰(7292米)等,也同时对外开放。

③ 贡嘎山

位于四川省甘孜藏族自治州境内康定城南约55公里处。它是中国境内7000米以上高峰中最靠近东部腹地的一座,是横断山脉大雪山的主峰。这个地区高山之间是被数条江河切割成的深邃峡谷,著名的大渡河就从贡嘎山的一侧脚下咆哮而过。从大渡河至贡嘎山顶相对高差竟达6000余米。这样的巨大峡谷,为世界所罕见。贡嘎山附近同时开放的还有中山峰(6886米)和嘉子峰(6540米)等。

④ 慕士塔格山、公格尔山、公格尔九别峰

这3座高峰彼此相距很近,都位于帕米尔高原东侧和昆仑山系的西端,新疆南部重镇喀什之南,海拔高度依次为7546米、7719米和7595米,比周围山峰高出约2000米,鹤立鸡群,十分壮观。

⑤ 阿尼玛卿山

它也称积石山,属昆仑山脉东段的北支脉,位于青海果洛藏族自治州境内,玛卿岗日峰是最高峰,海拔6282米。藏语"阿尼"是年长之意,"玛卿"是佛教中最高的侍者。据说,当地藏族过去把阿尼玛卿视为神山,称它为"众山之王"。

⑥ 博格达峰

博格达山的主峰,也是天山东段的最高峰,位于新疆乌鲁木齐市附近60公里处。其附近还有数座姊妹峰也同时开放。博格达北坡的天池,是靠降水和冰雪融水补给的高山湖泊,风景幽静而秀丽,夏季是消暑的胜地,冬季是进行冰雪运动的理想场所。

⑦ 四姑娘山

它位于四川省阿坝藏族自治州小金县和汶川县交界处,属横断山脉邛崃山系,距大熊猫的产地卧龙自然保护区约70公里。四姑娘山由四座山峰组成,即大峰、二峰、三峰、四峰,海拔依次为5355米、5454米、5664米和6250米,周围还有十几座海拔5000米以上的峰群。一般旅游者只要有勇气,均可登上大峰,特别是国外的旅游者,60～70岁的老年人均有登上大峰的经历,甚至还有来自韩国的残疾人登上过大峰,难度不算太大,危险性也较小。近年来,有不少爱好者开始登上二峰。登上三峰的人相对较少,主要是那些有比较好的登山经验的半专业人士会去登三峰,而目前还很少有人能登上四姑娘山主峰,主要是因为海拔较高,天气变化较大,登山路线较险等阻碍了向四峰的冲击。

⑧ 乔戈里峰、加舒尔布鲁木Ⅰ峰、布洛阿特峰

这3座高峰相距很近,位于喀喇昆仑山脉中国和巴基斯坦边界线上,东经约76°31′,北纬约35°51′。乔戈里峰的海拔高度为8611米,不仅是喀喇昆仑山脉的最高峰,而且是仅次于珠穆朗玛峰的世界第二高峰。加舒尔布鲁木Ⅰ峰海拔8068米,是世界第11高峰。布洛阿特峰海拔8047米,是世界第12高峰。这三座山峰中,乔戈里峰的攀登路线陡峭而漫长,冰雪岩石混合交错,困难多,危险性较大,是各国登山界瞩目的对象。加舒尔布鲁木Ⅰ峰的近旁还有其Ⅱ峰,海拔8034米,是世界第13高峰,也对外开放。

(案例来源:http://top1.nease.net/,http://www.siguniangshan.com/)

第二节 温泉度假旅游审美

近年来,随着生活水平的提高,旅游休闲度假已成为许多人生活中的一部分,而"以体验温泉、感悟温泉文化为主题,以温泉养生、休闲度假为目的"的温泉度假旅游,更是迅速成为一种旅游休闲新时尚。温泉度假旅游集健康、休闲、度假、旅游于一体,随着休闲时代的到来,被誉为"朝阳产业中的朝阳",近年来更是引领了中国休闲特色旅游经济的发展,在投资规模、资源开发、服务内容、营销方法、管理模式等方面都处于快速发展和不断完善的过程中。在许多经济发达地区,温泉度假旅游已成为人们最喜爱的休闲方式之一,进而占据了当地休闲旅游市场

的半壁江山。

一、温泉的审美变迁

人们对温泉的审美,直接地反映着人们不同时期的不同需求。温泉度假旅游,这一集健康养生、休闲度假于一体的新旅游形式,在中国发展时间并不长,却引领着健康休闲旅游时尚,引发了中国休闲旅游时代的到来。经过数年的发展,温泉度假旅游已不再只是原有的健康养生概念。在中国休闲旅游的发展中,温泉度假旅游已包含了休闲度假、健康养生、自然运动、温泉 SPA、文化体验等五大类三十多种旅游理念,温泉度假旅游实际上已发展成一个具有丰富内涵的旅游平台,成为人们生活中不可缺少的一部分,使生活更丰富、更有趣、更健康。

(一)温泉与洗浴

温泉最初的概念是洗浴的代名词,就是人们常说的"泡汤"。中国温泉历史悠久,公元前六百年孔子在《论语》一书中曾提到温泉沐浴。唐太宗李世民在《温泉铭》中也记下了自己的泡汤体会:"朕以忧劳积虑,风疾累婴,每濯患于斯源,不移时而获捐。"明代李时珍在他的《本草纲目》中说得更为具体:"温泉主治诸风湿、盘骨挛缩及肌皮顽疥,手足不遂。"由此可见,温泉洗浴早已是一种由来已久的保健理疗方式。天然温泉水含有丰富的化学成分,人通过洗浴或饮用吸收,这些成分会对人体产生各种药用效果。浸浴温泉能鼓动真气、温通活络、流畅气血、心神宁静,促进疾病的痊愈和身心的康复,泡温泉不仅具有实质的医疗效果,还是一种减轻精神疲劳和解除精神压力的全身放松休闲活动,在温泉体味90%失重的感觉,全身的毛细血管舒张,在优美的风景中创造一种身心零负担、环境零污染的休闲状态。

(二)温泉与游戏

第二代温泉是温泉洗浴加游戏,更强调温泉的动感和洗浴内容的丰富性。这在古代欧洲表现得犹为突出。以古罗马为代表,在罗马帝国时期,古罗马腐朽的寄生阶层玩乐的最重要场所就是公共浴场。当时,几乎每个皇帝都在各地建造公共浴场以笼络公民。公元 2~3 世纪,仅罗马城内就有11座大型浴场,小规模的则有800多个。这种公共浴场在当时是一种多功能的综合性建筑,不仅包括了洗浴的场所,还包括了演讲厅、音乐堂、图书馆、交谊厅、棋牌室、画廊、商店、小吃铺、体育锻炼场所等内容,人们可以从早到晚在浴场里生活、谈生意,或者进行政治活动。[①] 最出名的如卡拉卡拉浴场(Thermae di Caracalla,211～217建造)和戴克利先浴场(Thermae di Diocletium,305～306建造),前者可同时容纳1600人,后者则能容纳3000人,是当时最大的两座浴场。由此可见,此时的浴场已经不再是单纯的洗浴场所,比起前一阶段,它有了更丰富的内容,我们称其为洗浴加游戏。

(三)温泉与休闲

第三代温泉则是洗浴加休闲,更加突出了温泉度假与休闲的功效,是一种全方位的体验式旅游。在这种度假旅游体验的过程中,参与是前提,如果没有参与,仅仅是走马观花似的旁观,而不亲自参与其中,并在参与中思索与体会,就得不到真正的体验。体验所涉及的感官越多,就愈容易成功、愈令人难忘。温泉度假旅游的魅力也正在于此。温泉度假旅游不单只是温泉沐浴,还通过营造一种休闲、健康的独特氛围,使旅游者身心融入到温泉中,体验温泉为旅游者带来全方位的独特享受。

为了吸引旅游者,许多旅游区都整合区域旅游资源,推出了多种特色旅游项目。而凡有温泉旅游资源的旅游区,无一不将温泉作为特色旅游项目推出,因为温泉旅游内涵丰富,集健康、养生、休闲、度假、旅游于一体,所以许多地区将其和其他特色旅游组合推出,形成"1+1模式"。例如:温泉+生态游、温泉+农家游、温泉观光游、温泉民俗游、冬季滑雪+温泉游……而这种"1+1模式"也越来越受到旅游者的欢迎。

(四)温泉与文化

最新的第四代温泉是最具包容性的,它不再专属于某一阶层,而是全社会共同享有的、引入了保健理念的全新概念。现代温泉度假旅游,将温泉视为养生、休闲、度假、旅游的载体,突破了温泉疗养的传统局限,以温泉文化为核心,创新设计温泉文化体验,将温泉旅游带入了一

[①] 陈志华,《外国古建筑二十讲》,三联书店,2002年版,第53页。

个全新的领域。

这类温泉最显著的特点就是提供适合不同体质的温泉浴,且通常会在入口处设有诊所,让游客在泡汤前接受简单的体检,以体现保健温泉的宗旨。根据体检结果,可在保健医师的指导下选择适合自己的温泉。另外,还有诸如恢复疲劳、减肥美容之类的水疗方案可供人们选择,以及多种多样的设施保证游客一年四季都可尽情享受。

第四代温泉中的代表有亚洲规模最大的保健主题温泉——韩国的思帕比斯,珠海御温泉也是以健康休闲为主题,大量运用中医理论设计具保健作用的"个性化泡汤"产品,逐步形成了以温泉休闲旅游为龙头"1+N"的开发模式,将温泉旅游作为珠海休闲旅游的一个发展平台,提升了珠海温泉度假旅游的整体魅力。

【案例 7-4】 昆明柏联 SPA 温泉

SPA 作为国际上最为流行的休闲文化,是一种以国际香薰疗法为主体,在特定的养生环境中,利用植物自然提取芳香物质来平衡、和谐并增强身体、心灵和精神的休闲方式。

位于中国昆明阳宗海湖畔的柏联 SPA 温泉,作为 SPA 的真正倡导者,吸纳了高山镜湖之天地灵气,融合火山石矿物滋养,萃取天然花草植物精华,以沁人心扉的 SPA 芳香疗法,在自然与人的和谐中,向世人奉献了世界顶级海景 SPA 温泉。柏联 SPA 温泉源于地下有多种矿物质的高温碳酸泉水,水滑如脂,养生润颜,理疗身心。其间的露天园林温泉、海景 SPA 馆、火山 SPA 馆、地热熏蒸馆、海景瑜珈馆、水上屋、园林头部引流馆、火山别苑、海景餐厅等硬件设施充分体现了一流 SPA 的专业化和国际化水平。在这里,颇具东方养生色彩的露天园林温泉,充分融入了日本汤文化和东方佛文化元素,整个布局自然天成,巧夺天工,使度假旅游者不出国门即可体验到纯粹的异国 SPA 风情。

(案例来源:http://www.yunnanspa.com/)

二、温泉的类型

目前,国际上比较公认的对人体健康有显著疗效的温泉类型主要有以下几种:

重碳酸土类泉：含钙镁等碳酸氢的温泉，具有镇静作用，对过敏型患者、慢性皮肤病、荨麻疹有疗效。

重曹泉：含硫酸氢钠的重曹泉，是对皮肤有滋润功能的"美人汤"，烧伤、烫伤等外伤患者，泡此汤有改善效果。

硫磺泉：含有硫磺的温泉，有软化皮肤角质层的作用，并有止痒、解毒的效能，是去痘去斑、治疗慢性皮肤病的有效疗汤。在日本常被采撷制作成家用温泉浴的"汤包"。

铁泉：能改善贫血症状，对风湿病、更年期障碍、子宫发育不全、湿疹等患者有效，愈靠近泉源的汤质愈好。

单纯温泉（碱性）：泉水温度在25℃以上，含微量元素，因此对身体刺激较少，但疗养的范围相对扩大，效能则视其中成分的多少而定。

硫酸盐泉：有镇静效果，可改善高血压、动脉硬化、风湿病、割伤、烧伤的情形。

正苦味泉：可以改善高血压、动脉硬化的情形。

食盐泉：具有绝佳保温效果的"保温热汤"，对风湿患者、手脚冰冷及妇科病症有改善效果。

放射能泉：含氡气和镭的温泉，是可泡可饮的全方位温泉，对糖尿病、神经痛、风湿病、痛风患者等有疗效。

单纯碳酸泉：含二氧化碳的温泉，泉温较低，能促进微血管的扩张，帮助血液循环，而且还有保温作用。

热泥泉：含有大量泥土、温高水浊的热泥泉，对美肤、健康具有独特疗效，是"泥浴"必不可少的原材料。

当然，除以上提到的以外，还有很多温泉类型有待我们进一步探索和开发它的功用。但无论哪种温泉，为度假旅游所利用，其目的都是为了使旅游者舒解身心、养精蓄锐，并获得最佳的审美感受。

三、温泉度假旅游的美学特征

泡温泉、享名汤，在山水之间感受心情的张驰，以一种近似虔诚的心态，迎接一次身体与心灵的洗礼。放松、再放松，世间一切繁杂困扰渐行渐远，此时的你完完全全归于自然。温泉的美是要用心去品味和感受的。

（一）春之美

春风又绿，满目新鲜，春天的山水是生长的，从淡到浓，每天都有不一样的绿色；春天的田野像一幅水彩画，绝少有红绿的纯色，一切都被自然的勃勃生气渲染着。乍暖还寒，将窝了一冬的身体在一池春水中舒展开来，春风卷起池中的暖雾，倦倦的心情也慢慢化开。躺在露天温泉池中，水温刚刚好，闭上双眼，这一刻什么都可以想，什么都可以不想，春天的山水温泉是艺术的。

（二）夏之美

凉风习习，夏夜迷离，摆脱了白日的浮躁，在山水中享受一份难得的宁静。夜泡温泉，躺在温泉池中，看繁星点点，一条银河飞度浩空。突然间，两三颗星星斜斜地朝你飞来，飞近了才看清原来是萤火虫在跳着圆舞曲。在朦胧的灯光下，夏夜的温泉像是川端康成笔下的伊豆舞娘，点点风情，欲说还休。这时，如果宁静的心里装不下了工作，不防谈谈风月，享享浪漫，因为夏夜的山水温泉是感性的。

（三）秋之美

夏花还在怒放，层林已染秋意。秋天的南国山水像梵高的油画，色彩明艳，抹抹金黄，一切都有秩序地狂放着。金风送爽，蟹肥菊黄，享受了一顿田园晚餐后，心满意足的浸泡在温泉中，看天高云淡，其乐融融。日落西山，绚丽的火烧云谢幕后，天空拉上了一张深蓝的幕布。草丛中的小虫在鸣唱，远处田野里似有若无地传来几声"呜呜"声，是什么鸟鸣，或是远处村庄的犬吠声。唐宫汉曲，秋月如钩，举杯邀明月，把酒问青天，这如斯的美景，千百年来都未曾改变吗？秋季的山水温泉是写实的。

（四）冬之美

暖雾蒸绕，泉池盈满，脱去浴巾把身体整个浸入温泉池中，一股暖意便在身体中流淌起来。暮色中，看山如剪影，月上枝头，远处灯光点点，静极了。这一刻，我仿佛听到了周身毛孔张开的声音。突然间，几朵绚丽的"花瓣"划开了静谧夜空，烟花盛放时，心里竟有了一种久违的节日感动。冬天的山水温泉是诗意的。

【案例 7-5】 中国四川海螺沟冰川温泉

美好的东西向来不轻易示人,比如绝世珍宝,比如冰川。冰川都大多藏在人迹罕至的苦寒之地,生就一副拒人于千里之外的冷面。四川贡嘎山海螺沟冰川算得上是最热情的冰川了,这里拥有面积达 31 平方公里的雄伟冰川,它是世界上为数极少的一年四季均可身临其境的低纬度、低海拔冰川。除此之外,海螺沟的热情还在于蕴藏在她怀抱里的贡嘎神汤。接近二号营地,就看见白茫茫的雾气升腾着。贡嘎神汤从高处倾泻而下,流入沿山坡高低错落分布的各色温泉池中,水温各异。温泉池周围是茂密的原始森林,由近及远形成奇特的树挂。泡在温泉水里,把头靠在池边,露天温泉的蒸汽如云飞散,将原始森林和远处的雪峰染成朦胧一片。海螺沟的神汤,似乎蕴藏着千年自然之力,人间仙境的感觉也不过如此了。

(案例来源:http://www.scscts.com/)

第三节　森林度假旅游审美

在大自然中,最具有自然韵味的首推森林,通常森林保护较好的地方多位于山地,山地的起伏和森林的茂密,颇具生态美。在回归大自然的生态旅游中,人类很自然地就将自己走出的森林故乡作为回归的对象。在空气清新、碧海蓝天、广阔悠然的原始森林,人们终于能够回到大自然母亲的怀抱而获得身心的抚慰和滋养。

一、森林度假旅游的审美方法

森林不是林木个体的机械组合,而是特指由林木、林地以及与其互相作用的其他植物、动物、微生物、气候等因素组成的有机体。森林分为未经开发的原始森林和根据不同目的进行人为干预的森林。前者完全以其原始状态的崇高博大的形象使人观照到群体生命自由运行的规律;后者则表现了人对自然规律的掌握和目的性的创造,它不仅内容上符合实用功利目的，而且在形式上提高了森林自然美的质量，这正是森林美的本质所在。森林审美方法包括以下方面：

（一）**内观外赏**

森林景观规模宏大，内外景观不同；既是欣赏对象，又是欣赏环境，主体、客体、环境和谐统一。作为观赏对象，森林规模往往是巨大的，人的视野往往不能囊括其整体形象。在林外，登高望远其外貌，苍苍林海，颇为壮观；入得林内，仰视才见高大树冠，人在森林环境中感受森林的美，森林环境包括主体，主体又观照着森林物象，三者相互交融。

（二）**生命视觉**

森林是有着复杂结构的特殊生命世界。在大地的母体上，聚集养育着众多的以森林为主体的绿色植物，而绿色植物又养育着森林动物，它们和谐共处，生生不息，这种和人生意义相契合的自然物质环境，正是森林美的魅力所在。

（三）**动态观赏**

森林形象随时间的流逝和观赏位置的移动而变化，这造就了森林美的易变性和多样性。同一片森林，树龄不同，森林面貌就不同。一般地说，幼龄树和壮龄、老龄树相比，审美价值要低；同龄林木，由于季节的变化，也会造成春、夏、秋、冬风格迥异的林相。就是同一树龄、同一季节，但在不同的气象条件下，森林形象也是不同的。阴、晴、雨、雪、风、霜、雾、霭、晨昏四时等的变化，森林的情态、意境也会截然不同。另外，随游人的视点移动，会出现不同风景画面，就像欣赏电影艺术那样，看到的是一个动态的森林风景序列。

（四）**功利审美**

森林的功利和美相统一的特点，强化了森林美。森林被称为绿色的金子，它不但为人类提供木材和其他林副产品，还能平衡生态、保护水土、调节气候、净化空气，从而起到卫生保健等作用。

森林对维护生命健康亦有直接好处，森林旅游是养生的极好选择，用著名医学家张桂芳教授的话说叫"近绿者康"。大森林每天都在吸收二氧化碳，制造氧气，堪称"天然氧吧"。植物除光合作用放出氧气外，还会散发出一种芳香的烯类气态物质，被吸收入肺后，可杀死体内百日咳、白喉、痢疾、结核病等病菌,起消炎、利尿、加快呼吸器官纤毛运动的作用,森林中致病的微生物因此比城市少40～60倍。散步茂密林间,满目苍翠对人的神经系统及大脑皮层、视网膜组织具有调节作用,能减缓血流速度和心跳频率,平静情绪、消除疲劳,尤其能减少强日光中对眼睛有害的紫外线刺激,使人眼目清亮。森林里的各种气体分子和原子在不断受到放射线、紫外线作用及气流、水流的撞击,树叶、花草的摩擦都会产生负氧离子。负氧离子能保持人体生物电场的平衡、改善植物神经功能、促进新陈代谢,降低血压、消除疲劳、振奋精神、提高工作效率、增强免疫机能。负氧离子因具有预防治疗、健身养生上的意义而被誉为"大气维生素"。大森林中富有的臭氧除了合成氧外,还有极强的氧化能力,故有分解异味和杀菌作用,大森林中沁人心脾的奇香就是臭氧所致,徜徉其中,起到"森林浴"的养生作用。欧、美、日本等很早就盛行在森林中修建疗养所,接纳病人治疗和开展相关研究,被称为"森林生态养生学"。世界旅游组织(WTO)也通过森林医院的方式进行康复保健研究。

人们面对同人类自身有如此重大作用、和自身的生活息息相关的大森林,会使它在心目中的形象更加崇高壮美,并产生由衷的崇拜和爱的情感,这里便含着美的根底。正是这种森林本身造成的特殊的欣赏环境,对审美主体和审美客体起到了协调作用,从而加深了美感效果。

二、森林度假旅游的美学特征

森林度假旅游的美学特征包括了森林中各个组成要素的美,是一种生生不息的生命之美。

(一)植物之美

1. 色彩美

森林植物的美首先体现在色彩上。色彩感觉是一般美感中最大众化的形式。色彩是激发情感的对象物,因而常常具有象征意义。森林色彩以绿色为基调,是绿色的海洋。绿色总是和生命联系在一起,所以人们都把生机勃勃的绿色作为人的生命的象征。

树叶的颜色常因树种的不同而呈现不同的色相、明度和彩度。大多数树叶的颜色是绿色,但少数的也有红色、紫红色、红褐色等色彩浓艳者。就绿色而言,又有深绿、浅绿、灰绿、蓝绿、黄绿等之分。而这些不同的绿色又随季节的变化而变化。如春天新梢葱绿,夏季枝叶苍翠,秋末林木暗绿或变黄红……人们可以根据不同树种的丰富叶色及其变化规律进行配置,使其颜色及浓淡变化在构图中呈现出既鲜明又巧妙的统一。

在森林内,树干的质地和色彩,也能对视觉产生很大影响,具有很高的审美价值。例如,白桦树就以粉白色的树皮、潇洒的枝叶,令人赏心悦目。白皮松树皮细腻,粉绿和灰褐色呈块状相间,状如虎皮,因而有虎皮松之称,加上树身高大壮观,有很高的观赏价值。青杨的树干,纹理细嫩光滑,颜色青绿,使人感到亲切而有生气。此外,还有褐色、灰色、棕红色、红褐色、黄褐色等各种颜色的树干,其色彩之丰富,不亚于树叶的多变,只是不及叶色鲜明而已。不同色彩和质地的树干林立构成的群体景象,造成不同的情感气氛。暖色的、冷色的、中性色彩的、粗糙的、细腻的,从而造成不同的情感联想和象征,引来不同的审美心理感受。

作为森林地被植物的野花是最诱人的,红、黄、蓝、白、紫,五彩缤纷的花朵,点缀在绿色林地上,十分美丽。除了植物本身的固有色彩,气象因子色彩的参与使植物色彩更加生动,如大雪中的青松和红梅,会造成情趣盎然的诗书意境,大大提高了美的效果。

2. 姿态美

色彩总是和物的形体结合在一起作用于人的视觉并引起情感反应的。从外面远眺森林,形成的总体形象是由起伏变化的林冠线勾画出来的,它造成了蓝天下富于节奏的林韵。在林地内部,则又能看出林木个体形态的丰富性。

树木都有其固有形态,乔木树冠就有球形、半球形、圆柱形、圆锥形、杯状、卵形、不规则形、垂枝形等;灌木又有扇形、匍匐状、蔓状等;乔木树干多是直立单干,但也有双干、斜干、曲干等;树枝形态有水平向的、上斜和下斜的、波状的、下垂的等。

叶的形态更是多姿多彩,千变万化,从总的方面看,大体可分为针叶和阔叶,阔叶与单叶、复叶之分,而单叶叶形又有圆形、椭圆形、圆方形、心形、扇形、披针形、马褂状、带状、羽状等等。

不但树种不同,形态各异,就是在同一种树木中,还会因其树龄不同,其枝干、树冠的形态也各有特点,如油松的树姿在幼龄、壮龄和老龄这3个不同的龄期就显示了完全不同的姿态。同一种树,由于生长环境的不同,也能造成不同的树形。在积雪量多的地方,由于树枝受积雪重压,使树干变弯,树枝横向张开。在某些海岸或山岳地带,由于季风风向恒定,树干都顺风向倾斜。还有生长在石缝或悬崖上的树木,则往往枝干蜷曲,盘根抱石,形态苍古奇特,颇具画意,是东方水墨山水画中常见的表现对象。

3. 韵味美

树木的色彩形象特征和其生态习性结合在一起,往往产生一种韵味、灵气,可以激发情感联想和想象,这种韵味给人的感受已经远远超出了人对具体物象的反映。所以,有韵味的形象,给人的美感享受会更加强烈。例如松树,树体高大壮观,绿色针叶经冬不凋,老松横枝凌空,苍劲挺拔,特别是在大雪之后,雪压青松,具有一种高洁的神韵,常令人产生崇高的美感并浮想联翩。枫树黄槐,秋天红叶似火,造成晚秋的浓烈气氛,被人们格外钟爱,因此才有"停车坐爱枫林晚,霜叶红于二月花"的绝句。有人又从"晚秋红叶色正浓"想到人近晚年而壮心不已。柳叶树干身修长,枝叶潇洒,有仙子之风韵,故有人称之为林中仙子。以上三种不同的树种,正是由于树种之间这些不同的形态、色彩、韵味,才使人能运用这些树木植物材料,按照人们的审美理想,创造美的森林景观,提高森林美的质量,这正是森林艺术的内容。

(二)动物之美

林中动物是构成森林有机体的重要因素,没有动物的森林不是健全的森林。森林给动物提供了繁衍生息的场所和食物;而有的动物又为林木捕除害虫,保护森林。可见,林木和动物之间、动物和动物之间相互依存,才能维持森林的生态平衡,这也是森林美的基础。

1. 野兽之美

林中野兽是游客最感兴趣的内容之一,发现和追踪狮、虎、熊、豹等大型猛兽的足迹,是一项有意思的活动。而森林狩猎更有吸引力,这不但可以欣赏林中野兽活动的美,而且狩猎本身又是对于自身力量、智慧和技巧的崇拜和追求的实践过程,这一过程的形象就具有审美意义。

同时野兽本身也是具有很高审美价值的审美对象。狮、虎、豹有着斑斓的皮毛,彪健的雄姿,凶猛的习性,它们既是勇敢和力量的象征,又是以强凌弱、强暴残忍的象征。这里的美丑双重意义,正是造成使人既恐惧又欲欣赏的双重心理原因。

小型动物则以其独特的形象、活泼、机灵、迅速的动作,体现了美和善的统一,所以历来都成为艺术家们描绘的对象。

2. 鸟类之美

林中鸟类种类繁多,数量也大,鸟的形态丰富,羽毛绚丽,而且有婉转的叫声,所以是人们在森林中接触较多、令人喜爱的动物。养鸟、赏鸟是人们的一大乐趣,而鸟的鸣叫历来就被看作美的声音,被口技、器乐所模拟。有些鸟类,以树木害虫为食,故有森林卫士之称,除个别猛禽之外,鸟类是森林中最使人悦目、悦耳、赏心的动物。

3. 昆虫之美

森林中昆虫的种类也很多,数量更大。其中很多是害虫,其危害期多为幼虫,形态丑陋,没有什么审美价值,是令人憎恶的捕杀对象;但经过发育变态,情况会发生不同的变化,如蝶类幼虫孵化为蝴蝶之后,双翅五彩缤纷,翩翩穿行于林木花丛之中,惹人喜爱,美丽的蝴蝶被人们视为美好自由的象征。昆虫一般形体微小,即使是益虫,其个体的审美价值也不大。但林中辛勤采蜜嗡嗡作响的蜂群,夏日山林遍野此起彼伏的蝉声,秋夜悠长的虫鸣和森林溪边点点闪烁的流萤,都会给人以美的启迪,留下难忘的美好记忆。

(三)山水之美

林地是林木和其他动植物的载体,赖以生存的空间,是森林有机体的组成部分,也是森林美的重要因素。林地的地形大体分为平原林地、丘陵林地、山地林地三种类型。平原林地虽然地形缺少变化,但林地平坦,作业方便,道路水平延伸,是游览最为轻松的地形。丘陵林地比平原林地富于变化,地形的起伏,造成森林外貌的韵律和节奏,游人漫步在起伏蜿蜒的游路上,会增加美的情趣。山地起伏比丘陵更大,而且形貌千变万化,有的雄伟险峻,有的秀丽幽静,有的峰岭连绵,有的山石奇特。

1. 山体变幻之美

山体的形象由于受晨昏光影、季节更替以及气象因子的影响,往往呈现出不同的景象。我国画论中总结了这种山景变化情况,指出"夜山低,晴山近,晓山高","春山淡冶如笑,夏山苍翠如滴,秋山明净如妆,冬山惨淡如睡",而雨雾中的山景,则扑朔迷离、若隐若现,"山色空蒙雨亦奇",表现出一种朦胧美。

2. 山石多样之美

山石的形态、色彩、纹理乃至质地更是丰富多彩,不但是进行森林美化的自然材料,也是森林景观美的重要内容。我国有赏石的传统,历史上有许多文人爱石成癖。宋朝米芾到处搜集各种各样的奇石,并造"石文斋"以供玩赏。但是森林山石之美,不同于庭院、公园中的假山之美。林中石景是自然天成的山石个体,它虽不以瘦、透、漏、皱、丑见长,但却以质朴的天然野趣取胜。无论它是浑圆顽憨,还是剑立玲珑,都能以其和周围林木、藤蔓、花草、水体的自然结合,浑成一体,令人感受到一种宇宙间的润泽、天趣以及天然的诗情画意。

3. 水景之美

水也是森林有机体的重要组成部分。山水相依,有水山才活,林地内的水景是构成森林美的重要因素。水体存在的形式多种多样,有山泉小溪,有飞流瀑布,有径流河川,有池沼湖泊。林间溪水清冽可爱,奔流于山谷,则蜿蜒起伏、回环跳跃、一路欢歌,给人以自由欢快的美感。瀑布是水体流动最激烈的形式,水濂从高处跃入深潭,隆隆有声,是非常壮丽的自然景观,历来受到诗人画家的青睐。湖泊水面开阔,波平如镜,蓝天白云、山形树影皆倒影其中,鱼群时隐时现,水鸟此起彼落,是森林中别具特色的景观。水从地下涌流而出,形成泉水,泉有涌泉、珍珠泉、壁泉等不同形式,构成不同景观。温泉既是观赏对象,又有疗养健身的功能,是森林旅游所要开发的资源。

(四)声音之美

声音是由物体振动而发生的声波通过听觉所产生的印象。雷鸣、风吼、虎啸、猿啼、莺啭、虫吟、人喊、马嘶等声音现象造成了复杂万端的自然音乐。

森林音响是森林自然因素和自然现象以及它们的相互作用发出的声音，是森林美的构成因素。它包括林中鸟、兽、虫的鸣叫；山林中泉、溪、瀑布的水声；林木被风、雨、雪、雹吹打形成的林涛呼啸、习沙作响等声音。

欣赏森林声音，早在我国春秋战国时期就出现了，《诗经》中记载的"呦呦鹿鸣"，"伐木丁丁，鸟鸣嘤嘤"，正是以森林音响美为起兴吟成的诗句。南北朝时代的吴均在《与朱元思书》中喜谈山林音响之美："泉水激石，泠泠作响；好鸟相鸣，嘤嘤成韵。蝉则千啭不穷，猿则百叫不绝。"刘勰把自然音响看成"道之文"，"林结簌响，调如竽瑟；泉石激韵，和若珠璜；故形立则章成矣，声发则文生矣"。从这些诗文可以看出，自然声音已成为独立的审美对象。文中描写的水声、鸟声、猿叫、蝉鸣，以及风吹林木，树枝交结发出如竽瑟的美妙声音，交相并奏，构成一曲节奏和谐的森林音乐。这正好表现了生命运动的节律，与人的心理倾向相适应，因而能够激发人的审美情感，并唤起丰富的联想和想象。

第四节　世界著名山地、温泉、森林度假旅游地审美

在对前面关于山地、温泉、森林度假旅游审美知识有所了解的基础上，本节将选择国际上一些开发较早，度假旅游接待十分完善的度假旅游地赏析。它们之中有山地度假旅游的代表，有温泉度假旅游的代表，也有温泉和森林度假兼顾的代表。

一、阿尔卑斯山

世界上最著名的山地度假旅游当数欧洲的阿尔卑斯山地区。每年这里要接待无数前来进行滑雪、观光、登山、探险的度假旅游者，欧洲旅游业发达的国家几乎都从阿尔卑斯山分到了山地度假旅游的一杯羹。

这里我们就按照阿尔卑斯山所在的不同国家的特征来领略这座世界名山的风采。

(一)法国阿尔卑斯山

法国阿尔卑斯山属于阿尔卑斯山西南端。这部分山脉北高南低,北部的勃朗峰地近法国与意大利、瑞士边界,海拔高达4807米,南部的下阿尔卑斯山海拔高度则仅有2000余米。虽然夏季度假旅游人数超过冬季,但法国阿尔卑斯山更以滑雪设施而著名。北段在1500米高度,积雪厚度为3米,在下阿尔卑斯山同样高度上为2.5米。积雪期自12月开始到4月末止,而滑雪季节主要在2~3月间。第二次世界大战以来,法国阿尔卑斯山一直是冬季体育度假旅游的中心。该地区占有全法国滑雪索道容量的82%,滑雪道总长度480公里。法国全部冬季体育运动度假旅游者有80%在阿尔卑斯山。早期的娱乐休闲地,如勃朗峰附近的夏梦尼山谷(第一届冬季奥运会于1924年在这里举行)和墨热沃,都是在1939年以前发展起来的,且都以气候疗养为基础。第二代娱乐休闲地,如库尔舍瓦勒和拉普兰,以较高处乡村为基础,现已成为规模庞大的旅游中心。从60年代起,已建起综合性滑雪中心,规模较小,高度更大,它们位于有良好自然植被的山坡上,冬季有高质量可靠的积雪覆盖。在滑雪跑道附近,有完善的交通系统,人行道、滑雪道和机动车道彼此分隔开来;这里也修建了室内运动设施,兴建了聚落,目的在于既适于夏季景观观赏、登山和其他度假活动,也适合于冬季体育运动。

(二)意大利阿尔卑斯山

阿尔卑斯山主脉呈东西伸延,主脊位于意大利与瑞士、奥地利之间的国界一带,意大利境内的阿尔卑斯山是其南坡。山脉从主脊向南逐渐降低,直到意大利波河平原的北缘。这一旅游资源区具有典型的山地气候,夏季降水量最多,冬季严寒且阳光充足,并形成大面积高质量的积雪。阿尔卑斯山主脊以其高大的特征而成为意大利北部的气候屏障,使其南坡免受来自欧洲大陆的寒风侵袭。意大利境内的阿尔卑斯山南坡可分三段:西段、中段和东段。

1.西段高山

该段在马焦雷湖以西,主脊沿意大利与瑞士边界西伸,至勃朗峰山脊又沿意、法边界转向南延,并成为东边波河与西边罗讷河的分水岭。山脉的高度从北部陡峻的勃朗峰(4807米),向南部的阿真泰拉峰(3250米)逐渐降低,至利古里亚海岸,成为意大利里维埃拉游憩海滩的背景。帕拉迪索国家公园位置接近意、法边界,它以其稀有动物著称于世。

2. 中段山地湖泊

这是意大利的山地湖泊区。其特点是具有壮丽的冰川地形和少数山峰。最具旅游吸引力的是一系列冰川湖,它们位于由古冰川侵蚀而成的U形深谷中。这里,古冰川曾从阿尔卑斯山脊部由北向南运动,冰川融化后,留下被冰川磨蚀成的U形谷地,并有大量的冰碛物堆积下来堵住谷口,形成湖泊。湖泊所处的谷地由于面朝南,北边又有高山屏障,冷空气不易侵入,使之具有不寻常的气候特点,因而有利于旅游开发。这里的气温比与其相同纬度地区要高得多,特别在冬季相当温暖。这一点反映在植物种类上,棕榈、柑橘、橄榄等植物在这里生长繁茂,而它们是南方地中海区的典型植物。在马焦雷湖、加尔达湖等湖畔,已经兴建了一系列的国际旅游胜地。德国人特别喜欢到这里来旅游,尤其喜欢乘摩托艇游弋。

3. 东段石灰岩山地

东段石灰岩山地由抗蚀性强弱不同的岩石构成,它们经过古冰川作用,形成一系列雄奇陡峻的山峰(如距奥、意边界不远的马尔莫拉达峰),山间有极其秀美的小型高山湖泊。该地区自北而南被阿迪杰河谷所切割。从波河平原北缘的维罗纳到意、奥边界的布伦内罗隘口,沿阿迪杰谷地有机动车道相通。在特伦蒂诺-上阿迪杰、威尼托的石灰岩区都有重要的冬季运动、夏季观光和登山活动胜地,如马东纳-迪坎皮利奥、科尔蒂纳丹佩佐等。意大利的这一地区讲德语,很受德国旅游者喜爱。

(三)瑞士阿尔卑斯山

阿尔卑斯山的瑞士部分在其领土的南部,从罗讷河上游和莱茵河河源谷地一带,向南直到瑞士南部国境,称高阿尔卑斯山。

1. 高阿尔卑斯山西段

高阿尔卑斯山西段在瑞士的西南部,由罗讷河上游宽谷及其以南的山体构成。该段的地势由北向南到马特峰和杜富尔峰(瑞士最高峰,海拔4634米)增高。山体高峻,成为难以逾越的交通障碍,马特峰与杜富尔峰之间的山脊上夏季可以滑雪。采尔马特在马特峰以东,是一个历史悠久的登山和滑雪运动中心,乘缆车可以到达。整个高阿尔卑斯山西段,是瑞士最大旅游集中区,其国内旅游者与国际旅游者到达量大致相当,每年旅游床位日多达1500万。

2. 高阿尔卑斯山中段

这一山段在罗讷河和莱茵河的源头区之南,直到瑞士-意大利边界。从瑞士苏黎世到意大利米兰的交通大动脉穿过本区,它在边界一带穿过阿尔卑斯山安德马特隘口和圣哥达隧道。这里高度不很大,最高海拔3000余米。山坡覆盖有森林,下部为阔叶林,上部为针叶林。偏南地区气候较温和,桃树、柑橘和葡萄生长繁茂。中段高山已具有某些地中海气候特点。其南部的马焦雷湖和卢加诺湖区,在自然地理上与意大利湖区联为一体,是湖泊旅游胜地,旅游旺季基本上在夏季。湖泊旅游胜地有洛迦诺、卢加诺、阿斯科纳等。这里旅游者到达人数不很多,每季基本上在夏季。

3. 高阿尔卑斯东段

该山段在莱茵河上源河谷之东南,瑞士的东南部。这里的格里松山(格劳宾登)是个高耸、崎岖的孤立山区,其谷底高度不低于海拔1100米,大部分高度在3000米以上,有些地方有永久冰雪。这里以夏季旅游为主,但也有不少冬季滑雪胜地。滑雪季节比西部时间长,从11月初直到4月末。

(四)德国阿尔卑斯山

在德国最南部与瑞士和奥地利相邻地方,是石灰岩构成的阿尔卑斯山的北缘。祖格峰位于德、奥边界,是德国的最高峰,海拔2968米。冬季体育旅游地加尔米什和帕藤基尔辛在其附近,1936年2月曾在这里举办第四届冬季奥运会。一年一度举行耶稣受难剧演出的上阿默高,也在这个地区。巴伐利亚阿尔卑斯山是德国第一重要的旅游区,国内和国际旅游者都到此旅游,近些年来,这里每年都占有德国全部旅游床位日的 30% 左右。

二、日本温泉街

日本自古就是以温泉度假旅游闻名于世的过度,这里的温泉不仅有着悠久的历史,更以其独特的风格和温泉文化在世界独树一帜。这里我们就带大家来逛一逛日本的温泉街。

(一)草津温泉街,火田巡汤

飘雪时节走在草津温泉街上,你可能会好奇,为什么街道两旁白雪皑皑,道路上却没有一点积雪?原来这是当地人善用温泉的点子之一,草津人将温泉水管直接埋设于道路下方,利用温泉的余热使得道路一直维持在一定温度,如此即使大雪纷飞,道路也不会因积雪而难以行走。草津温泉是日本三大名泉之一,更是日本第一大涌泉。草津温泉属于硫磺泉,漫步街头,当闻到浓厚的硫磺味时,你已身处温泉街的中心,街旁就是著名的草津汤火田,形态真的有如方田,一格一格的布置原来是当地人用来收集泉水中硫化物的场所。

在汤火田旁,有一间传统木制建筑,名为热之汤,里边每日都有草津特有的"汤揉"表演,"汤揉"就是古人用长木板搅拌温泉水,使其水温下降的工作,到现在变成了一种表演。游客在观看之余,还可以亲自下场,和表演者一同哼唱汤揉之曲,体验同乐。草津温泉街还有一种"内汤探险"的游戏,专为方便造访草津的旅客体验不同风味、形式的温泉而设计。游人只要在挂有内汤探险招牌的旅馆内,花 1000 日元就可购得巡汤手册,购得后,须先到光泉寺的药师寺参拜盖章,随后便可在温泉街上各温泉旅馆展开草津温泉巡回之旅。洗完一家即可盖一个章,集满 5 个章,便可获得纪念品一份,还有一个荣誉村民的头衔。

(二)涉温泉街,抚古寻汤

日本长野县的涉温泉街,其历史可追溯至 1300 年前的奈良时代,昔日文人雅士都爱到此泡浴。时至今日,温泉街仍保留着古朴怀旧的风貌,在狭窄的街道上,人人穿上日式浴衣,脚踢木屐,穿梭于大街小巷的古旧木建筑之间,沿街找寻心水靓汤。木屐的滴嗒嗒,和服少女飘香而过,拐角酒挑迎风漫卷,走在老街上宛如就似一下走进了浮世绘画中。

涉温泉街街道古色古香,旅馆也大都历史悠久,其貌不扬的古久屋,店如其名,已有四百年历史,从石木的纹理中都能抚出沧桑;前身是铁匠店的金具屋,其二百多年的历史在温泉街上只能算是中年。涉温泉街上有九大外汤,亦即镇里的公共浴场,这些公共浴场虽然并不华丽,也不宽敞,但处处充满日本浴所的地道风味。游客只要投宿街上任何一家旅馆,都可以免费享用这些温泉。沿石阶而上,九大外汤巡回泡上一遍据说可以消除厄运,所以九大外汤又有转运之巡之说。

(三)阿寒湖温泉街,购物天堂

北海道的阿寒湖是个周长约 26 公里的湖泊,离湖不远,有一条售卖当地工艺品及纪念品的温泉街。温泉街两旁有许多商店,街上的游人几乎每人手里都提着购物袋,只因这里的精品实在太多了,尤其是那些以阿寒湖绿球藻作卖点的食品和摆设,别致得令人爱不释手;还有北海道才有的紫色加菲猫,薰衣草精品和虾夷族人的木雕工艺品,愈看便愈想悉数带回家去。

三、新西兰温泉区

遥远的新西兰位于南太平洋上,国土由南北二岛和斯图尔特岛、坎贝尔岛等几十个小岛组成,遍布森林、冰川、火山和海滩,许多地方人迹罕至,至今还保持着大地之初的原始状态。而新西兰温泉,就像这片原始大地的呼吸,神秘而蕴涵着远古的力量,如《魔戒》一般,强大的诱惑力不是凡夫俗子所能抵挡得了的。

由于新西兰位于环太平洋火山带,因此温泉遍布全国。几百年来本地土著居民毛利人最喜欢依温泉建立村落,北岛中部的罗托鲁瓦就是代表地区之一。罗托鲁瓦是北岛最负盛名的旅游观光地,拥有奇特的地热景观及别具特色的原住居民毛利文化。著名景点"地狱之门"就位于地热保护区内,这是当地唯一由毛利人经营的温泉区,也是新西兰唯一容易到达的泥火山。这是一片未被驯服的大地,到处可见冒着蒸汽的温泉、硫磺湖和沸腾的泥浆地,不时有蒸汽从地洞中喷出,仿佛有一头活着的巨兽还潜伏于地底,无怪乎被称为"地狱之门"。

温泉区内还有南半球最大的温泉瀑布和新西兰唯一的泥浆浴池

——怀奥拉池。当地的毛利人很早就发现此处的泥浆具有治疗作用,毛利战士受伤时都会来此泡泥浆疗养。19世纪,来自欧洲的移民发现了此泥浆,由于泥浆富含矿物质,更兼有治疗奇效,所以吸引了很多的观光客前往。一个世纪以前,英国著名作家肖伯纳就曾造访此地,惊叹于人世间竟有如此火山、硫磺、岩浆、温泉交织的神奇景象所在。

汉默温泉区是南岛主要的温泉区。如果说北岛"地狱之门"像《魔戒》里的魔城,汉默温泉区就是《魔戒》里精灵居住的仙谷。该温泉区1897年就已开放,泡在温泉池里欣赏周边有如梦境的风景,与自然融为一体,那种感觉绝对是一生中从未有过的。

四、加拿大温泉区

加拿大的温泉区大都是森林温泉,纯净、自然去雕饰,毫无造作的人工造景。游客们在室外一边泡温泉,一边静静地"森"呼吸,享受着纯净的森林负离子,与自然原生融合,这也正是加国温泉旅游文化的精髓。

位于库特尼国家公园的瑞迪恩温泉区是加拿大开发得最完整,交通最方便的温泉度假观光区,温泉富含丰富的硫化铁,不仅无臭无味,且和肌肤相触的温度恰到好处,泉水含有稀少的放射性元素——镭,具有治病和纾解疲劳的功效,游客可在此轻松自在地尽享泡温泉的乐趣。加拿大最大的温泉池——费尔蒙温泉位于哥伦比亚河山谷,总面积达1万平方米,每天140万加仑的温泉从山间注入温泉池中,温泉无臭无味,水温终年保持在40℃至43℃之间。

卑诗省的哈洛森温泉是著名的温泉乡,素有加拿大SPA之乡之称。许多全球知名的王公贵族和影视明星每年都会定期前来度假,主要就是为了享受这里的SPA温泉浴,温泉的温度在58℃至62℃之间,据说对于肌肉酸痛有独特的疗效。

欧洲城堡外型的班夫泉城堡饭店享有"洛矶山城堡"的称号,以顶级的SPA享有盛名,在1992年被指定为国家历史古迹,是班夫的主要旅游景点,即使不住宿,游客仍然络绎不绝地前往饭店浏览。

五、南极温泉

南极,南方以南,在古人的眼里曾是遥不可及的神仙居所,而今,去南极旅游已成为了一种时尚。离南极长城站不远的欺骗岛是人类最早开拓南极的地方,也是一个因为捕鲸工业而发展起来的南极小镇,1969年,欺骗岛火山爆发,小镇化为灰烬,但此后岛内福斯塔湾北端斯塔湾内有多处温泉喷涌,陆上地热带处处有水蒸气升腾。从此,这个地处南极洲的小岛,成了南极唯一能进行海水温泉浴的旅游胜地。不过,目前去南极旅游还是很难的,但是如果排除万难,你的南极之旅终于成行,你一定要在一个阳光灿烂的下午,到欺骗岛泡泡温泉。

六、海南七仙岭国家温泉森林公园

七仙岭国家温泉森林公园位于保亭黎族苗族自治县东北部9公里处,面积约22平方公里,包括温泉区和森林区两部分。公园北距省会海口市271公里,地势北高南低,平均海拔100～200米,最高峰海拔1126米。公园内阳光充足,自然生态、人文旅游资源极为丰富,以高温泉水和热带雨林为主,与周围的黎苗风情和田园风光融为一体。

要说热带雨林,七仙岭的热带雨林规模并不大;要比温泉,海南岛就是一个温泉岛,七仙岭的温泉也可能算不上最出色。然而,当这两种都不是很独特的旅游资源神奇而完美地在七仙岭国家温泉森林公园里得到组合时,就成了全国乃至世界的一个非常独特而优质的旅游资源。据了解,目前世界上具有"温泉+热带雨林"这样组合的,七仙岭是唯一的一个。这也是七仙岭独特的销售卖点。

而要欣赏七仙岭的真容,还得进山。七仙岭是森林公园的最高点,海拔1126米,是景区内最好的看海观景平台。站在这里,向远处可以眺望到浩瀚的南海;抬眼四周欣赏到的是原始热带雨林中的雾海、云海和林海。也因此,七仙岭赢得了"登七峰、望南海、品雾海、看云海、观林海"的美称。从七仙岭往南看,是一个群山环抱的小盆地,小盆地里丘陵起伏,海拔约100～200米左右,这就是七仙岭温泉景区。具有浓郁民族风情的黎族苗族村寨散布在其间,和村寨周围的稻田、耕牛一起构成的悠然自得的田园风光,成为景区的另一道风景。

夏季到七仙岭,常常会被雨点打得措手不及。在温泉区还是晴空万里,到了林中突然就会下起雨来,但又不是整个林区都在下雨,说不定走上几步,又会发现前面的林子里并没有下过雨的痕迹。据了解,七仙岭捉摸不定的天气,是由于这里盆地、山地和山岭渐次分布的地形,形成了一个独特的雨壁结构。当海风从南海海面上吹来,会被山岭形成的绿色屏障挡住北上的路,湿热的空气温度被突然降下来。所以,这里的温度与相距几公里的保城并不相同,而是自己构成了一个小的气候环境和生态环境,冬暖夏凉,年平均气温23°,最高月平均气温27°,最低月平均气温18°,每年的雨日平均有160天以上,年平均降雨量1900毫米,是理想的森林度假旅游地。

七、德国黑森林度假旅游地

中德山地高原的南半部包括两个重要旅游区:西边的黑森林和东边的巴伐利亚森林。黑森林地处德国西南部的巴登—符腾堡州,是德国第二个最重要的旅游区。

德国人对森林情有独钟。黑森林里种满了冷杉树,从莱茵河平原望过去,漫山遍野树木林立,叶色绿得发黑。如果用一个字来描述,最恰当的就是"黑"。但是,这不是令人厌恶、让人精神紧张的暗黑,而是透着油绿和亮色的黑,看上去凝重、舒适,让人感到和谐和踏实。与其他山地杂种着不同树种的森林相比,黑森林种植的绝大部分是冷杉树,而且一棵挨着一棵,相距非常近。顺着小道走在林间,密密匝匝的树木和枝叶遮天蔽日,挡住了强烈的光线,投下浓阴,人仿佛被笼罩在一片黑色之中。即使在这样黑色的森林中独自行走,人也不会感到孤独害怕。如果是夏天,一个人漫步在开满野花的黑森林小径上,会以为到了世外桃源,任何烦恼和忧愁,一到这里都被抛到脑后了。

思考题

1. 通常山地体验旅游有哪些代表类型?
2. 温泉旅游经过了哪几种形式的审美变迁?

3. 森林度假旅游应运用哪些审美方法?
4. 简述森林旅游的审美要素。
5. 列举一个世界著名的山地(或温泉、森林)度假旅游胜地,说明它美在何处。

第八章 度假区旅游审美

学习目的

度假区是旅游地的一种重要类型,也是旅游活动过程中的重要审美内容之一。因此,充分认识度假区的美学特征,无论是对旅游者,还是对旅游从业人员都具有很好的指导意义。本章通过对度假区环境美和员工形象美的主要内容进行介绍的基础上,让读者进一步了解度假区环境的美学特征和审美要求,从而掌握员工形象美的具体内容。

主要内容

- ●旅游度假区的美学特征

  意境美　整体美　自然美　人文美　舒适美
- ●旅游度假区员工形象塑造

  仪表美　仪态美　语言美　心灵美
- ●世界著名旅游度假区赏析

  西班牙兰沙罗特岛卡门港旅游度假区　上海佘山国家旅游度假区

度假区是旅游地的一种类型,是一种以休闲度假为主要目的,向旅游者提供配套的设施与服务,并具有丰富休闲度假内容的、环境良好的旅游地。① 每个旅游度假区都由两部分构成:一是"硬件",即旅游环境、设施及其所具功能,二是"软件",即度假区员工的服务。由于旅游审美实践是旅游者作为审美主体在客观现实中的自由评价和创造过程,在度假区进行旅游度假活动的过程中,旅游者必然与度假区的各方面建立多向度的审美关系,既包括度假区环境,也包括度假区的员工服务。其中对度假区员工的审美更多地外化为对其形象的审美,因此本章从度假区环境美和员工形象美这两个角度进行描述。

第一节 度假区的美学特征

度假区既是一种场所,又是一种独特的时空系统,通过整个景观系统,旅游者可以体验到度假区的视觉美感,并获得精神上的愉悦和享受。度假区设计必须在符合一般规划设计规范的同时,考虑到旅游者游憩经历的要求,为旅游者提供一个陶冶情操、诱发灵性的场所。

关于度假区的美学特征,有学者设定的以下度假区关键词颇具代表性:花园、接待地、优雅环境、爱情、母亲、和平、休闲、运动、艺术、妇女、欢乐、富人、生活、大自然、健康、放松、时空宽余、气功、感动、游乐。② 这些理念以各种各样的具体设施或活动方式得以体现和感受,让度假者获得前所未有的新生活品质。

度假区与一般生活空间不同,它是具有多功能、综合性的特殊环境,要注意物质功能与精神功能并重,特别要强调意境、格调和气氛等审美因素的美感作用。度假区的规划设计应该尽量为游客享受自然美创造条件,精心选择利用自然环境,体现自然景观美学特征,并努力突

---

① 周建明,《旅游度假区的发展趋势与规划特点》,《旅游管理》,2003年第3期。
② 吴必虎,《区域旅游规划原理》,中国旅游出版社,2001年5月,第268~269页。

出风土人文特色,实现自然美与人工美的交织,并通过建筑形式使旅游者感知旅游区的文化背景、历史传统、民族思想和人文风貌。度假区的美学特征具体表现为以下五个方面。

一、意境美

意境是指外部物质空间在人类大脑中的精神反应,它是一种场所氛围,是由一系列具有一定主题的意境单元组合而成的有机整体,是具有内在联系的景观意境流。[①] 意境美与人对事物的视觉接受和心理感应过程密切相关,意境的产生受到接受者(即旅游者)的心理素质、精神修养等主观因素的影响。

意是艺术家情感、理想的主观创造,是设计者学识、修养的集中表现,也是审美素质的反映;境是生活现象的客观反映。意境是主观与客观结合的产物,是客观景物与主观情趣的统一,是具有情、理特点的"意"与具有形、神特点的"境"的统一。意境是在艺术构思中形成的最富于感染力的个性特征。

(一)意境的作用

旅游度假区的环境设计,不可不在创意造境方面下工夫。意境的营造可以为度假区增色不少。

1. 营造情调

度假旅游是一种情调活动,度假区设计的重点就是要营造一种情调,才能感动人心,给人以情趣无穷的审美效果。

2. 提高品位

环境有无意境,决定了度假区艺术品格的高低。设计者若不讲艺术构思,虽然调动一切物质手段,采用名贵材料,也只是物质的炫耀,缺乏情趣,很难产生耐人寻味的美感。因此,度假区应强调精神功能和审美价值,在设计上精心构思,独运神机,力求创造出各种具有情调、意境美的空间。

---

① 吴必虎,《区域旅游规划原理》,中国旅游出版社,2001年5月,第268~269页。

（二）意境的营造

度假区环境的意境探求，是一种有意识的造型活动。可以采取以下方法：

1. 自然风光与度假生活相结合

自然环境随着时令、气候、时间的变化而产生各不相同的诗情画意一般的意境美，多数度假区依靠环境及建筑空间的变化人为营造意境流，让旅游者易于达到寄情山水、亲近自然、通达义理的境界。

例如，度假区接待游客的大堂中庭是一个共享空间，包括有休息、餐饮、售物、娱乐等各种功能不同的小空间。一些中庭内设有人工湖，其周围配备的休息桌椅多选择藤竹类，以增强自然质朴的美感。中庭如设在建筑外围，透明的大玻璃将外部的自然景色引入中庭，使室内人造景色与大自然浑然一体，相映成趣。

2. 扩大视觉空间

采用分景、隔景、借景、障景、映景等多种园林构景手法组织空间，丰富美的感受；或实景与虚景相结合，实景是指山水花木建筑物等物质形态，虚景是指声影光香等要素。

一些中庭有观光电梯经过，电梯的上下来回使相对处于静态的中庭空间产生缓缓的动感。由于水平和垂直方向均有丰富的层次，在中庭内的宾客能感受到如同室外的宏伟气势，宾客身处底层平视或居于高层回廊俯视都有完美的视觉感。

3. 创造性想象

将已经存在着的自然现象通过艺术手法的综合，以鲜明的风格再现于现实生活的环境中。

【案例 8-1】 广州白天鹅宾馆的中庭设计

广州白天鹅宾馆的中庭主景名为"故乡水"，取材于民间谚语"美不美，家乡水；亲不亲，故乡人"。摩崖石刻"故乡水"和"别来此处最萦绕"的题刻，加上潺潺流水、萋萋芳草，颇能勾起海外赤子眷恋故国之情。其设计就是运用了创造性想象，将自然的、民间的、文学艺术的素材进行提炼，建立起富有诗意和表现力的空间景象，表现的是一种"言外之意"、"物外之情"。

（案例来源：徐辑熙、凌珑，《旅游美学》，上海人民出版社，1997年2月版）

二、整体美

美存在于整体和谐之中。度假区整体美的塑造应该做到：

（一）建设前进行整体艺术构思

度假区通常是一个自给自足的系统，开发者必须提供完备的设施与服务，包括吃、住、行、游、娱、购，使游客能较长时间停留，并对闲暇活动、体育、消遣、文化、艺术、工艺有广泛的选择，在质与量以及种类多样化上满足游客的需求，因此，度假区是一个多功能综合的、大型的旅游场所，其环境设计为了取得整体美的效果，必须事先进行整体艺术构思，结合环境的物质功能与精神功能需要，对整个度假区及各部位的格调、气氛及特色，进行全面统一的考虑。

（二）建设中以共生美学观为指导

从功能效果来考虑，度假区应该具备统一的国际先进标准，包括在空间的处理、设施的完备以及现代技术的运用上。但在度假区的某一空间，可以运用不同流派的风格，以避免单调，从而丰富感受，只是必须注意某一局部整体空间美，遵循整体美的基本原则，如均衡、对称、比例、节奏、多样统一等，以共生美学观指导环境设计。

（三）共性与个性相结合

在注重整体性的同时，要注重度假区设计的个性特征。现代旅游业已经证明，各地不同的地方性是旅游者主要的兴趣之一。旅游环境建设总是受到物质方面（材料和结构技术）和精神方面（心理活动和审美趣味等）因素的影响。现代科技发展的结果，使物质生活方面已经比较完善，而精神生活的追求更无止境。千篇一律的度假区环境显然不能适应现代游客的审美心理需求。因此，度假区的环境应该既具有共性，又渗透着强烈的个性。

度假区应该在色彩、装饰材料的选择，家具灯具的风格，大型壁画和艺术陈设的布置等方面表现当地文化。例如，有些度假区里的小游憩点，处理成有个性的小造型，如西瓜凳、蘑菇凳、花环凳等，让旅游者在休憩的同时,感慨设计者的匠心,为其特有的造型所吸引。

三、自然美

度假区环境建设离不开人工雕琢,但应该融人工美于自然美之中,自然的本义是"天生自在"。人类从大自然中走来,又有复归自然的愿望。陶渊明说"久在樊笼里,复得返自然"。大自然集中了一切神奇美妙的东西,正是出于自然美的吸引,才产生了以观光游览为主要内容的现代旅游。因此,充分利用自然美,选择在优美的自然环境中建设度假区,应该说是最理想的境界。

【案例 8-2】 南宋平江府(苏州)馆驿区的布局

宋代山水画家郭熙认为"山水有可行者,有可望者,有可居者",而"可行可望不如可居可游之为得"。在优越的自然环境中建设旅游设施,旅游者可以就近畅游山水,而无深入山沟荒野的不便和危险。古今中外,也颇多选择在优越的自然环境中建设旅馆度假区的例子。南宋平江府(苏州)馆驿区的布局,堪称环境艺术的典范。据记载,大量旅馆集中在城市西端盘门到阊门的水道要冲上。此地风景最佳,西山太湖在望,旅客可以登姑苏台,远眺吴山景色,俯览运河风光。

(案例来源:乔修业,《旅游美学》,南开大学出版社,2000 年 10 月版)

不可否认的是,自然美与人工美之间是存在矛盾的。两者关系处理不好,人工雕琢痕迹过重,与自然美极不协调;但两者处理得好,则可相得益彰,锦上添花。所以,我们应该注意度假区建设与周围自然景观美学特征的"默契"。

(一)充分体现当地自然景观的美学特征

开发利用当地的自然景观并着力营造一种令人赏心悦目的氛围是旅游度假区的发展趋势。一些度假区选择在风景区内或风景区附近,正是出于这样的目的。如印尼巴厘的杜阿岛、多米尼加波多普拉度假区、土耳其南安塔利亚度假区和西班牙加那利蓝岛度假区,以及我国的武夷山度假区、无锡马山度假区、苏州太湖度假区和昆明滇池度假区等,无不设置在风景优美的地方。武夷山度假区距武夷山风景区只一河之隔。滇池度假区则直接融入于滇池风景区之中。

对度假区的景观设计,通常是以当地原有景观系统为基础,构筑出度假区的观光游览系统。度假区建设因此应充分体现当地自然景观的美学特征,自然美具有"雄"、"奇"、"险"、"秀"、"幽"、"旷"、"奥"等形象特征,度假区必须取得与环境和谐统一的美学效果。

【案例 8-3】 峨眉山建筑与九寨沟建筑的美学差异

峨眉山的建筑与九寨沟的建筑,在美学特征的把握上,应该有所区别。前者应该具有苍郁雄秀的特点,让旅游者领略峨踽之神韵,并与佛教名山的寺庙建筑取得默契;后者尽量保持天然野趣,尽量让旅游者直接接触大自然,无需太多的人工雕琢,达到返璞归真的境界。这样,可以帮助旅游者充分领会大自然赋予的丰富的美感,加深对旅游区景观美的体验。

(案例来源:徐辑熙、凌珑,《旅游美学》,上海人民出版社,1997 年 2 月版)

(二)人工美与自然美交织

旅游建筑的人工美必须与风景区的自然风景美和谐地结合起来,才能显示其本身的美学价值,这是度假区建设必须遵循的美学规律。

1. 建筑与地貌形态相配合

当代建筑巨匠莱特主张"建筑应该是自然的,要成为自然的一部分",他提出的"有机建筑"论,强调建筑应当像天然长在地面上的生物一样蔓延、攀附在大地上。① 度假区的游憩活动也在自然背景中以适量人工设施开展进行,与地貌形态、设施配置结合。

【案例 8-4】 克罗地亚一旅馆综合体的建设特色

在风景独特的地区,地形往往比较复杂,建筑设计会受到多方限制,但正是这种地形特征,加上巧妙的利用,使得建筑设计体现出鲜明的个性特点,建筑本身构成一道亮丽的风景。

如克罗地亚的某旅馆综合体,四周风景绝佳,背靠密林,面向大海。设计师有意识地把旅馆的一部分客房伸进葱郁的密林中去,使建筑与

---

① 彭一刚,《建筑空间组合论》,中国建筑工业出版社,1983 年,第 69~70 页。

自然尽量多地接触。一层层的挑廊和阳台是旅游者观赏风景的好地方，又使室内外空间互相渗透。客房主楼设在紧靠海岸线的陡壁上，形成建筑与峭壁浑然一体的景观，人工美与自然美交织，保护了环境的自然美，也丰富了建筑的人工美。

（案例来源：徐辑熙、凌珑，《旅游美学》，上海人民出版社，1997年2月版）

2. 保护当地环境的视觉形象

所有建筑不能破坏风景景观，而且要求建筑本身也成为风景的组成部分，起到衬托风景的作用。根据当地旅游业发展的建设规划、总体布局、功能区域的要求，审慎地进行度假区建筑环境设计，力求旅游设施建筑与当地风貌相协调。例如以风景秀丽、山水柔美著称的杭州西湖，近年来沿湖一带修建了一些高大的建筑，与山石嵯峨、林木葱茏的宝石山、挺拔秀丽的宝菽塔、碧波荡漾的西湖水，没有任何协调之处。西湖以"秀丽"著称，湖面如镜，山形平缓，林木苍翠，繁花似锦。人工建筑一定要与这些天然景色的个性相协调，否则，就要破坏其个性而大煞风景了。

度假区内的住宿设施可考虑设在较隐蔽地段，要藏而不露，若隐若现，不要一览无遗，要做到"宜小不宜大，宜藏不宜露，宜淡不宜浓，宜中不宜洋，宜远不宜近，宜散不宜聚，宜麓不宜顶"。

四、人文美

人文美是指一个国家、民族或某一特定地区长期以来所形成的历史传统、人文风貌以及蕴含在其中的文化内涵之美。

（一）人文美是度假区的灵魂

文化是度假区形成特色的主要组成部分。如印尼巴厘岛的特色文化主要是巴厘传统习俗和社会习俗，国外游客到巴厘岛休闲度假的主要目的之一便是去领略其浓郁的地方特色文化；韩国庆州波门湖度假区则以地方古老文化和国际文化的兼容为特色；墨西哥坎昆大型海滨度假区以玛雅文化为中心；苏州太湖国家旅游度假区的文化则形成并集中展示了传统地域文化（吴地的地域文化）和现代休闲文化的有机结合。

鲁迅先生说："有地方色彩的,倒容易成为世界的。"人文环境是独特的、无法复制的。度假区建设要与环境的、历史的、地方的文脉联系起来,达到建筑空间环境唤起地方历史、文化含义的高深境界,这是更高层次的美学追求。

(二)人文美的塑造

度假区总是存在于一定的人文环境之中的,有必要体现人文环境美的精华,通过建筑形式让旅游者感知其形成的文化背景、历史传统和人文风貌。只有具有强烈个性包括地方特色的度假区,才能给人以新鲜的感受,留下难忘的印象。度假区所在地域的自然条件、气候、水土以及当地的建筑材料、建造技术等所赋予的特征,决定了度假区的特色。

度假区建设与名胜古迹之间的关系应处理得当。一般来说,应远离古建筑,在视觉上不干涉名胜古迹,从而尽量保护古迹的文化氛围。但也有例外,西安的唐华宾馆座落于著名古迹大雁塔旁,整个宾馆处理成仿唐园林式建筑,在视觉上与大雁塔浑然一体,增添了周边地区的协调美,改变了原先建筑过少、结构单调的局面。

五、舒适美

度假环境的舒适性是度假区设立的基础条件,迄今国内外学者将此作为确定度假环境好坏的重要指标。良好的度假环境应体现出舒适性。

(一)自然环境的舒适性

1992年我国公布了12处国家旅游度假区——大连金石滩、青岛石老人、苏州太湖、无锡太湖、上海横沙岛(后改为上海佘山)、杭州之江、福建武夷山、福建湄洲岛、广州南湖、昆明滇池、三亚亚龙湾、北海银滩,其中有5个分布在海滨,5个选择在沿海地区的湖、河边上,2个布局于山地,除了考虑度假区的市场区位外,自然环境的舒适性是主要因素。国际上的度假地也主要考虑在环境舒适的海滨与山地。如美国的夏威夷、西班牙的加那利蓝岛、韩国庆州波门湖度假区等。

(二)人文环境的舒适性

将度假环境的舒适性仅限于自然环境是远远不够的,因为度假环境除了自然环境之外,还应该包括人文环境。人文环境的舒适性通过优美舒适的自然环境的营造以及现代化、科技化、宜人化的设施建设与优质的服务,为游客提供一个舒适宜人的人文度假环境。

第二节 旅游度假区员工形象塑造

反映人类文明进程的人体美不仅仅是艺术家所珍视的表现媒介,也是广大旅游者所热衷的审美对象,故此,在社会交往中,人们常常从各个方面来审视观察对方。大量事实表明,旅游者不仅对度假区的物态形象美十分注意,而且对度假区的员工形象亦非常敏感。度假区一线员工属于直接的审美对象范畴,从严格意义上说,他们也构成度假区环境的一部分,不过他们是"活动的风景"。旅游者对服务人员会自觉不自觉地进行各方面的审视,其中十分突出的就是对度假区员工的形象审美。因此,如何塑造员工形象也是度假区审美的一个重要环节。

一、仪表美

仪表是形象美的第一要素,是一个人精神面貌在形体、容貌、服饰和发型等方面的外在体现。在给人们形成深刻印象的各种刺激中,视觉印象占大部分,而仪容仪表是形成视觉印象的主体。服务人员在和客人接触和提供服务时,首先给客人形成视觉印象的就是仪容仪表,所谓"未见服务,先见其人"。为此,服务人员应做到修饰整洁,化妆淡雅,饰物适当,服饰美观。

在人际交往中,仪表是一个不容忽略的重要因素,良好的仪容仪表往往会给人留下美好的第一印象。一般来说,人的仪表美是其形体美、服饰美和发型美的有机组合。

(一)形体美

形体是最大众化的审美形式。但不同的时代、不同的民族,对人体美有不同的审美要求。

1. 人体美的基本标准

什么是人体美的基本标准呢?综合古今中外美学家、艺术家的研究结果,大体上可以将人体美的基本条件归结为:

(1)骨骼:发育正常,关节不显得粗大凸出;
(2)肌肉:发达匀称,皮下脂肪适当;
(3)五官:端正,与头部配合协调;
(4)双肩:对称,男性要求宽阔,女性要求圆润;
(5)脊柱:正视垂直,侧视曲度正常;
(6)腿部:腿长,大腿线条柔和,小腿腓部突出,足弓高;
(7)双手:男性的手以浑厚有力为宜,女性的手以纤细修长为宜。

上述条件是对人类形体的常态而言,如果缺乏这种常态,那就谈不上形体美了。所以,服务性行业在招募员工时,对身高、外形就有适度的要求,在考虑实际工作能力的同时,往往选择那些具备一定外形条件的人员。

2.度假区员工的形体美

人的形体美通常还表现出人的健康状况或身体素质。从劳动美学观点看,人们更倾向于欣赏和追求健康的美,富有活力的美,而不是病态的美,无力或"弱不禁风"的美。旅游者对度假区员工的形体要求突出地表现在健康美上。

度假区在招聘一线员工时考虑人体的美感因素和游客的审美欲求,通常会设有一系列择员标准。但要设法避免片面追求身高的现象,而是尽量采用一种富有弹性的"人体美学参数"。例如,对身材的要求,大可不必拘泥于预想的高度,只要发育正常,形体匀称,上身、下身的比例(以肚脐为分割点)基本上符合黄金分割率(即:下半身与上半身之比为 0.618,近似 8 比 5),便可列为录用之列。这也是从旅游者的审美心理过程考虑。因为服务人员的外在形象美尽管能够产生一种审美视觉上的"光环效应",将客人引入初级的审美判断,但随着认识的深化,实用需求的泛起,游客对员工形象美的观照会逐渐淡化,而对服务态度美的审视则逐渐加强。

(二)容貌美

自古以来,面部作为形象、仪表美的重点,一直受到人们的重视。

度假区员工要求化淡妆,既提高面容的美感,也表示对客人的尊重。总体而论,化妆艺术的全过程包括脸涂脂粉、嘴唇点缀口红、眉眼描画点染等三个相互关联的环节。从美容效果来看,如果忽视了个人差异(肤色、脸型、嘴型、眼型、年龄、性格、职业等)、服装特征(款式、色彩、格调等)和时空因素(白天、夜晚与环境等),随意地"浓妆淡抹",并非一定"总相宜"。这就要求从整体美原则和工作性质考虑,因人、因衣、因时、因地进行适应性化妆以期取得和谐而含蓄的审美效果。

(三)服饰美

仪表美的另一构成要素是服饰美。俗话说,"三分长相,七分打扮"。服饰美,不仅能在一定程度上反映出人的品格与审美趣味,更重要的是它对人体具有"扬美"与"抑丑"的功能。也就是说,如果对服饰加以科学而巧妙的运用,就会使其与人体构成和谐的美,起一种相得益彰、锦上添花的作用。

1. 基本要求

(1)扬长避短

人们在长期的社会生活实践中,往往结合自身形体的某些特点,借助服饰的色调和款式加以美化。人有高矮胖瘦,在衣着上什么形体选择什么色彩、纹样与款式,应该遵守一定的美学法则,这样有利于扬长避短。

【案例 8-5】 鲁迅先生对着装的看法

有一次,女作家萧红去看鲁迅先生,她的着装引出鲁迅的一段议论:人瘦不要穿黑衣裳,人胖不要穿白衣裳;方格子的衣裳胖人不能穿,但比横格子的还好;横格子的,胖子穿上,就把胖子更往两边裂着,更横宽广,胖子要穿竖条子的,竖的把人显得长,横的把人显得宽。

(案例来源:徐辑熙、凌珑,《旅游美学》,上海人民出版社,1997年2月版)

这说明人的形体与服装的色彩、纹样有着密切的关联。

(2)和谐、个性

在服饰上要尽量求得和谐,即色彩、式样与形体、性别以及年龄、季节的和谐,显得入时、端庄、雅致和整洁;要有个性,既不要标新立异,也不要一味模仿,不顾自身条件地盲目追求时尚。

2.度假区员工的服饰美

(1)多样统一

讲求多样统一是员工服饰美的基本原则。对度假区的各部门和各工种,应备有风格多样、款式不同但局部统一的工作服饰。虽然这在很大程度上是出于工作的需要,但在客观上都构成了一种多样统一的服饰美感。

(2)与环境和谐

员工的服饰美还应遵循和谐原则。服装与环境在风格上的统一协调会使游客得到一种特殊的文化享受。所谓和谐,主要是工作服饰与工作环境在风格上的和谐或互补。具体表现在:

第一,与环境风格协调。突出的例子是中式餐厅。在那里,内部装饰和饮食器具总离不开雕花桌椅、古董书画、竹木阁楼、元宝餐巾叠花、象牙红木筷、细瓷碗碟砂锅等物,所有这些无不带有浓厚的民族特色。如果让女服务员西装革履,难免会大煞风景,体现不出中国饮宴美学的特有风韵。若身着旗袍效果就大不一样。旗袍作为东方女服的花朵,上下结构严谨,没有重迭的衣料、外显的带绊和口袋等繁饰,显得线条流畅,干净利落,雅致端庄。特别是贴身合体,无论"环肥燕瘦"的体型,均能体现出女性婀娜多姿的优美体态。

第二,与环境色彩平衡。服饰与环境的和谐还反映在色彩平衡方面。度假区部门众多,功能各异,在色调上前厅一般要求华贵庄重,餐厅要求清洁明快,客房要求柔和安静,舞厅要求热烈活泼,酒吧要求优雅沉稳……加之季节的交替、光线的强弱和员工体型的差异等变量,调配色彩尚无固定的参照框架,这就需要从具体实际出发,因地、因时、因人、因工作性质而定。通常度假区员工服饰与环境宜用中性色,创造一种沉稳柔和、明洁悠然的美感,使宾客在安静轻松的氛围中解除身心的疲劳或紧张。

(3)含蓄美

在度假区员工服饰上,含蓄美是一项值得重视的美学原则。含蓄,作为中国的传统审美趣味,通常被视为服饰美的至高境界。

目前,有的酒吧或舞厅采用坦胸露背大开衩的裙装,想以此来增添服务的魅力,殊不知这种忽视民族传统审美趣味的服装,反而不能满足游客,尤其是那些追求民族社会文化美的游客的审美需求。当然,强调含蓄美,并非一味地扬藏抑露,而是建议从"万绿丛中一点红,动人春色不须多"的格调出发,解决好藏与露的"适度性"。让"藏"能收到护体和遮盖的效果,使"露"能起到展示人体自然美的作用,而无低俗的流弊。

(4)整洁美

员工服饰还应遵循整洁美原则。因为宾客对员工服饰不仅只是以美学的眼光加以审视,而且还常常从卫生角度加以评价。在度假区这一特定环境内,特别是在直接招待客人的一线部门,整洁可谓服饰美的基本条件。服装一旦失去整洁,其形式美感也将无从谈起。

(四)发型美

发型美是仪表美中不可忽视的因素之一。发型作为一门造型艺术,是体现人的审美情趣和性格修养的直观形式,是自然美和修饰美的有机结合。发型也像服饰一样,具有装扮或美化的积极价值。一个人如果具有动人的容貌和漂亮的服饰,而没有相称的发型,总显得失之和谐,不够完美,有时还可能会损坏原有的形象风貌。

1. 基本要求

(1)个性化

在现实生活中,人们对发型美的追求呈现出多元性,但"个性化"似乎成为一种总的指导思想。所谓发型"个性化",就是根据个人的身材、脸型、头型、发质乃至年龄、职业来设计发型,使其能反映出个人的特点和情趣,以便达到整体和谐统一的审美效果。譬如脸型、颈部较长,身材高大的人,配上长发的发型会显得飘逸大方,风度翩翩。如果脸型宽大,身材矮胖,颈部短的人,留长发会给人一种头重脚轻,臃肿做作的感觉。

(2)节奏美

在发型个性化基本原则指导下,还应该考虑到"节奏美"。在美学上,人们常把"物的反复与相似的出现"称为节奏。音调的强弱,色彩的明暗,建筑的间隔,水势的缓急,山峦的高低均可构成不同的节奏。头发的起伏卷曲也会形成节奏。例如,波浪型短发节奏较快,具有动态感,显得热情奔放,朝气蓬勃;满头飘逸的微波长发所构成的节奏较为柔和,显得安静娴雅、潇洒自然;直线型发式的节奏平直,显得端庄质朴。总之,发型的节奏美与人的气质、情趣、性格和审美追求有着十分密切的关系。

2.度假区员工的发型美

对旅游从业者来讲,发型美的基本要求是同样的。但应该从职业角度来看待发型的个性化,能同时体现时代的精神面貌和度假区的管理格调,其基调是活泼开朗,朝气蓬勃,干净利落,端庄持重,要避免那些奇特怪异的发型。

从度假区工作的实际出发,多样统一可谓员工发型的指令性原则。在这里,"多样"是对发式而言,"统一"是对发长而言。"男不过耳,女不过肩",这无论在东方还是西方的服务业中,仍不失为一条普遍适用的发长规范。一方面,这符合服务卫生的要求;另一方面,这会给人一种干净利落、潇洒敏捷、精明强干的审美体验。

需要补充说明的是,在一些开设汉、唐、宋、明、清或宫廷风味的餐厅里或复古式旅游区里,要想恢复历史生活的美学风貌,要想给人一种思旧印古的情感体验,发型、服装和头饰在风格上的统一是必不可少的条件。

综上所述,度假区员工作为直观的审美对象,由形体、容貌、服饰和发型等因素集合而成的仪表美,如同一幅肖像画,直接影响着旅游者的审美感觉。

二、仪态美

仪态是指人在行为中的姿势和风度。姿势是指身体呈现的样子,风度则属于气质方面的体现。一位合格的旅游服务人员,其姿态和风度都应有一定的感染力,其言行举止会给旅游者带来直观的愉悦感,给旅游审美活动注入积极的活力。

(一)风度美

一个人的风度,是在漫长的社会生活实践和不同形态的历史文化氛围中逐渐形成的。它是个人行为举止的综合,是社交中的无声语言,特别是个人性格、品质、情感、素养、精神世界和生活习惯的外在表现。欣赏风度,讲究风度,可谓人类的共性。同仪表美一样,风度美也是社会生活美的一项具体内容,但它比前者更显得含蓄一些,可以说它是人类按照美的规律,实现自我认识和自我完善的产物。严格来讲,风度美属于社会美范畴,是人的内在美(性格、品质、修养、情趣等)的自然流露。

在现实生活中,由于个人差异(修养、职业、审美追求、价值观念等),风度往往呈现出多彩多姿的形态。譬如政治家有政治家的风度,军人有军人的风度,学者有学者的风度,演员有演员的风度,三百六十行,行行有风度。与旅游者审美活动息息相关的度假区中,员工的风度美就更应重视。

(二)姿态美

风度尽管反映人的内在美,但它具有外在的感性特点,这就是姿态,它包括站立、行走、就座等。这些动作的优劣,常常体现出一个人气质、风度、教养的高雅和粗俗。

1. 站姿美

站立时要直立站正,身体重心线应在两腿中间向上穿过脊柱及头部,重心放在两个前脚掌。站立要领是:挺胸、收腹、梗颈、眼平视、嘴闭,面带笑容,手在身前交叉,右手放在左手上。女子站立时,双脚呈"v"字型,膝和脚后跟靠紧。男子站立时,双脚距离与肩同宽,脚尖向前。

站姿美一般有壮美与优美、阳刚美与阴柔美之分。壮美和阳刚美要求线条笔直,身体四肢对称紧凑,以显示庄严威武、刚强有力的特点;优美和阴柔美则要求线条微曲,其左、右、高、低、前、后要打破对称,富有变化,构成曲线,以显示柔和、文雅、轻松、活泼的特点,给人以愉悦之感。根据各岗位的工作特点以及不同的环境气氛,度假区员工应取不同的站姿。

2. 坐姿美

坐姿也有一定的规范。坐姿失常,不仅难看,而且会导致人体畸形,损害身体的自然美。坐姿要端正,上体向上伸直,胸前挺,肩平放松,右脚与左脚并齐。坐下要把膝并紧,不可翘二郎腿,双手自然放在腿上。双腿不可叉开,脑袋不宜后仰,也不能半躺半坐,以免给人一种懒散无力或自命不凡的感觉。入座时要讲究轻缓得体,不要猛坐猛起,以免碰响桌椅,造成紧张气氛;同时也不要弓背哈腰,双肘平行叉开排在桌上,这样显得粗野无礼。

3.行姿美

站立和就座体现的是静态美,而行走是动态美。男子行走体现朝气蓬勃的精神,女子行走要有韵律,展现出曲线美。行走要求从正确的站姿开始,身体重心稍向前,两脚尖向前方,上体不摇,两臂自然摇动,肩部放松。有急事要超越前面的人,不能跑步,可大步超过且回首表示歉意。

行姿美主要在于从容稳健,快慢自然,轻巧敏捷,行走时要平稳、协调、精神。如果前摆后扭,上颠下簸,就破坏了行姿的平衡对称与和谐一致的美感。行姿由于动态性强,比站姿与坐态更难把握,但具有更高的审美价值。培根就曾说过:相貌美高于色泽美,而秀雅合适的动作美又高于相貌美,这是美的精华。

可以说,站、坐、行三态是人的自然形体在空间中的形象显现,加上优雅的手势和温和的表情会构成一种和谐的造型美。

三、语言美

语言是服务人员用来向宾客表达意愿,交流思想感情和沟通信息的重要交际工具,它具有体现礼貌和提供服务的双重特性。对以语言交往为主要工作内容的旅游服务人员来说,服务语言如何表达是事关服务质量的重大问题。

(一)服务语言的心理功能

服务语言影响客人的心理和行为,也影响客人对服务工作的评价。旅游服务中,服务语言适当得体、清晰、纯正、悦耳,就会使旅游者有愉快、亲切之感,反之,服务语言不中听,生硬、唐突、刺耳,客人会难以接受。强烈的语言刺激,很可能会引起客人的不满和对抗,严重影响企业的信誉和客人对服务质量的评价。

(二)服务语言的特性

旅游服务语言不同于一般的语言,它具有自身的特点,应充分发挥。

1. 灵活性

旅游服务工作面对的是不同的客人,服务语言一定要因人而异。服务语言最基本的出发点就是尊重客人,只有语言符合客人要求,才会使客人有亲切、自然、顺耳、满意之感。如果使用语言不考虑对象,会使客人产生误解。比如说:"您上哪儿"是中国人常用的问候语,而外国人则认为你干涉了他的私事。

同时,语言交往要适合特定的交往环境。语言交往都是在特定的交往环境中进行的。一般包括谈话的对象、时间、地点、场合、情绪等。

2. 职业性

每种服务语言都有它自身的职业特点,旅游服务语言具有鲜明的职业特点就是它的服务性。旅游服务语言是典型的职业用语,它的语言主体大都是由职业词汇构成。旅游服务人员在与客人讲话时就要注意多使用恭敬和谦让、道歉和致谢、赞扬和祝愿、理解和安慰等富于人情味的语言。服务人员可以通过训练改进说话方式、速度、语调及词句的选择,使客人觉得你和蔼可亲。

(三)服务语言美的要求

语言美的基本要求是:谈吐文雅,语调轻柔,语气亲切,态度诚恳,讲究语言艺术。对度假区员工而言,还应有良好的语言表达能力,可通过语言表达来表示对客人的关心和尊重。这种礼貌用语可概括为:

1. 使用"五声"

即宾客到来时有问候声,遇到宾客时有招呼声,得到协助时有致谢声,打扰宾客时有致歉声,宾客离开时有道别声。

2. 杜绝使用"四语"

即不尊重宾客的蔑视语,缺乏耐心的烦躁语,自以为是的否定语,刁难他人的斗气语。

四、心灵美

心灵美是人的思想、情感、意志、行为之美的综合表现。度假区员工作为旅游者的直观审美对象,其心灵美也是被关注体察的要点。通常在从社会美角度来判别他人的美时,总习惯于把仪表和风度美归于"表层"的美,而把心灵美称为"深层"的美,这二者的和谐统一方造就一种"完整的美"。但心灵美作为美的一种特殊形态,具有一切美的共同特征——直观性。也就是说,"深层"或内在的心灵美往往也可通过"表层"或外在的其他美显示出来。

心灵美的核心是善。在中西美学史上,美即善的说法颇为常见。就善而言,它应符合社会生活中人与人、人与社会的行为道德规范。一个人的思想行为如果符合这种道德规范,那就善而美,否则就恶而丑。

员工的心灵美主要体现在他所提供的优质服务上。国际旅行社系统提出"五要五不要","五要"为:要和颜悦色,热情服务;要主动翻译导游,积极介绍情况;要耐心解答客人的问题,保守国家机密;要满足客人的购物和其他合理要求;要关心客人的安全与健康。"五不"为:不收小费和索要物品;不倒换外币;不收取回扣;不利用工作之便与客人拉关系,谋求私利;不作任何有损国格人格的事情。从表面上看,这是对旅游服务的规范要求,而实质上是对员工如何塑造心灵美进行了高度而集中的概括。

第三节　世界著名旅游度假区赏析

本节将选择国外和国内各一旅游度假区进行赏析。国外的选择西班牙兰沙罗特岛旅游度假区,它是世界旅游组织为了总结世界著名的旅游度假区的开发经验,于1990年选定调研的6个著名旅游度假区之一(其他包括:印度尼西亚巴厘省杜阿岛度假区、韩国庆州波门湖度假区、墨西哥坎昆度假区、多米尼加波多普拉塔度假区、土耳其南安塔利亚旅游开发工程、西班牙加那利群岛兰沙罗特岛),它是一个成熟的且依然在迅速扩大的旅游度假区。而国内的选择上海佘山旅游度假区,它是我国第一批12个国家旅游度假区之一。

一、西班牙兰沙罗特岛卡门港旅游度假区

兰沙罗特岛是个火山岛,其面积仅有 805 平方公里。面积虽小,但旅游业自 20 世纪 70 年代开发以来,发展非常迅速。1983 年接待上岛的国内外旅游者 17 万人,1986 年接待 41 万人,1990 年接待 160 万人。我们以兰沙罗特岛上的卡门港旅游度假区为例。全岛旅游度假区共有三个:卡门港、特几特和白色海岸。其中卡门港旅游度假区是全岛开发最早,也是最大的一个旅游度假区,每年接待旅游者占全岛接待量的 70%。

(一)区位优势

兰沙罗特岛是加那利群岛七个主要岛屿之一,位于非洲西北海岸的大西洋上,属西班牙领土。该岛距非洲西部约 96 公里,距西班牙南部约 960 公里,距马德里约 2000 公里。

1. 距欧洲大陆较近

由于兰沙罗特岛距离欧洲大陆较近,尽管地中海有众多条件舒适的旅游度假区,但前往兰沙罗特岛休闲度假的人却越来越多。从西班牙首都马德里乘飞机向西南飞行,约两个多小时便可到兰沙罗特岛。

2. 气候宜人

兰沙罗特岛虽然距非洲大陆很近,但持续海风缓解了邻近撒哈拉沙漠带来的高温。这里的气温冬季在 13.5℃~21.6℃,夏季在 18℃~28.6℃,一年四季平均温度在 20℃左右,可谓气候宜人。不仅阳光充足,而且雨量甚少。这种气候,对于欧洲大陆人,特别是对于北欧人,是非常难得的。

3. 生态环境良好

卡门港天空湛蓝,海水无污染,海滩长 3000 多米。海水、沙滩、阳光这"3S"资源吸引了众多的游人。

(二)合理的接待设施

1. 住宿设施档次齐全

在卡门港有星级度假区、公寓式度假区、公寓和出租住房等几种类型的住宿设施,可供旅游者自由选择。

其度假单元基本上是公寓式度假区,即公寓加上一个淡水游泳池,再加上少量的娱乐和健身设施。其他活动则就要前往附近,或到海边游泳、晒太阳,或去打高尔夫球,或进赌场,或去游览附近其他旅游景点。这种度假单元布局的好处是:减少占地,节省投资,让旅游者多走动,增加情趣。

而一些低档公寓、出租房屋,由于同样备有炊具,也倍受旅游者们的欢迎。

2. 餐饮设施形式多样

在卡门港海滨的大街上,有各种各样的餐馆。有的昼夜提供服务,有的为了吸引更多顾客,在门前设置了游艺设施,以供孩子们玩耍,让大人安稳就餐。

3. 商业网点方便游客

在卡门港度假区并没有太大的商场,但小商店很多,有各种各样的专卖店,有的经营西班牙的商品,有的经营世界其他国家的商品。商店里货物品种比较齐全,款式也较新颖,可以满足世界各地度假旅游者的需求。

4. 旅游购物品独具特色

如印有各种图案并有兰沙罗特标志的T恤衫、泳装和浴巾,印有岛上风光和标志的图片,镶嵌在用火山石加工的落石片上的电子钟表等。西班牙牧业比较发达,各种皮货质量好,比较有名,许多商店专门出售皮衣和各种皮箱包,很受旅游者的关注和喜爱。

5. 娱乐设施简单合理

岛上没有比较大型的游乐场所,但有几家游艺厅,里面摆放着好多种游艺机、健身器械等。其中,有孩子们玩的,也有成年人玩的。公寓前基本上都有一个淡水游泳池,有的游泳池边摆放着台球桌,有的摆放着几件运动器械。距卡门港不远处,有一个18洞的高尔夫球场,还有一个赌场,分别为半小时车程。距离一小时车程的地方,有一片沙漠区,开展骆驼队沙漠行走项目。

6. 社会服务周到齐全

卡门港旅游度假区内各种社会服务设施是比较健全的,管理工作也搞得井然有序。在大街上,隔不远就有一家钱币兑换处,旅游者随时都可以兑换到当地货币。

海滨大街上不仅设有医疗所,还有救护车停在游泳场附近的马路旁,可随时为度假旅游者提供救护服务。海滨大街上,不仅跑着公共汽车、出租车,还有出租自行车、出租汽车的。

在海滨,还设有一个旅政监察咨询服务所,不仅从事监督检查海滨游泳场的秩序,还向游人提供宣传资料以及处理各种问题。

(三)与旅游景点相互依托

兰沙罗特岛上除有三个海滨度假区外,对游客比较有吸引力的是几个火山旅游点。它们有时也作为召开会议的场所,但旅游者或参加会议的人员,住宿都要乘车一小时左右返回附近的市区和度假区。

1. 国家火山公园

国家火山公园面积约 200 平方公里。火山最后一次喷发是 1971 年。至今,此火山还没有彻底熄灭。火山顶上的餐厅,做饭就是利用火山口的高温。为了保护火山公园地貌,防止游人随意拿走火山石,自己开车前往的旅游者,要换乘火山公园管理处的车才能进入。

2. 火山隧道

这是在三个相通的死火山坑基础上,经过精心设计开发而成的旅游景点。三个火山坑连贯起来看,形似隧道。其中一个火山坑修建成一个蔚蓝色水底的游泳池,池周围约近两米来宽的小路,可供游人散步或休息。另两个分别修建成了可容纳 300~400 人的表演艺术大厅和自助餐厅。

3. 人造景观因地制宜

为了改善兰沙罗特岛上单一火山旅游产品的结构,岛府又有计划地设计开发了一些人工旅游景点。如仙人掌公园,建在一座火山石堆上,结构复杂的石制品和令人叹为观止的土柱,使人看上去既是一座植物园,又是一件艺术品。

(四)独具匠心的旅游标志

岛上的旅游标志大体分两种:一种是实物式的,一种是抽象式的。实物式的是结合兰沙罗特岛拥有的动植物实际特点设计的。如在仙人掌公园附近的公路旁,树立起了一个高约20多米的铁制的绿色大仙人掌,好像一只大手伸向空中,凡路过此地的游人看后无不叫绝。在火山隧道停车场旁的海边,树立了一只铁制的形似大龙虾一样的人工旅游标志,画龙点睛地将兰沙罗特和火山之家的海洋特色展现在游人面前。

岛上几个巨大的抽象式的旅游标志尤为引人注目。如由十几个空心圆锥体和七八个竖立着空心圆柱体组成的抽象的旅游标志;高约30来米,由20多个大小不等的长方几何体组成的抽象的旅游标志,奇特新颖,现在已成了兰沙罗特岛的标志。

二、上海佘山国家旅游度假区

佘山度假区位于上海西郊古城松江境内,距上海市中心30公里,是城市近郊型度假区。

佘山国家旅游度假区,山南水北,历史悠久,自然景观和人文景观丰富。区内生态环境优美,每年春夏两季满山青翠,烟景如画,令人似梦若幻,有身临人间仙境之感。山前山后绵延10多里的桃园,笼在4月的烟雾里,湮出一层水润润的红雾,与百鸟之音、鸡犬之声一起,编织成一幅古朴典雅、动静交织的"桃源风景图"。度假区有远东第一大天主教堂与国内第一流的上海佘山天文观测台交相辉映,天马山护珠宝光塔与秀道者塔傲立千年,以及百鸟苑、蝴蝶园等旅游景点。

(一)整体环境

1.区位

佘山国家旅游度假区位于上海近郊,这里有连绵的山体,宁静的湖面,青葱翠绿的植被,古老沧桑的教堂,物华天宝,钟灵毓秀,是一马平川的上海绝无仅有的山林胜地,也是上海历史文化发祥地和上海最大的旅游产业基地。

2.类型

佘山是融游乐、观光、会务、休闲、度假、居住等功能为一体的综合性旅游度假区、国际大都市配套旅游休闲基地。随着上海建设国际大都市进程的加速,已成为近郊旅游休闲的胜地和顶级别墅居住区。

3. 规模

佘山度假区为大型度假区，规划建设 45.99 平方公里，以自然山林为依托，以"回归自然，休闲度假"为主题，吸引了大量游人前来观光游览，近几年年均客流量到达 180 万人次以上。各种设施容量较大，如东佘山以北的国际性会议中心，拥有包括千人宴会厅、千人报告厅在内的近 20 个会场。

（二）功能布局

整个度假区的主景由东佘山园、西佘山园、月湖生态园组成。西佘山是远东第一大教堂——佘山天主教堂和中国第一座天文台——佘山天文台的所在地。东佘山国家森林公园山体钟秀、林木葱郁，动植物资源丰富，景冠九峰。月湖生态园为人工湖，挖一湖春水伴青山而踞，占地近 500 亩的月湖，使佘山地区呈现"九峰拔地起，碧湖自天落"的胜景。佘山度假区由此成为上海地区具有最佳生态环境、最美自然风光、最具发展潜力的一块宝地。

度假区内景观廊道完善，各类高档别墅、国际会议中心等项目为"密集环景型"，集中布局于东西佘山之间和月湖周边，用自然胜景作陪衬，分享着自然风景的美好景色。另有高尔夫俱乐部以及影视基地等散布于度假区边缘。

（三）建筑

佘山国家旅游度假区内的很多建筑都颇具特色。

1. 景观建筑

月湖生态园内的农家风俗区、茅草屋、农具展、水车等处处体现农家风情；以"保护自然，创造人文"为理念，依托月湖及佘山建成的月圆园雕塑主题公园，融合了雕塑、洞窟、景观、植栽、建筑等艺术手段，展示了石雕、陶艺、玻璃、铸铜等雕塑作品；百鸟苑内山坡平谷相间，林幽树密，鸟语花香，溪水潺潺，建有 10 余个观赏与休闲娱乐区域，真正体现了"蝉噪林逾静，鸟鸣山更幽"的意境。

建于佘山山顶的天主教堂，融希腊、罗马、哥特式建筑艺术于一炉，部分采用中国传统手法，中西合璧，充分体现了建筑学上对称中不对称的美学原则，而且教堂雄伟宽阔，堂内讲话不用扩音器便具有扩音作用,又无回音干扰。

2. 住宿区

佘山森林宾馆的幢幢欧式别墅掩映在浓郁的山色中;佘山银湖别墅则为质朴厚重的北美建筑风格,采用坚实的清水砖墙,以毛石贴面为装饰,利用屋顶的一些高低变化丰富外立面。以暗色为主要色调,外壁采用特殊的保湿材质,不仅使建筑更加持久,同时也适合上海冬季湿冷的气候。

此外,新开发的紫都·上海晶园别墅区,融合了东西方建筑文化的精粹,传承了海派文化兼收并蓄的特点,结合法式、日式、美式、德式、地中海式、西班牙式等近30种精粹别墅风格。不同的建筑、不同的建筑组群在整体环境中遥相呼应,形成相互对话、交流的空间效果。内有月湖支流蜿蜒其间,所有别墅建筑个性鲜明又和谐的分布在天然水道分割而成的大大小小的岛屿上,形成"湖中有岛,岛中有湖"的大格局,建筑之美与自然之美相互融合。

(四)庭园绿化

佘山度假区近年来大面积"造绿",使400万平方米山林"绿肺"在空间上得以伸展,一个以山见长、以水为辅的自然休闲区跃然而现,森林覆盖率达到86%。而且各区都注重景观植物的作用,营造了独特高雅的度假区氛围。

月湖景区环湖遍植高高低低的花草树木,辟建名石奇花园,湖中将放养观赏鱼、鸟,营造出"绿树拥峰峦,碧波映青山"的湖光山色。湖畔小溪两边铺的是不事雕琢的原石,到处可见沿水而生的植栽,亲水平台旁边是一对百年情侣树。

佘山高尔夫项目引进了一万多株胸径16公分的大树,另外在4号球道和9号球道有两颗千年银杏,在上海实属罕见,这样的郁郁葱葱,令人心旷神怡。

紫都·上海晶园别墅区用精心修剪的植物分割装点庭院,高级防腐木材做的回廊、景亭在青藤的缠绕下颇具特色,花木和蜿蜒的宅间路与大面积的草坪湖水一张一弛,移步异景,意境悠然。

（五）设施

佘山度假区内，一批高尔夫球场、五星级酒店、国际会议中心、游艇俱乐部、Shopping Mall、赛车场、彩弹射击中心、室内冰雪世界等旅游度假设施陆续建成投入使用。度假区内各类活动项目齐全：月湖开展了水上滑板、帆板、动力滑翔伞等表演，以及各类美食、露天啤酒节、自助野外烧烤等参与性活动；佘山高尔夫别墅内高档会所涵盖了游泳池、便利店、网球中心、影视厅、医院（诊所）、花店、康体健身中心酒店公寓、桑拿按摩、美容沙龙、自助银行等配套设施。

各种丰富多样的度假设施，让度假者在上海佘山国家旅游度假区内做到：在高尔夫球场挥杆远眺，在月湖公园散步徜徉；或是登佘山，凭吊古迹，在教堂做礼拜，在天文台观流星雨，又或是在酒吧街小酌，品茶语，细品湖光山色。度假者的休闲惬意，因此而一一满足。

思考题

1. 度假区的美学特征有哪些？
2. 度假区的审美要求应该从哪些方面考虑？
3. 为什么说仪表美是度假区员工形象美的第一要素？
4. 度假区的室内陈设应该具有哪些美学特征？
5. 兰沙罗特岛卡门港度假区的开发模式给你哪些启示？

第四部分

体验旅游审美

第九章 社会风情旅游审美

学习目的

社会风情是体验旅游中最鲜活的一部分，到达一个陌生的地方，最吸引旅游者的不是那些实实在在的景观本身，而是蕴藏在这些景观实体中的生活气息和文化氛围，这就是社会风情。本章通过了解社会风情旅游的内容和美学特征，掌握对社会风情进行审美的方法，并能够结合实际进行分析运用。

主要内容

- 乡村风情审美

  乡村风情概述　乡村风情的美学特征　乡村风情体验

- 城市风情审美

  城市风情概述　城市风情的美学特征　城市风情体验

- 民族风情审美

  民族风情概述　民族风情的审美要素　民族风情的美学特征

第一节 乡村风情审美

社会风情的内容包罗万象。从地域空间格局上来说,社会风情包括乡村风情、城市风情;从文化角度来看,社会风情又包括各种民族风情。由于侧重点不同,这两种划分之间既有重叠又不能互相取代,因此在这里并列提出。

在漫长的人类社会发展过程中,由于生产力发展的需要产生了乡村与城市,它们有着不同的生产和生活方式;由于自然和人文条件的差别形成了不同的民族,它们有着不同的文化和风俗。乡村与城市之间、不同民族之间,既有显著的差异又有紧密的联系,具有不同的审美价值。旅游作为一种寻找美、发现美、欣赏美的经济文化活动,具有很强的社会性,乡村风情、城市风情和民族风情历来都是旅游审美的对象。

一、乡村风情概述

乡村是人口密度较小,具有明显田园特征的地区。乡村风情包括乡村景观和乡村生活体验,在现代旅游活动当中具有重要意义。

千百年来人们在乡村繁衍生息,对于土地有着深深的依恋之情。在中国传统的审美观念中,乡村永远是经历仕途坎坷、商海沉浮之后最好的心灵归宿。解甲归田、颐养天年是在朝为官者的终极人生目标,自给自足、男耕女织的乡村生活方式是文人们的理想的精神乐园。在西方的音乐、诗歌、绘画等艺术作品当中,田园牧歌式的乡村生活也永远是人们歌颂的主题。

在全球城市化的今天,乡村作为人类文明最后的净土,更显得弥足珍贵。钢筋水泥的城市森林让人窒息,城市垃圾、大气污染、噪音污染、灯光污染使人们的生活环境日益恶化,高科技、快节奏的现代生活使人们内心更加孤寂,繁忙的工作之余,人们会不可避免地怀念乡村清新的空气、宁静的氛围、淳朴的邻里关系。在许多国家,周末或节假日到乡间度假早已成为一种大众化的生活方式。

近年来,我国逐渐升温的"农家乐"旅游项目,由于适合国民的消费水平和消费习惯,每年吸引着越来越多的游客,已经成为一种不容忽视的社会现象,而其中的经验与不足,更是成为了不同领域的专家学者们研究的课题。

【案例9-1】 美国的农业旅游

农业旅游最初是在欧洲国家发展起来的,而且有着逐渐扩大和升温的趋势。据世界旅游组织统计,1998年,农业旅游占欧洲2180亿美元全部旅游收入的5%至10%。由于家庭农场主提供住宿和餐饮服务的数量越来越多,15个欧盟成员国大幅度削减了农业旅游的规模,以此取代快速降低的农业价格补贴,防止农场主的流动,从而保持农场的经济承受能力。

在美国,农业旅游并不依靠政府的努力,而是完全通过农场主个人的努力。一些农场主为了提高经营水平纷纷开始学习市场和企业管理的成功经验,就连纽约郊区的世界著名学府康奈尔大学,也为研究生、本科生和农场主开设了许多农业企业管理的课程和讲座。目前全美已经有数千家经营农业旅游的农场。

美国农业旅游的项目多种多样。由于不少游客是举家出游,许多农场主都制定了以家庭活动为市场目标的计划。圣诞树农场允许家庭来农场挑选和砍伐圣诞节用的树木。一些农场主推出了"自己动手做"(DIY)的旅游概念,在农场提供游客采摘项目,鼓励游客到田里选择和采摘自己想要的农作物,还有一些农场主以特产葡萄酒、干酪、奶油或冰淇淋来吸引顾客。为了吸引在校的学生,有的农场主推出了以动物为主题的旅游项目,在游览过程中,游客可以观察动物的生活和习性,触摸动物,了解它们是怎样喂养的。还有些农场主提供挤牛奶、骑小马等体验农村生活的活动。

在传统活动的基础上,不少农场主还新增了一些不太常见的项目,以吸引更多的游客。比如"玉米地迷宫"就是其中的一个。农场主们雇用专家在新玉米地里设计和开辟迷宫小路,从而获得了丰厚的经济回报。理查德·霍奇森是纽约瓦尔登镇奇森农场的主人,1997年,他向美国迷宫公司支付了10万美元的费用,聘请专家在他的玉米地里开辟了一块"阿利安太空船"形象的迷宫。这个迷宫构思巧妙、形状奇特,在短短的三个月中就吸引了3万名游客,平均每名游客大约花掉了12美元用来购买门票和用餐。一些农场主还开办了农场展览馆和博物馆。康涅狄格州克兰伯尔镇推出了一个名叫"艾米欢乐珍稀动物农场"的项目,农场里展出各种珍稀动物,包括:骆驼、欧洲小鹿、热带爬虫、小袋鼠、孔雀、鸸鹋、雅各布四角鹿、田纳西山羊、牧羊犬、四蹄迷你小刺猬、狼蛛等。还有一些农场主通过广告宣传、举办节日吸引游客。亚利桑那州皇后溪市的马克·施内普夫每年一度在自己的农场举办甜洋葱节和西红柿节,附带举行烹饪大赛、在西红柿酱池子中举行拔河比赛、儿童西红柿装饰游戏、削土豆比赛、土豆装袋比赛、艺术和手工艺品展,所有这些活动都伴有乡村乐队和乡村舞蹈表演。1997年有超过1.5万名初中学生和3万名节日游客来农场观光。

(案例来源:福雷德·T.波塞尔曼等著,《弯路的代价》,中国社会科学出版社,2003年10月版)

二、乡村风情的美学特征

乡村是以自然美为依托,渗透着人类劳动美和社会美的风景。乡村景观是由乡村聚落景观、乡村经济景观、乡村文化景观和自然环境构成的景观环境整体。[①]

人类对乡村美景的赞颂,早就见诸于古人的各种文学艺术作品之中。东晋的陶渊明在《桃花源记》中为我们展现了一个阡陌纵横、鸡犬相闻、怡然自乐的理想乌托邦世界,至今读来仍然齿颊留香,令人神往不已。《红楼梦》虽然描写的是明清时期的都市生活,然而在烟柳繁华的都市中却有大观园这样一隅清净之地,仿佛这样还不够表达作者的审美理念,曹雪芹又在大观园中人为地营造了"一畦葱韭绿,十里稻花香"的乡村景色,而且取名"稻香村"。

至于现代的知青文学,更是直接以农村为背景,许多作家笔下的下

---

① 王云才,《现代乡村景观旅游规划设计》,青岛出版社2003年4月,第35页。

放地充满了纯朴的自然美,对今天生活在都市的人群仍然具有无比的吸引力。中国传统山水画中讲求含而不露,往往只是一片竹篱、一角茅屋、荷柴的樵夫、骑牛的牧童,就描尽了田园的诗情画意。西方绘画艺术中田园风光也是风景画最常见的表现题材,有些即使是作为人物画的背景,也达到了很高的造诣。维也纳美伦河谷边的小村庄,因为约翰·施特劳斯的一曲《维也纳森林的故事》而享誉世界。古典音乐大师贝多芬也是由于被维也纳浪漫的田园风光所感染,才创作出了不朽名作《第六(田园)交响曲》。

(一)乡村自然景观审美

乡村自然景观包括地质景观、水体景观、生物景观等类型。

许多乡村周围的自然环境本身就具有极高的审美价值,有的已经被开发成为十分有吸引力的旅游景点。一般意义上的乡村景观多是柔和、舒缓、平静的,美在和谐自然,在美学上属于"优美"的范畴。但是如果有旷野草甸、高山大川作为背景,那就上升到了"壮美"的美学范畴,会产生一种对比,给人一种崇高之感。

许多乡村自然景观知名度不高,但是也具备一定的观赏价值,在一定程度上能够满足人们休闲、审美的要求,带来心灵上的愉悦。全国各地都有这样的地方性乡村旅游景观,每年都吸引着大量的当地旅游者。

(二)乡村农业景观审美

乡村农业景观指主要由人类的农业活动产生的景观群体。[①] 依据农业景观的形态特征可以分为农耕景观、林地景观、养殖景观等类型。

1. 类型

(1)农耕景观

农耕景观包括农田景观、设施农业、农场景观等类型。农田景观是传统乡村农业景观的主体,而设施农业和农场景观则具有集约农业景观的特征,正逐步成为现代乡村农业景观的主体。[②]

(2)林地景观

[①] 王云才,《现代乡村景观规划设计》,2003 年 4 月版,第 77 页。
[②] 王云才,《现代乡村景观规划设计》,2003 年 4 月版,第 81 页。

林地景观包括果树景观、人工经济林景观、人工生态林景观等类型。传统果园是林地景观的主体，随着经济的发展和人们环境保护意识的增强，人工经济林和生态林景观也日益得到普及和推广。

(3) 养殖景观

养殖景观包括人工牧场景观、养殖小区景观、塘区景观、库区和湖区景观、海滨景观等类型。

2. 美学特征

(1) 视觉美

①形态美和色彩美

农耕景观中，农田景观是传统田园风光的基础。细雨滋润下的稻田，微风吹拂下的麦浪，晴空下一望无际的玉米地，暮色中绵延到天边的菜畦，晨雾中锄禾的农夫，夕阳下晚归的牧童，这些形象都给人以视觉上美的享受。春天黄澄澄的油菜花，夏日金灿灿的向日葵，秋天红彤彤的高粱，冬日白茫茫的小麦地……昼夜晨昏，一年四季，随着观赏时间和观赏角度的变化，农田景观会呈现出各种各样、五彩缤纷的美，不论在形态上还是色彩上都能够让人赏心悦目。在大量的中外影视作品中都能看到以农田景观为背景的画面。例如，电影《红高粱》中那一望无际的高粱地就给人留下了极深的印象。

林地景观中果树景观最具观赏性。春天粉红的桃花、雪白的梨花、火红的石榴花，展现着勃勃生机；落花时节落英缤纷、随风飘舞的花瓣惹人怜惜；到了夏秋果实成熟季节，粉红的桃、鹅黄的梨、猩红的荔枝、火红的柿子、黄橙橙的橘子挂满枝头，充满了丰收的喜悦。人工经济林和生态林景观中有的树木四季常青，有的树木会随季节变换出树叶的颜色，例如火红的枫树、金黄的银杏都具有较好的树形和色彩，一些稀有树种如水杉、珙桐、桫椤、红豆杉等更是具有很高的观赏价值。由于气候的差别，一些人工经济林的景观有着明显的地域特点，例如热带亚热带地区的橡胶园、温带寒带地区的针叶林，就具有迥然不同的审美情趣。

养殖景观中，人工牧场绿色的草场和形态各异的畜群既有动态美又具备色彩美。传统的养殖小区以猪鸡鸭鹅为主，但近年来许多地方开始养殖火烈鸟、鸵鸟、名犬、名猫、梅花鹿、孔雀、鳄鱼、热带鱼等具有观赏性的动物,大大增加了养殖景观的审美价值。在塘区、库区和湖区、海滨,养鱼、养虾、养蟹、养贝等养殖过程本身就具有较高的技术含量,体现了科学技术和生态美,在捕捞季节旅游者更可以欣赏到碧波荡漾、银鳞闪闪、鸟飞鱼跃、虾肥蟹壮的动态美和色彩美。

②奇特美

位于云南红河哈尼族彝族自治州的元阳梯田,是农田景观奇特美的典型代表。这些梯田开垦在陡峭的山崖上,一层层,一级级,好似无数从天而降的天梯,十分壮观。特别在梯田蓄满水的时候,云雾中若隐若现的梯田如仙境一般缥缈,阳光下的梯田则会形成奇特的镜面反射现象,色彩斑斓,堪称一绝,被称为"神田"。元阳梯田以其独特的景观,每年都吸引着成千上万的旅游者和摄影爱好者,这已经成为云南省的代表性景观之一,享有较高的国际知名度。

最早由英国人 Colin Andrews 发现的麦田圈,其形成原因至今是一个谜。麦田圈是麦田里麦秸弯曲倒伏而呈现的巨大的神秘图案,从空中俯瞰蔚为壮观。自从在英国出现之后,又在欧洲、美洲出现,不仅在麦田,玉米地里也开始出现,中国也有过发现麦田圈的报道。麦田圈所呈现的图案多种多样,有直线状的简单线条,有复杂曲线,有圆圈、三角形等几何图案,还有动物图案、电脑图画、文字等。对于这些图案的形成原因,人们众说纷纭,至今还没有定论。有人认为是宇宙间高级生命或是外星人光临的足迹,有人认为是气象、地质、土壤环境造成的自然现象。也有人认为是人为的恶作剧,因为曾经有几个年轻人承认是自己用简单的工具制造了麦田圈,但是这无法解释麦田圈同时在许多地方出现、麦田周围没有任痕迹、麦田圈内辐射增强、麦秸总是朝同一个方向倒伏而并未折断等现象。无论其形成原因是什么,麦田圈已经成为有吸引力的旅游资源却是不争的事实。为了看清它们的真实面貌,人们甚至乘坐直升飞机从空中来观赏。为了吸引游客,一些农场主甚至雇人在自己的麦田或玉米地里制造出各种巨大的神秘图案。

(2)听觉美

乡村的各种声音也给人以美的享受。"稻花香里说丰年,听取蛙声一片",不仅蛙声,连昆虫鸣声对于城里人来说都有一种久违的亲切感。而梁间的燕子呢喃、塘边的鹅儿欢叫、清晨的鸡鸣、黄昏的犬吠,还有落叶沙沙、溪流淙淙、水车咕噜、扁担吱悠,村前村后欢声笑语,山上山下歌声阵阵,汇成了一首乡村交响曲,拨动着人的心弦。蝉噪林愈静,鸟鸣山更幽,乡村的大自然天籁之音和充满人文生活情趣的各种声响,更营造了宁静安详的氛围。这对于被都市喧嚣的噪音所困扰的现代人来说,无疑是最好的镇静剂。

(3) 触觉美

乡村景观是能够触摸得到的。人们可以采摘路边无名的野花,抚摸田里沉甸甸的稻穗,拾起鸡窝里还热乎乎的鸡蛋,爱抚牧场中毛茸茸的羊羔。在采摘和加工过程中,可以通过触觉去感受各种粮食作物和蔬菜瓜果的不同质感。光洁、粗糙、细腻、柔软、坚硬、干燥、潮湿、凉爽、温暖,这些触感比视觉和听觉来得更加直接和亲切,更能够带给人乡村真实的美感体验。特别对于在都市长大的儿童来说,增加触觉体验有助于双手和大脑的发展,更为重要的,这是他们少有的亲近大自然的机会,父母们也非常乐意让他们知道在电视和电脑游戏之外,还有这样生动有趣的世界,因为这才是真实的生活。

(4) 嗅味美

乡村景观还体现出嗅味上的美。泥土的气息、植物的清香、甚至淡淡的牛粪味,对于饱受废气和二氧化碳之苦的都市人群来说,乡村的空气中处处弥漫着大自然的气息,是那样的纯净而清新。每一种农作物和树木的花、叶、茎、果都具有自己独特的气味,有的芬芳浓郁,有的清新淡雅,有的香甜中略带苦涩,有的带有刺鼻气味,这些气味都能引发人的联想,使人产生审美体验。科学研究表明,许多植物的花朵有提神醒脑、驱虫杀毒、增强免疫能力、治疗疾病的作用,在审美价值之外又增加了实用价值。在满足观其色、听其声、触其质、嗅其味的要求之后,审美的更高阶段当然是品其味。通过食物的酸、甜、咸、辣、苦、涩,人们可以获得味觉上的审美享受,而入口以后松、软、爽、滑、脆、嫩等质感体验,使味觉上的感受更加丰富多样。

三、乡村风情体验

美的根源在于人类的社会实践。事物的自然属性作为客观物质基础，只有和人类生活、特别是以生产劳动为重要内容的实践生活相联系，从而成为社会领域中的现象，才有可能称其为美。要把握社会生活美的本质，就要参加实践。对乡村风情的体验就是对乡村生活的体验。乡村生活包括乡村劳动生活和乡村休闲生活，它正是人类社会实践的典型，因此，乡村生活之美的本质在于参与和体验。

（一）乡村劳动生活体验

从审美角度看，许多传统的乡村劳动都具有美的特性，能勾起人们对田园生活的美好回忆，更重要的是，在农业旅游活动中它不仅仅是单纯的观赏、欣赏对象，而是可以让游客参与到其中的体验性项目，游客投身到其中可以获得视觉、听觉、触觉、嗅味等全方位的审美体验，在劳动中可以获得丰富的农业知识，通过与他人合作，还可以体验纯朴、和谐的人情美。比如像插秧、打谷、除草、剪羊毛、挤牛奶、采草莓、割橡胶、摘苹果、推磨、捕鱼、狩猎等农业生产活动，都可以开展乡村劳动生活体验旅游项目，另外像纺纱、织布、刺绣、剪纸等民间艺术活动，旅游者也可以适度参与，并从中获得美的享受。

【案例 9-2】 采茶之旅

采茶是产茶区独特的生产劳动。因为采茶的环境清新、动作优美，在我国多次被搬上舞台和银屏。在不同时代、各种版本的《茶山情歌》更唱遍了大江南北。近来一些产茶区的农户也搞起了自助采茶旅游活动，游客们穿上当地的服装，身背竹篮，和当地的姑娘们一起上山采茶，漫山遍野嫩绿的茶树、扑鼻的茶香、加上采茶姑娘嘹亮的歌喉，美得令人陶醉。采茶归来，可以在经验丰富的茶农指导下学习体验如何捻茶、炒茶、烤茶，并可以观赏和学习充满茶文化神韵的茶道表演，当你端起一杯香气扑鼻的清茶呷上一口，一股清香渗透五脏六腑，这时你不能不对生活之美感到由衷的赞叹。

（案例来源：自编）

（二）乡村休闲生活体验

关于"休闲"的理解，从字面上来看，"休"是指休憩、休养，"闲"是指闲适、闲散。法国社会学家杜马兹迪埃在《走向休闲的社会》一书中指出：所谓休闲，是个人从工作岗位、家庭、社会义务中解脱出来，为了休息、消遣，或是为了培养与谋生无关的智能，以及为了自发地参加社会活动和自由发挥创造力，是随心所欲的总称。

乡村休闲生活体验的主要内容有以下几个方面。

1. 集市庙会

赶集、逛庙会是乡村休闲最常见的形式。由于乡村人口密度低、分布区域较广，人们出于生产生活的需要，在特定的日子聚集到某些地方进行交易活动，这就形成了集市。在集市中人们往往还进行消遣娱乐、建立和保持某些人际关系。例如云南农村有很多叫做鸡街、狗街、马街、牛街的地方，并不是因为曾经是专门买卖这些禽畜的场所，而是因为在旧时人们根据动物生肖来确定赶集的日期和地点，逢鸡日赶集的地方就叫鸡街，逢马日赶集的地方就叫马街。庙会最初是一种宗教节日活动，后来逐渐发展成为商品云集的市场。在一些偏远的地方，有的农村至今还保留着物物交换的习惯，人们不是根据物品本身的价值，而全凭自己的喜好各取所需，体现了淳朴的民风民情。

【案例 9-3】 鲁迅笔下的社戏

鲁迅先生的名作《社戏》描绘了"我"儿时去外祖母家，和小伙伴们坐船到赵庄看社戏的趣事。小说中的戏台"漂渺得像一座仙山楼阁"，人们在台下一边看戏一边"买豆浆喝"。"我"最喜欢看的是"一个人蒙了白布，两手在头上捧着一支棒似的蛇头的蛇精，其次是套了黄布衣跳老虎"，在回家路的上，和小伙伴们煮吃偷来的罗汉豆，并认为"一直到现在，我实在再也没有吃到那夜似的好豆，也不再看到那夜似的好戏了。"水乡社戏那充满乡土气息，如梦如幻的美，不知勾起过多少人对于童年生活的美好回忆，至今读来仍然令人深深感动，使人陶醉在那"弥漫着豆麦蕴藻之香的夜气里"。

（案例来源：自编）

2. 乡村民间艺术

乡村民间艺术是吸引旅游者的重要资源,乡村民间艺术包括民间工艺品和民间表演艺术。

我国富于乡村色彩的民间工艺品有年画、木刻、剪纸、刺绣、织锦、竹编、木编、扎染、蜡染、捏泥人、吹糖人等形式,从日常用品到装饰用品,从各个方面展现了乡村休闲生活之美。这些纯手工制作的艺术品具有浓郁的乡土气息深受人民群众的喜爱,但由于制作工艺复杂,加上后继无人,在现代社会中,这样的艺术品已越来越少,因而显得更加珍贵。另一方面,随着旅游活动的开展和商品经济的影响,一些民间艺术品又被粗制滥造的旅游纪念品所代替,丧失了原有的审美价值,这应该引起旅游开发者和规划者们的注意。

【案例 9-4】 日本陶艺之旅

日本人民是一个喜爱陶瓷的民族。乡村的陶艺作坊也是开发较早的旅游项目。这些作坊一般坐落于风景优美、以生产陶器著名的乡村。例如位于兵库县筱山市的丹波陶艺公园——陶之乡,就是一个成功的例子。游客们在这里可以参观公园内的丹波立杭烧博物馆,了解陶器的生产过程,领略轻静柔和的日本陶瓷之美,还可以在纪念品店购物。最有趣的是参加陶艺教室,在陶艺教师的指点下,每个人都有机会用粘土亲自制作陶器,虽然很多人是第一次制作,作品并不太令人满意,但都会被小心收好,经过复杂的工艺烧制为成品,过一段时间之后一定会邮送到本人家中。在具有日本风味的乡村餐馆用餐,你可以吃到当地特有的野菜,还可以品尝到鲜美的野猪肉。午饭后在附近的小山上散步也是不错的选择。

(案例来源:自编)

民间表演艺术包括地方戏剧、乡村音乐舞蹈、说唱艺术等。与城市戏剧相比,乡村地方戏保留了很多群众喜闻乐见的形式和内容,表现了他们的价值观念和生活追求,很多剧目演的就是老百姓自己,显得活泼、轻松、随意,更加贴近人们的生活,因而具有更加广泛的群众基础。

另外像皮影戏、木偶戏、唢呐、二胡、锣鼓、舞龙灯、踩高跷、说书、快板等曲艺形式,也在农村有着深厚的土壤,在乡村休闲活动中占有重要地位,成为乡村生活体验美的一部分。世界各地许多乡土艺术都已经被移植到了城市,登上了大雅之堂,但是它们的根深深扎在乡村,旅游者要欣赏真正原汁原味的乡土艺术,必须亲自到乡村去,才会有更深的体会。

第二节 城市风情审美

长期以来,城市与乡村是两个性质完全不同的空间,是两个无论在生活方式还是价值观念上都迥然不同的世界。城市滋生于乡村之上,但它逐渐脱离了母体,经过长期的发展,一步步从小城镇到中型城市,从大城市到国际性大都市,它不再是乡村简单自然的田园牧歌式的存在方式,而是一个多层次、多角度、纷繁复杂的庞大体系。城市既保留着大量人类古代文明的遗迹,又催生着无数新的生活方式和艺术形式,对人类社会的发展有着深远的影响。

一、城市风情概述

在旅游活动中,对城市的审美是不可或缺的内容。对旅游者而言,世界各地的城市作为人类文明成果的汇聚地,本身就是重点游览项目;同时,它们通过发散式的交通网又连接着乡村和其他城市,还是旅途中的休憩场所和加油站,是游客旅行必经之地。与乡村的简朴单纯相比,城市具有多元化的立体结构,它承载了悠久的历史与厚重的文化,又展现着诱人的机遇与无穷的活力,无数产业在这里兴起和发展,各种思想在这里汇合与交流,人们在这里工作生活,品尝成功的喜悦与失败的苦涩。现代化的发展让城市在古典的优雅之美以外,又增添了现代的时尚之美:从宫殿到教堂神庙、博物馆、大剧场,从摩天大楼到城市广场、商业街、游乐场,还有时尚青年、街头艺术家、节日的汇演、庆典的游行队伍,这些对旅游者们都具有极大的吸引力。

我国的现代化城市进程直到 20 世纪 80 年代才正式开始,比西方从 19 世纪便已大规模开始的现代城市化进程晚了将近一个半世纪。但进入20世纪90年代以来,随着我国国民经济的发展,人们生活水平显著提高,再加上带薪假期的不断增加,国内旅游迅速发展,许多旅游城市以其独具特色的美吸引着国内外游人,苏州、杭州、西安、洛阳、开封、成都、昆明、桂林、北海、三亚等内地和沿海城市都在发展旅游方面取得了可喜的成就;更加令人欣喜的是,在国际旅游方面,传统的以入境旅游为主的局面也正在逐步发生改变,截至2005年3月,已有66个旅游目的国家和地区向我国居民开放了旅游市场。从曼谷、吉隆坡到东京、首尔,从巴黎、伦敦到纽约、多伦多,中国游客正在走出国门,在世界各地著名的旅游城市将会越来越多地看到他们的身影。

二、城市风情的美学特征

城市是人们智慧的结晶,在城市的发展中,凝聚了人类无数的聪明才智,并体现了人们的审美追求。城市风光可以说是人工美的体现,并且把这种美发挥到了极致。当我们听到西安、南京、杭州等城市的名字,所联想到的决不仅仅是大雁塔、秦淮河、西湖等具体的某一个景点,而是既是六朝古都又是现代都市的纷繁复杂的综合意象。一般而言,城市之美具有以下的特征:

(一)技术美

城市景观是以人造物资景观为依托的,是科学技术发展的产物,因此,城市美的首要特征便是它的技术美。从北京故宫到科隆大教堂,从巴黎埃菲尔铁塔到悉尼歌剧院,从汽车到地铁,从供电网到排水系统,各种城市建筑、设施、设备,无论其材料、结构还是造型设计,都是科学技术的体现,有的甚至代表了当时的最高技术水平。在技术上的不断进步,既是人类创造力的表现,又为人们带来了美的愉悦和享受。现代化的进程催生着更多以技术美为欣赏对象的城市景观,古老的大教堂、辉煌的宫殿、摩天大楼、大型购物中心、高速列车、现代化游乐场,都是技术美的直接体现。

许多高度城市化的国家,具有十分便捷的铁路交通网,全部采用自动售票和检票系统,你不出车站就可以随时换乘列车,抵达全国任何一个城市甚至乡村。列车出发和抵达时间准确到秒,除受到不可抗力因素的影响以外几乎从不晚点。乘客从来不用担心购票难的问题,因为可以在出站时再利用精算机补票。游客们在享受便利的城市交通的同时,也能欣赏到其中的现代技术美。

(二)功能美

城市存在的终极目的是满足一定时期政治、经济、文化的需要。城市的建筑、设施、设备都是为满足这些需要服务的,要具有相应的功能。例如一幢建筑是否坚固耐用、采光是否良好、布局是否合理、进出是否方便、外观是否有特色、内部装修是否美观,这些因素都会影响到它的使用,只有具备了各种必要的功能,才能让人得到持久的美的体验。一项城市设施只有能满足人们生产、生活的某种需要,才有存在的价值,才能成为城市审美的对象。城市功能美已渗透到城市生活的方方面面,它已成为我们观察事物、思考问题、享受生活的一个重要视角,步行街就是最典型的代表。

【案例 9-5】 步行街的历史

步行街是商业步行街的简称,它一般是由传统的商业街发展而来,是随着城市社会生活的进步、商业活动的高度发展,在历史的演变过程中形成的公共空间,是城市开放空间的一种形式,是城市公共属性的重要象征。

步行街最早出现在欧洲,世界上第一条步行街诞生在德国。1926年,德国的埃森市由于城市结构紧凑、人口居住密度高,在"林贝克"大街上禁止机动车辆通行。1930年建为林荫大街,并因此获得商业上的成功,成为现代步行街的雏形。目前,国内外一些知名的步行街,如德国市政厅马瑞姆(Mariemplatz)广场、英国科芬特花园(Covent Garden)步行街、上海南京路步行街等都将购物与娱乐、观光结合起来,其纯粹的商业功能通常只占 20% 以下,取而代之的是多种多样的休闲娱乐功能。据调查,市民一般一次花在一条步行街上的时间不会超过 2.5 小时,但如果有合适的娱乐设施,大部分青年人在一条街上的活动能超过 5 小时。例如被称为"中华商业第一街"的上海南京路,平均日客流量在 80 万人次以上,节假日达到 120 万至 150 万人次,最高客流量达到一天 300 万人次。

对于发展旅游业来说,在目前旅游者在城市的平均停留天数不断下降的形势下,发展有文化特色和审美价值的步行街是一个有效的解决办法,事实上,许多城市都推出以步行街为中心的城市一日游旅游路线,从而带动了旅行社、餐饮、住宿、购物的发展。

(案例来源:俞晟,《城市旅游与城市游憩学》,华东师范大学出版社,2003年9月版)

(三)多样性美

同一个城市中,有文化古迹、现代建筑、公共绿地、公共广场,有工业区、商业区、住宅区、文化区,要满足社会各个阶层饮食、居住、交通、游览、购物、娱乐等多方面的要求,城市必然体现出多样性,具有多层次多角度的审美内涵。全球化的今天,各民族之间的经济文化交流空前频繁;东西文化、本土文化和外来文化之间的碰撞与融合,使城市之美包括了更加丰富的内容。对于不同城市来说,这种多样性又表现为它们有着互不相同的独特个性。为了避免千篇一律,许多城市在建造和发展中都强调与众不同的个性。当今的世界名城无一例外地都做到了这一点,体现出了在自然环境、民族风情、历史传统、文化属性上的差异性。例如艺术之都巴黎、雕塑之都罗马、音乐之都维也纳、购物之都香港、水城威尼斯、不夜城纽约,还有我国的冰城哈尔滨、花城广州、山城重庆、春城昆明,它们都有着各自独特的风味与神韵,具有鲜明的个性特色。这正是旅游者们所希望获得的审美体验。

(四)整体复合美

城市是一个综合的有机存在系统,城市的美绝对不是单一的美,而是整体的复合美。一个发展均衡的城市应该有各种各样的功能区,它们彼此有着相互补充、相互依存的关系;而这些不同的功能区各自又由更多相互补充、相互依存的小区组成;通过这种生物细胞组织结构式的组合,城市成为一个复合的整体,井然有序。因此对城市的审美要从多角度、多层次来进行。

例如美国西海岸的洛杉矶,是美国现代思潮和主流流行趋势的诞生地。可以说,洛杉矶制造什么,美国大众就消费什么,这种模式已经深入到文化的各个细枝末梢,比如发型、住宅、车辆的式样及颜色、艺术品味和其他的种种生活方式。在这里高楼林立,有着世界上最庞大的公路系统,有山地、海岸、沙滩、温泉浴场,有唐人街、小东京,有世界各地的美食,有着大胆前卫的现代艺术博物馆,五光十色的俱乐部,还有美国人最引以为自豪的出口品——好莱坞电影。但是所有这些因素却能和平共处、相安无事,因为洛杉矶是多元文化复合而成的有机整体。要真正了解洛杉矶,要真正了解美国,就必须了解这种多元的、复合型的文化。[①]

(五)动感美

城市美不是静止不动的,而是时时刻刻都处在流动变化之中。城市川流不息的人群、来来往往的车辆,是它区别于乡村的最显著的特征:旭日东升,上班的人们开始一天的忙碌,城市一片车水马龙的景象;华灯初上,人们结束了一天的工作,城市又变得优雅闲适。阴晴雨雪,一年四季,城市都呈现出不同的景观;时代变换,沧海桑田,城市总是不断地旧貌换新颜。工人、农民、学生、商人、艺术家、旅游者,一批批的人来了又走,带走的是对城市的记忆,留下的是开拓者的足迹。城市永远走在五光十色的时尚尖峰,同时又在营造着一个又一个的经典。

例如被称为世界香水与时装之都的巴黎,平均每年都有 50 多种香水新品上市,每年 3 月的国际面料展、每年春秋两季的大规模成衣交易会及各种各样的时装表演与形式多样的纺织品、服装博览会,变幻莫测,令人目不暇接。特别是以女装为主题的高档时装界,聚集了世界顶级设计师和名模,群星灿烂,吸引着全世界的目光,引领着时尚潮流,一次次将动感之美推向高潮。

三、城市风情体验

城市激烈的竞争、快节奏的生活方式、较高的工作强度,使人们更容易觉得疲惫。为了缓解这种压力,人们在闲暇时间会参加各种各样的休闲活动。城市的休闲生活比乡村更加丰富多样,它们往往取决于该地

[①] APA Publications,《异域风情丛书——美国》,中国水利水电出版社,2002 年 1 月版,第 275~277 页。

区的经济发展水平和文化教育水平。休闲生活真实地反映着当地的风土人情,是城市旅游的重要组成部分。

(一)购物

城市购物的形式多种多样,有百货商场、购物中心、专卖店、专业店、超市、小商品街、夜市等。它们分别满足消费者们不同的消费需求。对于以购买名牌高档商品为目的的旅游者来说,大型百货商场和购物中心是他们的首选,在那里有款式新颖、质量上乘的品牌商品;对一般旅游者来说,更有吸引力的则是经营当地民间艺术品和土特产品的小商品街、花鸟市场、工艺品店、夜市、超市,在这些地方可以买到当地有收藏价值的纪念品和馈赠品。

高品位的旅游商品本身就具有很高的审美价值,特别是一些世界知名的品牌商品,由于款式优雅、设计科学、功能多样,在国际旅游中往往成为人们追求的目标。

【案例 9-6】 瑞士手表和军刀

瑞士手表因为制造工艺精湛,准确性极高,防磨损性好,具有收藏价值,在全世界都有极高的知名度。瑞士手表年产量 3300 万只,不足世界手表总产量的 1/10,但其价值却占世界手表总价值的一半。对中国人而言,劳力士、欧米茄、浪琴、雷达这些名字如雷贯耳,但真正顶级的瑞士名表其实是百达翡丽、江诗丹顿、伯爵等品牌。对来到瑞士各大旅游城市的游客来说,购物是旅游行程的重要部分。如果购买名表超出了承受能力,还有众多品质优秀、价格适中的品牌可供选择。而且,瑞士还有另一件世界闻名的特产,那就是军刀。现在,喜欢旅游的人们对瑞士军刀都十分了解,这种外型普通,但做工精巧、设计独特、功能多样、携带方便的刀具,极受人们的喜爱。到今天,瑞士军刀的种类已达百余种,一把 64 个零件的瑞士军刀,其重量只有 185 克。有的瑞士军刀竟然有 30 多种功能,除人们常见的刀片、开罐器、螺丝刀、瓶塞起子、指甲锉之外,还有木锯、钢锯、剪子、钳子、放大镜、牙签、圆珠笔、尺子、镊子、大头针等。同瑞士手表一样,瑞士军刀也已经成为瑞士的标志,据说,每两个离开瑞士的外国人中必有一个人身上带有瑞士军刀。

(案例来源:邹宏,《真正欧洲》,湖南地图出版社,2003 年 1 月版)

(二)特色饮食

民以食为天。一个地方的饮食与当地的地理环境、气候、物产、民族、宗教信仰、历史沿革等有着十分密切的联系,是人们社会生活的集中反映。

在旅游活动中,饮食是必不可少的一环,旅游者总是希望在异地品尝到地道的地方特色饮食,从而获得美的享受。城市特色饮食是城市生活体验中的重要组成部分,对旅游者有强烈的吸引力。

在我国,不少城市有着独具特色的饮食,例如北京的烤鸭、天津的狗不理包子、杭州叫化鸡、成都的夫妻肺片、西安的羊肉泡馍、昆明的过桥米线,不仅本地人百吃不厌,初来乍到的外地人也要先一饱口福。

(三)消遣娱乐

城市的消遣娱乐往往体现了当地的民风民俗,反映出人们的生活态度,从而引起旅游者极大的兴趣。

到北京旅游的人常常会被当地人的传统消遣娱乐活动深深吸引。例如养鸽子,蓝天白云下,宫城的琉璃瓦闪闪发亮,一群鸽子在展翅翱翔,一阵嘹亮悦耳的鸽哨声自远而近,又自近而远,时而高亢,时而委婉,充满了迷人的京韵风情。此外,养蟋蟀、养金鱼、养猫、养狗、种花等历史悠久,有着广泛群众基础的消遣娱乐活动,作为都市人重要的休闲生活方式,在城市审美中也是不容忽视的内容。

咖啡馆和茶室是最适合旅游者休闲的地方,既能消渴解乏,又能观赏城市美景,了解当地的风土人情。在巴黎或纽约街头的露天咖啡馆一边喝咖啡一边品味异域风情,这对旅游者固然有足够的吸引力;而在以安逸闲适闻名的四川成都坐茶馆,对外地旅游者来说,也是一个不错的选择。

(四)体育健身

城市中各种体育健身活动开展得十分普遍。对于旅游者来说,这些活动既是城市景观的一部分,又是可以参与体验的旅游项目,可以从中获得美感和满足感。

现代旅游中,体育健身旅游已经成为城市旅游的重要项目。例如许多城市凭借优越的自然条件开展高尔夫、冲浪、帆船、自行车、马拉松等体育项目,在欣赏美景的同时又能强身健体,体验运动之美,对旅游者来说是一种难以抵挡的诱惑。春城昆明气候宜人、阳光充足、空气质量优良,借助得天独厚的自然环境优势,近年来建起了一系列高品位的高尔夫球场,如今每年都有大量来自日本、韩国、新加坡等地的客人,组团专程到昆明打高尔夫球。

许多观光型、商务型旅游者即使到了异地也不放弃对健康的追求,他们在游览、会谈之余还希望能参加和体验当地的健身活动;而对于度假旅游者来说,体育健身更是他们每天必不可少的活动项目。许多饭店和度假中心康乐部、健身中心人性化的设计和服务也能够带给客人美的体验。

(五)旅游节庆

旅游节庆包括节日、大型会议、地方特色产品展览、体育赛事等。旅游节庆一般都要围绕某一特定的主题,而且这一主题都和当地的自然、人文、物产、城市形象等相吻合,从而能对旅游者产生很大的吸引力。

1. 类型

(1)节日

有的旅游节庆以人文景观为依托,如日本北海道冰雪节、曲阜国际孔子文化节、四川自贡灯会、九华庙会、五台山国际旅游月、西安古文化艺术节、郑州国际少林武术节等。

有的旅游节庆以地方物产为依托,如德国慕尼黑啤酒节、洛阳牡丹花会、青岛国际啤酒节、中国贵州名酒节、新疆葡萄节、苏州丝绸旅游节等。

有的旅游节庆以民俗文化为依托,如日本京都的祇园祭、巴西里约热内卢的狂欢节、云南昆明国际旅游节、西双版纳泼水节、大理三月节、广西国际民歌节、潍坊国际风筝节、福建妈祖节、中国京剧艺术节等。

还有一些旅游节庆以城市综合条件为依托,如法国嘎纳电影节、威尼斯电影节、中国长春国际电影节、上海国际电影节、上海国际旅游节、大连国际服装节等。

(2)会展

会展产业是以举办各种会议或产品展览会为依托,通过提高会议场地、交通、通讯、酒店、餐饮、零售、广告等服务,吸引国内外参展商和参观者,从而获得经济效益和社会效益,并带动相关产业发展的产业。[①]

一些城市举办的大型会展、会议,通过建造高品味的场馆设施、邀请众多的知名人士出席、开展丰富多彩的活动,吸引了大量参观者。例如昆明世界园艺博览会、广州进出口交易会、博鳌亚洲论坛等。

由于全球经济一体化程度的提高,世界各国和各地区之间的经济合作日益紧密,会展已经成为促进国际经济合作的重要手段,会展旅游在城市旅游中的重要性也日益凸现。但在争取客源、突出特色、提高管理水平方面还有待提高。从场馆设计到活动项目安排、对客服务,都要满足人们的审美要求。

(3)体育赛事

国际国内的体育盛会,如奥运会、亚运会、大运会、民运会、体育专项比赛等,使人们的休闲生活变得丰富多彩、激动人心,同时也能为举办城市吸引大量投资者和旅游者,带来可观的经济效益。对于爱好体育的旅游者来说,到现场观看比赛无疑是一次绝佳的审美体验:极富现代魅力的运动场馆体现了建筑艺术美,意气风发的运动健儿体现了健康美和力量美,最动人的还是比赛中顽强拼搏和爱国主义的人性美,当国旗升起的一刹那,国歌声中千万颗心随之激动澎湃,这时候谁都会为这种崇高的美所打动,得到心灵上的一次升华。

将于 2008 年举办的北京奥运会、2010 年举办的上海世界博览会,在为人们提供高品味休闲生活的同时,不仅为发展城市经济提供了强大的推动力,也将为提升城市文化审美价值、提高城市国际知名度、增强民族自豪感、加强国家的凝聚力打下良好的基础。当然也为进一步发展旅游业提供了千载难逢的机会。

2. 美学特征

(1)鲜明性

许多城市的旅游节庆都有一个鲜明的主题,这是它们从众多的节庆中脱颖而出的原因。在影响出游动机上,鲜明的主题往往会先入为主

---

① 俞晟,《城市旅游与城市游憩学》,华东师范大学出版社,2003 年 9 月,第 56 页。

地给人一种暗示,让人产生某种美好的联想或期待,想要一睹为快,亲自去体验一番。在实际活动中,这些主题通过各种方式被强化、加深,就成为一种"品牌",为城市增添了附加价值,往往成为最好的城市形象广告。例如,正是因为"四川自贡国际恐龙灯会"这个品牌,自贡市在国内外的知名度才得到极大的提高;而一提到"洛阳牡丹花会",人们就会联想到姚黄魏紫、国色天香的美景,从而产生亲眼目睹一番的愿望。

(2) 丰富性

在旅游节庆中往往会开展多种多样的活动,是多种吸引要素的组合。实际上,旅游节庆的内容要素越丰富,其吸引力就越大,价值含量也就越高。旅游节庆一般都由开幕式、闭幕式、彩车游行、主题景观、歌舞表演、民俗展览、商品展览、美食街等多种要素组成,能够满足旅游者多方面的审美要求。

(3) 地域性

旅游节庆具有鲜明的地域特色,而当地独特的自然景观和民俗风情是其载体。越具有地方特色,就越具有吸引力,这是多元化时代的特点。远离自己的日常生活、与普通环境对比悬殊的节庆活动,更可能成为旅游欣赏的对象。

【案例 9-7】 瑞士沃韦葡萄节

瑞士的疗养胜地沃韦以盛产葡萄酒而闻名于世,有"葡萄之乡"的美称。每隔 25 年的 8 月初,这里便会举行一次盛大的葡萄酒丰收节活动。这项盛大的活动始于公元 12 世纪,是瑞士规模最大最隆重的民间传统节日。当 8 月来临,披着鲜红的中世纪坎肩的官员和鼓手宣告节庆活动开始。葡萄种植和酿酒之神巴考士端坐在 6 匹大黑马拉的金色大型马车上,走在游行队伍的前面,脖子上套着花环,拉着丰产女神塞丽斯的牛羊,行进在马车后面。跟在后面的是一眼望不见尾的五彩缤纷的群众队伍,巴考士和赛丽斯在露天剧场向优秀的葡萄种植者赠送镀金桂冠。这时,节日庆祝活动达到高潮。随后在有 1.5 万个座位的露天剧场,大约有 4000 名业余舞蹈家、歌手、乐师穿着传统的民族服装,演出各种古老的歌剧和哑剧,节日大约持续两星期。

(案例来源:邬宏,《真正欧洲》,湖南地图出版社,2003 年 1 月版)

(4) 创意性

旅游节庆活动是历史传统与现代高科技的结合,因而在保留传统地域特色的同时,不断变化、推陈出新非常有必要。再有审美价值和文化内涵的资源,如果年复一年一成不变,吸引力也会降低。

例如全球瞩目的奥运会开幕式和闭幕式,是举办国展现自己文化风貌的最佳舞台,但是要与历届奥运会相区别,让人留下深刻印象,创意是关键。为此各国纷纷邀请有名的艺术大师,投入大量人力物力设计排练。事实证明,上一届希腊雅典奥运会是成功的,因为它在许多方面都有独到的创意,而2008年的北京奥运会如何超越这一高度,则是开始提到日程上来的问题。

(5) 参与性

人们对旅游节庆的关注不仅仅停留在观赏层面,而是希望能亲自加入到旅游节庆的活动中去,和当地居民和其他游客一起,动用一切感官去体验其中的快乐。许多地方的旅游节庆都精心设计了让旅游者参与体验的内容,他们可以观看节日游行的彩车、欣赏优美的舞蹈、聆听动人的音乐,甚至亲自加入游行和歌舞的行列,他们还能参与互动游戏、品尝地方名特食品,从中获得直观的审美体验。

第三节　民族风情审美

民族是指人们在历史上形成的一个有共同语言、共同地域、共同经济生活以及表现于共同文化上的共同心理素质的稳定的共同体。[①] 世界上许多国家和地区生活着不同的民族,人类与生俱来的好奇心和"远方崇拜",让我们渴望去了解其他地方、其他民族的风土人情。对于旅游者而言,民族风情审美的吸引力就在于可以让人暂时忘记自我、去体验

---

① 国家旅游局人事劳动教育司:《全国导游基础知识》,旅游教育出版社1995年8月版,第103页。

另一种不同的生活。

一、民族风情概述

民族风情是指各民族独特的生活习惯和生活方式,它包括一个民族在衣食住行、文化娱乐、节庆礼仪、婚恋丧葬、生产交通等方面区别于其他民族的特有的习俗风尚、传统和禁忌等。民族风情是人类社会美的重要组成部分,是祖先留给我们的宝贵遗产,特别是在全球化和世界经济一体化的今天,经济、文化、信息交流空前迅速、快捷,一些发达国家的价值观念、生活方式和审美标准,对许多发展中国家和地区造成强烈的文化冲击,在这种情况下,许多民族保留至今的独特生活习惯和生活方式就更显得弥足珍贵,成为旅游者追寻的文化净土。

有些人认为,民族风情就是封闭、落后,搞民族风情旅游就是把落后的东西展示给外面的人看;还有的人如获至宝,对民族风情进行纯商业化的盲目开发,这些看法和做法都是非常片面的。欧美、日本在经济上高度发达,但在现代化过程中仍然保留了相当多本民族和少数民族的传统文化,苏格兰风笛、日本和服、美国印第安人的木屋,往往比现代化的摩天大楼更能够吸引游人,因为这些才是原汁原味的民族文化。"越是民族的就越是世界的",这句话非常有道理。另一方面,对于旅游工作者来说,旅游的异地性决定了工作中要接触到不同的民族,只有自己了解和尊重他们的生活习惯和生活方式,才能引导旅游者正确看待和欣赏这些民族风情,在旅游过程中获得美的体验。

二、民族风情的审美要素

民族风情包罗万象,涵盖人们生活的方方面面。世界各地的民族都有自己独特的生活习惯和生活方式,体会千姿百态的民族文化已经成为旅游的重要内容。民族风情审美主要从以下几个方面进行:

(一)民族服饰

世界各民族的服饰绚丽多彩,各具特色,与该民族的自然地理分布状况和人文历史渊源有着密切联系。

例如我国云南省由于地形地貌复杂、气候类型多样,现有25个少

数民族的服饰就呈现出不同的特点,即使是同一个民族,由于地域环境差异,服饰上也呈现出很大的差异性,具有不同的审美价值:

炎热地区轻薄短紧型。居住在滇西南、滇东南等河谷湿热地区的傣、壮、哈尼、瓦、布朗、阿昌等民族,上衣、裙子都较短,质地轻薄。特别是西双版纳傣族少女的传统服饰,上身内穿浅色紧身露脐小背心,外套大襟或圆领窄袖短衫,下着五彩斑斓花色筒裙,越发显得身材苗条、婀娜多姿,像展翅欲飞的孔雀,美不胜收。

内地平坝区轻便型。居住在滇中坝区的少数民族,衣着一般都轻便实用,如回、白等民族。例如,白族崇尚白色,服饰以白色为尊贵。白族妇女头戴寓含大理"风花雪月"四景的漂亮头饰,上身穿白上衣外罩红蓝坎肩,腰系绣花围裙,下着白色宽裤,风姿动人。

寒冷地区厚重宽大型。滇西北的藏、纳西、普米、傈僳等民族服饰均属这种类型。例如丽江纳西族妇女的服饰,上身穿宽腰大袖、长及胫部的女袄,外加坎肩,下着长裤,背披缀有"披星戴月"图案的羊皮披肩,体现了纳西族妇女勤劳善良之美。[①]

在日本,西式洋装早已成为日常的服饰,但是在一些特殊场合,例如婚礼和传统节日,仍能看到色彩斑斓而华丽的和服。日本和服在演化过程中保留了中国隋唐宫廷服饰的特征,又加以修改,溶入了日本的设计风格,最终形成了我们今天所看到的和服。女性在正式场合穿着的和服非常精致典雅,往往有很多层,穿着程序复杂,常常需要几个人帮忙才能顺利地穿好。再配上适宜的发型、头饰、腰带、手提袋、木屐,简直就是精美的古典艺术品。

(二)民族饮食

世界各民族有都有自己特殊的饮食习惯和偏好。在旅游活动中,世界各地不同民族的美食是吸引游客的重要因素之一。到一个民族地区如果不品尝当地富有民族特色的美食实在是一大憾事。

法兰西民族对美食有着强烈的偏好,法国是公认的美食天堂。法国葡萄酒、鹅肝、烤牛排早已名扬天下,因为法国烹饪讲究精心制作,有着

[①] 吴宝璋等主编:《云南导游必备手册》,云南大学出版社,1999年10月,第67~68页。

悠久的传统。以奶酪为例,戴高乐将军曾经幽默地说,要把一个能生产265种不同风味奶酪的国家完全统一起来是不可能的。法国奶酪的丰富程度可见一斑。

我国众多的少数民族中,北方的少数民族如蒙古族、哈萨克族、藏族等以荞麦、青稞、牛羊肉和奶制品为主食,而西南的少数民族以大米、玉米、各种薯类为主食。不同的地理条件和物产使各民族的饮食习惯千差万别,在中国传统的八大菜系、十大菜系之外,少数民族的饮食为旅游者提供了全新的餐饮文化体验。少数民族的饮食往往还与当地的自然人文环境密不可分,例如,藏族的青稞酒,只有在燃着火塘的藏民家喝才能让人尽兴;白族的三道茶,只有在苍山脚下、洱海之滨的白族小院里品尝,才能令人回味无穷。要品尝原汁原味的民族美食,品味浓郁的民族风情,最好亲自到民族地区体验一番。

(三)语言文字

在长期的历史过程中,许多民族形成了自己独特的语言文字系统,产生了不同的语言文字之美。例如英式英语的规范拘谨、美式英语的风趣幽默、法语的优雅准确、西班牙语的活泼俏皮、日语的委婉含蓄、汉语的抑扬顿挫,都能够给人以不同的审美享受。在使用汉字的中国、日本、朝鲜,书法甚至成为了一门艺术,具有极高的审美价值。

我国众多的少数民族中,有的基本上只使用本民族的语言文字,有的除使用本民族语言外还兼用汉语或其他民族的语言文字。其中藏文、满文、傣文、彝文等都因为记载了珍贵的天文历法、历史、宗教、医药等知识而具备很高的研究价值。最有特色的当属云南丽江纳西族的"东巴文",它创于唐初,因记录东巴教的经典《东巴经》而得名,至今仍为东巴教的巫师所使用,是世界上至今唯一"活着"的象形文字,被称为研究人类文字起源和发展的活化石。东巴象形文字既是字又是画,形象优美,不少来丽江的旅游者都会购买东巴文的书法艺术品或工艺品,馈赠亲友或自己收藏。

(四)民居建筑

各民族的居住形式受到自然环境、社会环境、生产方式等多种因素的影响,存在很大差异。

欧洲的普通乡村民居多为红顶白墙的砖石结构建筑,精巧别致,与附近的教堂、城堡、牧场、干草垛相映成趣,给人以美的享受。

美国俄勒冈州有一片被称为红杉树之乡的森林,这里的杉树高达90米,直径达6米,是世界上最高的树木,有些树龄竟达2000年以上。在这里居住的枫代尔村的人们,就是采集这种红杉,建成了一幢幢哥特式的小木屋。这些建筑有着人字形的屋顶以及小角楼般的窗户,风格活泼,有修剪整齐的玫瑰花园和精致的雕刻品,古色古香,独具魅力。

我国云南西双版纳和德宏、瑞丽的傣族居住在河谷炎热多雨地区,其典型的民居是干栏式建筑。其基本形式是先在地里埋桩柱,再在上面建竹木结构的房屋,状若架空的阁楼,上面住人,下面放杂物或养牲畜。这种房屋具有通风凉爽、防潮、防止蛇虫叮咬的优点,在视觉上给人一种轻盈灵巧的美。

(五)婚恋习俗

世界各地的婚恋习俗千差万别,十分有趣。旅游活动中可以通过向导了解当地的婚恋习俗,也可以看到类似的民俗表演,如果恰逢一场真正的婚礼,那将是一次令人难忘的体验。

在德国波恩,小伙子向姑娘求爱的方式别有情趣,其中之一就是赠送求爱树。春意盎然的4月底或5月初,小伙子们往往在夜深人静之时给他中意的姑娘送一株嫩叶满枝的小白桦树,把它放在姑娘的阳台上或庭院里。不过,按照这里的习惯,姑娘接下白桦树并不等于接受小伙子的爱情,有的姑娘家里甚至收到几位求爱者的白桦树。如果姑娘钟情于某一个小伙子,除接受小伙子的白桦树外,还要接受他赠送的一枚宝石戒指。后来又进一步发展为双方互赠银戒指。[①]

按照埃及的传统习惯,在入洞房前的头一天夜晚,新娘洗澡后,就把捣碎的荷萘花涂在指甲上,涂在手上和脚上,然后用布裹上。到第二天打开看时,指甲、手和脚都染上了红色。为了避邪、求吉,有人还用染红了的手指头在门上和墙上按手印。有的女孩子在裹手脚时,里面放些棉线,这样到第二天打开裹布时,手脚上就会呈现出美丽的花纹。

---

① 顾章义主编:《世界民族风俗与传统文化》,民族出版社,1989年9月,第273页。

(六)民族节庆

民族节庆多与气候、生产劳动、宗教节日、民间传说有关。

在日本南部山区的千代田町,每年6月的第一个星期天要过插秧节,也叫御田植节。这一天人们穿着华丽的和服,跳起优美的民间舞蹈,以古老动人的仪式来迎接米神的降临。

沙特阿拉伯人最重要的节日是开斋节。每年伊斯兰教太阴年9月为斋月,每天从黎明至日落,禁止一切饮食、娱乐等。只有到太阳落山,清真寺的宣礼塔上宣读"安拉呼——艾克贝尔"(真主是至高无上的)后才开始进食。在斋月里,沙特阿拉伯人把夜晚当作白天,上街购买东西,走亲访友。斋月对穆斯林来说是考验他们的意志和毅力的时刻,还含有闭门思过的意思。沙特阿拉伯人视开斋节为新年,这一天要沐浴、礼拜,相互祝贺。

(七)交通工具

旅游活动中,交通是极其重要的一环。世界各地因为地理条件、经济发展程度不同,有着各不相同的交通工具,其中有许多极富地方民族特色。

在意大利,乘坐贡多拉——一种翘角小船在大运河上看威尼斯,被认为是最佳的游览方式。从罗马广场出发到丽都岛,人们可以欣赏到沿途两岸的各式建筑,绮丽的水上风光和动人的船夫小唱令人陶醉。在北京,乘坐人力车游胡同是近年新推出的旅游项目,很受外地游客特别是外国游客的欢迎。坐在人力车上,眼前老北京灰色的四合院、浓荫匝地的槐树——闪过,悠悠的古城文化遗韵涌上心头,恍若隔世。

英国的马车、爱斯基摩人的狗拉雪橇、印度和巴基斯坦的大象、我国西南少数民族的溜索、羊拉车等,都以其独特的地方民族性,吸引着旅游者去参与体验。

三、民族风情的美学特征

民族习俗是人类社会发展中长期沿袭下来的各种习惯的总和,任何一个民族的习俗都是该民族文化传统的一种表现,同时也是该民族心理素质的一种表现。通过旅游活动了解世界各民族的习俗和传统文化,了解其美学特征,不仅能帮助我们开阔视野、增长知识,而且更能寓哲理于情趣之中,使我们能透过风俗习惯的表象深化对不同心理素质的认识,深化对世界的认识,获得更深层次的审美享受。

(一)民族性

人们的审美活动本身就带有很深的本民族的烙印,受到本民族传统习惯、生活方式、文化艺术形式、价值观念、意识形态等许多方面的影响。然而世界是千姿百态的,民族风情的美就更具有多样性,在不同的地区有所差异。一个民族认为是美的东西,对另一个民族而言也许就不美,甚至被认为是丑。例如当今世界上绝大多数国家都把牙齿洁白整齐作为美的一种表现,但是也有一些民族却认为漆黑如炭的牙齿才是真正的美。又如日本有名的能剧表演,主题常常是表现躁动不安的幽灵发泄前世的激情和狂暴。对于许多外国游客来说,虽然服饰华丽,但能剧高度的艺术性、较少的动作可能让人感到晦涩难懂。要欣赏这样的艺术,就必须要对日本民族的审美观有一定的认识。

民族风俗对旅游者来说不仅有吸引作用,还有一定的排斥作用。对于旅游从业人员来说,了解各民族不同的喜好、禁忌、审美习惯,可以避免在对客服务中造成误会。例如,蝙蝠因为与"福"谐音,在中国传统文化是一种吉祥物,常常作为装饰物出现在各种场合,然而在欧美国家蝙蝠却常常与古堡幽灵联系在一起,是吸血凶神的象征。大象在我国被认为是瑞兽,在东南亚、西亚地区甚至是一种必不可少的代步工具,但在英国却不喜欢大象图案,特别是白象,因为在英语里白象(white elephant)是大而无用、蠢笨的代名词。一些有大象形象的旅游商品,如印有大象图案的壁挂、衣服、帽子和各种木雕大象,就不太容易引起普通英国旅游者的兴趣。

世界因为多样性而精彩,在多元文化的今天,兼容并蓄是时代的特点,民俗风情的美有着不同的外延和内涵,又不同的形式和表现方式,有了这种宽容的审美态度,我们更能够接近生活,体味美的本质。

(二)独特性

具有较高审美价值的民族风情都是与众不同的,具有不可替代性。民族风情的产生有其独特的地理条件、历史背景和政治环境,在各民族长期的发展过程中,这些因素互相影响、互相渗透,以某种独特的方式组合在一起,形成了独特的吸引力。

许多民族的服饰、建筑、节庆、饮食习惯、禁忌都是独有的,这甚至形成了一种垄断。例如,在云南,要详细了解东巴文化只能去丽江纳西族地区,要真正体验泼水节必须去西双版纳等傣族地区,要喝原汁原味的三道茶只能去大理白族地区,要研究母系氏族社会的走婚制必须去摩梭人居住的宁蒗泸沽湖地区。

【案例 9-8】 泰国瑶人的建房仪式

泰国的瑶人认为,房屋是一种神圣的建筑,所以,在盖新房之前,要仔细观察和研究各种自然界的预兆和梦兆,以免得罪神灵们。新房落成后,第一件事就是挑选一个吉祥的日子安置祖先神坛,摆放好果品、香烛等供物,在神坛前行叩首礼,祈求神灵和祖先们保佑全家人健康如意。

(案例来源:顾章义,《世界民族风俗与传统文化》,民族出版社,1989 年 9 月版)

(三)神秘性

民族风情的神秘性主要表现在原始崇拜、宗教信仰、仪式、禁忌等方面。由于所掌握的知识有限,人们会对种种自然力产生敬畏之情,对自身和大自然的种种现象感到无法理解,只能用某种非自然的力量来进行解释,认为在现实世界的背后,有一种看不见的力量在影响和支配着人类世界。这种世界观渗透到社会生活的方方面面,就使民族风情充满了神秘性。许多民族保留至今的自然崇拜、图腾崇拜、鬼神崇拜、祖先崇拜、性力崇拜等,就是这种神秘性的最好例证。许多民族的神话故事、民间传说,都具有某些象征意义,或者包含了某些神秘主义的内容,成为民族风情中不可或缺的一部分。

各种宗教遗迹、宗教活动,如基督教、伊斯兰教的"圣迹"遗址、佛教的迎送佛骨、藏传佛教的跳神活动,以其充满玄秘色彩令人神往,让人想要一探究竟。西方的万圣节、中国的鬼节(七月半)、日本的盂兰盆节都会举行一些带宗教色彩的活动,在今天这些活动的宗教色彩已经减少,而活动所体现的神秘气氛仍然对旅游者有较大的吸引力。

【案例 9-9】 印度的丧葬

印度人的丧葬分火葬、水葬和土葬三种。

火葬前,人们首先要给死者沐浴,在死者的太阳穴处涂上宗教符号,在尸体周围撒上稻谷和稻秆,再点上"圣火灯"进行祈祷念经。在去火葬场的路上,送葬人边走边念经,以保死者灵魂升天。举行葬礼之前,有钱人家用檀香木、一般人家用普通木柴搭成堆,然后将尸体放在上面。这时往死者的嘴、鼻孔和耳朵上抹些酥油,再由死者的子女引来"圣火"点燃木柴堆。刹时,熊熊烈火燃烧起来,有些还往柴堆上撒些油料。死者的家属和亲友则面向东盘腿而坐,由僧侣进行诵经祈祷。经过约两三小时,死者遗体焚化完毕,柴火熄灭,人们认为死者的灵魂已升入天国,于是就收拾起骨灰撒向恒河或死者的家乡。送葬队伍在回家的路上还要撒些米饭,以飨恶魔鬼怪。

印度的穷人或者因事故死亡的人,往往是将尸体扔进恒河,实行水葬。死者的灵魂同样被认为可以升入天国。他们认为只有这样才能洗去一切罪孽。还有人在来到恒河边后不久就死去,同伴就将遗体抛进恒河,实现了死者葬身恒河的夙愿。只有对那些既无力购买木柴实行火葬,同时离恒河又远的穷人才实行土葬。

(案例来源:顾章义,《世界民族风俗与传统文化》,民族出版社,1989 年 9 月版)

(四)真实性

民族风情是在各民族长期的生产生活中形成的,其产生、存在和发展有着客观的物质和精神基础,不管是有形的服饰、建筑还是无形的礼节、禁忌,都依赖于特定的自然环境、人文环境而存在,具有真实性。民族风情具有地域性、不可迁移性,虽然在一定程度上可以被模拟、复制,但真正原汁原味的民族风情只存在于特定的自然环境里,存在于人们真实的生活中。它们来自一代又一代人的口传身授,在继承的基础上又不断被丰富,充满了旺盛的生命力。

(五)体验性

民族风情不是纯观赏性的旅游资源,它可以满足人们多方面的审美需求。旅游者可以看民族歌舞、穿民族服饰,也可以住特色民居、品尝民族美食，还可以参与当地的生产劳动、乘坐当地的交通工具，通过这些亲身经历，全方位体验当地的民族风情，从而获得多方面美的享受。

【案例 9-10】 云南迪庆香格里拉藏民家访

藏民家访是云南迪庆香格里拉藏族地区的特色旅游项目，旅游者通过到当地藏族人家参观、访问，可以体验浓郁的藏族风情。

来到草原上的藏民家，首先遇到的就是迎宾仪式，好客的藏民会站在门口虔诚地为客人献上洁白的哈达，祝愿他们吉祥安康。之后进入到具有藏族特色的民居，在这里可以了解藏族的习俗与禁忌，还可以一边喝香浓的酥油茶、吃糌粑，一边欣赏精彩的藏族歌舞表演、服饰表演和民俗表演，演员就是这家的主人及其亲朋好友，虽然不是专业的歌舞演员，但他们的演出中更给人一种原始的震撼力，因为喜欢唱歌跳舞是藏族人民的天性。唱到高兴时，也邀请游客加入到他们当中，这种融洽的气氛让游客们十分放松。

喝完酥油茶，可以来到草原上骑马、射箭、放牧，看迷人的自然风光。晚上如果住在藏家，可以在月光下到草原散步，也可以参加篝火晚会，跳欢乐的锅庄舞、弦子舞，喝青稞酒、酥油茶，品尝奶渣、炒青稞籽、烤羊肉、牦牛干巴等民族风味的美食。

（案例来源：自编）

思考题

1. 乡村风情审美包括哪些基本内容？

2. 谈谈你对发展农业旅游的认识。从审美角度看，目前我国农业旅游还有哪些不足？

3. 从旅游开发的角度分析，你所在的城市有哪些美学特征？

4. 举例说明民族风情的美学特征。

5. 以当地的某一旅游节庆为例，论述如何提高其审美价值，以增强旅游吸引力。

第十章 生活文化旅游审美

学习目的

生活文化是体验旅游审美的重要组成部分,它包括了服饰、饮食和旅游工艺品的审美三个部分。本章通过对服饰、饮食及旅游工艺品审美的构成要素的介绍,要求掌握它们的美学特征,并能运用其审美特征对生活文化旅游审美的内容进行分析评价,从而提升体验旅游过程中的审美感受。

基本内容

● 服饰文化审美

服饰文化概述　服饰文化的美学特征　经典服饰系列赏析

● 饮食文化审美

饮食文化的审美要素　饮食文化的美学特征　经典饮食系列赏析

● 旅游工艺品审美

旅游工艺品的构成　旅游工艺品的美学特征　著名旅游工艺品赏析

第一节 服饰文化审美

服饰是人类特有的劳动成果,它既是物质文明的结晶,又具精神文明的含义。人类社会经过蒙昧、野蛮到文明时代,缓缓地行进了几十万年。我们的祖先在与猿猴相揖别以后,披着兽皮与树叶,在风雨中徘徊了难以计数的岁月,终于艰难地跨进了文明时代的门槛,懂得了遮身暖体,创造出又一个物质文明。然而,追求美是人的天性,衣冠于人,如金装在佛,其作用不仅在遮身暖体,更具有美化的功能。几乎是从服饰起源的那天起,人们就已将其生活习俗、审美情趣、色彩爱好,以及种种文化心态、宗教观念,都积淀于服饰之中,构筑成了服饰特有的精神文明内涵。

一、服饰文化概述

人类的服饰是在时间中存在的,它客观地反映服饰在不同时期的形质状态,揭示出代与代之间的差异,勾画出一条贯通古今的服饰发展线索。原始人身着树叶和兽皮来御寒保暖;到了传说中的皇帝时期,人们掌握了养蚕缫丝的技术;汉朝人穿着麻布衣服……。从服饰发展的历史过程中,我们很容易看到,尽管服饰在起源上或许是"服"在前"饰"在后,或许是"饰"在前"服"在后,或许是二者同步,但时至今日,在服饰发展到比较成熟的时期,受人们审美追求的影响,"服"和"饰"都已经具备了独立的内涵,成为一个具有一定的自我独立性的审美系统。

(一)服饰的起源

衣物最初的功能是它的实用性。人类的服饰是从原始人对生存需要的探索和创造中孕育发展的。集体的狩猎和群居生活给人们带来了最初的道德意识。不知从哪一天开始,人们突然觉得相互面对赤裸的身体是令人尴尬的事情,朦胧的羞耻感涌上心头,于是人们寻找可以遮羞的东西。而大自然恶劣的气候也迫使人们不断地寻找可以保暖的东西。

因此，遮羞和避寒成为服饰产生的原始动机。同时，在那时也产生了最原始的装饰美的需求，自然界中的贝壳、鸟类的羽毛成为最早的饰品。

（二）服饰的传承与发展

人类服饰始终处于传承发展之中，"传承"对原先既有的服饰成果的保留和发扬，"发展"则是在此基础上对服饰某些因素的开拓与创新。

1. 服装的传承与发展

随着人类社会生产力的发展，服饰具有了更为复杂的功能和用途。社会生产力的发展水平直接决定了服饰的发展水平。由于人们的阶级地位存在着差别，每个人在社会中扮演的角色不同，服饰又成为每个人用于区别于其他人、其他角色的社会表征。人们穿什么衣服既是政治的设定，又是伦理的选择。统治者以自身的利益和意志为转移，针对全体国民制定了一套限制什么人可以穿什么服饰、什么人不可以穿什么服饰的衣冠制度，以便从日常的衣规服制来维系国家制度。从唐朝初年开始，帝王禁止民间穿戴黄色衣饰，因为从那时开始唐太宗为了树立最高权威，把黄色规定为天子专用颜色；又比如在中国古代的官僚制度中，一品到九品的官僚所穿的服饰是有区别的，也是人们辨识官僚等级地位的比较重要的途径和方法。

除此之外，伦理对服饰也有一定的制约。中国古代封建的伦理道德和儒家纲常对人束缚和限制非常严格，而且把这种不合理的现象披上了"礼仪"的外衣。他们视人体为洪水猛兽，视裸露和突出为"伤风败俗"。儒家经典《礼运》中，就劝戒女人"出必掩面，窥必藏形"，将自己包藏的严严紧紧，不得任意展露自己的身体。当时，女性服饰上的限制和压抑最为突出的就是：缠足。这不仅仅在于制造了畸形美，更是封建的"圣人"们从压迫和统治的高度来束缚女性着装的权力。在欧洲，虽然没有利用伦理道德的武器，但也出现了"贞洁带"来摧残女性的人格，与缠足有相同的作用。

同样，自然地理环境和社会环境也是直接影响服饰质料、款式、色泽、工艺等的因素。而社会地位、社会心理、社会时尚的需求也是使服饰不断产生变化的动力。社会不断地在为服饰艺术制造一期又一期的循环、一个又一个的时尚、一次又一次的创新。在传统的道德标准彻底崩溃后,各种审美标准日新月异,人们的着装极为随意,突出个性成为一种时尚。

2. 饰品的传承与发展

在远古的时候,人们就利用贝壳、石珠和动物羽毛来装饰自己,这揭开了服饰艺术美的最初帷幕。今天世界上的许多原始部落,他们与远古的同胞一样喜爱这些饰物。如非洲的啤格米人,男子耳朵上挂着用兽骨做成的耳环,脖子上也带着用猪牙做成的项链,女子则喜欢将一串串色彩艳丽的石珠挂在颈项间,腰上系着树叶串成的围裙。除了美化自己,原始饰物在一些民族中也通常表达一定的特殊意义,个人的地位、财富和一些复杂的情感,诸如勇敢、坚强、爱情等这样一些抽象的概念。又如,古代中国帝王巧妙地利用一顶特制的冕冠,和冠板上垂吊着成串的玉珠,以及龙袍上的各种纹饰,来突出宽阔、博大、严肃的气势。

印度作为世界上最大的珠宝首饰出口国,印度首饰闻名世界,印度妇女全身附加的装饰物多不胜数:鼻花、耳环、项链、手镯、戒指、脚镯、脚铃等。每一种材质,每一种图案均透露出印度文化的韵味。印度饰品多以 24K 黄金为主,造型极富民族特色,做工精湛,以古典、华美、复杂和夸张闻名于世。

(三)服装的类型

按照不同的标准,服饰可以分为很多种不同的类型。

1. 按款式分

服饰可以分为中式和西式。中式服装包括长袍马褂、唐装、中山装、旗袍等。传统的中式服装多用绸缎面料制作,工艺精美复杂,缎面上多有刺绣、盘扣装饰。现代中式服装,其面料有真丝绣花、织锦缎、日本麻、软缎、丝绒、蜡染、扎染等各种材质,中式服装含蓄、端庄、文雅。西式服装有西服、长裤、夹克等,以领结作装饰,西式服装都是短装,穿着简洁大方、方便活动。

2. 按穿着场合分

这可以大致分为正装、休闲装等。正装包括商务西服、套服等;休闲装包括休闲 T 恤、休闲裤、夹克等,休闲装是目前最受欢迎服装,它实用方便,美观大方,是当今世界人民日常生活中最普遍穿着的服装。

3.按材质分

除了传统的棉、麻、毛、丝绸等外,随着高科技成果在服装面料生产方面的广泛应用,出现了如纳米材料、植物纤维、复合材料等新型面料。

特殊材料的服装面料,为服装的新颖性和创新开发提供了广阔的前景。

(四)饰品的类型

饰品的种类很多,有头饰、腰饰、胸饰、手饰、脚饰等,包括项链、手镯、耳环、胸针、脚链、戒指等。其原料大多为灿烂的金银和宝石,它们不但是身份、地位、风俗、个人审美情趣的表征,还能起到极强的点缀装饰作用,首饰的佩戴能使人看起来更高雅、端庄。例如头饰,在婚纱造型中扮演着举足轻重的角色,头饰与白纱礼服整体搭配,将个人的独特魅力发挥得淋漓尽致,创造出独一无二的完美新娘。

二、服饰文化的美学特征

随着社会生产力的发展,和人类文明时代的推进,服饰越来越多地被人们作为美化生活的重要手段之一,因此,具备了明显的审美功能。

(一)原始服饰审美

在原始人发明衣服的漫长过程中,大自然扮演了一个至关重要的角色。原始人正是在自己生活的环境中寻找蔽体的东西,而绿色的枝叶除了为人们提供吃住条件外,同时也成为人类最早的服装。今天依然可以看到,尤其是一些热带地区的原始部落中,人们仍然喜爱这样的服饰。非洲南部的罗佳人,这里的男女都喜欢赤身裸体,而女性则只在腰间扎一条很窄的镶花带子,再在腰后挂上几柄芭蕉叶,当做草裙来遮盖住下体,又不失短裙的风采。

北京周口店的山顶洞人利用贝壳、石珠、兽骨来装饰自己,他们还把鱼骨穿起来挂在脖子上,漂亮飞禽的羽毛也诱发了他们内心的美感。

除了美化自己,原始饰物在一些民族中也通常表达一定的特殊意义,个人的地位、财富和一些复杂的情感,诸如勇敢、坚强、爱情等这样一些抽象的概念。

（二）等级服饰审美

随着社会进入阶级社会,人们在财富的占有上也开始变得不平衡,这种财富崇拜的观念改变了人们的服饰观念,服饰的美中又注入了富贵与贫贱的色彩。

中华民族在服饰上特有的审美观念,是中国古代文化精神的集中表现。自汉代开始,儒家文化成了中国文化的核心内容,渗透到文化的各个领域中。儒家强调社会的礼仪化、等级化,在人们的性格上主张"中庸"、适度、不偏不倚,讲究人际间的和谐统一,反对个性突出。为人要适度,穿衣也要适可而止,于是,"文雅"、"儒雅"就成了人们衣饰打扮的追求目标。因此,从春秋战国时的屈裾深衣、魏晋时代的大袖袍衫,唐代的圆领窄袖袍,一直到宋代的圆领大袖袍和清朝的长袍马褂……形式虽有千差万别,但端庄、文雅的风格是显而易见的,体现出一种非常"温顺"的精神。

然而,帝王的服饰,独有自己的个性,其恢宏庄重的气势表现得一览无遗。在盛大的场合,天子们身着宽大平整的长裙,下部垂落到鞋履上,博大的衣袖使双臂平伸,也能够触及地面,衬托出一种宏伟、威严、庄重。头上戴一顶特制的冕冠,冠板上垂吊着成串的玉珠,似直泄千丈的瀑布,加上那些绘绣在服装上的各种纹饰,整个打扮弥漫着宽阔、博大、严肃的气势,在这种气势里看不出人体的形态。

欧洲也是如此。六世纪时,拜占庭帝国的皇帝衣服上就镶满了黄金和宝石。而一些皇后的服饰则更是装饰得无与伦比,硕大的钻石装饰在上面,并用金丝来穿绣衣裙的边缘,甚至在王冠和鞋子上也布满了装饰的钻石和金银,整个衣饰表现出异常的艳丽豪华。

（三）性别服饰审美

由于男女之间不同的身体构造,使得性别在服饰审美上起到了特殊的作用。

服饰中对性别泾渭分明的区别要追溯到公元前 3000 年左右,古希腊的克里特岛上,那些束在腰间的简易衣裙无疑是男性们的基本服装,而一些似铜钟似的裙子和裸胸的服饰,则明显属于女性的着装。到了 14 世纪前后,西方的男士已经开始穿上了较短的服装,紧身式的上衣和长裤已成为男性服装的基本形态,而这时女子服装则已制作得相当复杂了,女子的裙子长大无比,上面绣织着各式的花纹,装饰着各式的花边,裙子也长及地面。这样,男裤女裙的服饰模式就基本形成了。

时至今日,西服套装、牛仔服装、猎装、骑马装、制服等都成为了男性的基本服装。而女性则以各式的裙装作为自己的基本服装,通过裙子长短的变化,通过装饰性花纹和花边的变化,以及通过款式上的各种变化,来表现女性的魅力。那些刻画出笔直的线条、穿着笔挺、显示出力量的雄武的服饰,大多都归到男性的一边;弯曲的皱褶、艳丽的花边、裸胸露肩的风格,及造型优美的裙服则是女性们特有的装束。

(四)民族服饰审美

民族服饰之美在于其多样性和复杂性。自然形成的地理气候条件是决定民族服饰美的主要因素。另外,宗教信仰、文化积淀等因素也起着至关重要的作用。

生活在炎热、多雨、潮湿的东南亚地区的近水民族喜欢穿着轻薄短小的服装,平原的民族喜爱着轻便型的服装,高原的民族则喜欢厚重型的服饰。日本的海洋性气候使得这里气候潮湿多雨,为了防水,大和民族发明了一种木头制的鞋子——木屐。

信奉伊斯兰教的民族大多喜爱穿着宽大遮体的长袍,并且长袍的长度一直达到脚端,男性头上要缠上一层层头巾,女性则蒙着面纱,戴着头巾。

南亚印度的妇女喜爱穿一种称之为"莎丽"的服装,女性们从十二三岁起就开始穿上这种服装。其穿着风格独特,将一块长长的纱布从肩头到腰腿缠绕在身上,经过缠绕后,女性的身体曲线明显地显露出来,将妇女们一个个装扮得婀娜多姿。

在我国,许多民族把图腾表现在服饰上。如,云南彝族的一个支系把鸡作为图腾,于是他们把自己的帽子做成鸡冠的形状,俗称"鸡冠帽";由于图腾崇拜,一些民族的服饰颜色、款式设计均是出于吉利、避邪等心理因素。

(五)现代服饰审美

进入新的历史时期,服装的伦理功能越来越趋于消亡的状态。人们越来越多地考虑服饰中美的因素,很少在注意服饰穿戴中的道德因素和礼仪功能。服饰发展总的趋势是朝着轻、薄、短、小等方面发展,这里既包含了人们审美观的变化,也表明了人们对实用性的重视。

风靡全球的牛仔裤的出现,就反映了当代的服饰观念。牛仔裤的简捷、耐磨与牛仔们艰苦、快节奏的生活劳动完美地融合在一起,使得牛仔裤长盛不衰,以至于美国人将牛仔视为一种精神上的象征。

中国的旗袍,经过人们精心的改造,吸收了西服裙装的特点,从而适应了现代社会的快节奏特点,既具可以充当女性们的日常服饰,也保留了中国传统服饰特征,将实用和审美很好地结合起来,成为中国女性喜爱的服装。

服饰不分性别、年龄,差距缩小的趋势明显出现,目前国际上流行的大众服装大多是男女通用的服装。中老年服装也改变了过去单一、朴素、简单的状态,许多美观时髦、华丽潇洒的款式已成为老年人的日常服装,青春美也成为老年服饰的审美标准。

性感服装的普遍化和日常化敲响了传统服饰道德约束的丧钟,当代女性服饰讲究紧、透、露的特点,但不像原始人那样表现得赤裸无遗,而是极为自然流畅。千百年来,性在服饰中甚至全部社会中所受的压迫已经结束,人们可以充分地展现性别的魅力。

(六)服饰美的综合特征

1. 造型美

服装由于款式、外形的不同,随之呈现出来的不同造型美,是服装审美的一大特征。

如西服坚毅笔直的线条,挺括的着装效果,突出性别特征的领带,象征着一种富有理性的责任感,体现一个严肃手法的精神世界,这恰恰就是男性门所追求的理想。

19世纪流行于西方女性领域的"S"型服装,由特制的紧身胸衣和一件腰部很细的外裙组成,女性们身着此衣时,腹部紧缩、臀部后翘,胸部自然突出出来,从整体上形成了一个英文字母"S"的形状,外裙的装饰用别致精致的手绣和花边,这种款式极富女性魅力,也成就了女装的辉煌时代。

2. 质感美

近些年以来,以自然生态为主题的服装颇为流行。在款式上突出宽松,面料上讲究使用凹凸感强的材料,如纹路较粗的水洗布、斜纹布和毛麻、粗纺花呢等,尤其是水洗布,经过机器的水洗石磨,成为一种形似天然的布料,在款式上还故意将毛边外露。另外还有水洗麻、水洗绸、真丝纱洗等面料,突出了回归自然的美。

丝绸面料,穿着舒适、柔软滑爽、花纹绚丽别致、色调典雅和谐、质地精良,而且纤维牢固、不易断裂,是上乘的服装面料。

3. 色彩美

服饰的色彩是一个奇特的天地,不同的色彩其视觉效果不一,象征意义也不相同。

中国人极其偏爱红色,在古老的习俗中,红色是一种喜庆的颜色,代表着吉祥如意;在西方人的眼里红色是一种权力和勇敢的象征,代表着尊贵和威严。而在西方的喜庆场合,尤其是婚礼上,常穿着洁白的婚纱,象征着圣洁。

服装的色彩还能营造出一种时尚、个性和情趣,因此,服装讲究色彩的搭配。红色是波长最长的色光,穿透大气的能力最强,因此在捕捉视觉上活动最快。

醒目的橙色是最注目和最容易辨认的颜色。橙色给人的最直接的感受是冲动、华丽、欢乐、甜蜜、丰收,让人有一种温暖、平和、享乐的感觉。

黄色是类似阳光的颜色,因此它有户外、开放、年轻、明智、好动、充满希望等外向性格。同时黄色又象征着地上的黄金、丰收的喜悦,在服装搭配中,它属于很挑人的色彩,不是什么人都能穿黄色服装的,也不是什么颜色都可以与之协调。一般来说形象比较雍容华贵、皮肤光洁白皙的人适合穿黄色。个性很强或好出风头的人也喜爱这格外挑人的色彩。

4. 趣味美

一些趣味性的装饰通常可以表达人们复杂的感情、审美偏好和民族习俗。在新几内亚的部族里,武士用胸前所挂的树皮穿成的项圈数量来表示财富的多寡;印度北部的那加人,姑娘和小伙子以自己的头饰和腰间的饰物来传递信息,还没有爱人的女性其头发很短,而长发或有纹身的女子已经有了意中的情侣。男子用腰间所挂的三串小贝壳来表示自己已经遇到了知音。

日本民族特有的服装——和服,用袖子的长短来表示女子的年龄和婚配与否,未婚穿着长袖和服,已婚穿短袖和服。和服的背部有一类似背包的装饰物,称"带",带的打结颇有讲究,大约可分成200余种花样,表示出不同的含义。

三、经典服饰系列赏析

这里所谓的经典,指长期以来为人们所认可的款式和品牌,从某种意义上来讲,它们代表着高品质、新款式和世界服饰的流行趋势。

(一)传统服饰——**中国旗袍**

旗袍是典型的中国妇女的服饰,主要源于满族妇女服饰中的旗装。满族旗袍主要特点为宽大、平直,衣长及足,材料多用绸缎,衣上绣满花纹,领、衣、襟、裾都滚有宽阔的花边。

辛亥革命以后,旗袍开始普及。其样式与清末旗装没有多少差别。但不久,袖口逐渐缩小,滚边也不如从前那样宽阔。至20年代末,因受欧美服装的影响,旗袍的样式也有了明显的改变,如有的缩短长度、有的收紧腰身等。到了30年代初,旗袍已经盛行。当时的样式变化主要集中在领、袖及长度等方面。先流行高领,领子越高越时髦,即使在盛夏,薄如蝉翼的旗袍也必配上高耸及耳的硬领;渐而又流行低领,领子越低越"摩登",当低到实在无法再低的时候,干脆就穿起没有领子的旗袍。袖子的变化也是如此,时而流行长的,长过手腕;时而流行短的,短至露肘。其款式完全随着时代的变迁而变化。

(二)**民族服饰**

从某种意义上似乎可以说,由于人类社会存在民族区分,世界上服饰才显现出了丰富多彩的个性,而另一方面,由于不同种类的服饰的存在,世界各民族才有了最外在的区分。世界上存在200多个民族,中国有56个民族,他们的服饰可谓各有千秋、彼此不同。

在我国,黎族服饰"被列为朝廷贡品",黎族家庭手工纺织技术历史悠久,由于质地细腻,色泽艳丽,被列为朝廷贡品;纳西族服饰"披星戴月",在其服饰中,最具特色之处就是纳西族妇女的羊皮背饰,一般用羊皮制成,披于背部,故俗称为"羊皮披肩",它还蕴含了丰富的文化内涵,并且象征纳西族人民勤劳勇敢,以辛勤的劳动换取甜蜜生活的炽热感情;素雅、轻盈,自成一格的朝鲜族服饰端庄得体;朴素大方的壮族服饰;绚丽多姿、色彩鲜明的维吾尔族服饰,等等。

在欧洲的苏格兰,有一种独具特色的民族服饰——苏格兰呢裙,这种用粗呢制成的花格短裙称为"基尔特"。这是苏格兰高地的男子们日常穿的服装,也是苏格兰兵团某些部队的正式制服。它包括一条长度及膝的方格呢裙、一件色调与之相配的背心和一件花呢夹克,一双长筒针织厚袜。在一些重要仪式上,皇室家族的男士成员也会穿上这种裙装。

(三)国际著名品牌服饰

1. 范思哲(VERSACE)

创始人:詹尼·范思哲(Gianni Versace)

经营类型:高级时装、高级成衣

注册地:意大利米兰(1978 年)

著名意大利服装品牌范思哲代表着一个品牌家族,一个时尚帝国。它的设计风格鲜明,是独特的美感极强的先锋艺术的象征。绣花金属网眼结构织造是一种迪考(Deco)艺术的再现;黑白条子的变化应用让人回想 19 世纪 20 年代风格;丰富多样的包缠则使人联想起设计师维奥尼及北非风情。斜裁是范思哲设计最有力最宝贵的属性,宝石般的色彩,流畅的线条,通过斜裁而产生的不对称领有着无穷的魅力。在男装上,范思哲品牌服装也以皮革缠绕成衣,创造一种大胆、雄伟甚而有点放荡的廓型,而在尺寸上则略有宽松而感觉舒适,仍然使用斜及不对称的技巧。宽肩膀,微妙的细部处理暗示着某种科学幻想,人们称其是未来派设计。线条对于范思哲服装是非常重要的,套装、裙子、大衣等都以线条为标志,性感的范思哲于 1983 年获柯蒂沙克奖,1986 年意大利总统授予意大利共和国"Commandatore"奖,1988 年被"Cutty Sark"奖选为最富创意设计师奖,1993 年获美国国际时装设计师协会奖。

2. 夏奈尔(CHANEL)

创始人:夏奈尔(Cabrielle Chanel)

经营类型:高级时装、各类饰品

注册地:法国巴黎(1913年)

夏奈尔一个有近100年经历的著名品牌,双c交叠的标志是夏奈尔品牌的"精神象征",菱形格纹是其经久不衰的设计,而山茶花则是其永恒的风格。夏奈尔时装永远有着高雅、简洁、精美的风格,她善于突破传统,早在20世纪40年代就成功地将"五花大绑"的女装推向简单、舒适,这也许就是最早的现代休闲服。夏奈尔最了解女人,夏奈尔的产品种类繁多,每个女人在夏奈尔的世界里总能找到合适自己的东西,在欧美上流女性社会中甚至流传着一句话"当你找不到合适的服装时,就穿夏奈尔套装"。

3. 古孜 (Gucci)

创始人:古奇欧·古孜(Guccio Gucci)

经营类型:高级成衣

注册地:意大利佛罗伦萨(1923年)

尽管时装牌子令人眼花缭乱,古孜的风格却一向被商界人士垂青,时尚之余不失高雅,这个意大利牌子的服饰一直以简单设计为主,尤其是男装,剪裁新颖,弥漫着18世纪威尼期风情,再融入牛仔、太空和摇滚巨星的色彩,让豪迈中带点不羁,散发无穷魅力。在古孜的时尚王国中,有最受全球媒体宠爱、年轻又才华横溢的设计师Tom Ford,更有包括麦当娜、玛莉亚·凯莉、葛妮斯·派特罗、伊丽莎白·赫莉、布莱德·彼特、汤姆·汉克斯夫妇等影星的拥趸。

4. 切瑞蒂1881(Cerruti 1881)

创始人:尼诺·切瑞蒂(Nino Cerruti)

经营类型:高级成衣、电影服装设计

注册地:法国巴黎(1967年)

有意大利时装之父称誉的尼诺·切瑞蒂所创的切瑞蒂1881男装是以流线型的设计风格带给人们前所未有的惊喜,不但款形时刻紧随时尚,剪裁上更是将意大利式的手工传统、英国式的色彩配置和法国式的样式风格完美结合,融入了经典而又新鲜的元素。除了切瑞蒂1881

男装之外,同一品牌线的切瑞蒂时装、香水同样蜚声业界,享誉已久。而瑞士手表系列,可谓这个大家族中极具潜质的名门新贵。它继承了切瑞蒂一贯清逸典雅的设计,运用高度精确的瑞士制表技术精制而成,含蓄、高雅、矜贵,贯彻着切瑞蒂张扬品质的传统。此外,还因与水银灯下魅力四射的巨星频结不解之缘,切瑞蒂 1881 这个国际品牌洋溢着好莱坞独有的傲人风采,象征着声誉、财富与个人风格。

5. 伊夫·圣·洛朗(Yves Saint Laurent)

创始人:伊夫·圣·洛朗(Yves Saint Laurent)

经营类型:高级时装

创始人伊夫·圣·洛朗 1936 年生于阿尔及利亚,21 岁时任全球最有声望的迪奥时装公司的首席设计师,1962 年在巴黎建立自己的公司。圣·洛朗的设计既前卫又古典,模特不戴胸罩展示薄透时装正是他开的先声。圣·洛朗服装擅于调整人体体型的缺陷,常将艺术、文化等多元因素融于服装设计中,汲取敏锐而丰富的灵感,自始至终力求高级女装如艺术品般地完美。圣·洛朗的旗舰产品是高级时装,服务的是全球仅几千名的富豪们,用料奢华,加工讲究,价格昂贵,是常人所难以接受的。

6. 巴黎世家(BALENCIAGA)

创始人:克里斯托瓦尔·巴伦西亚加(Cristobal Balenciaga)

经营类型:高级成衣

"巴黎世家"服装一向是精于裁剪和缝制。斜裁是它的拿手好戏,以此起彼伏的流动线条强调人体的特定性感部位。结构上总是保持在服装宽度与合体之间,穿着舒适,身体也显得更漂亮。"巴黎世家"服装巧妙利用人的视错觉,腰带策略性地放低一点,或把它提到肋骨以上,甚至可以巧妙地隐藏在紧身衣之中,使人看上去更加完美。非理想身材的人,一旦穿上"巴黎世家"服装,顿时显得光彩照人。

"巴黎世家"的时装被喻为革命性的潮流指导,很多名流贵族都穿着他的时装,这些忠实客户包括西班牙王后、比利时王后、温莎公爵夫人、摩洛哥王后等,他们都是当年曾被世界各大时装杂志评选为最佳衣着的名人。

7. 乔治·阿玛尼(Giorgio Armani)

创始人:乔治·阿玛尼(Giorgio Armani)

经营类型:高级男装

乔治·阿玛尼 1934 年出生于意大利,学习医药及摄影专业,曾在切瑞蒂任男装设计师,1975 年创立乔治·阿玛尼。曾获奈门-马科斯奖、全羊毛标志奖、生活成就奖、美国国际设计师协会奖、库蒂·沙克奖等奖项。

乔治·阿玛尼服饰现在已是在美国销量最大的欧洲设计师品牌,他以使用新型面料及优良制作而闻名。就设计风格而言,它们既不潮流亦非传统,而是二者之间很好的结合,其服装似乎很少与时髦两字有关。他的主打品牌乔治·阿玛妮(Giorgio Armani)针对富有阶层,玛尼(Mani)、爱姆普里奥·阿马尼(Emporio Armani)、阿玛尼牛仔(Armani Jeans)针对普通消费者。

8. 阿迪达斯(Adidas)

创始人:达斯勒兄弟

经营类型:运动用品

Adidas 是源自于 1927 年达斯勒兄弟创办的"达斯勒兄弟运动鞋厂"创造的品牌。该厂以生产运动鞋驰名。1936 年该厂在与德国奥委会紧密合作的过程中,阿迪·达斯勒用其扎实的制鞋知识和经验设计出不同的运动鞋来满足各项运动项目的特别需求,1937 年穿着阿迪·达斯勒鞋子的运动员获得四枚金牌。从此,它从一个普通的制鞋厂发展成为全球知名的运动品牌,活跃于各项赛事。

在运动用品的世界中,Adidas 一直代表着一种地位和象征,而这种象征有人称之为"胜利的三条线"。自 1948 年创立至今,Adidas 帮助过无数的选手创造运动佳绩,成就了不少的丰功伟业。因此,Adidas 也可以说是集合了众人信赖及尊敬的运动服饰的最佳典范。

第二节　饮食文化审美

如果说"吃什么"、"怎么吃"、"为什么吃"主要涉及的是文化领域的范畴，那么怎样选择食物，怎样吃得好，吃得赏心悦目就应该是美学的范畴了。在当今社会，对于吃的概念，已经不再是我们的祖先刚刚脱离"茹毛饮血，活剥生吞"的时代，变生食为熟食的简单生活了，它已经成为一种可观可赏的艺术范畴。

一、饮食文化的审美要素

通常我们认为，对饮食文化的审美包括了环境、器具、制作工艺等诸多要素。

（一）饮食环境

饮食的环境通常有内部环境和外部环境之分，二者同样重要。

1. 外部环境

饮食的外部环境是指环绕着餐厅或餐桌的外围自然环境。优美的外围风光能增添宾客用餐时的精神享受，使得就餐经历成为难忘的回忆；同时，外部环境也是餐饮经营选址的重要因素。

餐厅由于坐落的地理位置不同，具备了不同的周围环境。

有的餐厅设在园林当中，周围水榭环绕，候鸟啼叫，空气清新，营造出一种淡雅诗意的外围环境，这种外围景观有助于宾客的用餐情绪达到最佳。

坐落在风景名胜区的餐厅以优美的自然风光为背景，例如阿尔卑斯山顶希尔顿酒店的餐厅，用玻璃做墙壁，宾客可以欣赏阿尔卑斯延绵的群峰和山间的森林、牧场及山下的湖泊，迤逦风光尽收眼底。

西方人喜欢在草坪上举行鸡尾酒会或冷餐会。其间阳光灿烂、空气清新、绿树成荫，再加上乐队的伴奏，一种轻松、活泼、和谐的用餐聚会氛围被营造出来。

优美的自然风景可以使宾客视野开阔,心情舒畅,不同的外围环境营造出不同的用餐氛围,它和内部环境共同组成饮食环境。

2.内部环境

餐饮活动从满足基本的生理需求到聚餐性、社交性到社会化,反映了社会文明的进步和现代人的多重需求的综合。

豪华、优雅的餐厅,将为宾客营造出一份特有的温馨与享受,并留下深刻的印象。餐厅的环境气氛主要由两大部分组成,一是相对固定的灯光、色彩、适宜的温湿度、良好的环境卫生,以及餐厅的墙饰、天花板的装饰及枝形吊灯、各区域的功能性分隔、吧台等;二是宾客就餐时用的餐台、餐椅及进餐器具等组成的餐台设计与布置。

明亮的灯光,私密性需要的餐区,协调的色彩,美食美器,都会刺激人们对餐饮品的需要,刺激人们的感官的活动力,视觉、味觉、触觉、听觉的积极运动,从而体验进餐的快感和社交的融洽与成功。一簇盛开的花置于餐台,带来春天的气息;玻璃低墙式隔断,朦胧的诗意;烛光摇曳,犹如回到从前;优雅的服务,充分享受上帝赋予的快乐。

(二)饮食器具

1.中餐器具

筷子是中餐的标志,是中国及东南亚部分国家的典型餐具。筷子一般可分为三大类型:竹木筷、工业制品筷和特殊材料筷。竹木筷的使用最为广泛,筷子的长度一般在21~28厘米之间,一次性原木筷的长度在16~20厘米之间。

餐碟的主要功能是做底碟等。中餐餐碟的直径一般为6英寸以下,有5英寸、4英寸、3英寸等规格。中餐餐盘的造型一般有圆形和椭圆形两大类,椭圆形盘又叫鱼盘。小圆盘多用于骨盘或冷菜盘,10英寸以上的为热菜盘,16英寸以上的为造型盘。中餐汤匙一般为瓷质,分为茶匙、咖啡匙、进餐汤匙等。调味碟为盛放各种菜肴的调味品用具,其造型也不断变化。

另外,中餐餐具还有花插、茶杯、砂锅、煲、筷架、洗手盅、毛巾托等。

2.西餐器具

西餐中的进食餐具主要是指餐盘、刀、叉、勺、咖啡杯等用具。

西餐的餐盘是作为菜盘的垫盘使用,每次更换菜盘时,垫盘不动,只是在所有的菜肴结束之后才撤离垫盘。

餐刀随菜肴使用,根据西餐材料的大类又分为餐刀、鱼刀、肉刀、黄油刀等。餐叉与餐刀配合使用,一般均为四齿,不同种类的餐叉仅在大小上有所区别,分为餐叉、海鲜叉、肉叉、甜点叉等。

在西餐中,菜肴与酒有较为严格的搭配规律,玻璃杯的种类较多,大多数为高脚酒杯,其原因是西餐中的大多数酒水需加冰或冷却后饮用,采用高脚酒杯除了美观因素外,主要是防止手的温度快速传递至杯中,造成就手温度升高,影响口感。常用的西餐玻璃杯有葡萄酒杯、鸡尾酒杯、白兰地杯、啤酒杯、果汁杯等。

餐勺主要分为两大类,一是喝汤时用的圆形汤勺;二是搅拌咖啡用的椭圆形勺头小型咖啡勺,咖啡勺仅作搅拌用。

另外,西餐中还有许多辅助性的餐具,例如:调味品架、洗手盅、餐巾、黄油盅等。

3. 茶具

茶具是指与品茶有关的专门器具,包括茶壶、茶碗、茶杯、茶盘等茶具。我国饮茶历史悠久。唐宋时期,茶具包括采制所用的工具和泡茶器具,有风炉、火夹、瓢、札、水方等一共25件,当时皇家多用金属茶具,民间则以陶瓷茶碗为主。

紫砂茶具始见于北宋,其中以茶壶最为名贵,宋代烧制茶具形成了有名的五大名窑。宋代著名文学家苏轼谪居宜兴时,最喜爱的提梁式紫砂壶,后人称为"东坡壶",其名至今沿用。

现代茶具仍以陶瓷为主,此外还有漆器茶具、玻璃茶具、竹木茶具,以及玉石、金属茶具、水晶制作的茶具。

4. 酒具

中国人历代讲究美食美器,人们在饮酒时,不仅讲究对象、环境、时令等,而且十分讲究酒器的精美与适宜。

我国古代酒器的生产如同酒一样历史悠久,千姿百态。商朝时期,青铜器孕育而生,如樽、爵、青铜壶等,汉代出现了玻璃杯、海螺杯、玉环等,在权贵的宴会上出现了金杯和银杯。

酒具就其用途而言，可分为贮酒器、盛酒器、卖酒器和饮酒器四大类。当代中式酒具受西式酒具的影响，小型酒杯较为普及。这种酒杯主要用于饮用白酒。酒杯制作材料主要是玻璃、陶瓷等，近年也有用玉、不锈钢等材料制成。

中型酒杯，这种杯既可作为茶具，也可以作为酒具，如啤酒、葡萄酒的饮用器具。材质主要是以透明的玻璃为主。

洋酒的酒具较多，不同的酒，用不同的酒杯。酒的品种主要有白兰地、威士忌、兰姆酒、杜松子酒、俄得克、香槟、利口酒等，鸡尾酒也较为普遍。酒杯种类繁多，造型各异，有红酒杯、香槟杯、啤酒杯、鸡尾酒杯、雪利杯、白酒杯、古典杯、高身杯等。这有历史、地域等方面的原因，同时也反映了一定的科学性和艺术性。

5. 咖啡具

咖啡具由垫盘和杯子组成，一般有陶器制杯和瓷器制杯两种。近年来在咖啡一定要热热地喝的观念下，制杯业者开发出保温效果的陶器制杯，甚至比瓷器制杯更好的骨瓷制杯，使用这种质地内含有动物骨灰的骨瓷制杯，可以使咖啡在杯中温度降低速度较慢，但只有在比较讲究的咖啡馆内见得到。

除此之外，咖啡杯的色调也相当重要。咖啡液的颜色呈琥珀色，且很清澈。所以为了将咖啡这种特色显现出来，瓷制的咖啡杯内壁应呈白色。从咖啡杯的尺寸来看，分为三种类型：

第一种，100CC以下的小型咖啡杯。多半用来盛装浓烈滚烫的意式或单品咖啡。加了牛奶泡沫的Cappuccino，容量略大，宽阔的杯口，可以展示丰盈美丽的泡沫。

第二种，200CC左右的一般咖啡杯。最常见的咖啡杯，清淡的美式咖啡多选择这样的杯子，有足够的空间，可以自行调配，添加奶精和糖。

第三种，300CC以上的马克杯或法式欧蕾专用牛奶咖啡杯。加了大量牛奶的咖啡，像拿铁、美式摩卡，用马克杯才足以包容它香甜多样的口感。

(三)饮食制作

1.中餐制作

中餐制作是指从食品原材料的选择到菜肴烹饪、装盘的过程。

选料是首要工序,是做好一道中国菜的基础。每种菜肴所取的原料,包括主料、配料、辅料、调料等都有一定的讲究和一定的规矩。概而言之是"精"、"细"二字,所谓孔子所说的"食不厌精,脍不厌细"也,要考虑其品种、产地、季节、生长期等特点,以鲜嫩、质量优良为佳。

第二便是食品原材料切配,使之成为烹调所需要的,整齐一致的形态,以适应火候,受热均匀,便于入味,并保持一定的形态美,这也是烹饪技术的关键。

第三是烹调。在这个过程中,火候、烹饪技法和调味一同形成了菜肴美食的风味特色。厨师要能鉴别旺火、中火、微火等不同的火力,熟练控制用火时间。烹调技法是一门绝技,炒、爆、炸、溜、煎、烩等。不同的技法具有不同的风味特色,每种技法都有几种乃至几十种名菜。"五味调和百味香",调味就是要巧妙地搭配咸、甜、酸、苦、辣等百味异肴。

最后在经过装盘和造型,一道中国美食成品菜肴的制作就圆满完成了。

2.西餐制作

西餐的烹调制作方法有几十种,按其基本制作原理可分为:水热法、油热法、干热法和微波法。

水热法,是以水作为主要导热体,使原料加热成熟的方法。其特点是在加热的过程中保持原汁原味。如果是鲜嫩细小的原料,成菜后仍能保持其嫩的特点;如果是老韧的原料,能够令其酥烂。西餐烹调中的煮、蒸、烩、焖等,都属于水热法。

油热法,由于油的温度远远高于沸水和蒸汽,因此用油作导热媒介,可使食物更快地熟。此外,油还具有排水性,它能使食物脱水变脆、鲜爽,并带有特殊的油香味和清香味。西餐中的炒、煎、炸、面拖等烹调方法,均属油热法。例如面拖,是在原料外面裹上一层发酵面粉糊,然后油炸,面拖方法在油炸时保护了原料的营养素,使得蛋白质等不受损失。面拖大多用于配菜或点心,如面拖花菜、面拖苹果、面拖香蕉等。

干热法,是空气导热法和金属器皿导热法的总称。空气导热法,一种是敞开的以火直接熏烤食物如烤肉串等;一种是封闭式,用烤炉、烤箱烤使之成熟。如烤鸡排、烤牛排、烤面包等。西餐制作常用金属器皿导热,如铁扒方法,将原料放在烧热的铁板上加热至熟,烹制出的菜肴香味异常。西餐烹饪中如烤、焗、铁扒、串烤、烟熏等方法均属于干热法。

3. 茶叶冲泡

品茗之道除了茶叶的质量好坏以外,泡茶技术是关键。如何才能取得最佳品质的茶汤呢?

首先,泡茶用的水以泉水为最佳。历来有"龙井茶叶,虎跑水"、"西山茶,乳泉水"等谚语。可见水质与茶汤的口感极为密切。冲泡茶叶中的水溶物浸出越多,其口感差异也大。

其次,选择适当的茶具。一般的茶具包括茶壶、茶杯、闻香杯、杯垫、茶漏、茶匙、茶巾、茶滤网等10多种。制作茶具的材料,有陶瓷、玻璃、搪瓷、塑料等。一般来说,品饮性的红茶、乌龙茶及绿茶宜用瓷质茶具、陶质茶具冲泡最好,玻璃茶具次之,搪瓷茶具再次之,其中以江苏宜兴的紫砂陶最佳。如果是观赏性的茶叶,用玻璃杯冲泡为好。

再次,水温的高低影响茶汤的口感和茶叶中有效成分的浸出。古人有"水老、水嫩"之说,对水温的掌握以茶类而定。冲泡乌龙茶水温宜高,绿茶水温在80℃左右,为了提高和保持水温,有时还要在冲泡之前用开水烫热茶具,冲泡后在壶外淋开水。一般来说,泡茶水温除绿茶外,水温越高,茶汤就越浓,反之,茶汤越淡。

最后,冲泡的时间。泡茶的时间要看水温和茶叶的老嫩及茶量的多少而定,冲泡嫩绿茶,以3~5分钟为宜,头泡随泡随饮;冲泡粗茶,时间稍微延长。茶汤的浓度随冲泡次数的增多而减弱。水温与茶量的多少,也影响冲泡时间。水温高、茶多,则冲泡时间宜短;水温低、茶少,冲泡时间宜长,究竟多长,视品饮者的喜好而定。

4. 酿酒

酒的生产工艺有三种方法,即发酵、蒸馏、配制,生产出的酒可以称为配制酒、发酵酒、蒸馏酒。

发酵酒又称原汁发酵或酿造酒,是将原汁发酵后直接提取或采用压榨法获取的酒。其酒度不高,一般酒精度不超过15%,包括葡萄酒、啤酒、黄酒等。

蒸馏酒是指在发酵酒的基础上,用蒸馏器提高其度数而成的酒,其特点是酒度高,营养价值低。中国白酒就是典型的蒸馏酒,一般采用高粱、玉米、糯米、大麦等含有淀粉和糖分的物质为主要原料,以曲为糖化剂和发酵同时进行,即采用复式发酵法产生酒曲,在这个过程中控制好温度,从而产生大曲、小曲、麸曲等酒曲。世界著名的蒸馏酒有白兰地、威士忌、伏特加、金酒、特基拉酒等。

配制酒是指用原汁酒或蒸馏酒与非酒精物质进行勾兑、浸制或混合而制成的酒。其酒度有高有低,著名产品主要集中在欧洲,以法国、意大利最为著名。

5. 咖啡冲泡

咖啡的冲煮法主要有以下几种:

(1)虹吸式咖啡壶冲泡

这是传统的器具之一,英国人发明,日本人加以改进,在亚洲最普遍。全身玻璃,能让人直接看到其中冲煮的过程,非常的直观,可以把每一种咖啡的特色表现出来,但对操作者的技术及经验要求很高。

主要原理是利用 $PV=nRT$ 理想气体方程式,固定体积下,加温后使沸水之蒸汽压,将沸水经由玻璃管压入上层煮咖啡,再降温后使下层呈现类似真空状态来吸取上层已煮好的咖啡,以中间滤纸过滤渣子。此种虹吸式咖啡冲泡器和一般过滤器不同,其重点在于为了使咖啡与沸水能够完全溶合,必需使用竹匙在咖啡粉的沸水中搅拌。

(2)意大利蒸汽加压式

利用高压蒸汽原理,将煮沸的热水经由导管通过咖啡粉(细研磨),由上而下或由下而上,冲煮出香浓、醇苦的意大利咖啡。此法是时下相当流行的冲煮法,适合口味浓重者。但必须注意咖啡豆的品质,咖啡粉研磨要细,且应掌握冲煮时间与水量。

(3)过滤滴漏式冲泡

这是最简单的冲泡方法,基本能把咖啡的特征表现出来,但非常不好掌握,程序较多。在此原理上发明的滴漏式咖啡机,非常适用于餐厅和家庭。

(4)电动咖啡壶冲泡

将所有的组件诸如滤纸、滤杯等装妥,电动咖啡壶便会自动冲泡好咖啡。煮好咖啡的秘诀在于时间的控制,亦即在煮咖啡的几分钟内保持摄氏83度,其余的时间,温度可稍降低。只要是能配合各种产品,依照说明书操作即可。然而须注意的是,使用电动咖啡壶时,咖啡豆不可打得过碎,避免过细的咖啡粉堵住过滤纲的缝隙,而使咖啡味道变质。

二、饮食文化的美学特征

综合起来看,饮食文化的美学特征主要集中在色、香、味、造型、烹饪技术、材质、意境等方面。

(一)色香味美

中国菜肴是色香味审美特征的典型代表。所谓"色"是指菜肴的色泽艳丽多彩,协调悦目。菜点色彩之美最重要的是发挥本色,如蛋白之白、蛋黄之黄、青菜之绿、木耳之黑等。色彩的组合也是非常重要的,用食物原料的色彩固有的冷、暖、强、弱、明、暗进行对比,可创造出清新雅致的菜点。

香气是品评菜点的重要标志之一。所谓"香"是指嗅到的肉香、鱼香、菜香、果香等芬芳之香,也指嘴吃时咀嚼的鲜香、脆香、焦香等,香气溢出使人进入菜点品尝前的审美状态,是人的食欲。

味是指尝到的咸、甜、酸、辣等调和后的各种美味。色与香的美感是味的美感的前奏,味因其品类有酸甜苦辣咸鲜的变化,并因原料不同有鱼味、肉味、海味、山味等。俗话说,"五味调和百味香",便是味的最生动的揭示。

(二)造型美

造型美是饮食审美的重要标志,包括菜肴切配艺术造型美、食物盛器美、用餐环境美等。

菜肴制熟后的多种多样的花色形态,再配以精致的容器,宛如一件精美的艺术品。菜点造型既要讲究工艺美,又要能刺激食欲。食物造型应遵循简易、美观、大方和因材制宜的原则。如面点制作稍加变化,做成各种活泼可爱的动物形状;川菜冷盘可用红辣椒雕刻花卉作为点缀,使之更具地方特色。

在菜点与餐具的欣赏中,形式和内容上的和谐统一很重要。椭圆形盘用于装鱼,盆用于盛汤,粉彩瓷器用于配富丽堂皇的菜点造型,青花瓷器用以配清淡幽雅的菜点造型,云纹配龙形,水纹配鱼形等。

豪华优雅的餐厅将为宾客营造出一份特有的温馨与享受,餐厅的环境布局、墙饰的造型、天花板的造型、吊灯的形状、餐桌的造型等都能够营造舒适愉悦的美好心境。西餐采用镀银、镀金的餐具,点燃烛台,高大的靠背式木质餐具、餐椅、壁炉、油画、饰品等来营造具有浓郁的西餐特色氛围。

(三) 技术美

烹饪本身是一门技术,包含着美的形式和内容,选料、刀工、火候、调味。中国烹饪技术历史悠久,技艺精湛,注重形式美与内容美的统一。艳丽的色彩,美观的形态,诱人的香气,多变的味型,就是烹饪技术的具体体现。川菜以众多风味和调味精湛而闻名,形成"一菜一格,百菜百味"的地方菜系;淮扬菜十分讲究刀工、火工,整齐一致的形态便于入味,刀法的运用,如直刀法、片刀法、斜刀法、雕刻刀法等,把原料加工成片、条、块、丝、粒,各种花形和镂空的花纹。如花鸟虫鱼、龙凤呈祥等,增添用餐的欢乐气氛。

技术美还包括诸如酒水服务,中、西餐用餐服务程序中所展现的服务技能美。例如在鸡尾酒的调制中,调酒师手举调酒壶不停晃动,同时配合多变潇洒的动作,调制出五颜六色的酒水并用适当饰物装饰;餐厅服务员在餐饮服务过程中所展示出来的餐台摆设、装饰、上菜、斟酒等专业化的娴熟技能技巧,有极强的技术美。

(四) 材质美

餐具的材质选择和应用,可以创造出风格各异的用餐特色美。西餐桌上的不锈钢或银质刀叉,闪烁着金属特有的光芒,食者在享受美食的同时感受到餐具的质感之美;中餐和日本餐用竹制或木制成的尖头筷子和精美的瓷质餐具,让人感到中式的温润、美观;显然,银质餐具、象牙筷更反映出餐饮的高档豪华之美。

"饮食之道,所尚在质",是指菜肴的质地,是又一菜点审美标准,即以口感的松、软、脆、嫩、酥、滑等的质地美感。例如冷菜的冷属温觉感,酥点的酥属触压感,脆嫩、酥烂、滑嫩等属动觉感。

(五)意境美

意是指审美主体的思想情感。饮食审美的最高境界是意境的实现,这种实现多表现在主题明确的正规宴会中。例如国宴的庄严隆重、大气磅礴,婚宴的喜庆热闹,寿筵的欢娱典雅,文人雅集的潇洒风流,丧宴的肃穆悲凉……这些意境的实现不仅要求菜点的品种、命名、烹法等各方面作出相应的呼应,而且在环境、家具、餐具、服务各方面围绕主题,实现意境。

审美还追求意趣,文学手段的运用可用于餐厅的楹联、匾额,并直接用于菜点本身的命名,形成耐人寻味的意趣。例如,尽夸张之能,引人食欲,发人神思的佛跳墙、神仙炖鸡等;来源于人事典故的东坡肉、东坡豆腐;源自于时令风俗的腊八粥、端午粽等。

综上所述,饮食审美的内容与形式是十分广泛的,它实际上是一种以品味为媒介的多元化的文化艺术综合欣赏。

三、经典饮食系列赏析

(一)中国经典饮食系列

1.宫廷菜

宫廷菜源于皇宫"御膳房"烹制的供帝后们食用的菜肴。帝王皇后受天子之尊,聚敛天下最上等的珍贵原料,征召技艺最高的厨师,使得宫廷菜十分讲究。清代的满汉全席是历史上最豪华的。

满汉全席源于康熙以后清宫中的"满席"和"汉席",形成于上层官府,它是满汉两族烹饪精华的连珠合璧。满汉全席有如下四个特点:一是取材广泛,用料精细。各种山珍海味、青蔬无所不包。选料认真,如:烤乳猪必须选用十二斤左右的乳猪,临杀前用稀饭喂养三四天,既能清肠胃,又能长膘。二是命名典雅,工艺精湛。如:乌龙戏珠、风云飘玉带等菜名。三是突出汉菜满点。整个满汉全席以汉族大菜占主体,满族小吃、点心在宴席中占重要地位。四是菜点品种丰富。满汉全席有多少个菜从来没有固定的说法。其实,不同时期、不同地区的满汉全席,品种数量亦不相同,最多的二百多道,少的也有六十八道,不过以一百零八道的说法为多,在中国文化中,一百零八是一个吉祥数字。

满汉全席是我国宴席发展史上的一个高峰,在海内外享有盛誉,许多外国友人不远万里来中国,指明要品尝满汉全席,满汉全席成了集中华饮食之大成者。

2. 地方菜

由于各地的饮食习俗和特产风味不一样,形成了各具特色的地方菜。诸如北京的谭家菜、陕西风味、安徽风味、无锡的西施宴等。

淮扬菜是我国四大菜系之一,其中最富韵味的是三套鸭。厨师用湖鸭、野鸭、菜鸽三禽,全部拆去骨头,一层层套入,用宜兴产的紫砂锅,文火宽汤炖焖而成,家鸭肥嫩,野鸭味香,菜鸽细鲜,滋味极佳,是中国菜肴中绝无仅有的名菜。由于野鸭、菜鸽深藏于家鸭之腹,上桌后秘而不宣,品尝后才恍然大悟。

3. 民族菜

清真菜又叫称回民菜,在我国受到回族和各民族普遍的喜爱。北方以烹制羊肉为主、南方以烹制牛肉为主。

香竹饭是云南傣族人们接待外来宾客的佳品。其做法是将糯米装入香竹中烘烤而成,食用时饭香和竹香混合,别具风味。

4. 风味小吃

风味小吃是各地的地方特色菜肴,如绍兴的酒糟菜、江苏的肉松、云南宣威火腿、天津狗不理包子、重庆火锅等。

(二)国外经典饮食系列

1. 法国菜

法国有着悠久的历史和文化,其丰富多彩的菜肴和点心是从古代的宫廷美食发展而来的。

法国菜的突出特点是选料广博,无论是稀有名贵或是普通寻常的原料,均可入菜,许多脍炙人口的菜肴索取的原料如蜗牛、青蛙、鹅肝、黑蘑菇等在欧美其他国家的菜谱上是极少见到的。蜗牛和牛蛙做成的菜肴是法国菜中的名菜。此外,法国菜中还经常选用各种野味,如鸽子、鹌鹑、鹿、野兔、野猪等。由于选料广泛,品种就能按季节及时更换,因而使食客对菜肴始终保持某种新鲜感。

法国菜的烹调几乎包括了西菜所有的近20种烹调方法。一般常用的有烤、煎、烩、焖等。法国在烹饪技术上处于世界领先地位,现代的真空烹调就是法国发明的。

在隆重的宴会或节日的餐桌上,法国人吃烤乳猪或野味菜。著名的法国地方菜有里昂的煎鸭脯、马赛鱼汤等。最有代表性的法国菜是举世闻名的焗蜗牛、鹅肝酱、大龙虾、洋葱汤、奶酪等。

2. 意大利菜

意大利菜闻名世界。这与意大利悠久的历史、灿烂的文化、优越的地理位置、良好的气候、丰饶的物产是分不开的。意大利烹饪堪称欧洲大陆之鼻祖,在烹饪上以炒、煎、炸、红烩等方法为主。意大利人喜欢油炸、熏制的菜肴。意大利的海鳗,被意大利人誉为"第一美味"。

意大利传统菜很多,尤其是各种面食制品闻名世界,这在欧美其他国家是很少见的。

意大利人在面条制作上,各种形状、各种颜色、各种味道的面条至少有几十种,不仅美观,而且营养丰富,滋味各异。意大利面条一般以硬小麦为原料,因此面条韧性大,咬劲好,久煮不烂。面条有各种制作方法和各种调、配料,最常用的是肉类、番茄、干鲜香草和奶酪等。

3. 美国菜

美国烹饪源自英国,但仍有自己的特色,美国的烘焙点心,其制作及装饰闻名于世,而冷饮、冻点心、各种色拉、美式牛排、炸鸡腿等也深受欧美人欢迎。

由于美国的快餐食品世界闻名,许多人只了解美国的快餐而忽略了美国传统烹饪的特点。目前美国菜大致分为三个流派:一是加利福尼亚州为主的带有都市风格的派系;二是英格兰移民为主的派系,保留了传统的菜点,又增加了一些当地原料的新品种;三是以得克萨斯州为主的墨西哥派系,受南美菜的影响很大,有不少菜味浓烈,较有刺激性。此外,由于地理关系,美国菜中有不少野味和海鲜类品种。

值得一提的是,现代美国烹饪总是处于世界领先地位。发达的食品科技促进了食品制作及与食品有关的养殖业、烹饪设备业、油脂、调味品业等的发展。美国烹饪代表队在世界最高级别的奥林匹克烹饪大赛上屡获金牌,便是很好的佐证。

4.日本料理

日本菜是世界上一个重要的烹调流派,有它特有的烹饪方式和格调,其影响仅次于中餐和西餐。日本菜按日本人的习惯称为"日本料理"。按照字面的含义来讲:料包含着计量,理包含着盛器,就是把料配好的意思。

日本菜的基本特点是:季节性强、味道鲜美、清淡不油腻、选料以海鲜和蔬菜为主、加工精细、色彩鲜艳。总的可分为两大类:关东料理与关西料理,其中关西料理影响大,其历史也较悠久。关东料理以东京料理为主;关西料理以京都料理和大阪料理为主。它们的主要区别在于关东料理的口味重,关西料理使用的海产品的味道较好,关西料理的特点是口味清淡,可以吃出鲜味。

日本料理的用料,蔬菜以各种芋头、小茄子、萝卜、豆角为主;鱼类极为丰富,且季节性强;肉类以牛肉为主,其次是鸡肉、猪肉;另外,蘑菇的使用也较多。在烹制上主要保持菜的新鲜度和菜的本身味道,其中很多菜以生吃为主。著名的生鱼片佐以芥末、姜末,是日本菜宴席中的主角。

近几十年来,日本菜引进了一部分外国菜,结合日本人的传统口味,形成的现代的日本菜,"和风料理"就是日本化的西餐。锅类和天妇罗就是这类菜的代表。

(三)茶

1.绿茶

绿茶属于不发酵茶,是将鲜叶经过高温的杀青、揉捻、干燥等工序制成的。绿茶能最大限度地保持其营养及翠绿色,具有汤色碧绿、叶底嫩绿、香气清高、滋味浓厚等特点。绿茶在各类茶叶中的营养价值最高,其中所含的叶绿素、维生素C、胡萝卜素尤为丰富。对人体健康而言,喝绿茶最佳,著名的绿茶有杭州龙井茶、洞庭碧螺春等。

2.乌龙茶

乌龙茶是我国的特产,主要产于福建、广东、台湾,它属于半发酵茶,绿叶镶红边是乌龙茶最鲜明的特点,汤色金黄,香高味醇,主要品种有铁观音、乌龙、水仙等。

3. 红茶

红茶是全发酵茶,欧洲和美洲十分流行饮用红茶。其加工程序随产地不同而相应变化,一般包括:萎凋、搓揉、发酵和烘制(或干燥)。另外,通过CTC(Cut,Tear,Curl,切碎、撕裂、卷曲)方法可制造更小的叶子颗粒放于茶袋中便于冲泡。

4. 普洱茶

普洱茶以集散地普洱县而得名。它主要产于云南西双版纳地区。茶树属乔木型的大叶种,叶肉厚实,色泽深浓,有益化学成分的含量高,制成的成品茶色香味均属上乘。普洱茶名目繁多,有普洱散茶、饼茶、方茶、紧茶等,行销东南亚诸国,还向法国、英国大量出口;内销主要供应云南、四川、西藏等地。

(四) 酒

1. 白酒

驰名中外的茅台酒是中国白酒的代表,产于贵州省仁怀县的茅台镇。由于茅台镇处于赤水河岸的低谷地带,长年气候温和,因此这一带盛产高粱,并宜于酿酒业的发展。茅台酒全部用优质高粱作原料,小麦作曲;制作前后经过七道工序一年时间,再放入地窖三年,然后再把贮存30年、20年、10年的酒按比例配兑,分瓶包装。包装后还要在仓库里贮存两年才可以出厂。

2. 红酒

红酒指酒液的色泽呈红色,包括红葡萄酒和玫瑰红葡萄酒。

红葡萄酒是用红皮或紫皮葡萄连皮带籽一起发酵并压榨成汁,使果皮中的色素染入酒液中后再去皮渣酿造而成的。酒液呈紫红色、鲜红色或宝石红,玫瑰红葡萄酒的酿制方法是用红皮和白皮葡萄混合一块连皮带籽酿造,途中将皮渣滤除。由于皮和籽浸泡的时间较短,酒液只染上少许色素,所以酒色呈粉红玫瑰色,故名。

意大利和法国波尔多、勃艮所产的红酒最为著名,是世界上最大的生产国和出口国。其中有许多珍品,如法国的长相思、梅鹿特;意大利的拉菲露、仙山露等。

3. 白兰地

轩尼斯是法国科涅克的著名商标之一,科涅克是法国南部的地区,这里所产的白兰地是世界上最好的白兰地,又称为干邑,也是法国国家名酒。

亚洲是该公司最大的市场,约占出口量的一半。

第三节 旅游工艺品审美

旅游业不是为了满足人们生存需要的行业,而是把食、住、行、游、购、娱六个环节有机结合起来,向旅游者提供新型高级消费的行业。随着旅游业的发展,旅游工艺品也在不断得到发展和开发,成为一项重要的旅游资源,即它能满足游客采购的目的,并且在这个过程中创造的极高的社会效益和经济效益。

一、旅游工艺品的构成

从制作的工艺水平来看,旅游工艺品可以大致分为两类:特种工艺品和民间工艺品。

(一)特种工艺品

1. 陶瓷

中国素有"瓷器之国"的美称,在英文中,"中国"和"瓷器"是同一个单词,即 CHINA。

陶器是用粘土制成,经 700℃~800℃ 的炉温焙烧而成的无釉或上釉的日用品和陈设品。

我国当代的陶器以江苏宜兴、广东石湾、安徽界首、山东淄博、云南建水、河北唐山等地所产最为著名。

瓷器是在陶器的基础上制成的器物。瓷器具有以下几个特点:第一,瓷器胎料的主要成份是高岭土,瓷胎烧成后,胎色白,质地细密,胎体吸水率不足1%,具有透明或半透明性,叩之发出清脆悦耳之音。第二,瓷器的烧成温度必须在1200℃以上,胎釉经高温烧结后,不易脱落。

我国早在商代就烧出原始的瓷器,唐宋以来,我国瓷器大量远销世界各地,瓷器制作工艺也随之传到东、西方各国。我国当代瓷器主要产于江西景德镇、湖南醴陵、福建德化、浙江龙泉、山东淄博等地。

著名的陶瓷制品有:宜兴紫砂器、洛阳仿唐三彩、淄博美术陶瓷、景德镇名瓷、醴陵釉下彩瓷、德化白瓷塑、龙泉青瓷。

2. 玉器

玉石通常可分为硬玉和软玉,硬玉就是被称为"宝石"之冠的翡翠,其硬度较软玉大,因此欧美国家称之为硬玉,而在我国被称为"翡翠",翡翠艳丽鲜阳、多姿多彩、晶莹剔透、温润光洁,一直是华人视为至高无上的珍宝。翡翠按原石品种分可分为老坑玉和新坑玉。按颜色分可分为绿色翡翠(简称"翠")、红色翡翠(简称"翡")、紫罗兰色翡翠(简称"紫玉")和福禄寿翡翠(红、绿、紫三色均出现)等,宝石级翡翠产于缅甸北部。

软玉是我国的国石。在世界上有许多产地,但以我国新疆的和田地区最为著名,是极好的玉雕材料,也可加工成弧面形宝石和圆珠,不过较少。依据颜色,软玉常见的品种有:

白玉,呈白色的软玉,市场上称为羊脂玉、梨花玉、象牙白等。白玉越白越好,以羊脂玉最珍贵,它白如凝脂,特别温润光滑,给人一种刚中带柔的感觉。

青白玉和青玉,是色呈青色的软玉,介于青玉和白玉之间,产量较大,中国古代和现代的软玉制品大多以青玉和青白玉为主。碧玉,绿色至暗绿色的软玉,优质的碧玉很名贵,但不及羊脂玉,在中国历代的软玉制品中,是不可缺少的品种。墨玉,是黑色和灰黑色的软玉,其黑色如漆者是上等的玉玺用料,价格较高,常见的是青玉上出现墨玉或墨玉上出现青玉。

软玉的加工评价主要从颜色、玉质、裂隙及块度等几个方面考虑,其原料要求质地细腻、润泽和无暇，颜色纯正并无杂质，光泽明亮，对成品要考虑其工艺水平。著名的软玉作品有一批明清时期保留至今的软玉摆件精品，例如清乾隆时期的"三羊"、白玉千寿百子纹牌饰、白玉含桃仟鹤等。

3. 水晶

透明、结晶较好的石英单晶可称为水晶。由于它晶莹剔透、纯洁，自发现以来就深受人们喜爱。其主要化学成分是二氧化硅、铁、铝等微量元素，这些微量元素可造成色心，而使水晶呈现不同颜色，常有无色、紫色、粉红色及不同程度的褐色。天然单晶呈棱柱状、六方柱，有时呈六方双锥体或不规则状、扁平状及晶簇形式出现，柱面常有明显的横纹和多边形蚀象。水晶有特殊的可见性光效应，多见于淡粉色的水晶中，常为透星光；另外还有猫眼效应。

水晶根据颜色可划分为：无色水晶、紫晶、黄晶、烟晶、芙蓉石等。根据特殊光学效应还有星光水晶及石英猫眼两个品种。

水晶类宝石除天然紫晶价值略高外，其他品种均属低档宝石，价值取决于颜色、透明度、重量和净度。如果将大的水晶琢磨成水晶球则价格昂贵。世界各地均有水晶出产，紫晶主要产于巴西、乌拉圭、俄罗斯、南非、马达加斯加等国。此外，中国、印度、美国、墨西哥等也有出产，其中中国的优质无色水晶产量甚多。

(二) 民间工艺品

1. 年画剪纸

年画，中国民间的一种绘画体裁，新年时张贴，故名。它是中国各民族所喜爱的一种文化形式，具有浓厚的民俗色彩和民族风格，是庆贺新年、祈愿吉祥、美化环境的一种民间艺术鉴赏品。传统的年画多用木板水印，以单纯的线条、鲜明的色彩，表现热闹、欢快的场景。

著名的年画产地有：天津杨柳青、江苏苏州桃花坞、山东潍坊杨家埠（被誉为中国三大木版年画产地）、四川锦竹、广东佛山等地。

我国的民间剪纸具有浓厚的民族特色和民间情趣，是民族生活方式和风格经过日积月累，延续流传下来的艺术形式。由于剪纸艺术直接起源于民间习俗，因此，这一艺术形式从古到今，几乎遍布我国的城镇乡村,并且风格各异,题材广泛,样式繁多,不胜枚举。

著名的民间剪纸有:河北魏县窗花、山东黄岛剪纸、陕西延安剪纸、江苏扬州鞋花剪纸、云南丽江剪纸、北京剪贴画等。

2. 丝织刺绣

丝绸属天然丝织品,质地柔滑,象征富丽典雅,被誉为"东方绚丽的彩霞"。丝绸源于中国,是中国著名的三大特产,并于汉代之后由"丝绸之路"远销中亚、西亚、地中海沿岸。

丝织刺绣品是以蚕丝为原料的纺织品和刺绣品的总称。织锦是中国古代传统的用彩色经纬丝提花织成各种图案花纹的熟丝织品。云锦、蜀锦、宋锦并誉为当代三大名锦。

云锦产于江苏南京,因锦纹如云,故名。始织于南朝,明清尤盛。由于云锦使用大量的金线,因此织品明丽辉煌,光彩夺目。

蜀锦产于四川成都,故称蜀锦。成都蜀锦早在汉代就很出名,近代蜀锦沿用传统制法,质地坚韧,五彩缤纷,富有独特的地方风格和构图。

宋锦是江苏苏州丝织品。始于北宋时期,所以至今苏州的织锦仍称宋锦。因经线分面经和地经两重,故有重锦的别名。其在图案和花纹上继承了古代传统规矩,主要用于装裱书画和礼品之用。

刺绣是用针引线在绣料上绣出一定的图案和色彩花纹的装饰织物。苏州的苏绣、湖南的湘绣、广东的粤绣、四川的蜀绣,既继承古老传统,又有创新,被誉为我国"四大名绣"。

苏绣,以秀丽、典雅、精细著称;湘绣,以浓郁、奔放、明朗、写实为特色;粤绣,以鲜艳、饱满、富丽、堂皇为特点;蜀绣,以生动、自然、清秀、淡雅著称。

3. 泥塑木雕

泥塑是一种民间工艺品,在我国有悠久的历史,是用粘土塑造人像或其他工艺品。传说是在小孩子们用泥巴捏制小动物做玩具的基础上,逐步发展成有特色的民间手工艺品的。中国著名的泥塑无锡惠山泥人、北京泥玩具、陕西彩泥偶等。

惠山泥塑的题材广泛,其特点是粗犷、淳朴,整体感强,服饰美丽。

代表作是吉祥泥娃娃"大阿福"。

陕西彩泥偶历史悠久，制作随意性强，表现手法夸张，造型概括简练，有效地利用彩绘，色泽鲜艳大方，品种繁多，其中以"挂虎"、"坐虎"、"悟空"最常见。

木雕在中国已有2000多年的历史。主要产地有浙江、福建、吉林和云南。其中以浙江的东阳木雕最为著名。其特点是造型精湛，图案细腻，形象逼真，内容丰富，常在器物上刻满花纹。其品种达1500多个，远销70多个国家，被誉为"木雕之乡"。

二、旅游工艺品的美学特征

旅游工艺品的审美价值体现在它的陈列性、装饰性和观赏性。造型美、材质美、技术美、意境美是旅游工艺品的最基本的美学特征。

（一）造型美

造型优美奇异是一件旅游工艺品的最基本特征，是引起游客兴趣的最主要因素。旅游工艺造型美的产生是根据实用和审美的需要，精心设计创造出来的。中国旅游纪念品无论是特种工艺品还是民间工艺品，无不在造型上精心设计。

浙江青田的一块荷形青蛙，青色冻石雕成一对青蛙，黑色冻石调成两片荷叶，叶栖段弯处有洞透空，一只青蛙嘴衔黑色小虫，栖息在卷叶上，简直巧夺天工。近年出现的一些新型旅游纪念品，诸如出土文物的仿制品，由于仿制逼真，同时具有很高的造型美特征。

（二）材质美

在一些特种工艺品的旅游纪念品中，如玉器、水晶、丝绸、瓷器等，这些工艺品所用材料本身就十分珍贵，而且很美，有的晶莹剔透，有的色泽悦目，有的纹理细致使人产生一种高洁、富丽、华润的美感；瓷器具有洁净、剔透的审美特征，例如著名的景瓷独具"白如玉，明如镜，薄如纸，声如磬"的特点；陶器具有朴质无华、沉重古拙的美；玻璃具有透明晶莹的特点。总之，这些材料本身都有自己特殊的美感，这是它们得天独厚的审美特征，再加上优质的工艺制作，更是锦上添花，成为稀有艺术品。

（三）技术美

旅游工艺品要展现造型美、材质美等综合审美特征，必须依托一定的加工工艺和技术。众所周知，青花瓷器是釉下彩瓷，观赏时色彩鲜艳、明净、淡雅，富有传统中国水墨画效果。釉下彩绘的技法从唐代后期9世纪到13世纪元代，经历400年才臻于成熟和完善。它在宋代青白瓷瓷胎单独使用瓷石一种材料的基础上，发明了加进高岭土的"二元配方"使瓷胎更耐高温，甚至温度高达摄氏1300度以上，瓷胎仍不变形，并为钴料在高温下更好地呈色提供了前提，同时，这种制作方法会使瓷器无污染，且画面永不退色。

湘绣中的"双面异色绣"，是在一块透明的绣料上，一次绣成两面完全一样的、两面同形异色的、甚至两面异形异色的作品。刻画人物神态细致入微，绣面不露针痕，转动框架，宛如立体雕塑，在国际上被誉为"魔术般的艺术"。

以上这些民间工艺品中，由于具备精湛的加工技术，有很高的收藏价值，受到中外游客的喜爱。

（四）意境美

大多旅游纪念品具有工艺美术的特征，如书法艺术、绘画艺术、瓷器艺术、象牙雕刻、玉雕、丝绣、年画剪纸等，不仅造型优美，工艺精巧，风格独特，在实用与观赏的同时讲求意境美。艺术家们很善于运用虚实结合的表现手法，往往不讲求自然主义所倡导的那种"逼真"，而是着意创造出虚灵的空间意象，给人留下情感的空白和想象的余地，从而达到虚实结合，妙趣横生的意境美效果。

齐白石在纸上画几只虾，别无它物，但令人感到虾在清溪中悠然游动，即空灵又实在。

旅游工艺品之所以能引起旅游者的兴趣，最主要的还是由于它的审美特征所决定的。这是在制造时所不能忽视的。另外，旅游工艺品的纪念意义也是不能忽视的，旅游者购买一件纪念意义较强的旅游纪念品，往往能唤起他们对旅游生活的美好回忆，这也正是旅游工艺品所具有的审美价值。

三、著名旅游工艺品赏析

（一）景泰蓝

景泰蓝是驰名中外的工艺美术品之一。13世纪由云南传到北京，胜于明朝景泰年间，又多用宝石蓝、孔雀蓝等蓝色去良釉料，因此称之为景泰蓝。由于北京景泰蓝是一种铜和去良相结合的工艺品，故又称"铜掐丝去良"。景泰蓝品种数以千计，由于工艺造型优美，纹样丰富，色泽深厚，富丽堂皇而驰名中外。

（二）双面绣

双面绣可供双面欣赏，是苏绣中具有独特风格的绣品，这种绣品是正反两面图案同样精致的刺绣。艺人们在刺绣时用记针的方法代替打结，藏掉线头，用针垂直刺绣，不刺破反面的绣线，使正反面效果一样。例如雄伟壮丽的南京长江大桥、湘君、牡丹、小猫和金鱼等，都是双面绣的杰作。

（三）施华洛世奇系列

成立于1895年的施华洛世奇，就像卡地亚、爱马仕和路易威登等国际品牌一样。

施华洛世奇以准确的机器切割技术，改进了手工切割宝石的工艺，采用最纯净原料，开创了高级宝石制造的新局面，每颗天然宝石切割精巧，光彩亮泽。施华洛世奇的水晶和首饰宝石，重点在于精工雕琢，卖点则是为现代女性增添独特品味。

施华洛世奇在1975年发明了Rhinestone熨贴技术，可将首饰石、珍珠，甚至金属简单地熨贴于时装和配饰之上，大大提升了其在时装界的地位和重要性。麦当娜、艾尔顿·约翰和迈克尔·杰克逊均曾穿着饰有施华洛世奇水晶石的服装演出。施华洛世奇水晶不只被穿在身上，还被用以制作纽约大都会歌剧院、巴黎凡尔赛宫、中国人民大会堂和莫斯科克里姆林宫的水晶吊灯，而且更是不列颠王冠复制品的用料。

思考题

1. 简述服饰的构成要素。
2. 举例说明服饰在人们日常生活种所起到的作用。
3. 简述外部饮食环境的构成要素。它对饮食文化产生了怎样的影响?
4. 饮食文化具有怎样的美学特征?
5. 试以一具体事物为例,说明旅游工艺品的美学特征。

第十一章　艺术景观旅游审美

学习目的

本章的内容囊括了绘画、书法、雕塑、表演艺术四个部分,是体验旅游审美中又一块鲜活的内容。在通过对绘画、书法、雕塑、表演艺术的发展历程、美学特征进行了解的基础上,能够进一步掌握在旅游活动过程中对这些艺术景观的审美技巧,加深旅游审美体验。

主要内容

● 书法艺术审美

中国书法艺术的发展历程　中国书法艺术的美学特征　碑刻艺术审美

● 绘画艺术审美

中国画审美　西洋画审美　世界名画赏析

● 雕塑艺术审美

雕塑艺术的一般形式　雕塑艺术的美学特征　著名雕塑艺术赏析

● 表演艺术审美

音乐艺术审美　舞蹈艺术审美　戏剧艺术审美

第一节 书法艺术审美

书法是文字的书写艺术。中国书法是随着中国文字的产生而产生的,一般认为约有六千年的历史。文字的功能主要是实用,而书法的功能是欣赏,中国的文字正好把两者完美的结合在一起,因此成为中国文字最大的特点。中国的方块汉字作为中华民族特有的一种艺术形式,是一种具有特殊艺术表现力和审美感染力的书法艺术,其艺术成就是西方国家的拼音文字所远远不及的。

一、中国书法艺术的发展历程

作为一种独立的线条艺术,书法经历了较长期的孕育和发展过程,其种类丰富,各种字体特色鲜明,成为中国艺术发展史上一道璀璨夺目的风景线。

中国书法艺术的发展主要经历了这样几个阶段:

(一)甲骨文、金文和石鼓文

这是中国较早的书法,在商周战国时代就已经使用了。三者各具特点:

甲骨文指商周时期刻在龟甲、兽骨上的文字,当时主要用于记事。

金文是刻在钟、鼎等铜器、兵器上或铸刻在金属钱币上的文字,主要是出于记事和装饰的目的。

石鼓文是刻在十个石鼓上的记事韵文,唐初在陕西发现的,一般认为是东周初年到战国初年秦国的石刻,书写风格同后来秦李斯写的泰山诸石刻十分接近。

(二)篆书

篆书是大篆和小篆的统称,大篆是秦始皇统一六国以前的文字,由甲骨文演化而来,笔画婉转曲折,形体多重叠,是小篆的前身。小篆则是在秦统一文字的基础上改革发展形成的,小篆使用圆转匀称的线条,形体匀圆、整齐，又叫秦篆，因通行于秦朝而得名。秦始皇统一六国后，文字的运用也更广泛了，书写技巧大大提高，当时由丞相李斯负责统一全国文字，于是他将统一前的大篆书法形式简化为小篆形式。小篆是汉字第一次规范化的字体，它统一了原来没有固定形式的偏旁，确定了偏旁的位置，确立了汉字的符号性，使书写有了可遵循的规律。

（三）隶书

在李斯创造小篆以后，很快又出现了比小篆更为简化的书法形式——隶书，这是我国文字史上的一个飞跃，其形成并非一朝一夕，而是在文字长期使用的过程中逐渐形成的，反映了社会的交往对简化文字的迫切要求。隶书的发展萌芽于秦，以汉代发展为最，这一时期使我国方块汉字的基本形态已经形成。

隶书的特点是体现方笔直线的美，比起篆书更强调结构的平衡、对称、整齐一致。它把篆书圆转的笔画变为方折，在结构上，改象形为笔画化。隶书具有雄阔严整而又舒展灵动的气度。在笔画上具有波、磔之美。所谓"波"，指笔画左行如曲波；所谓"磔"，指右行笔画的笔锋开张，形如"燕尾"的捺笔。写长横时，起笔逆锋切入如"蚕头"，中间行笔有波势俯仰，收尾有磔尾。这样，在用笔上，方、圆、藏、露诸法具备，笔势飞动，姿态优美。

（四）楷书

楷书也称真书，即正体书法，由隶书发展而来。一般认为楷书的创始人是王羲之的老师之一钟繇，确切地说应该是他在楷书的完善和推广上起到了重要的作用。楷书形成于汉末，盛行于魏、晋、南北朝，唐朝高度成熟，一直通行到现在。楷书形体方正，笔画平直，运笔较灵活。魏晋时的"魏碑"和唐朝的"唐楷"是楷书的两个高峰。魏碑朴雅雄伟，唐楷劲美挺丽，是后人堪称"楷模"的书体。

（五）草书

草书是一种为求书写便利而产生的字体，始于汉初。其特点是"存字之梗概，损隶之规矩，纵任奔逸，赴速急就，因草创之意，谓之草书"。故草书有章草、今草、狂草之分。

章草由隶书演变而来，起于汉代，是早期的草书，隶书的草写，保留着隶书笔画的形迹,每个字独立不连写,注重用点,笔断意连,结体简朴,布局整齐。

今草是在章草的基础上结合楷书的书写方法发展而来的,它脱去了章草中保留的隶书笔画形迹,上下字之间的笔势往往牵连相通,偏旁相互假借,从东汉末年流传至今。

狂草是在今草的基础上任意增减笔画,恣意连写,其笔势连绵回绕,挥洒自如,上下字讲求贯串一气,且字形变化繁多。狂草源于今草,开创于唐朝张旭,是草书中最放纵的一种。

(六)行书

如果说楷书如座,草书则如跑,那么行书就如走了。行书是介于今草与楷书之间的一种体例,兼有两者之长,伸缩性较大,没有一套规定的写法,书写自由,字体随和,虽笔势连绵,但字与字之间独立,清晰易认,极赋个性特征。它大约产生在东汉末年今草与楷书盛行的时候,近于楷而不拘谨,近于草而不放纵,笔画连绵而各守独立,清晰易认好写,而且流派众多。其中王羲之的《兰亭集序》虽只有324个字,但书法骨骼清秀,点化优美,被誉为"天下第一行书"。

二、中国书法艺术的美学特征

书法艺术是独特的,书法的美也是独特的。古往今来,众多书家和书法爱好者无不对书法美的本质进行思考和探索,在他们的引领下,我们才得以窥见书法独特的艺术魅力——一种对生命之美、对自然之美的象征。

(一)原码层

汉字是构成书法艺术的基础,是书法艺术的符码,因此,对书法艺术的欣赏首先是对汉字本身的欣赏。汉字自身之中蕴藏的形式美是汉字升华为书法艺术的唯一契机。鲁迅先生说,一个字有三美:"意美感心,一也;音美感耳,二也;形美感目,三也。"其中,字的形体是汉字最具审美要素的方面,故梁启超提出,"盖书,形也"。

汉字的形式美,主要表现在其结构、独立性和形体变化。

1.结构

汉字中，只有少数字是独体字，绝大多数汉字由多种笔画交构组合而成，这就是汉字的结构。汉字的结构多种多样，有左右结构，上下结构，左中右结构，上中下结构，有半包围结构，有全包围结构，这些结构中，蕴含着十分丰富的形式美要素。如同一个字中各个笔画之间错综穿插，连接映带，分划空间，都会产生形式美的效果，即使是独体字，也同样具有一定程度的结构变化，由此产生美的形式。与汉字相比较，拼音字母文字构形简单，笔画有圆转相连，却不能交错穿插，因此不能发展为书法。

2. 独立性

汉字中的美学因素之二，是汉字的独立性。任何汉字都是一个独立的方块构架，汉字的这一特性是篆、隶、行、草各种书体得以发展的主要原因。草书虽然或上下牵连，或借上字之下作之首，仍旧能保持汉字方块独立的结构，所以说，书呈众美，与汉字的方块独立构架有很大关系。

3. 变化性

汉字中美学因素之三，是汉字形体可以发生变化。汉字是表意文字，其形状各式各样。汉字可以斜，可以正，可以胖，可以瘦，可以长，可以短，可以大，可以小，甚至一个字的笔画可以移位变化，这正是汉字审美价值之所在。

4. 抽象性

汉字中美学因素之四，是汉字本身由自然万物抽象而来，是自然阴阳规律的体现，是对自然之道的象征。书法以汉字为基础，字源于道，书也源于道，而对自然之道的体现和象征，正是书法艺术的本质。

（二）形质层

书法的形质层是指书法艺术可视之相，即书法作品，包括三个方面：书体、笔法、章法。

1. 书体

书体是形质层的第一构成要素。书体有两个含义：一是指字体，如甲骨文、金文、石鼓文、大篆、小篆、隶书、行书、草书、楷书；二是指书家风格，如欧体、虞体、褚体、颜体、柳体、瘦金书、板桥体等。同一书体在结字、点画、笔法等方面具有较为一致的特征和审美趣味，这也是书法创作和书法欣赏需要掌握的基本程式,如篆书崇尚婉通,笔画有转无折;石鼓文字则古意盎然;隶书笔势舒展,波磔分明,秀润流美;虞体内含外刚,欧体露骨,颜体外密内疏,厚重浑穆,柳体外疏内密,清健雄奇。书体的多样性,使书法艺术之美更加异彩纷呈。

2. 章法

章法是形质层另一构成要素。章法又称布白,是一篇书法作品的整体布局,涉及整幅作品字与字、行与行之间或一字之中点画的连贯、呼应、照顾。书法作品没有章法,也就没有美感,因此,章法美是书家追求的最高境界,章法搞好了,即使个别字艺术性差些,亦可通过美的章法掩饰。章法美最具代表性的要数王羲之的《兰亭集序》了,全篇324字,共28行,书法遒媚劲健,全篇章法布白,前后管领,既有主体,又富于变化,首尾相应,可以称之为千古绝作。书法作品常见的章法布局有三种:一是有纵有横,这种布局强调整齐,显得井井有条、端庄严谨,楷书常用此法;二是有纵无横、有横无纵,布局富于变化,但变化中又有统一,行书多用此法;三是无纵无横,但通篇一体,在自由变化中达到新的统一,狂草作品常用此法。

3. 笔法

笔法是形质层的又一个审美要素,即运笔书写的规律。字的线条因笔法而产生气势,因笔法而获得生命,有了笔法,才有意境美,才显力度美。要做到这一点,必须从执笔、用锋、取势、笔态几个方面同时入手。无论对于创作者,还是欣赏者,都要熟悉笔法,才能写,才能观。如果笔法烂熟于心,心、手、笔、纸、墨融为一体,书法作品就有了法度,有了姿态。笔法虽然名目繁多、丰富复杂,但仍有一定规律可循。笔法主要取决于用锋、取势、笔态三个方面。历代书家用锋包括:中锋、正锋、缩锋、侧锋、折锋、藏锋、裹锋、逆锋、燥锋、露锋、出锋、蹲锋、跤锋、虚锋、接锋、搭锋等;所取之势则有:疾势、涩势、向势、背势、侧势、借势、蓄势、体势、暗势、卷势、悬针势、垂露势、流水势、联飞势、奋笔势、顾盼势等;常见笔态则有:方笔、圆笔、侧笔、战笔、裹笔、翻笔、仄笔、收笔、驻笔、沙笔、渴笔、抢笔、枯笔、顿笔、丝牵、引带、连绵、游丝、飞白、锥画沙、屋漏痕、折钗股等。各种用锋、取势、笔态没有优劣之分,全凭书家自己把握。用笔精熟,则笔画行云流水,骨力追风,柔刚兼济,方圆适度。

(三)神采层

书法艺术的第三个审美层次是神采层。神采是书法的总体风格,是由形质层的书体、笔法、章法三者完美结合产生的。体现在以下几个方面:

1. 笔力

所谓笔力,是指书法线条点画形态中体现出来的力度美。书家创作时,全身气力都会凝聚在笔心,然后注入在线条、点画之中,所谓"万毫齐力,则沉静入骨,精气结聚,墨光浮溢",笔力也就得到了。对于书法欣赏者,也要从字的线条点画之转折顿挫、迟疾轻重来领会书法家创作书法时,笔力的生成过程,感受书法家作品的内心世界,所以,笔力实际上是书法美学特征的一个代名词,这可从笔力的其他称谓中看出来:骨力、筋力、指力、腕力、力浅量深、力卑量高、力实气空、力透低背、字外出力、力劲如铁、力在字中、力能扛鼎等。

2. 韵律

韵律指笔画、线条的动静、起伏、枯润等变化富有节奏,抑扬顿挫,声色相依。如苏轼的"鹤飞"像仙鹤羽翼伸展,翩然欲飞;韩愈的"鸢飞鱼跃"具有"天高任鸟飞,海阔凭鱼跃"的动律感;汉代《华山碑》隶书的笔画真像一个个女子翩翩起舞……这些无不透出一种动的韵律,诗的韵律,这也是书法独特魅力所在。

3. 风格

风格是由书体、章法、笔法、韵律等共同组成的总的艺术效果。风格有含蓄与豪放、古朴与秀丽、劲健与稚拙等。比如李白的书法,狂放不羁,豪爽飘逸。颜真卿则又是一种风格。他的行草"三稿"(《祭侄文稿》、《祭伯文稿》、《争座位稿》)被人称为有情的图画,无声的乐章。字里行间,流动着浓郁的深情,时而奔腾激昂,时而低回吟唱,有惊心动魄之气,无娇揉造作之迹。黄庭坚那风格清劲的书法中,给人一种乱叶交枝,竹影婆娑的意韵。

三、碑刻艺术审美

由于可供旅游者欣赏的书法大多数镌刻于各类石材及摩崖之上,因此我们有必要探讨一下对石刻景观的欣赏。石者,刻文纪事之丰碑也。古时候,立于宫、庙门前用于识日影及栓牲口的竖石始称"碑"。在民间,有路碑、界碑、墓碑等永久性标识,亦有刻石记功、树碑立传等扬善壮举,说明"碑"是区别于其他任何书写材料而且坚固耐用的文明载体。现在,碑是指在石头平面或弧面上所刻的字,碑刻是书法艺术与石刻、立传结合的产物,是中国书法艺术的另一种表现形式。

(一)碑刻艺术的发展

我国是一个讲求书法艺术的国度,为了使其不朽、传诸百世,先秦时周宣王作《石鼓文》发明了碑,进而形成了一整套制碑的工艺和流程。从书写到上石到镌刻,极尽繁杂之能事。但刻在石上仍不保险,于是发明了椎拓技艺,以防碑文漫灭。至此,凸显中国文化色彩的碑文化便逐渐地垒迭并数千年地流传下来,承载着中国的文明信息。我国石刻发展史可分三大阶段,即汉碑、魏碑、唐碑。汉碑多波磔奇古,魏碑多瑰丽雄奇,唐碑则秀丽高雅。

1. 萌芽时期——汉碑

碑刻萌芽于甲骨泯灭、钟鼎衰微的先秦,形成于汉代。商代时期,由于记载文字材料主要是甲骨和铜铸器皿,加之雕刻工具的限制,石刻未能得到发展。碑的名称始见于东周,而刻文纪事之碑,则最早见于西汉晚期。东汉由于人造建筑材料的发展,创造了砖结构体系和以石料为主体的石结构,推动了石刻艺术和石刻文字的发展。到东汉桓帝、灵帝时,建墓树碑又蔚然成风。个人记功、祖宗立碑成为士大夫阶层扬名显贵的嗜好,因此,后汉以来,碑碣云起,形成了我国石刻艺术蓬勃发展的重要时期。

2. 发展时期——魏碑

魏晋南北朝时期,很多新的石刻种类如墓志、造像、刻经、题名等,都蓬勃兴起或固定成型,演化成石刻中的大宗,石刻文字形体的变异也最甚,形成了瑰丽雄奇的"魏碑体"。与南朝碑刻相比,清朝书论家刘熙载认为"南书温雅,北书雄健";与唐楷相比,唐楷注重法度,用笔和结体趋于规范统一,魏碑则用笔任意挥洒,结体因势赋形,不受拘束。

3. 鼎盛时期——唐碑

唐代的碑,吸收了汉碑之长,魏碑之优,从内容到形式都有了创新和发展,形成了我国碑刻发展史上又一个新阶段。唐碑不但形制高大,雕刻精美,而且文辞宏丽,书法高超。

唐代以后碑风大盛,文人士大夫的丹青遗墨或镌于碑石,或勒之摩崖,林林总总,遍及华夏,文化的涵盖面及渗透力已大大延伸,这时的碑完全可以作为历史的见证。

(二)**碑刻艺术审美**

对碑刻的欣赏,应该从碑的形制、其上的书法、文字涵义等多方面综合进行。

1. 碑刻的形制

碑刻按形制分,主要有碑碣、摩崖石刻、墓志、刻帖等品类。

碑碣类在碑刻中居于主流,按所记内容及功能上去分,有墓碑、祠堂碑、寺庙碑、记事碑、功德碑等。如按造型特点分,又有方碑、四面碑、龟碑、卧碑、方尖碑、昆仑碑、嵌墙碑、异形碑等。中国最早的碑刻首推战国时秦国的《石鼓文》,共十件,形状上小下大,上圆底平,为椭圆形。高约 90 厘米,直径约 60 厘米,为花岗岩石质。文字环刻于四周,这种形制的石刻称作碣,是碑的一个种类,但因为它的形状似鼓,所以唐代始称其为"石鼓"。这一名称沿袭至今。《后汉书·杨雄传》说:"碣,山特之貌。"即指山势逶迤起伏之形势,也就是说碣的形制呈不规则型。

摩崖石刻的内容多与民间宗教、帝王巡视、山水题材有关,大多集中在名胜或帝王园林的山石上,其字体不一,形式各异。如泰山有历代帝王的封禅祭祀碑,其中《记泰山铭》摩崖碑,削壁为碑,高 13.3 米,宽 5.7 米,为封禅碑刻之最,唐玄宗亲笔撰书的碑文,字体婉转雄逸。

墓志的形式差别不大,通常平面呈正方形,汉白玉或青石质地。

刻帖类碑刻由于捶拓的目的,在选石上很有讲究,大多使用青石板材。

2. 碑刻的书法

中国碑刻数量浩瀚,蔚为壮观,成为旅游者重要的观赏对象。在历代碑刻中,书法笔势各异,风格不一,或法度森严,或烂漫多姿,或大气横陈,或端严俊逸,秦籀汉隶,真草行楷,无体不备。例如全国重点文物保护单位浯溪摩崖碑林中,元结撰文、颜真卿书写、以"安史之乱"为背景的《大唐中兴颂》,元结是古文运动的先驱,颜真卿是书法艺术的宗师,后人对此丰碑"百拜不能休",对其拓本是"家家传宝逾琳琅"。该碑共332字,字的直径为15公分。字体雄秀端庄,天骨开张,方中见圆,正而不拘,庄而不险,雄强茂密,大气磅礴,多力丰筋,具有盛唐气象,也显示其正直、质朴、倔强与内美外溢的个人风格。

3.碑刻的文字

碑刻比墨迹书籍能留存久远,故真实可信程度最高。中国人讲究"树碑立传",碑刻之于古代中国,能铭刻其上的文字,一定代表着杰出的思想,辉煌的人生或虔诚的信仰。就史料价值而言,北朝墓志、唐墓志及唐代碑石最为学界注重,其可考证史事者方面尤多,意义广大。

各类碑刻所涉及的内容,既有皇帝的诏谕和敕命,又有忠臣策士的兴国奏章;既有名贤先哲的道德文章,又有忠诚烈士的功德颂章;既有孝子贤孙的颂祖神碑,又有村妇烈女的贞节碑记。它缩写了整个社会意识形态的道德观念,形成了中华民族灿烂文化的一章,是研究中国古代政治、经济、历史、文化、艺术、书法、信仰、民俗的极宝贵的的第一手资料,具有极其重要的历史价值和艺术价值。

【案例 11-1】 西安碑林

西安碑林是中国最大的古代石刻集中地,现有碑碣共计2300多通(方)。荟萃各代名家手笔,有唐代欧阳询、虞世南、褚遂良、李阳冰、颜真卿、柳公权、张旭、怀素、智永、李隆基、史维则等人的手笔刻石,又有宋元明清的米芾、蔡京、赵吉、苏轼、赵孟頫、董其昌、林则徐等名家墨迹。碑头、碑侧、碑座上浮雕、线雕、减地雕的各种花纹,成为美术工作者借鉴的蓝本。碑文内容保存了各种史料,实是一座大型的石质书库。

西安碑刻书法艺术包括篆、隶、草、真、行各种书体。篆书有秦代李斯书《峄山刻石》(宋代郑文宝摹刻),唐代李阳冰书《三坟记碑》、《栖先茔记碑》,尹元凯书《美原神泉诗序碑》,宋代梦英书《篆书目录偏旁字源碑》等。隶书有汉代《仓颉庙碑》、《仙人唐公房碑》、《曹全碑》、《熹平石经·周易残石》，史维则书《大智禅师碑》、韩择木书《告华岳文》、唐玄宗书《石台孝经》等。草书有隋代智永、唐代张旭、怀素等写的《千字文碑》等。真书碑石以北魏和隋唐最多，唐代著名书法家的作品有欧阳询书《皇甫诞碑》，欧阳通书《道因法师碑》，虞世南书《孔子庙堂碑》（宋代翻刻），褚遂良书《同州圣教序碑》，颜真卿书《多宝塔碑》、《臧怀恪碑》、《郭氏家庙碑》、《颜勤礼碑》、《颜氏家庙碑》，柳公权书《玄秘塔碑》等。宋徽宗（赵佶）写的《大观圣作之碑》，字体纤细秀劲，俗称"瘦金体"。行书的代表作有唐代和尚怀仁集晋王羲之字刻的《大唐三藏圣教序碑》和僧大雅集王羲之字刻的《兴福寺残碑》及元代赵孟頫书《游天冠山诗碑》、明代董其昌、清代康熙皇帝、刘石庵、林则徐的书法作品都刻碑藏于其中。

（案例来源：浙江旅游信息港：八大碑林，http://www.zhejiangok.com/）

第二节　绘画艺术审美

在旅游活动中，我们经常会接触到画。游客在餐厅用餐、旅馆饭店入住、车站候车、景点游览、旅游购物时，都会看到中国画或者西洋画作为常见的装饰艺术而被广泛应用。而在游览一些名胜古迹、博物馆时，绘画艺术甚至是主要的观赏对象。例如，敦煌壁画以及故宫博物院的大量藏画，巴黎卢浮宫的珍藏，都作为绘画艺术的代表而享誉世界，令世人为之倾倒，对旅游者有极大的吸引力。因此，本节将介绍绘画艺术的审美。

一、中国画审美

中国绘画艺术历史悠久，在其独立自存的文化系统中，按照自身的发展逻辑不断向前推进。但是，中国画这一概念却不是自古就有的。到20世纪初，由于西方强势文化的强烈冲击，中国传统文化处于守势，一些学者和艺术家出于保存中国国粹的目的,才提出"国学"、"国文"、"国乐"、"国剧"、"国画"等,以区别于西洋文化。可见,"中国画"这一概念从产生起就是与"西洋画"相对而言的。但是"中国画"却是一个多维的、立体的概念。在时间上和空间上有着广泛的外延和内涵。

(一)中国画的概念

在"中国画"这一概念的界定上,学者和艺术家们一直存在争议。把中国画作为某个画种概念,主要是将中国画等同于传统水墨画或文人画;把中国画作为一个属性概念,它不仅包括中国传统绘画,而且还包括中国人画的油画、版画、水彩画等。本书中所提到的"中国画"这一概念主要是对中国传统绘画的统称,它包括中国传统的宫廷院画、文人画、作家画等。

(二)中国画的发展沿革

中国画在其发展过程中经历了三种不同的形态。①

1. 古典形态

中国画的古典形态是指中国绘画传统的物质形式(主要指传统的笔墨语言)充分地表现了整个古代人的意识和精神内容,即感性的物质形式与理性的精神内容达到了高度统一的整个古典和谐型绘画艺术。具体地说,在内容上表现为人与自然、感性与理性、再现与表现、意与境、形与神的朴素统一,在画面形式上表现为画、诗、书、印的高度和谐。如新石器时代的彩陶绘画、三国两晋南北朝时期的定孜画、隋唐时期的人物画、宋朝的画院画、明清时期的写意画等。

2. 近代形态

中国画的近代形态是指 20 世纪以来,将西方绘画观念、艺术手法融入到中国传统绘画材料和表现形式中去,或者将中国传统绘画中的一些有意味的符号从程式化的现象中抽离出来,诸如现代意识,用传统的笔墨语言来表现现代人的意识和生活。这种绘画艺术在感性的物质形式与理性的精神内容上尚未达到和谐统一。

清末民初以上海为中心形成了一种画风,被称为"海派",在"扬州

---

① 彭修银,《中国绘画艺术论》,山西教育出版社,2001年。

画派"基础上又有了新发展。近代的任伯年、虚谷、吴昌硕都是一代大家。与他们一脉相承的齐白石,绘画中不仅具有"抽象美"的"笔墨"因素,又具有一定的现代性,做到了"雅俗共赏"。当代的徐悲鸿、张大千、潘天寿、李可染、傅抱石、吴冠中等,或借鉴西方绘画因素开国画之新风貌,或纵贯古今集百家之长自成宗派,都是享有世界声誉的近代国画大师。

3. 现代形态

中国画的辩证和谐的现代形态还在孕育之中。虽然当代艺术家们为中国画的现代转型进行了艰苦的探索,并已露出某些"现代的曙光",但现代形态的中国画还没有形成。它需要对传统的中国绘画语言形态和结构进行重建和再造,使之具有现代性和未来性,使感性和精神内容在更高的基础上达到和谐统一。

(三) 中国画的种类

中国画内容多样,体系庞杂,按照不同的标准有多种分类法。

1. 按创作思想和审美情趣分

可以将中国画分为文人画、宫廷院画和民间画。文人画是中国画的主流,它重精神,不重形式,体现野逸之美。宫廷院画通常由宫廷专职画家制作,风格工致多讲究法度、注重形式,体现富贵之美。民间画是劳动人民自己创作并用以表现自己审美思想的绘画,拙朴自然,乡土气息浓郁,体现生活之美。

2. 按照创作题材即表现对象分

可以将中国画分为山水画、人物画、花鸟画、动物画。其中山水画以意境深远、淋漓尽致地描绘大自然之美而居中国画之首;人物画多用于政治、宗教、肖像等题材,由于"宣教"意味较浓而居其次;花鸟画善于以小见大,表现自然情趣;动物画更次之。

3. 按表现手法分

将中国画分为工笔画、写意画、半工写(兼工带写)等。工笔画以工致的线条勾定轮廓,然后染成重彩或淡彩,用笔工整细致,敷色层层渲染,细节明澈入微,其中不染色的叫白描;写意画是中国画的主流,通过简练概括的笔墨,着重描绘物象的意态神韵,来表达作者的意境。写意又分水墨写意、浅绛、重彩、泼墨、泼彩等,特别放纵的称大写意,不太放纵的称小写意。介于工笔和写意之间者叫做半工半写。

4. 按绘画材料分

可分为帛画、纸画、屏障画、扇面画、特殊工艺画等。传统意义上的中国画多是帛画或纸画,但特殊工艺画如铁画、贝壳画、烙画,还有近年兴起的羽毛画、蛋壳画、蝴蝶画、麦秸画等,虽然不是中国画的主流,但由于工艺装饰性强,在中国工艺美术中也占有一定地位。

5. 按特定用途分

可以分为寺观壁画、卷轴画和年画。寺观壁画主要在宗教寺院中使用,即在墙壁上所作之画,现存的有寺观壁画、石窟壁画、墓室壁画等;卷轴画则比较常见,源于早期的帛画,纸产生后才盛行,它泛指用纸、绢画成后,经装裱而成的中国画,在宫廷、寺院、民间等均大量使用,是主流形式;年画则是民间装饰环境的,最著名的有苏州桃花坞木版年画、天津杨柳青木版年画、山东潍坊年画等。

(四)中国画的美学特征

中国画是华夏文化沁润下的一朵奇葩,在漫长的发展过程中逐渐形成了独有的审美趣味和程式,屹立于世界美术之林。作为东方文化的杰出代表,中国画的影响远及朝鲜、日本和东南亚。由于地域和文化的差异,长期以来西方人对于中国画知之甚少;但是,随着我国对外开放的深入和发展,越来越多的西方人对中国画产生了浓厚兴趣。与西洋画或其他许多民族的绘画相比,中国画有着截然不同的美学特征。

1. 意境

在中国绘画理论中,把作者思想情感的表现叫做"意",把画面形象叫做"境",二者的有机结合便形成意境。对意境的理解是中国画创作与欣赏的基础,特别是在文人画中,意境往往是评判画品高低的关键。

【案例11-2】 中国画的意境

关于中国画的意境,著名美学家宗白华有这样一段精辟的论述:"中国绘画里所表现的最深心灵究竟是什么?答曰,他既不是以世界为有限的圆满的现实而崇拜摹仿,也不是向无尽的世界作无尽的追求,烦闷苦恼、彷徨不安。它所表现的精神是一种'深沉静默地与这无限的自然、无限的太空浑然融化,合体为一'。它所启示的境界是静的,因为顺着自然法则运行的宇宙是虽动而静的。它所描写的对象,山川、人物、花鸟、虫鱼,都充满着生命的动——气韵生动。但自然是顺应法则的(老庄所谓道),画家是默契自然的,所以画幅中潜存着一层深深的静寂。就是尺幅里的花鸟、虫鱼,也都像是沉落遗忘在宇宙悠渺的太空中,意境旷渺幽深。至于山水画如倪云林的一丘一壑,简之又简,譬如为道,损之又损,所得着的是一片空明中金刚不灭的精萃。它表现着无限的静寂,也同时表现着自然最深最后的结构。"

(案例来源:宗白华,《美术与意境》,人民出版社,1987年版)

具体可以从以下方面进行剖析:

(1)比兴

人们把派生于社会生活的主观审美精神活动,投射(移情)到自然现象之上,产生了"自然美"的审美欣赏活动,在绘画中就体现为"比兴"的手法。"比兴"美学原则的最根本点在于,虽然描摹的是"物",但其中表述的审美内容却并非自然"物"本身而在于"人",即所谓"借物咏情"或者"以物喻人"。

(2)诗中有画,画中有诗

诗与画原本是两种不同的艺术形式,诗是存于时间的形式,画是存于空间的形式,诗是听觉的艺术,画是视觉的艺术。在东西方古典艺术中,二者常常和谐地结合,是一种感觉"挪移"现象。而中国画特别是文人画,常常是诗画相结合,具有"以诗为魂"的美学特征,把诗作为画的题材,把画作为诗的背景。作为文人画始祖的王维,本身既是大诗人又是大画家,他的作品被誉为"诗中有画"、"画中有诗"。而历代名画当中有许多作品直接是以诗入画,或写古人诗意,或以诗为跋,诗为画注解,画为诗点题,相得益彰。

(3)书中有画,画中有书

早在元代赵孟頫就认为"书画本来同",后来潘天寿更提出了"书中有画,画中有书"的观点。中国画特别是文人画,不是描,不是画,而是写。绘画中运用的笔法和书法相通,书法的笔墨变奏、骨力、风神、气势、韵律、刚柔、起伏、缓急、张弛,构成了中国画的意态美、动态美和含蓄美,使绘画获得笔墨之外的形象和意境,达到画以外的灵动和气韵。

(4)以形写神,得意忘形

中国绘画在形与神的关系上经历了"以形写神"、"以形写形"、"写意传神"三个发展阶段,三种表现形态。"以形写神"最早由东晋人物画家顾恺之提出,强调线是表现人物形和神的载体,准确的形和美的线条能使人物神气溢出。顾恺之的传神理论成了中国人物画的最高审美原则。"以形写形"强调绘画对象的形似,最初表现在山水画的审美中,而在宋代的院体花鸟画中得到了完美的体现。"写意传神"强调笔墨简练,重在取神,不求形似。苏轼曾说"论画以形似,见与儿童邻",主张绘画应当表现物象的精神实质,"得意忘形"。这也成为中国画的最高美学原则和审美理想。

(5)简约空灵

中国画美学传统中有空灵、简约之美,空是虚,是无,是静穆;而灵则是实,是有,是灵气。简约是说寥寥数笔而意趣盎然,即以极其简化的线条传达极其丰富的意蕴,从而使人想象于无穷。这是因为中国古代天人合一的哲学思想强调人和自然的亲和、协调,强调人对自然的顺应。中国古代文人画家深受儒、释、道三教的熏陶,具有澹泊旷达的胸襟,超然物外的人生观和宇宙观,他们的绘画观是自我与自然两相浑忘。因此中国的抽象写意绘画体现为人与自然的和谐。

2.格调

中国画的笔墨技法规律称为"格",由技法的运用所形成的情趣韵致叫做"调",意境统率格调,格调表现意境。

(1)用笔——书画同源,以线造型

用笔是中国画最基本和最重要的技法,造型、构图、用墨、设色都用笔完成。中国画用笔与西洋画用笔最本质的不同在于绘画认识论的渊源不同,中国画植根于诗词和书法,追求的是意境,西洋画植根于建筑和雕塑,追求的是空间感和立体感。

(2)用墨——水墨为上,墨分五色

笔墨是中国画独有的特征,也是中国画的精髓和魅力之所在。传统中国画的基本工具是笔墨和纸绢。中国画中的"笔墨"是用含有水、墨汁、颜料的中国毛笔以中国书法的基本方法在宣纸、绢之上所画的点、线、面笔触与笔触组合。水、墨、色的相互渗透，有浓淡枯湿，能产生丰富无穷的变化，具有一种氤氲空灵的神韵。所以说，中国画之美不仅在于笔，更在于墨。画画时主张以墨为主，以色为辅，用笔时线条几乎都是墨线，色彩只起到辅助作用，可以毫不夸张的说，中国画去掉色彩画面照样十分完整，而去掉墨线，便不成其为画了。画中景物因时间早晚、季节变化色彩会发生变化，这时同样以墨来区分和表示，即最浓曰焦，次曰浓，次曰重、淡、清，这就是所谓的墨分五色。

（3）设色——随类赋彩，色不碍墨

中国画和西洋画不一样，西洋画重视固有色、环境色、光源色三者之间的关系，要求逼真，中国画则重视"随类赋彩"，要求"以墨为主，以色为辅。色之不可夺墨，犹宾之不可夺主也"，即大致与固有色相类似即可，目的不在于追求色彩的逼真，而是取意、取气，因此很多时候在中国画的境界里，"色即是墨，墨即是色"。如苏东坡喜欢画朱色竹子，在于立意，墨竹清雅也在于立意，反而绿色太拘泥显示，立意就低了。

3.章法

章法，即构图，或经营位置。强调虚实相生，置陈布势。在中国画中，不论山水、人物、花鸟都十分讲究取景与构图，取法自然，绝不对称，与西洋画有着迥异的要求。

（1）取势

中国画讲求取势，对象物的高低、疏密、横竖、曲直、深浅等章法布局，无不是苦心经营的结果。在中国画几千年的发展过程中，逐渐形成了一些独特的取势程式：

"三远"法：北宋画家郭熙在《林泉高致集》中关于山水画的构图有这样的论述："山有三远，自山下而仰山巅谓之高远，自山前而望山后谓之深远，自近山而望远山谓之平远。高远之色清明，深远之色重晦，平远之色有明有晦。高远之势突兀，深远之意重叠，平远之意冲融而缥缥缈缈。"这里明确提出了仰视、俯视、平视三种构图方法。另外，在中国画中还有远山无形，远水无波，远人无目之说。

"以大观小"与"以小见大"法：中国画中的山水画多采用俯视画法，

人仿佛置身极高处,如观假山一般,再大的山水也能尽收眼底。反之,在花鸟画中却处处体现"以小见大",一花一木,一虫一鱼,无不反映了大自然活泼泼的生趣,而且常常能"一叶而知秋",通过典型的景物反映出四季的变化。

散点透视法:中国画一般不讲焦点透视,而是采用散点透视,主张"游移透视"。中国画家不像西洋画家那样站在某一位置不动,只画眼下所见的对象,而是不受时间和空间的限制,把各种景象融汇于尺幅画面之中。如五代顾闳中的《韩熙载夜宴图》、北宋王希孟的《千里江山图》、张择端的《清明上河图》、傅抱石同关山月合作的《江山如此多娇》等都是散点透视的杰作,这在传统西洋画中是不可能达到的。从艺术上说,这些作品甚至高于20世纪的纪录片和空中摄影的水平。

(2)虚实

在中国画中强调虚实相生、以简胜繁,达到虚与实的高度和谐与对立统一。例如,焦墨的"飞白"效果往往被用来表现梅枝的遒劲干枯、或是山石的峻峭挺拔;淡墨的层层晕染可以表现山色空濛、或是水色迷离。最独特的当数中国画中的空白,它可以是天、是水、是云、是雾、是黄沙、是白雪、是大地,任你去想象。"计白当黑"、"无中生有",传统中国画从来不会把画面填塞得密不透风,而是千方百计留出想象的空间,以白代替画中其他部分,不用用墨画出,更胜一筹,这正是东方艺术含蓄美和朦胧美的至高境界。如齐白石画虾,用墨的是虾,布白处就是水了。

(3)无法而法,乃为至法

即学会了前人的方法以后,形成自己的方法,自己的方法似乎无法——不因袭任何前人,但又处处符合审美的最高原则,这就是最高的法,也就是最高的章法布局。

4.气韵

"气"本是中国古代哲学中的概念,指构成万物的基本元素。气体现了中国古代天人合一的哲学思想,体现了阴阳对立统一、动静、虚实、隐显、清浊、聚散的审美逻辑结构。"韵"本是指音乐的律动。如果说"气"决定事物的存在,那么"韵"则决定事物的雅与俗、高与低、美与丑。也有人认为,"气"即"神","气韵"也可分解为"神气"、"神韵","气"表现为作品中的壮气、骨气,为阳刚之美;"韵"表现为作品中的雅韵、清韵,为阴柔之美。

(1)六法

南齐时谢赫就在《古画品录》中提出了中国画的"六法":一曰气韵,即生动;二曰骨法,即用笔;三曰应物,即象形;四曰随类,即赋色;五曰经营,即位置;六曰传移,即模写。而气韵是六法之首。最开始"气韵"是针对人物画创作与鉴赏提出的,后来发展到山水、花鸟等一切中国画。但在中国画发展不同的阶段中各有侧重。例如,唐代气韵为客观对象的精神,宋代气韵为画家之性灵、人品,明清气韵为画家的个性。

在气韵与笔墨的关系上,"气"主要是心随笔运取象,"韵"主要是获得高雅韵致,气韵生于笔墨,因此也称"笔气"、"墨韵"。清代的恽寿平有"气韵藏于笔墨,笔墨都成气韵"之说,可见二者是相辅相成的。如果画家有先天禀赋的气韵,又获得笔墨的奥秘,那么气韵和笔墨就能够达到统一,即气韵与笔墨合二为一。随着气韵与笔墨理论的发展,"韵"逐渐上升为画家追求的最高理想。特别是中国文人画追求文雅、淡泊、宁静、平和,所以以"韵"为主。

(2)四品

根据以上的美学特征,可以将中国画粗略地分为"四品",一曰逸品,就是无法而法,随心所欲而又处处符合规矩,无需苦心经营,而是天生而就,效果出乎意外,而且无法临摹复制;二曰神品,即精心刻画,得到了自然对象的精神本质,如画松的苍劲挺拔之气;三曰妙品,指笔墨技巧以及绘画的一切形式技巧的高度纯熟、炉火纯青;四曰能品,指描绘自然事物的形态栩栩如生。

5.诗书画印的结合

中国画中不可或缺的题跋和印章,更是直接的书法审美的体现,一幅好的中国画一定是诗书画印的统一体。在一些文人画中书法甚至占据了画面的绝大部分,书画已经融为一体,牢不可分,而画上的姓名章、引角章、押角章等,更起到画龙点睛的作用,在古画鉴赏中甚至是鉴定真伪的关键。诗书画印的统一大大丰富了中国画的内涵,在世界绘画艺术中是独一无二的。

6. 装裱艺术

中国画的装裱也是一门艺术,要力求高雅脱俗,与画面相协调。好的装裱能使画作锦上添花,反之就会影响画面的艺术效果。中国画装裱后用于装镜框者叫"镜片",小幅多件成套装裱而不装镜框者叫"册页"。带轴可以舒卷的叫"卷轴画",大幅用于张挂在正厅的叫"中堂",小幅随意张挂者叫"条山",横式张挂者叫"横幅",极长横幅以供展阅者叫"手卷",等等。卷轴画既便于卷而收藏,又便于展而张挂,携带非常方便。因此,一般意义上传统中国画都是卷轴画,博物馆、美术馆收藏的古代名画也大多是卷轴画。

二、西洋画审美

西洋画主要指欧美的绘画。西方画坛历来名家辈出,异彩纷呈,留下了许多传世佳作,有的已成为全人类共同的宝贵遗产。随着我国经济的发展,国民收入的提高,越来越多的人开始走出国门,到西方国家旅游,当他们畅游古老的城堡、壮丽的教堂、恢宏的博物馆和现代艺术中心时,常常会面对大量杰出的西洋画作品而不知该如何欣赏,从而影响到了旅游体验的质量。因此,旅游者和旅游工作者有必要了解一些西洋画审美的基本知识。

(一)西洋画的历史沿革

1. 原始时期

早在原始时期欧洲就产生了生动写实的绘画艺术。20世纪在法国和西班牙等地的原始洞窟中发现了多处原始壁画,这些两万年前的旧石器时代的壁画所描绘的大量野牛、马等动物形象,其高超的写实程度足以令现代人惊叹。而同样在欧洲各地发现的新石器时代的岩画,则具有了更多抽象符号意味。由此可见,与中国美术基本上走的以抒发主观意念为主的写意性道路不同,西方绘画艺术一开始便注重形体的真实表现,走的是以描摹自然,表现客观物象为主的写实性道路。

2. 古典时期

留存至今的古埃及壁画、古希腊瓶画、古罗马壁画表现了大量的神话题材和日常生活题材,古朴自然,极具审美价值,是当时社会经济高度发达、文化极度繁荣的缩影。

3. 中世纪

西方中世纪的绘画以宗教题材为主。从 4 世纪到 15 世纪,以君士坦丁堡为中心的拜占廷绘画占据了西洋画的统治地位,这种绘画形式为宗教和王权服务,是拜占廷帝国(东罗马帝国)和基督教会政教合一的产物。在形式上主要以宗教的镶嵌画、插图、壁画为主,人物威严庄重。

4. 文艺复兴时期

14 世纪兴起于意大利的文艺复兴运动,翻开了西方绘画史上最辉煌灿烂的一页。被誉为文艺复兴三巨匠的达·芬奇的《蒙娜丽莎》和《最后的晚餐》、米开朗基罗的《创世纪》和《末日审判》、拉斐尔的《西斯廷圣母》等,体现了文艺复兴绘画的最高成就。提香是集文艺复兴绘画优秀成果之大成的画家,为后世留下了《圣母升天》等不朽杰作。

继意大利之后,欧洲各国相继兴起了文艺复兴运动,在绘画艺术领域出现了众多的名家、画派。如尼德兰文艺复兴绘画(以勃吕盖尔为代表)、德国文艺复兴绘画(以丢勒、荷尔拜因为代表)、西班牙文艺复兴绘画(以委拉斯开兹为代表)。16 世纪至 18 世纪相继出现的风格主义、巴洛克艺术、罗可可艺术、古典主义等,在绘画表现内容上不再局限于宗教题材和上流社会,表现下层社会现实生活的肖像画、风俗画和歌颂大自然美景的风景画也成为常见的题材,这以伦勃朗为代表的荷兰画派最为突出。

5. 近代绘画

19 世纪的欧洲画坛异彩纷呈,如产生于法国的浪漫主义画派(以籍里柯为代表)、枫丹白露派(以卢梭、米勒为代表)、印象画派(以莫奈、雷诺阿为代表)、后印象画派(以塞尚、凡·高、高更为代表)、象征主义画派、俄罗斯的巡回展览画派(以列宾、列维坦为代表)。这一时期的西方主流绘画已经出现由写实到抽象的转变,从对自然的忠实描摹逐渐过渡到表达个人的主观感受。

6. 现代绘画

19 世纪末到 20 世纪,现代派绘画在欧美广为流行,包括野兽派

(以马蒂斯为代表)、立体派(以毕加索为代表)、未来派(以波丘尼为代表)、表现主义(以蒙克为代表)、达达派(以杜桑为代表)、超现实主义(以阿尔普、达利为代表)、抽象主义(以波洛克为代表)、波普派(以罗伯特·劳森伯格为代表)、照相现实主义(以克洛斯、汉森等为代表)等流派。最初现代派在反抗现实制度方面起过积极作用,但后来一味标新立异、追求时髦,其中许多流派多表现梦呓、混乱以及怪诞、荒谬的形象,表达痛苦、恐惧、虚无等主观感受。

(二)西洋画的种类

西洋画形式多种多样,其分类方法也有多种。从绘画题材上看可以分为人物画、风景画、静物画;从绘画工具和技法上看,西洋画包括湿壁画、蛋胶画、油画、水彩画、水粉画、版画、色粉笔画、炭笔画等形式。欧洲传统绘画以壁画为多,且多是用湿画法完成,称为"湿壁画",文艺复兴之初多为蛋清加胶水做调和剂,称为"蛋胶画"。到15世纪尼德兰画家凡·奈克对绘画颜料加以了改进,开创了西方绘画的新时代——油画时代。此后油画逐渐成为西洋画的主要画种。其作画方式是用油质颜料在加工过的布、厚纸、木板和墙壁上进行描绘。

(三)西洋画的美学特征

1. 构图与造型

西洋画在构图上遵循视点原则,凡在视觉范围内的事物都在构图之内,画面上一般不留空白。和中国画以线为基础不同,西洋画在造型上以块面为基础,十分强调描绘对象的比例结构。例如在西洋画中,人体美通常被作为美的最高形式,早在古希腊、古罗马时期已经形成人体美术的高峰;文艺复兴时期的人体绘画更是遵循严谨的写实作风,艺术家们在解剖学基础上对人体骨骼、肌肉的组织和运动规律进行了深入研究,在现实的基础上创造了理想的人体美的典范。

2. 空间与透视

在平面画幅上根据一定原理,用线条来显示物体的空间位置、轮廓和投影的科学称为透视学。在西洋绘画中,非常讲究根据几何透视的原理,描绘出物体之间的远近、层次、穿插等关系,使之在平面的绘画上传达出有深度的立体的空间感觉。

3. 质感与量感

西洋画注重通过不同的表现手法,在作品中表现出各种物体所具有的特质,如丝绸、肌肤、山石等的轻重、软硬、糙滑等各种不同的特质,似乎伸手就可以触摸,给人以真实感和美感。

4. 明暗与色彩

西洋画强调画中物体受光、背光和反光部分的明暗度变化,并通过各种方法来表现这种变化。物体在光线照射下一般会显现为五个基本层次:亮面(直接受光部分)、灰面(中间部分)、明暗交界线(亮部与暗部转折交界的部分)、暗面(背光部分)、反光(暗面受周围反光的影响而产生的暗中透亮的部分)。在色彩方面,西洋画的用色复杂多样、调和细致,并注重物体上光与色之间的变化关系。特别是油画颜料的改良,使得西洋画在色彩方面丰富的表现力是其他绘画形式望尘莫及的。

5. 主题与寓意

西洋画中的人物画往往以神话故事、宗教故事为题材,因此在欣赏时要了解有关的文史背景知识。例如古希腊绘画反映对自然力和对神的崇拜,追求艺术的美;古罗马绘画带有很强的写实和叙事性特征,追求现实的真;文艺复兴时期的绘画作品具有反对宗教神权和禁欲主义、反映现实生活、赞颂自然美的思想意义,追求科学的真。西方现代派绘画作品更是充斥着各种晦涩的象征符号、抽象寓意、肢解和组合、精神分析、逻辑与反逻辑等,有的甚至是对人们视觉的挑战,常常使人们理解起来十分困难。这就更需要具备相应的人文知识。

三、世界名画赏析

(一)《女史箴图》

《女史箴图》一直是历代宫廷收藏的珍品,后人也有临摹。现在世界上只剩两幅,其一为北京故宫收藏,据专家认定为南宋摹本,艺术性较差;另一幅原为清宫旧物,深得乾隆皇帝的喜爱,藏在圆明园中。1860年,英法联军入侵北京,英军从圆明园盗出携往国外。1903年入藏大英博物馆至今,成为该馆最重要的东方文物。《女史箴图》被认为是尚能见到的我国最早专业画家的作品之一,在中国美术史上具有里程碑式的意义。

大英博物馆所藏《女史箴图》高24.8厘米,长348.2厘米,横卷。原有12段,因年代久远,现仅存9段。"女史"是女官名,后来成为对知识妇女的尊称;"箴"是劝戒的意思。西晋惠帝司马衷统治时期,国家大权为其皇后贾氏独揽,其人荒淫放肆。朝中大臣张华便收集了历史上各代先贤圣女的事迹写成了九段《女史箴》,以为劝诫和警示,当时流传甚广。画家就根据文章的内容分段为画,每段有箴文(除第一段外),各段画面形象地揭示了箴文的含义,故称《女史箴图》。女史们身着下摆宽大的衣裙,修长婀娜;每款衣裙配之以形态各异、颜色艳丽的飘带,飘飘欲仙,雍容华贵。在整个人物构图上,均以细线勾勒,线条循环婉转,线条像春蚕吐丝一般连绵缠绕,均匀优美而有节奏。只在头发、裙边或飘带等处敷染以浓色,微加点缀,不求晕饰,整个画面典雅宁静又不失亮丽活泼,其卓越高妙的绘画技法令人赞叹。

因为画末题有"顾恺之画"四字,《女史箴图》一直相传为东晋画家顾恺之的作品。顾恺之(约345～406年)是东晋无锡人,出身望族,官至散骑常侍。博学多才,尤其擅长人物画,提出了"以形写神"、"迁想妙得"等中国画史上的经典理论,在绘画理论和技法上都为中国画的发展作出了突出贡献。但近年来一些专家对此图的作者有了新的看法。原故宫博物院副院长、我国著名书画鉴定家杨新经过大量研究作出了大胆推断,认为《女史箴图》是后人摹本,但其原画作者并不是顾恺之,其产生时间应该在凉朝之后的南北朝时期。[①]

(二)《溪山行旅图》

《溪山行旅图》是北宋时期著名画家范宽的作品,范宽字中立,山水初学荆浩、关仝,曾深入自然山川,长期居留于太华、终南诸山中,观察体验云烟惨淡、风月阴霁、不同自然气候下山水的形态变化,开创了山水画的新局面。他的画常以雄壮陡起的巨峰为主景,风格雄阔壮美,深厚峻拔,被誉为"得山之骨","与山传神"。

《溪山行旅图》采用顶天立地的全景式章法构图,画面上一座大山

---

① 参阅 http://www.ha.xinhua.org

迎面矗立,气势雄峻逼人。峰巅林茂叶密,山崖陡峭浑厚,山间飞瀑如练,山下薄雾空濛,使高山遥遥有可望不可及的纵深感。近景有溪水自山冈间盘桓泻出,若闻潺潺流动之声。崎岖的山道上,一队驮马行旅经过,行色匆匆,行旅吆喝之声回荡于空旷幽静的山谷。范宽以老硬的笔触、密集的短笔皴法、雄杰恢宏而严谨的构图,刻画了秦陇山岳大气磅礴的真实景象,并巧妙利用细节产生画外的音响效果,使观者如闻其声,如临其境,令人惊叹而神往不已。[①]

(三)《最后的晚餐》

莱奥纳多·达·芬奇(1452~1519)的名作。达·芬奇出生于意大利佛罗伦萨,是一个富有探索精神和创造智慧的通才,在艺术、数学、机械工程、医学、地质学以及物理学的各个方面具有极高的造诣。《最后的晚餐》是达·芬奇为圣马利亚·德莱·格拉齐埃修道院食堂所作的壁画。他以无与伦比的方式创造了众门徒听到耶稣宣布有人出卖他的消息时的震惊情形。这件文艺复兴鼎盛时期的经典之作采取了严格的几何形构图,耶稣的头部处于画面的几何中心,透视线从他的面部向四周辐射,与以前的宗教画中耶稣单独坐在餐桌一侧不同,这幅画中十二个门徒与耶稣坐在餐桌的同一侧,面向观众,门徒们三人一组,每一组都有一个人用手指向耶稣,在无比均衡中又突出强调了画面的中心。这种崭新的构图方式充分展现了作者的创造智慧。其中最精彩的是对人物心理性格变化的突破性研究、掌握和表现。听到有人出卖耶稣的消息后,十二个门徒有的惊讶,有的恐惧,有的愤怒,有的悲伤,只有犹大一人下意识地用手捂住胸口的钱袋,那里放着他出卖耶稣获得的三十枚银币。整幅画在透视法、明暗对比运用、色彩晕涂方面都展现了高超的技巧,体现了艺术与科学、理性与感性的完美统一。[②]

(四)《向日葵》

文森特·凡·高(1853~1890)的名作。凡·高生于荷兰,是19世

[①] 陈聿东、崔延子编著:《中国美术通识》,河南人民出版社,2003年8月版,第41页。
[②] 洪洋编著:《欧洲文艺复兴造型艺术》,河北教育出版社,2003年12月版,第71~72页。

纪浪漫主义向20世纪表现主义转折时期的画家。凡·高在色彩上有着极为敏感的知觉能力,这在《向日葵》中得到了最好的体现。一簇花瓶中的向日葵,色彩鲜艳夺目,向外放出剃刀般锋利逼人的活力。画家用一种极难掌握的颜色——黄色来表现它,表达了一种对充满希望和阳光世界的美好向往。凡·高形容说:"太阳、光线由于没有恰当的字眼,我只好称它们为淡黄色加黄色、淡柠檬色、金色。黄色多美啊!它是伟大的阳光效果的重量。"当这幅作品完成时,这样一个世界却正慢慢但毫不留情地从绝望的挣扎的画家身边消失,躁动不安几近狂乱的画面正反映了凡·高在接近悲剧的一生终点时的思维状态。作为一个热爱大自然并能从简单的事物中看到大自然纯净美的艺术家,凡·高宁肯画从窗子里看到的东西,也不愿画想象中的东西。他的色彩的自由运用,只用视觉手段就能打动感情,是他对现代艺术的最大贡献。有人这样评价他:他改变了美术史,他把现代主义色彩的和谐开辟得更广阔,把怜悯、恐惧和形式的探索、形式的乐趣都容纳进来,将净化的激情放到一瓶向日葵中。[①]

第三节 雕塑艺术审美

雕塑是以耐磨性和可塑性较强的物质材料塑造占有三度空间,静态和瞬间地再现客观物体形象的一种造型艺术形式。[②] 它是雕、刻、塑三种制作方法的总称,故称为雕塑。它通过概括地塑造形象、有立体感的空间形式来反映现实。由于它占有三度(长、宽、高)空间,因此亦名"空间艺术",也有称之为"视觉艺术"或"触觉艺术"的。

[①] 隋丞编著:《走进经典 西方现代艺术欣赏》,辽宁美术出版社,1998年8月版,第3页。

[②] 王强、李维世、宋焕起:《造型艺术鉴赏》,首都师范大学出版社,1999年9月版,第188页。

一、雕塑艺术的一般形式

雕塑作为一种造型艺术，它使用的是体积语言，即占有一定空间的物质实体作为艺术形态来表现艺术家的审美感受和审美理想，正因为它是实实在在的，是存在于一定空间环境中的物质，因此具有极强烈的艺术感染力，这是雕塑艺术的特点，也是它的优越性。雕塑具有多种形式，按照不同的标准可划分为不同的形式。

（一）圆雕和浮雕

圆雕和浮雕是根据造型来划分的两种雕塑形式。

1. 圆雕

圆雕是最常见的一种雕塑作品，它独立地、实在地存在于一定空间环境中，不附着在任何背景上的雕塑作品，观众可以从四面八方每一个角度去观赏它，获得丰富的感受，以形成艺术形象的整体感。米洛的阿芙洛底德（断臂的维纳斯）、罗丹的思想者、米雍的执铁饼者，秦始皇陵的兵马俑等都属于圆雕。

2. 浮雕

浮雕是指在平面上雕出或深或浅的凸起的图象，这种类型的雕塑更适合于表现有情节性的群众场面，常用在大型建筑物的重要部位。如天安门广场上的人民英雄纪念碑碑身下的汉白玉雕刻，反映的是我国新民主主义革命时期重大的历史事件。从浮雕体积（厚度）压缩的程度、形体凹凸的高低厚薄程度不同，又可将浮雕分为高浮雕和浅浮雕（也称低浮雕、薄浮雕）。压缩后形体凹凸在圆雕 1/2 以上的可称为高浮雕，如江苏昆山县保圣寺现存的半堂唐塑罗汉像；压缩后形体凹凸不足圆雕 1/2 的可称为浅浮雕，如唐代"昭陵六骏"。

3. 审美差异

圆雕与浮雕在形式特征上各不相同，其观赏方式和观赏效果也有较大区别。见表 11-1。

表 11-1　圆雕与浮雕的审美差异

	形式特征	观赏方式	观赏效果
圆雕	三维的完全立体形象	角度可以不断变化	完整性、生动性
浮雕	凹凸对比的半立体形象	固定角度和稳定的视域	静态性、纪念性

（二）雕与塑

雕塑艺术起源于人类对工具的打制加工，最早的雕塑艺术是融合在实用性的石器工具和泥塑陶器中的。按照制作方式和材料的不同，雕塑可分为雕刻（以金属、木、石作材料，如石雕、木雕、玉雕、骨雕等）和塑造（以粘土等作材料，主要是泥塑）两种。

雕塑艺术因而有其物质媒介。雕塑形象必须借助物质材料作为载体，依托物质实体的外观形状、形态才能给人以直观的视觉感受和直接的触觉感受。因物质材料具有真实、自然、实在的特征，因而使雕塑形象具有具体、生动、可感的特征。

常见的雕塑材料有大理石、青铜、木料等。大理石光滑、洁白，具有半透明和柔软的特性，用它来雕造女像会有优雅、高洁之感；青铜表面粗糙，颜色较暗，青铜雕塑使人产生强劲、有力、凝重、浑厚的感觉，中国古代的青铜器的审美价值很大程度上也在于此；古今中外的木雕也不少，特别在民间，大都是古拙、朴素的小型雕塑，加苏联雕塑家斯米尔诺夫的木雕，以深沉、凝重的情调反映了山区古老生活的风貌，具有浓厚的乡土气息。

在中国民间泥塑中，近百年来影响最大，成就最高的，在江南是"惠山泥人"，在北方是天津"泥人张"的作品。

现代雕塑中，由于空间意识、主题思想的表达更加复杂，雕塑所用的材料也正在拓宽，塑料、钢管等现代工业产品都可以成为雕塑的材料。

（三）功能性雕塑

按照雕塑的不同功能，我们可以将其划分为纪念雕塑、园林雕塑、建筑雕塑和环境雕塑等。

1. 纪念雕塑

为了纪念英雄人物和重大历史事件而建立的雕塑。中国古代雕塑常被用来作为政治统治的工具;总是体现特定的时代一定阶级的信仰、崇拜,或是为纪念某一历史人物和事件,纪念某种功绩和勋业的产物。如"昭陵六骏"是现存最有价值的纪念性雕塑之一,六骏是唐太宗历次作战时所乘的六匹骏马,在重大征战中起过作用,刻六骏作为纪念,实际上是赞美唐太宗功勋伟业。

由于雕塑的语言通俗易懂,材料能长期保存,因此,它不但具有相当大的艺术价值,而且对研究人类历史有着珍贵的资料价值。

2.建筑雕塑

附着在建筑物表面或衬托主体建筑的雕塑作品,如宫殿前的石狮子。建筑中的雕塑与建筑本身是对立统一、相得益彰的。没有雕塑装饰的建筑,往往是单调的,人身置其中也会产生疲倦、枯燥的感觉。如果能用雕塑来调剂,将会给人留下难以磨灭的印象。古罗马帝国时期的图拉真纪念柱与其上螺旋式上升的装饰浮雕、吕德的《马赛曲》与凯旋门都配合得极为协调,相映生辉。这说明建筑与雕塑可以互相补充,是互生的艺术形式。

3.环境雕塑

为了美化城市和环境形象而建立的雕塑作品,常出现于城市广场和公园内。不论在何种环境中,雕塑都置于一定的三度空间的环绕之中,都有一个如何与周围外在环境取得和谐统一的问题。一是形式上的和谐,即线条的纵、横、曲、直,构图的疏、密,以及体积、高度、面积等因素与周围环境的和谐;二是内容上的和谐,即雕塑的主题,它所表现的情绪,与周围环境的和谐。当人们处于这样和谐的氛围中,自然而然地产生美的感受。

二、雕塑艺术的美学特征

尽管雕塑的分类多种多样,雕塑艺术的类型也多种多样。但我们欣赏雕塑艺术时,不必拘泥于雕塑分类,而要从作品形态和形式特征上去把握各种雕塑类型的艺术神韵。

(一)总体特征

有比较,才有鉴别。我们拿雕塑艺术与其他艺术种类进行比较得出了雕塑的总体特征。

1. 立体造型

与绘画艺术相比,雕塑与绘画都属于空间造型艺术,但绘画是二度空间的平面造型艺术,雕塑则是三度空间的立体造型艺术,圆雕的这一特征尤其突出。人们可以从不同距离和角度来欣赏同一雕塑作品,获得不完全相同的、甚至可能是对立的形体感觉,获得多样化的审美享受和审美愉悦。雕塑的空间立体艺术的特征还表现在它还可以与其周围的环境相融合,利用自然背景、光源投射而更好地体现雕塑的内容和意义。

2. 静态再现

与音乐、舞蹈、戏剧等表演艺术相比,后者有一定的时间长度,属于时间艺术,可以叙述和表现事物的运动过程。而雕塑不适合于表现事物的运动过程,它是抓住表现对象的瞬间动作和表情来刻画、雕塑静态、凝固的艺术形象,其运动感只能借助人们的想象和联想从形象的动势中感觉出来。当然,由于浮雕基本是在平面中展开,可以刻画出背景、环境,可以采取连环画的形式表现相对连续的事件,如中国汉代画像石、画像砖等,但也是静态地再现事物的发生发展过程。

3. 人物形象

文学描写的是人的思想、经历、情感,雕塑也是如此。黑格尔说过,"雕塑也以人的形象作为它的主要类型"。尽管有的雕塑刻画动物,甚至是一、两件生活用具,但其中都有人格化的东西,或与人有密切的联系。

雕塑表现人的形象,从内容上说,它反映的是人的智慧、感情、生命和运动;从形式上说,表现的是人的外在肉体;从所运用的手法上来说,它反映了雕塑家个人的气质、个性、趣味等。但在刻画人的生活环境、人与人之间复杂的联系和某一运动状态的前后联系方面,文学是不受限制的,作家可以尽情地描写,而在雕塑则成为不适宜。

(二)中国雕塑的美学特征

中国雕塑艺术有它自己的发生与发展过程,如同其他国家雕塑艺术发展的历史一样,最早的雕塑也不是一个独立的艺术门类,而是附属于当时的实用工艺,如陶器、玉器、青铜器的制作,一直至秦汉时期,中国雕塑才作为一个独立的艺术门类大放异彩。汉代以及南北朝时期,佛教盛行,佛教雕塑占了重要地位,到了唐代,我国雕塑艺术更加成熟,不论陵墓雕刻、墓室俑像或是石窟寺庙造像,数量之多,质量之精都把中国雕塑艺术推向了高峰。明清以后则走向低潮,而现代雕塑艺术则更加多样化,并且中西界限越来越淡化,形成了你中有我,我中有你的格局。

概括起来,其美学特征主要包括这样几个方面:

1. 纪念性

这一特征在中国古代雕塑艺术中尤为突出。纵观中国古代雕塑艺术,不论是陶俑、陵墓雕刻还是佛教造像,都不是单纯为了观赏需要而创作的,要求言简意赅、启人深思,要求一眼就看到其意境。如汉武帝时期为纪念大将霍去病抗击匈奴的史实而设计的大型石雕群,以"马踏匈奴"最具代表性。

2. 象征性

如同民间艺术所常用的"托物言志"、"寓意于物"的象征手法一样,雕塑艺术也继承了这一美学风格和传统,因此雕塑艺术中会反复出现一些庄严威武、矫健英俊的动物,如石狮和石马,代表吉祥幸福的植物,具有特殊含义的抽象性现代雕塑等。其意义不仅仅是为了表现这些事物本身,而是以这些事物为依托,进而表现人的意念,烘托意境和气氛。让人产生联想,开拓思维,激发意志。

3. 装饰性

由于历史发展的原因,自然主义历来被中国绘画和雕刻大师们所鄙弃,他们总是无意于复制人物或动物的自然形态,不以如实模仿自然形态为满足。因此中国雕塑与西方雕塑相比,就多了一些装饰手法。刻意将生活实践中所形成的某种情感、趣味和审美理想寄托在创造性的形象中。例如为了表现狮子的作为动物凶猛的本能,又是中国古代宫殿、陵墓的神兽这一特征,中国古代雕刻师往往把狮子的外形加以装饰性处理,如扩大嘴巴、凸出眼睛、昂首、挺胸、张口,表现了既可怕又可爱的形象特征,这种视象特征是令人震惊的雄伟和沉着稳定的形式美。

这样的例子又如敦煌158窟的涅槃卧佛像,释迦牟尼佛祖以僧伽黎为枕,右侧身而卧,安静的死去,这是一个悲剧性的题材,但天才的雕塑家并没有过多渲染其死的恐怖,而是创造了一个丰腴端庄、聪慧慈蔼、安详入睡的形象,把死亡表现得如此富有美感,在世界雕塑艺术中是罕见的。

4. 假定性

前苏联戏剧家梅耶荷德曾经用一句很经典的话概括了艺术的本质特征所在,即"戏剧的本质正在于不同真的一样。"[①] 其实不仅戏剧,任何只要称得上艺术的作品,几乎都是运用假定性原则,达到表现与再现统一的艺术效果。雕塑艺术也是一样,观赏者完全可以从所观赏到的对象的固有特征中凭借联想和想象认识它,并赋予它一种更广阔、更深远的意义。中国古代的雕塑艺术高明之处也正在于和真的不一样。

5. 类型化

中国的造型艺术,包括雕塑,都具有凭记忆造型的特征,具体地说就是类型化,它往往不拘泥于对象的某一形体比例和性格的真实刻画,而是综合了同类型对象的基本特征(形体和性格),创造出具有共性美的艺术形象,使共性在鲜明的个性中得到体现。

(三)西方雕塑的美学特征

西方的雕塑作品,最早出现在欧洲的奥瑞纳—索留特文化期,原始的雕塑艺术以刻画裸体女性占绝对优势。尔后随着社会形态的改变和宗教观念的强化,象征性的成分逐渐增加,最后形成一种融写实与象征为一体的造型艺术。

中世纪(大约从公元5世纪到14世纪)由于基督教的决定性影响,雕塑艺术附丽于神圣的教堂,并在整体上呈现一种冰冷单调、缺少人间感情的倾向。17~18世纪的欧洲,在经历了文艺复兴的洗礼和宗教改革运动之后,大多数美术形式包括雕塑在内,在受控于教会和宫廷的前提下,带有审美功能和宣传作用的双重因素。欧洲近代雕塑在19世纪40年代出现现实主义美术运动后,表现题材进一步拓展,美术家们纷纷置身于生活的洪流,以客观性和典型性的手法,去歌颂生活的美,鞭挞生活的丑。20世纪的西方雕塑家们则纷纷从描摹自然外部形态的传

---

① 乔修业:《旅游美学》,南开大学出版社,1990年4月版,第128页。

统写实观念中解放出来,勇于求索、大胆创新。他们或自由驾驭各种金属材料,或广泛搜集生活中的现成品,或醉心于抽象结构,或致力于心理写实,这种多元化的创作趋向赋予了雕塑以全新的价值和意义。

1. 多样性

西方雕塑至今已有几千年的历史,各个国家和地区、各个民族、各个时代的作品极其丰富,题材内容广泛、形式、风格多种多样。

西方古代雕塑中颇具代表性的是古埃及、古希腊和古罗马雕塑,其特色就各不相同。古埃及将人视为神灵,在追求"永恒"之中始终遵循着千古不变的单一程式;古希腊则信奉"神人同形同性论",在追求"完美"的前提下强调了理想化倾向,具有诗意的风格;进入古罗马时期,由于以农业为主的生产方式,培养了罗马人冷静思考和求实的精神,因而形成了罗马人的实用性和纪念性的艺术观,具有写实的精神。

2. 公众性

西方雕塑的公众性是由西方城市化的生活方式决定的,这种生活方式既造就了市民阶级表现自己、向外炫耀和竞争的心理,同时也使雕塑艺术走出为逝者服务或自娱式的狭小空间,成为大众共同欣赏的艺术形式。古希腊盛行的体育比赛,凡获奖者均由雕塑家为其塑像,并将雕像安置于竞技场周围,以供公众瞻仰。米开朗基罗的《大卫》和罗丹的《加莱义民》,分别成为佛罗伦萨城和加莱城的骄傲与象征。这种具公众性质的大型纪念碑式雕像在中国古代雕塑史上则是十分罕见的。

3. 科学性

19世纪下半叶随着科学的高度发展,许多美术流派纷纷借助科学手段进行各项实验。印象派雕塑家梅达尔杜·罗索利用光学原理,选取某种特定的光源塑造作品中最生动的部分,而使其余部分成为模糊不清的形态。构成派雕刻家佩夫斯奈的作品始终依据科学计算,使构成与表现、科学与诗意浑然一体。活动艺术雕塑家考尔德运用电动机和空气制作活动雕刻,成为第一个对欧洲抽象美术作出独特贡献的美国艺术家。

4. 精神性

西方雕塑的表现题材内容基本上以人体为主,每个时代的雕塑家几乎都共同关注人体与精神的统一。如古希腊雕像就是通过人物整体,在单纯与静穆中显示出一种理想的美。雕塑家通过雕塑的艺术形象传达出自己的思想、感情、意志,而欣赏者也通过形象来领会雕塑家的意图,以达到双方最高层次的共鸣。

5. 和谐性

西方美学理论的中心问题是古希腊艺术的"模仿自然"与"形式和谐",即"和谐、秩序、比例、平衡"的形式美。其人体雕像在"理念"世界的支配下具有了自身的独立价值,它不是凭借自然景物的烘托,而是凭借光线与阴影的变幻以展现形体的空间实在性。光线的照射和明暗的变化是造成雕塑刻画力和表现力的手段。光线从哪个角度投射过来,雕像置于怎样的光影氛围中,才能取得满意的效果,这关系到它能否最终实现其应有的审美价值。

6. 单纯与静穆

德国 18 世纪艺术史家温克尔曼在考察了古代希腊、罗马的艺术之后,认为古人是从美的理想进行艺术创造的,这种美的理想也就是他所说的"高贵的单纯和静穆的伟大"。

雕塑应是单纯的,应是静穆的,并不意味着雕塑应是简单的,应是静止的。单纯与丰富性、完整性并不矛盾,而是对立统一的。看看那众多的运动员及维纳斯雕像,起伏的肤肌,略呈"S"状的动态,沉静的表情,端庄的容颜,无不让人感到单纯与静穆。但是,这种静穆不是绝对的静止,更不是生硬、僵死。它其实是宁静的表象,流动的生命。

三、著名雕塑艺术赏析

(一)马踏匈奴

"马踏匈奴"石雕像是西汉名将霍去病陵墓前的雕塑,霍去病的陵墓作为汉武帝茂陵的陪葬墓之一位于西安市东面,和十几座贵妃功臣墓一同簇拥着汉武帝的陵墓。霍去病曾以六战六捷的战绩打败了盘踞北方的匈奴军队,攘除了异族长期以来对中原的威胁和侵扰,建立了卓著的功勋。"马踏匈奴"雕塑作为一个象征性的战马形象,高约 2 米,庄重肃立,马足踏赤脚散发匈奴败将,象征汉代的胜利,是整个陵墓大型纪念雕刻群的点题之作，它概括着整个雕刻群的创作动机：纪念战功，也是迄今所知我国最早的纪念碑式的石雕巨作。

（二）昭陵六骏

唐太宗李世民陵墓前举世闻名的"昭陵六骏"石浮雕，用于纪念唐太宗南征北战的开国功业，是征战的丰碑。

六骏都是唐太宗生前征战时的坐骑，分别为"特勒骠"、"飒露紫"、"什伐赤"、"拳毛䯄（黑嘴的黄马）"、"青骓（青白杂色的马）"、"白蹄乌"，遵照唐太宗生前的遗愿，令名匠刻成浮雕，分置于墓前，三匹作立状，三匹作奔跑状，雕塑手法简练，极富真实感，其中"飒露紫"是李世民在争夺洛阳战争时的乘骑，身负箭伤，不屈不退，浮雕表现的正是大将邱行恭为它拔箭的细节描写，匠师运用了高超的手法刻画了战马忍住剧痛，马身本能的微向后缩，坚毅忍痛屹立的一瞬间的神态，突出表现了英勇战马的性格特征，而"青骓"则表现的是它在战场上冲锋陷阵，向前奔驰的姿态，腾空的四足几乎与胸腹齐平，高翘的马尾犹如凌空飞翔，十分生动传神。

"昭陵六骏"我我国美术史上最负盛名的浮雕珍品之一，可惜其中的"飒露紫"和"拳毛䯄"二骏浮雕于1914年被帝国主义勾结奸商，盗运到国外，现存在美国费城宾西法尼亚大学博物馆，其他四块浮雕现保存在陕西博物馆内，有的在第二次盗运时被锯成四块，破坏严重。

（三）秦始皇陵兵马俑

秦始皇陵兵马俑巨型群雕于1974年3月被陕西临潼县某公社社员打井时发现，坑深5米，东西长230米，南北宽62米，在纵横面积14260平方米的坑中整齐的排列了38路纵队与阵势的陶质武士和车马陶俑像，在仅试掘出的十分之一面积中，就出土了武士俑千余件，战车六乘，各式姿势陶俑、陶马近六千件。整个兵马俑组成了一个由战车、步兵、骑兵相间编列的阵势，是一个"有前锋，有侧翼，有后卫"的严整方形军阵，这种模拟三军的宏大、磅礴阵势在布局上独创一格，生动的再现了秦始皇统一六国、"带甲百万，车千乘，骑万匹"的威武场面，这正是雕塑所要表现的政治内容和时代特征。兵马俑的艺术价值主要体现在三个方面：

一是写实风格。具体表现在兵马俑的大、多、真,所谓大,是陶俑、陶车马形体高大,和真人、真车马大小相等;所谓多,是数量众多,显示了一种恢弘的气概和巨大的力量,使人感到震惊;所谓真,体现在数千兵马俑不是一群毫无生气的偶像,而是许多具有鲜明个性的秦国战士形象是真实记录。

二是形象塑造。在形象塑造上匠师并非完全模拟真人,它是经过提炼后的艺术形象,手法洗练,不作烦琐的雕饰,力求表现人物的精神、旗帜,从整体上形成深沉雄大的艺术效果。为了使形象生动、传神,在手法上用了夸张,如眉毛,塑造成有棱有角状,突出眉棱骨,表现刚强的个性,头发发辫盘结的形式也各有不同,如人字形、十字形、丁字形、卜字形等。

三是神态刻画。根据年龄、身份、个性的不同分别塑造人物造型,使每个人物都能够成为精品之作。

(四)米洛的阿芙洛狄特

阿芙洛狄特(断臂的维纳斯)是古希腊象征爱与美的女神,西方曾出现大量歌颂女神人体美的雕像作品,其中尤以1820年发现于爱琴海的米洛岛的阿芙洛狄特最为著名。该像为当地一位农夫掘地时所得,经过长达一年的反复交涉,最后被法国以重金购买并运抵巴黎,至今被卢浮宫视为镇馆之宝,特辟专门展厅陈列,以供公众观览。

她代表着古典希腊女性的典型特征:椭圆形的脸庞、笔直的高鼻梁、平额、弧形眉、丰满的下巴,发髻刻成有条理的轻波纹样式,神情自若,笑容娟美,躯体微微呈三度转折,各部分的曲线变化富有音乐的节奏感,更突出了女神婀娜妩媚的体态和端庄高贵的气质。雕塑家运用极其简洁的处理手法,通过女神裸露的躯干和着衣的腿部之间的对比,形成一种秀美与丰满、单纯与凝重的交响。使洁白的大理石内部,蕴藉着少女的青春和生命的律动。

雕像尽管双臂残缺,仍使人感到完好无损,并以"断臂维纳斯"著称于世。当时曾先后出现修复原作的多种方案,如左手持苹果,搁在台座上,右手挽住下滑的腰布;双手拿着胜利花团;右手捧鸽子,左手持苹果,并放在台座上让它啄食;右手抓住将要滑落的腰布,左手捏一束头发,正待入浴;与战神站在一起,右手捏着他的右腕,左手搭在他的肩上……但是,无一种方案令人信服,皆不如断臂反而更能诱发人们美好的想象。

整座雕像稳定而又略显倾斜,具有多维的欣赏效果。女神亭亭玉立,楚楚动人,含蓄娴静,典雅圣洁.令人留连忘返,回味无穷。法国雕塑家罗丹赞其为"古代的神品",德国美学家黑格尔称其为"纯美的女神"。米洛的阿笑洛狄特把自然、生命,把真、善、美都集中于一身。她不愧为古代希腊雕刻的一个典型代表,不愧为女性美的最高体现。她超越了空间和时间,直至今日还表现出那种秀雅、温柔和爱的魅力。

(五)大卫

米开朗基罗的《大卫》雕像体格雄伟健美,神情勇敢坚定,是一个外在和内在都体现着全部男性美的理想化身。米开朗基罗把大卫作为保卫城市的一名青年战士的典型来塑造,并特意选取大卫准备同巨人哥利亚决战之前的一瞬间,人物怒目而视,眉头紧锁,手握投石器,以高度的警觉面对敌人,故其身体的每一块肌肉都表现出内心的紧张与激动。在这里,从大卫面部的精神状态,从他那高大雄健的体院、浑身紧张的肌肉,观者不难联想到他的下一步的行动及结果。大卫头部向左方扭转,与身体形成一种反向的牵拉,使雕像产生一股弹性的力量感,突出了英雄行为的崇高感染力和勇往直前的坚强信心。这种瞬间动态所反映出的意志紧张的高度集中,赋予英雄人物形象以严厉的、令人望而生畏的威力。

据《圣经·旧约》记载:大卫是以色列国的一个少年牧童,因杀死前来讨战的巨人哥利亚,为国建立了奇功,最终统一了以色列与犹太而成为联合王国的第二个国王。在基督教教义里,大卫一直是作为爱国的英雄来记述的。

16世纪初,处于意大利领先地位的佛罗伦萨共和国名存实亡,政治发生危机,经济开始衰落。在这乱世之中,人们呼唤着拯救社会、改变现状的英雄人物出现。于是米开朗基罗的《大卫》带着压倒一切的威力、满怀一腔献身的悲壮,以巨人般的凛凛气势降临人间。米开朗基罗则在意大利人文主义理想熏陶中,强烈的爱国热情和公民意识促使他在各种造型艺术形式之间选择了雕塑,因为只有雕塑才能体现人的形象。米开朗基罗的《大卫》寄托了雕塑家的政治理想,表现了人对自身力量的肯定,代表了当时人们的期望和呼声。因此,雕像刚一问世,即被安置在佛罗伦萨共和国政府所在地的佛基奥官前面,成为保卫祖国、不放松警惕的象征,无怪乎称其为"公共的纪念碑"。

米开朗基罗的《大卫》是文艺复兴时期人文主义思想的共同追求,是古希腊人体美的观念的进一步发挥。他更多地显示了性格方面的特征,这绝不是拉斐尔的圣母身上的那种人性的特征,而是为正义而斗争的必胜信念即将迸发的巨大热情的性格特征。因此,《大卫》对欧洲乃至整个世界都具有深远的历史意义。

第四节 表演艺术审美

音乐、舞蹈、戏剧是人类生活中渊远流长的艺术形式,也是现代生活不可或缺的组成部分。在现实生活中没有歌舞,没有音乐,是不可想象的。在旅游过程中,音乐、舞蹈、戏剧也是旅游者常接触到的直接审美对象,听一场音乐会,看一出舞蹈,观一场戏,既得到美的享受,也是了解当地文化的一个侧面。

一、音乐艺术审美

音乐是以听觉的感受和表象为基础,以声音形象表现人们的思想感情,反映现实生活的声音艺术,它通过演唱、演奏为听众所感受而产生艺术效果。其基本表现手段为旋律和节奏,还有和声、复调、曲式等。

(一)音乐艺术的一般形式

在长期的演变过程中,人类创造出多种多样的音乐表现形式。根据发音体质的不同,我们通常把音乐分为声乐、器乐两大类。

1.声乐

声乐即用人声表现的音乐,其特征是音乐与语言相结合,其表现方式是歌唱。声乐是音乐领域直接使用人自身机体来表达情感的一种音乐形式,因而最富人情味,最容易普及,最受人们喜爱。它不受中介媒体的性能约束,运用人声所特有的感情色彩和细腻的润饰方法,使语言和音乐的感情因素都得以充分体现。声乐艺术能更真切、自然、深刻地表现出人之情意,产生动人心弦、感人肺腑的艺术效果。

当然,声乐艺术相对于器乐艺术也有它的缺点,如音域不够宽广,以及音符进行速度没有器乐快等,这在一定情况下制约了音乐的表现力。

2. 器乐

器乐即用乐器表现的音乐。器乐和声乐不同,声乐可凭借文学语言来表现,带有综合艺术的性质,而器乐的表现都是来自音乐本身。有些标题音乐虽然也有文字标题的帮助,但主要还是凭着音乐本身的魅力而成为人们的审美对象。聆听器乐作品,尤如邀游无际的天空、浩瀚的海洋,任凭思绪万千,浮想联翩,我们可赋予它新的形象,新的意义,可作出与创作者不同的解释。与声乐相比,它有着更丰富的音色,更宽广的音域,更多的表演技法,因而有着更强的表现力,在音乐的情感、形象上更具丰富性和深邃性。有时,它又如美丽的绿叶,衬托起声乐这朵芳香的红花,烘托歌唱的情绪气氛。

音乐艺术也可按体裁、形式分为歌曲、合唱、交响曲以及丝竹、吹打、说唱音乐等。它又往往与诗歌、戏剧、舞蹈等相结合而成为歌剧、舞剧、戏曲等综合艺术的组成部分。

(二)音乐艺术的美学特征

1. 组合美

音乐是声音的艺术。无论是人的歌唱,还是各种器乐,都是人依据美的规律加工过的艺术化的声音,也即乐音。它既不同于自然性质的日常音响,也不同于人的语言音调。

真正的音乐美,是根据音乐艺术的规律,把乐音组合为具有艺术表现力的音乐完形。例如旋律的美,它根据音乐的艺术规律把高低、长短、强弱、快慢不同的乐音组合为具有表现力的音乐旋律,构成独立的音乐作品或大型音乐作品发展的基础。典型的综合形式美是融旋律、和声、复调等多种音乐因素为一体的音乐形式美,它通过多种因素及其艺术组合,形成具有对比统一、平衡协调关系的千姿百态的音乐形式美。

2. 情感美

音乐美的内涵特征在于以情动人,可以说音乐是一种情感载体。音乐之所以能以情动人,是因为:第一,音乐的世界与情感的世界都是非空间性与非物质性的,二者都处于流动状态与变化过程中。第二,音乐的各种要素比起视觉的各种要素来,具有更强的情绪内涵。例如柴科夫斯基的交响幻想曲《罗密欧与朱丽叶》,运用富有突发性的节奏、较强的力度、不协和的和声和不规则的大跳音程等手法,表现家族之间格斗的愤怒情绪。

3. 自由美

音乐艺术还有一个显著的美学特征就是在内容表达上模糊多义。音乐在显示出表达感情方面优势的同时,也显示出它在描绘情节、塑造形象方面的局限。音乐虽然可以表现人们的喜、怒、哀、乐等各种复杂的情感状态,但音乐本身不能说明和揭示产生这些情感的来源,而给听者留下了广阔联想、想象的空间。例如民族乐曲《喜洋洋》以轻快流畅的音调非常清晰、明白地表现了一种十分真挚的欢快感情,能让人兴高采烈、心花怒放,但它无法显示是什么喜事让人如此兴奋。

音乐艺术给人的审美心理插上联想、想象的翅膀,让音乐的美感、情思在广阔的天地自由驰骋。德国哲学家康德认为无标题音乐属于自由美,黑格尔把音乐称为浪漫型的艺术。这些论述都从不同的角度说明音乐艺术具有模糊多义的美学特征。

4. 动态美

音乐是时间的艺术,它的表现内容及其美的外形都是在时间过程中以运动、变化、对比的方式展现出来的,它以一种独特的流动状态向人们提供美的信息。因此动态美也是音乐美的特征之一。

音乐善于表现人的情感,是由于人的情感、情绪变化能引起人的肌体内部的各种生理变化,而这些变化都呈现为一定的运动形态,它和音乐的运动形态一样,存在着高低的起伏、节奏的张弛、力度的强弱、色彩的浓淡等。音乐能把不同情境下的情感表现得深刻而细腻,最重要的原因就在于运用了音乐与情感之间的动态关系,从而呈现一种动态美。

二、舞蹈艺术审美

舞蹈是一种表演艺术,它通过有节奏的、经过提炼和组织的人体动作和造型来传达思想感情。在所有的艺术门类中,舞蹈是一种最古老的艺术。在人类尚未发明语言的原始阶段,远古时代的先民们就以动作、手势和面部表情为媒介来传情达意,摹拟自己的渔猎生活。从简单的传情达意和原始崇拜中的模仿到自娱自乐的内容和表演欣赏的对象,舞蹈艺术走过了一个从实用性、娱乐性又到表演性的过程。

(一)舞蹈艺术的一般形式

舞蹈艺术的形式类别相当繁多,按照不同的划分标准有许多不同的分类方法。舞蹈艺术按照文化层次可分为古典舞、民间舞、流行舞等。

1.古典舞

中国古典舞以戏曲舞蹈为基础,戏曲中的舞蹈与传统乐舞相比是自成一体的。如汤显祖的〈牡丹亭〉中的《游园惊梦》一折,用优美柔和、情意深长、载歌载舞的形式,把紧锁闺阃的女子对自由幸福的爱情生活的向往,美妙而生动地表现出来,每句唱腔配有吻合词意的舞蹈动作,还有花神堆花的群舞场面,堪称是一台结构完整的歌舞戏。

中国古典舞后来又借鉴了西方芭蕾舞训练体系,逐渐形成了自身特点:手、眼、身、法、步融为一体,讲究内在的意蕴,具有鲜明的中国风格。

2.民间舞

中国民间舞蹈的历史可以上溯到数千年前,青海出土的距今5000多年的彩陶盆上就有5人挽手而舞的花纹,是迄今发现的最早的舞蹈形象。民间舞蹈内容广泛,形式多样,表演时常载歌载舞,歌舞结合,有很强的艺术感染力。民间舞的表现形态多联系着祭祖、迎神、求雨、祈丰收、治疾、逐鬼之类仪式,大都在宗教性节日演出。

3.流行舞

流行舞是一种综合多种形式的舞蹈,它释缓了理性文明下人的抑制状态,以一种狂放、自由的形态回忆、复苏了原始的冲动和激情,流行舞的发展线索是和流行音乐的发展密不可分的,每当有新型的乐风出现,人们都会随之而舞,创出独特的舞步。流行舞敏锐地捕捉到了时代感觉,人类在机械社会中新的体态,并放纵着人类内心的狂喜,无序与躁乱。音乐剧与影视的流行,也推动了流行舞的普及和发展。80年代西方流行的霹雳舞、辣身舞、热舞都是随着同名电影而广为传播。

除此之外,如按照动作体系不同可分为芭蕾舞、现代舞、民间舞、爵士舞、舞厅舞等;按照表现方式可分为抒情性舞、叙事性舞、戏剧性舞、纯形式舞等;按照舞者的数量可分为独舞、双人舞、三人舞、四人舞、群舞等;按照社会功能可分为表演性舞蹈、娱乐性舞蹈、交际性舞蹈、健身性舞蹈等;还可按照地域划分,如中国舞、印度舞等。

(二)舞蹈艺术的美学特征

1. 肢体语言美

舞蹈是完全建构在人体语言上的独特艺术。不论舞蹈艺术怎样发展,它最大的特点就是运用人体语言作为传情达意的媒介。舞蹈中的人体动作要素是最基本的,而且舞蹈中的动作一般是非常态的,它是经过艺术家提炼和升华之后的形态,以艺术性替代了功能性。舞蹈中所蕴藏的情感也不是生活中直接的真实的情感,而是经过了艺术创造,带有艺术虚构性的情感表现。较之于其他同样运用一定人体语言的艺术,如戏剧、艺术体操来说,舞蹈把人体语言运用得更彻底、更深入,也更注重内容与形式的统一。

2. 综合艺术美

舞蹈是视觉艺术、表演艺术在时空中运动的动态艺术,也是融合了音乐、舞台美术、服装设计等的综合性艺术。它把各种元素综合起来,运用动态的人体在流动的时空中让我们得到独特的审美享受。在这其中,舞蹈与音乐的联系尤其紧密。音乐可以从听觉上将节奏外化出来,而且两者交融共鸣可以产生出巨大的艺术魅力、舞蹈仿佛让我们"看"到了音乐,而音乐仿佛让我们"听"到了舞蹈。

3. 意象美

舞蹈的审美基点是按一定节律观和造型而运动的人体,因此舞蹈运用人体语言进行表达具有不确定性。对舞蹈的欣赏是多层次的,有的人可能仅仅停留在形式的美感上,如欣赏人体本身的美和舞蹈中的人体动态美等动作形式上的造型、构图、连接以及运动等方面,而有的人则能够透过形式获得自身的感受与理解,能欣赏人体动态的意象美,即超越了表象的人体与人体动态而传达出的深层的意义、情感、象征等内容,并将其作为浑然的整体来看待,显然这是最高层次。

特别是近代以来发展迅速的现代舞,打破了传统舞蹈的许多常规,多方位地、更深刻地表现当代社会,甚至是表现丑陋的阴暗面,其表现手法也是千奇百怪。对于这样的舞蹈形式更需要积极的、灵活的、深入的欣赏态度,要在欣赏形式美的同时运用自身的经验去细细体味人体动作中所传达的微妙的情感内容。在这样的视角下,舞蹈才是立体的深刻的,而不是平面的浅薄的。

(三)中西舞蹈艺术特点比较

为了更具可比性,此处中西舞蹈艺术的比较主要是传统舞蹈的比较,甚至浓缩到中国古典舞与西方古典舞即芭蕾舞的比较。其差异主要有:

1. 外放与内收

这可以说是两者在总体上的差异。西方文化是一种外放与扩张的文化,这反映在芭蕾形态上就体现为动作的外放与离心感。比如芭蕾的动作都是外开的,肢体的线条都要绷直延伸为最长的线条。并且芭蕾中的跳跃动作很多,似乎要克服地心的引力,女演员甚至还立在了脚尖之上。而中国文化则是一种含蓄与内收的文化,因此中国古典舞蹈的动作讲究内在感觉与呼吸的控制,有许多"含胸"、"顿首"的内收性动作。

2. 示形与示意

西方芭蕾中的动作姿态大体上是纯形式的,仅仅是展现人体动作的形式美感,并没有一定的意义。而中国古典舞蹈中的动作有很强的示意性,尤其是从戏曲舞蹈中继承而来的一些动作,常常带有程式化的固定意义。中国舞蹈对人体美的表现是次要的,甚至人体美的体现受到抑制,大多被裹在层层装饰着亮片、描金、飘带、绣花的舞服之中。

3. 肢体表情与面部表情

在西方芭蕾中,演员基本上一直保持着优雅的姿态与面部表情,舞蹈的情绪通过肢体的展和延伸而表达出来。中国舞蹈中的面部表情则是十分丰富的,欢乐、忧伤、痛苦等等都在面部表现出来,用一种接近于戏剧化的表情来配合舞蹈的动作。

可以说中西舞蹈艺术体现了两种完全不同的文化。

三、戏剧艺术审美

戏剧的发展经历了漫长的历史过程。在西方,公元前6世纪末到公元前4世纪初,古希腊的戏剧,是欧洲古典戏剧的先声。在我国,早在《诗经》和《楚辞·九歌》中便有祭祀的舞乐,它包含了萌芽状态的戏剧因素。戏剧,古老而久远的艺术,在今天的现代社会生活中它仍然焕发诱人的光彩,戏剧魅力永存。

(一)戏剧艺术的一般形式

在现代中国,"戏剧"一词有两种含义:狭义的戏剧专指以古希腊悲剧和喜剧为开端,在欧洲各国发展起来继而在世界范围内流行的舞台演出形式,中国又称之为"话剧";广义的戏剧还包括东方一些国家、民族的传统舞台演出形式,如中国的戏曲、日本的歌舞伎、印度的古典戏剧、朝鲜的唱剧等。

按表现要素划分,通常将戏剧分为科白剧、哑剧、歌剧、舞剧等类型。

1. 科白剧

单靠台词(对白、独白、旁白)和动作来进行表演的戏剧叫科白剧,在中国称为话剧。

2. 哑剧

不用台词而以动作取胜,在民间一直盛行不衰。当代哑剧有独角戏和集体哑剧。

3. 歌剧

歌剧是以音乐因素和戏剧因素为主的表演艺术。近代西方歌剧是指16世纪产生于意大利的演唱剧,后来发展为意大利歌剧。这种形式在欧洲流行起来,形成了各种风格和样式,如喜歌剧、轻歌剧、音乐剧等。

西方歌剧就本质上讲属于音乐作品,戏剧情节和人物只起到为音乐形式的展开提供依托的作用。

中国歌剧是指在本民族民间音乐、戏曲的基础上,借鉴西洋歌剧而创造的一种具有中国特色的新型戏剧形式,它既不同于西洋歌剧,也不同于我国的传统戏曲。

从广义上讲,我国宋元以来形成的各种戏曲,是载歌载舞的艺术形式,也属歌剧性质。

4. 舞剧

舞剧是以舞蹈作为主要手段,综合音乐、舞台美术及哑剧表演等因素,体现一定的文学或戏剧内容的舞台艺术形式。起源可追溯至古代的埃及、印度、希腊、罗马及中国。

除此之外,如果按篇幅的长短来分,有多幕剧和独幕剧;从题材的范围来分,有现代剧、历史剧、儿童剧、童话剧、神话剧等;如果根据戏剧所反映的冲突性质和感染作用的不同,则分为悲剧、喜剧和正剧三种。

(二)戏剧艺术的美学特征

看戏,是人们喜欢的文化生活之一,但喜欢看戏并不等于会看戏。俗话说,"不会看的看热闹,会看的看门道"。要会看戏,则要了解一些戏剧的美学特征。

1. 综合性

古希腊将艺术划分为音乐、绘画、雕塑、建筑与诗。到了近代,除了以上五大门类艺术外,产生了舞蹈和戏剧,戏剧也就成了第七艺术。它兼备了从第一到第六的各种艺术样式的一切要素,它具有音乐的时间性、听觉性,以及绘画、雕塑、建筑的空间性和视觉性,而且同舞蹈一样,具有以人的形体做媒介的本质特征。因此戏剧是一种空间和时间的综合艺术。

【案例 11-3】 戏剧的综合性

作为一种综合艺术,戏剧融汇了多种艺术的表现手段,它们在综合体中表现为:诗(文学)——剧本;绘画、雕塑、建筑——布景、灯光、道具、服装、化妆;音乐——演出中的音响、插曲、配乐;舞蹈——演员的表演艺术、动作艺术。在多种艺术成分中,演员的表演艺术居于中心地位,表演艺术的手段——动作,是戏剧艺术的基本手段。其他艺术因素,在戏剧艺术的综合体中被本体所融化。

(案例来源:伻荣本、高楠、任公伟,《音乐舞蹈戏剧艺术鉴赏》,首都师范大学出版社,1999年9月版)

戏剧的综合性启示我们,看戏时,要根据戏剧的类型、剧种的不同,从戏剧的冲突、表演、美术、声调、音色和节奏等方面去感受和体会剧情的意义与价值,这样才能获得最佳的艺术享受。

2. 直观性

由于戏剧艺术是时间与空间的综合艺术,戏剧美的特殊性,就是过程性与直观性的高度统一。这种美的组合不是作为一种凝结物,而是作为一个生动的过程,在可以直观的、有真实感的生活图景中展现出来。

3. 过程性

戏剧理论家们认为戏剧的实质是冲突,是激变。这种冲突是人类意志的冲突,是人心的自然欲望与人类的道德伦理之间的冲突,是社会力量、社会环境之间的冲突。它制造急速惊人的变化,设计舞台上瞬间的"突变",它是一种表演,一种叙述,一种体验,它是舞台上讲述的故事。

4. 群体性

在戏剧审美过程中,观众是必不可少的因素。舞台上的演出,促使观众产生内心活动,反过来,观众席上的氛围也影响演员情绪,而演员的演出又再度影响观众:这是一种直接的感情交流,这种感情交流很快地融合为共同的生活感受。观众与戏剧家,观众与观众,以一个活生生展现的故事为中介,进入一种心心相印的交融状态。戏剧家饱含情感的处理,观众饱含情感的反应,在演出中汇成了巨大的精神洪流,观众们被演出所感动,具有社会群体性。戏剧的这种审美功能是电影和电视所不具备的。

(三)中西戏剧艺术特点比较

中国戏曲与从古希腊发展而来的西方戏剧有着鲜明的不同之处,主要体现在以下方面:

1. 演员表演的再现与表现

西方戏剧是现实生活的再现。演员的表演力图表现生活的真实,表演与日常生活的行为动作比较接近,给观众以逼真的艺术享受。观众可以直接沉醉其中,为剧中情节所感动。

中国戏曲演员的表演则是虚拟表演,是日常生活动作的舞蹈化。如一个演员坐在台上,在没有针和线的情况下,用手势的表演来表现做针线活,或者在空无一物的舞台上,走圆场,用舞蹈表演来表现爬山越岭、渡江涉水。虚拟表演要求表演者运用凝练、美化的程式动作去表现想象之中的对象。这些程式动作,经过历代艺术家的锤炼,具有高度凝练的形式美感。观众从虚拟动作的形式美上,接受到审美愉悦。戏曲观众始终知道演出不过是戏,但并不妨碍他们的审美活动。

【案例 11-4】 中国戏曲的唱、念、做、打

我国的戏曲是一种综合艺术,其中表演占有突出的地位。戏曲表演手段极其丰富,通常概括为唱、念、做、打四个方面,它是戏曲长期发展的产物,并在实践中继续发展。当然,不同的剧种唱、念、做、打各有侧重,如豫剧重唱,采茶戏重舞,京剧则四功并重;在不同的剧目中,也各有侧重,如《辕门斩子》重唱,《审头刺汤》重念;不同的角色行当,也各有擅长,如唱功老生重唱,花旦重做、念,武净、武旦重打。但就总体来说,四个方面是缺一不可、熔于一炉的。

唱、念、做、打各有一定的规格,通常称之为程式。它来源于生活,又严格区别于生活的自然形态,是对生活的高度的艺术概括。它使得听觉形象音乐化,视觉形象舞蹈化。听觉形象,即唱、念、唱,有各种腔调、曲牌,唱词为诗词体,合辙押韵,既用于叙事、写景,更用于抒情,讲究字正腔圆,加上乐器伴奏,听起来和谐悦耳。念白也不同于日常说话,而是经过艺术加工的语言,讲究韵律、节奏,强调抑扬顿挫,富于音乐性。视觉形象,即做、打,实际包括全部形体动作,如身段、工架、手势、脚步、眼神、亮相、起霸、格斗等。许多表演技巧,都是和化妆、服装、道具联系在一起的,如翎子功、甩发功、髯口(胡须)功、水袖功、扇子功、手绢功、毯子功、把子功(打斗)、椅子功等,这些,都提炼成了高度夸张的、节奏感很强的舞蹈动作。

唱、念、做、打是以虚拟为特征的。如跑一个圆场就算越过千山万水,四个"龙套"可以是千军万马,空拉一下弓弦对方就应声倒地,对这些,观众并不以为假,而是作为真实情景来接受的,因为演员的虚拟表演触发了观众的想象力。

"戏不离技,技不压戏",唱、念、做、打虽然都是高难度的技术格式,但它们都是为戏的整体服务的。

(案例来源:王建辉、易学金,《中国文化知识精华》,湖北人民出版社,1991年1月第2版)

2. 舞台时空的真实与虚拟

西方戏剧在大幕拉开后,展现在观众面前的是一个具体的、实在的空间,写实的舞台布景、道具与景物都为实物,观众正观舞台,舞台时空依据舞台物质的再现而体现。戏剧情节的延续时间与日常生活动作的时间大体一致。时间和空间的转换通过场与场的间歇度过。

中国戏曲的舞台时空观念与西方戏剧绝然不同。中国戏曲舞台的时空是通过演员表演虚构出来的。在中国戏曲舞台上,如果没有演员的唱念做打,就只是一个毫无意义的空舞台。中国戏曲不创造独立于人物之外的自然环境,它的自然环境存在于演员的唱念做打的表演当中,存在于舞台人物对它的态度和反应之中。比如演员拿一根马鞭,作出上马、下马、趟马、策马、勒马、系马等许多身段动作,就在它的舞台上表现出坦途、崎岖山路、溪涧阻隔、雨后泥泞、上山下坡等相应的舞台空间,这些都是从演员的动作上表现出来的。而观众通过看演员的表演、演员对事物的态度,可以联想到他所表现的客观世界。因此,戏曲观众不是正观式地看待客观世界,而是采取反观的审美方式,从舞台角色的主观世界看客观世界。

3. 表演风格的体验和体会

在西方戏剧表演风格中,无论体验派还是表现派,都认为舞台体验来源于生活体验,又不同于生活体验,都强调表演上的外部技巧是演员体验的结果,然后又反过来刺激演出中体验的产生,都是体验与表现的结合。要求演员必须作为剧中人而存在,竭力感受他所扮演角色的内心真实,从而进入剧中人物的心理创造,与角色同样地去感觉。

中国戏曲表演讲究"内心体会",而不是角色体验。这种内心体会就是创造角色的象,而不是真。中国戏曲表演是"神形兼备"的表演,它要求演员创造角色先要钻进去，认识角色、理解角色，然后必须跳出来，正确分析，寻找与演员认识和理解相吻合的表现形式，这是一种诗意的吻合和相通。

4. 结构的板块状和点状

西方戏剧将故事段落和情节事件调整、挤压成几个大的板块，让事件的进展，矛盾的纠葛都集中在这个板块之中，以数个板块连接起来完成整个故事的发生、发展和终结过程。板块式的戏剧结构，其矛盾冲突作宽幅的凝聚，情节发展线纵横交织，以网状形态高度压缩在板块之内，一幕一幕向高潮迫近。

中国戏曲是点线串珠结构。中国戏曲的情节、冲突和场面都以点状的形式出现，受线性排列的规范。情节安排要求顺序发展，即使生活中横向发展的矛盾，在中国戏曲中也要排列成线上的先后发展的点。点状的线性冲突，是一种抒发感情的冲突，表现为以人物的自我表白揭示内心感情的变化。

思考题

1. 中国书法艺术的美学特征是什么？
2. 谈谈碑刻景观的审美要素。
3. 什么是中国画的"气韵"与"形神"？
4. 以一幅中国画或西洋画为例，从审美的角度对其进行分析。
5. 雕塑与其他艺术形式相比，具有哪些美学特征？
6. 中西舞蹈的艺术特点有哪些差异？
7. 为什么说戏剧具有情感交流的美学特征？